W0052197

Mariella Pizzetti

KAKTEEN

Mariella Pizzetti

KAKTEEN

Über 300 der schönsten
blühenden Kakteen und
Sukkulenten in Farbe

Delphin Verlag

Auf den Schmuckblättern sind folgende
Kakteen abgebildet:

Seite 2:	borzicactus samaipatanus
Seite 8/9:	mammillaria parkinsonii
Seite 64/55:	neoporteria heteracantha
Seite 370:	haageocereus decumbens

Deutsch von Dr. Friedrich Bischof

© 1985 Arnoldo Mondadori Editore S.p.A., Milano
All rights reserved
Titel der Originalausgabe: *Piante grasse, le cactacee*

Für die deutsche Ausgabe:
© 1988 Delphin Verlag GmbH, München
Alle Rechte vorbehalten
Umschlaggestaltung: Erasmi & Stein, München
Satz: IBV Satz- und Datentechnik GmbH, Berlin
Gesamtherstellung: Mondadori, Verona
Printed in Italy · ISBN 3.7735.5361.7

Inhalt

Erklärung der Symbole

Aussehen der Pflanzen

(Dargestellt ist die häufigste Erscheinungsform jeder Untergattung oder jedes Subtribus)

Tribus *Pereskieae*

Tribus *Opuntiae*

Opuntia

Cylindropuntia

Tephrocactus

Tribus *Cacteae*

Cereinae

Hylocereinae

Echinocereinae

Echinocactineae

Cactanae

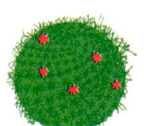

Cactinae

Epiphyllinae

Rhipsalidinae

Mindesttemperaturen für die Haltung ausgewachsener Pflanzen

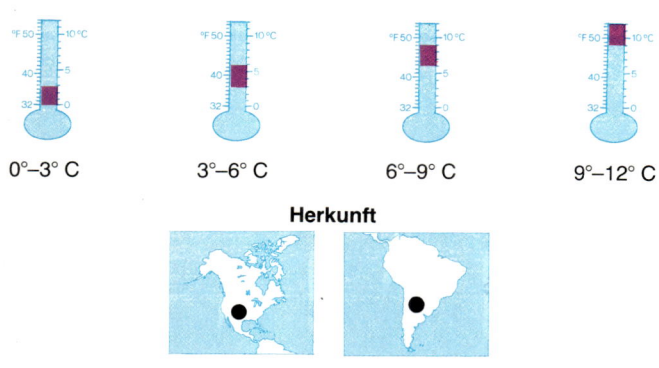

0°–3° C   3°–6° C   6°–9° C   9°–12° C

Herkunft

Anmerkung

Nach dem »Internationalen Code der Botanischen Nomenklatur« gehört zur wissenschaftlichen Bezeichnung jeder Pflanze der Name des
Autors, welcher die Pflanze unter diesem Namen als erster nach dem
Erscheinungsjahr von Linnés »Species plantarum« 1753 beschrieben
hat. Linné hatte in diesem Werk die binäre Nomenklatur eingeführt.
Der Name oder die Abkürzung nach dem Gattungs- und Artnamen bezeichnet also den Autor, welcher die Art als erster beschrieben hat. Der
Autor des Gattungsnamens wird nur genannt, wenn von der Gattung
allein die Rede ist, oder zur eindeutigen Kennzeichnung in wissenschaftlichen Arbeiten.
Gelegentlich werden bereits beschriebene Arten neu bewertet und einer anderen Gattung zugestellt. In diesem Fall bleibt der Artname erhalten, und der Name des ursprünglichen Autors wird in Klammern ge-
setzt, gefolgt vom Namen des Wissenschaftlers, welcher die neue
Klassifizierung vorgenommen hat.
Britton und Rose zum Beispiel beschrieben einen Kaktus, der sich
nach ihrer Auffassung so deutlich von der von Haworth beschriebenen
Gattung *Mammillaria* unterschied, daß sie ihn einer neuen Gattung
Neomammillaria unter dem Artnamen *lanata* zuordneten. Später
wurde die Gattung *Neomammillaria* wieder gestrichen, da sie sich
doch nicht deutlich genug abhob, und aus der Art *Neomammillaria
lanata* Britton und Rose wurde *Mammillaria lanata* (Britton und Rose)
Orcutt. Die Autorennamen werden entweder voll ausgeschrieben oder
gekürzt und lateinisch wiedergegeben, zum Beispiel »Britt. et Rose«.
Im vorliegenden Buch werden meist längere Formen verwendet. Solange der zuerst gegebene Name nicht ungültig geworden ist, wird er
von später gegebenen nicht aufgehoben. Diese gelten dann als Synonyme.

7

Die vier Hauptformen bei Kakteen.
Oben links: Pereskia aculeata, *var. godseffiana; oben rechts:* Opuntia diademata,
var. inermis; unten links: Mammillaria gracilis; *unten rechts:* Rhipsalis micrantha

Die Kakteen

Es wurde schon oft gesagt, daß es bei Kakteen keine Halbheiten gibt: Sie werden entweder geliebt oder gehaßt. Einerseits finden viele Leute Kakteen unattraktiv oder wegen ihrer Stacheln sogar richtig abstoßend, andererseits gibt es auf der ganzen Welt Vereinigungen der Kaktusfreunde – neben der 1892 gegründeten Deutschen Kakteen-Gesellschaft in Wien und Zürich auch solche in Prag, Tokio, Moskau und natürlich in Mexico City und in El Centro in Kalifornien.

Die Anziehungskraft der Kakteen auf ihre Freunde ist ebenso vielgestaltig wie diese Familie selbst und genauso rätselhaft wie deren Ursprung. Dabei verstärkt sich diese Faszination noch mit zunehmendem Wissen über diese Pflanzen. Mit über 2000 Arten sind die Kakteen neben Wolfsmilch- und Dickblattgewächsen, Agaven, Mittagsblumen, Seidenpflanzengewächsen, Korbblütlern und Liliengewächsen die artenreichste Familie unter den Sukkulenten, welche Wasser in ihren Blättern, Stengeln und Wurzeln speichern. Und um diesen Punkt, der vielen nicht klar ist, noch einmal deutlich herauszustellen: Alle Kakteen sind Sukkulenten, aber nicht alle Sukkulenten sind Kakteen.

Obwohl allgemein nur wenige Sukkulenten als Fossilien erhalten sind und so über ihr Alter berichten können, nimmt man doch an, daß die Kakteen in der Entwicklungsgeschichte der Pflanzen eine recht alte Familie sind. Das System, nach dem Botaniker die Klassifizierung von Kakteen vornehmen, beruht nicht nur auf der Ähnlichkeit der verschiedenen Gattungen untereinander, sondern auch auf der zeitlichen Reihenfolge ihrer Entwicklung. Es unterteilt die Kakteen in folgende vier Gruppen:

1. Pflanzen, welche trotz ihrer besonderen Merkmale der Zugehörigkeit zur Familie der Kakteen noch Blätter besitzen.
2. Pflanzen, die zwar noch Blätter bilden, diese aber meist wieder frühzeitig abwerfen.
3. Pflanzen mit schuppenähnlichen Blattrudimenten oder völlig blattlos.
4. Pflanzen mit blattähnlich ausgebildeten Stengeln (Kladodien), Epiphyten oder Halbepiphyten.

Dies ist eine logische Folge, welche auf einer Voraussetzung fußt, die aus Beobachtungen anderer Familien mit sukkulenten Arten gewonnen wurde, bei denen der fortschreitende Verlust von Blättern mit ihrer Anpassung an trockene Klimate einhergeht. Dies ist jedoch kein Beweis, daß sich die Kakteen auf dieselbe Weise entwickelt haben. Möglicherweise haben sie sich gleichzeitig an verschiedene Klimate angepaßt. Wie und warum die ursprünglich in Amerika beheimatete Gattung *Rhipsalis* in der Lage ist, wild in Äquatorialafrika, Madagaskar, den Maskarenen und Ceylon zu wachsen, ist ein Rätsel; möglicherweise wurden die klebrigen Samen dieser Pflanzen durch Vögel in die Alte Welt verschleppt.

Im weitesten Sinne des Wortes sind alle Kakteen Xerophyten: Sie sind

dem Wachstum unter trockenen Bedingungen angepaßt. Sie sind ganz speziell dazu eingerichtet, Feuchtigkeitsverluste auf ein Minimum einzuschränken und Wasser in ihrem Gewebe zu speichern.

Außerdem haben alle Arten dieser Familie, wie immer sie auch gestaltet sein mögen, ein Merkmal, das sie von allen anderen Familien unterscheidet: Sie besitzen Areolen. Die runden bis ovalen Gebilde mit einem Durchmesser von 1½ bis 13 mm sind in kennzeichnender Verteilung bei allen Kakteen zu finden. Sie werden aus zwei übereinander stehenden Knospen in den Achseln eines Blattes gebildet, das bei den meisten Gattungen als solches gar nicht mehr erkennbar ist. Aus der oberen Knospe entwickelt sich entweder eine Blüte und später eine Frucht, seltener auch ein Seitentrieb. Aus der unteren Knospe entstehen Stacheln. Obwohl diese spitzen Gebilde allgemein »Stacheln« genannt werden, sind sie botanisch gesehen Dornen. Im Gegensatz zu echten Stacheln, die nur Auswüchse der äußeren Gewebeschichten sind, handelt es sich bei Dornen um umgewandelte Pflanzenorgane wie Blätter oder Kurztriebe. Im folgenden wird in diesem Buch nur noch von Dornen gesprochen. Die beiden Knospen der Areolen liegen bei verschiedenen Gattungen entweder dicht beieinander oder auch bis zu mehreren Zentimetern auseinandergerückt. In einem Fall entspringen Blüten direkt neben den Dornenbüscheln, im anderen zwischen diesen.

Kakteen haben noch weitere kennzeichnende Merkmale, doch keines ist bei allen Arten zu finden. Sie sind nur zur Unterscheidung der Gat-

Die Dornen der sukkulenten, aber nicht zu den Kakteen gehörenden Gattung
Euphorbia *stehen mit dem Holzteil der Pflanze in Verbindung. Dieser wird verletzt,
wenn die Dornen entfernt werden.*

tungen geeignet. Zum Beispiel können die Wurzeln sehr flach unter der
Oberfläche streichen. Sie können als Pfahlwurzeln ausgebildet sein,
oder sie können angeschwollen als rübenähnliches Gebilde Wasser
und Nährstoffe speichern. Tiefreichende Pfahlwurzeln sind charakteristisch für kleine Kakteen in extrem trockenen Gebieten. Bei einigen Arten ähnelt die Pfahlwurzel durch ihre Gliederung den Fingern einer
Dahlienknolle. Wenn Teile davon vertrocknen oder verletzt sind, bleiben die übrigen weiter lebensfähig.
Bei Kakteen mit dauerhaften Blättern sind die Stengel verholzt, da der
Gas- und Feuchtigkeitsaustausch durch die Blätter erfolgt. Im Gegensatz dazu wird bei blattlosen Kakteen die Aufgabe der Transpiration
und Photosynthese durch die Stengel wahrgenommen. Diesen Funktionen sind sie auf besondere Weise angepaßt. Durch ihre meist zylindrische, halbzylindrische oder kugelige Form wird die Oberfläche und
damit auch die wasserabgebende Fläche klein gehalten. Außerdem
besitzt der Stengel eine derbe, wachsige Oberfläche, welche die Ver-
dunstung stark einschränkt. Selbst die Spaltöffnungen sind so ausgebildet, daß der Feuchtigkeitsverlust gering bleibt. Schließlich wird die
Transpiration durch die isolierende Wirkung von Dornen, Borsten und
Haaren weiter verringert. Bei dichtem Stand schützen sie auch vor
Kälte und zu starker UV-Einstrahlung. Dieser Schutzmechanismus ist
besonders ausgeprägt im oberen Stengelteil und der Triebspitze, wo
das Gewebe noch zart ist und meist auch die Blüten sitzen. Diese besonders bei Säulenkakteen oft auffällig ausgebildete Zone mit einem

dichten Filz aus Borsten und Haaren nennt man *Cephalium*. Ein besonders ansehnliches Beispiel ist der *Melocactus*.

Er besitzt einen hutähnlichen Aufsatz aus filzig verwobenen, dunkel gefärbten Haaren und Borsten auf der Sproßspitze. Aus diesem Filz erheben sich die Blütenknospen.

Durch die charakteristisch runde Form der Stengel und Glieder wird unabhängig von deren Stellung gewährleistet, daß jeder Teil gleichmäßig lange von der Sonne beschienen wird und nur ein sehr geringer Teil direkt nach Norden bzw. nach Süden gewandt ist. Bei vielen großen Arten kommt es im unteren Sproßteil zu starker Kork- und Borkenbildung. Stark verholzte Arten werden in Venezuela zum Teil als Möbel- und Bauholz verwendet.

Nicht selten kommen bei Kakteen unregelmäßige Wuchsformen vor. Bei der Felsenkaktus genannten Wuchsform bilden sich regellos Seitensprosse, die dann auch wieder ohne jede Gesetzmäßigkeit nur kurz bleiben oder auch lang auswachsen. Entsprechend große Exemplare sehen dann wirklich wie graugrüne Felsen aus. Eine andere Besonderheit sind die Cristaten. Hierbei wächst die Sproßspitze nicht normal nach oben, sondern verzweigt sich ständig zu einer auf einer Höhe liegenden Reihe von Vegetationspunkten. Das Ergebnis ist eine hirnartig gewundene, niedrige Pflanze. Die Ursache dieser Abnormitäten ist nicht bekannt. Krankhaft scheint sie nicht zu sein, da diese Formen in der Regel sehr wuchsfreudig sind. Vererbt werden diese Eigenschaften nicht. Da der unregelmäßige Wuchs dazu führen kann, daß sich die

Zu Cristatenbildung kommt es bei einigen Gattungen recht häufig, während sie bei anderen nie auftritt. Sie hat nichts mit der Pflanzengröße zu tun und tritt bei Cereus *ebenso auf wie bei* Rebutia. *Um diese Formen zu erhalten, werden sie meist gepfropft.*

Pflanze selbst zerreißt, werden solche Formen oft auf Unterlagen gepfropft, da dadurch die Pflege erleichtert wird.

Dauerhafte Blätter bildet nur die erste Gruppe der Kakteen, welche nur aus der Gattung *Pereskia* besteht. Man betrachtet sie als Bindeglied zwischen normalen Pflanzen und Xerophyten. Die Sprosse tragen normale, oft sehr stachlige Areolen. Im unteren Teil entwickeln sich mehr oder weniger lang gestielte Blätter, und Seitentriebe entspringen in den Achseln.

Zur zweiten Gruppe, welche den Tribus *Opuntieae* umfaßt, gehört auch eine Gattung mit mehr oder weniger dauerhaften Blättern. Die Blätter der übrigen Gattungen sind meist klein und fallen früh ab. Sie erfüllen keine Funktionen mehr, da diese voll vom Sproß übernommen werden. Bei allen Gattungen dieses Tribus bestehen die Areolen teilweise aus winzigen, mit Widerhaken versehenen Borsten, sogenannten Glochiden. Diese haben die unangenehme Eigenschaft, daß sie bei der leichtesten Berührung abbrechen und mit ihren Widerhaken in der Haut steckenbleiben. Bei anderen Gattungen treten keine Glochiden auf.

Kakteen der anderen beiden Gruppen besitzen nur noch stark reduzierte Blätter, oft sind es nur noch winzige Schuppen. Wenn überhaupt keine Blätter mehr gebildet werden, bildet die Pflanze doch noch höckerförmige Blattansätze. Diese können zu Rippen verschmelzen, wie bei den Säulenkakteen, oder einzeln, wie bei *Mammillaria*, zu Mamillen auswachsen. Die Areolen stehen dann auf den Rippen oder an der

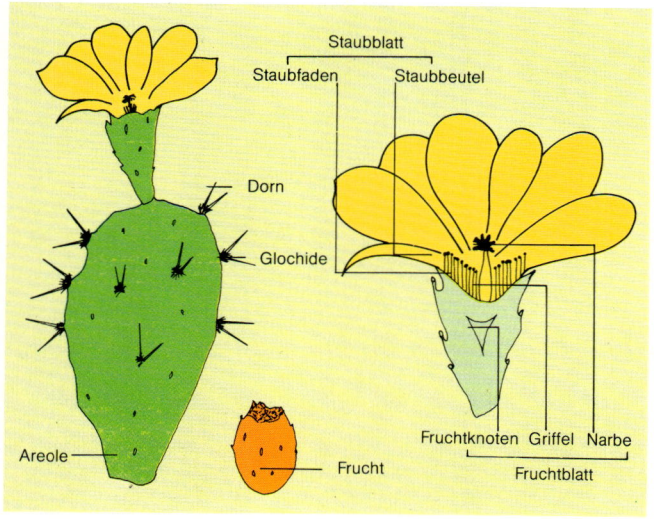

Das Bild zeigt die verschiedenen Organe einer Opuntie. Die Blüten sind radiär, die sternförmige Narbe ist über einen langen Griffel mit dem Fruchtknoten verbunden. Die Frucht, welche sich aus dem Fruchtknoten entwickelt, ist eine fleischige Beere. Die Staubfäden mit ihren pollenbeladenen Staubbeuteln sind kürzer als der Griffel.

Spitze der Mamillen. Besonders bei den Mammillarien jedoch sind die Areolen getrennt in einen vegetativen bedornten Teil an der Spitze der Mamille und einen fertilen Teil im innen gelegenen Vegetationspunkt, der Axille.

Bei anderen Gattungen sind diese ursprünglich beieinander liegenden Teile noch durch eine feine Furche verbunden. In diesem Fall können Seitentriebe dann auch an der Spitze von Mamillen entstehen.

Kakteenblüten stehen meist einzeln. Zwischen Kelch- und Kronblättern gibt es keine scharfe Unterscheidung. In spiraliger Anordnung gehen sie in fließendem Übergang ineinander über, wobei sie am Grunde verwachsen sind und so eine Röhre von unterschiedlicher Form und Länge bilden. Die Kronblätter können oval, lanzettlich, stumpf, zugespitzt, gezähnt oder auch gefranst ausgebildet sein. Die Färbung reicht von Weiß und Gelb bis zu Rot und Violett, wobei die weiter unten stehenden Blätter grünlich bis bräunlich gefärbt sind. Die Blüten sind meist radiär und besitzen einen unterständigen Fruchtknoten. Dieser ist meist rund oder oval, bei manchen Arten in der Reife länglich und mit Areolen, Schuppen, Dornen oder Haaren besetzt. Die zahlreichen Staubblätter sind lang. Überragt werden sie vom Griffel, dessen Narbe oft sternförmig und auffällig gefärbt ist. Manche Gattungen (z. B. *Opuntia*) tragen berührungsempfindliche Staubblätter. Bei Berührung schließen sie sich über der Narbe und öffnen sich nach einigen Minuten wieder. Dieses Experiment kann man nur in voller Sonne durchführen, da die Blüten der meisten tagblühenden Arten nur bei direkter Sonneneinstrahlung geöffnet sind. Sie schließen sich, wenn die Sonne durch Wolken verdeckt wird, und öffnen sich, sobald sich die Wolken verzogen haben. Die Früchte fast aller Kakteen sind Beeren mit mehreren bis sehr vielen Samen. Bei Opuntien sind die Samen ziemlich groß, während sie bei anderen Gattungen klein, ja sogar winzig sind. Bei einigen Gattungen wird die Frucht länglich und besitzt eine nabelähnliche Vertiefung an der Ansatzstelle der Blütenblätter. Bei manchen ist der Nabel so klein, daß nur ein winziges Loch bleibt, an denen die vertrockneten Blütenreste noch lange hängenbleiben. In den meisten Fällen bleiben die Früchte nach der Reife geschlossen. Wenn sie aufreißen, werden die Samen von Ameisen verschleppt, die auf diese Weise für die Verbreitung sorgen.

Natürliche Standorte und Verbreitungsgebiete von Kakteen

Die größten Schwierigkeiten bei der Haltung jeder Art von Pflanzen bereitet die Notwendigkeit, ihnen möglichst artgemäße Umweltbedingungen zu bieten. Zwar besitzen die meisten Pflanzen eine fast unglaubliche Anpassungsfähigkeit, aber eine solche Anpassung geht immer unausweichlich auf Kosten ihres Wachstums und Erscheinungsbildes. Dies trifft besonders für Sukkulenten, einschließlich Kakteen, zu. Zuviel oder zuwenig Licht, falsche Feuchtigkeitsverhältnisse, eine zu kurze oder zu lange Ruhepause führt im günstigsten Fall zu schwachem Wuchs, Verfärbungen, Verlust des arteigenen Abwehrsystems und zu ausbleibender Blütenbildung. Im ungünstigsten Falle nimmt das Wurzelsystem Schaden, es kommt zu Fäulnis, und die Pflanze stirbt schließlich.
Viele Enttäuschungen und der Verlust vieler Pflanzen gehen mehr auf Unwissenheit über Herkunft und Klima als auf mangelndes gärtnerisches Können zurück. Deshalb enthalten die Beschreibungen der Kakteen in diesem Buch auch Hinweise auf ihre natürlichen Standorte. Da es jedoch unmöglich ist, die Standortansprüche jeder Pflanze bis in alle Einzelheiten zu beschreiben, und da Kakteen ziemlich anpassungsfähig sind, geben wir nachfolgend eine Übersicht über ihre Verbreitungsgebiete. Wir halten dies für eine nützliche Einführung zum Verständnis der später genannten Einzelheiten.
Mit einer Ausnahme ohne praktische Bedeutung stammen alle Kakteen aus Nord- und Südamerika. In diesem großen Gebiet gibt es zwischen Tropen und Polargebieten eine Unzahl von Lebensräumen. Auch in den Gebirgszügen bilden sich je nach Höhenstufe verschiedene Klimate aus. Winde und Meeresströmungen schicken verheerende Wirbelstürme in das sonst trockene und milde Klima Nordamerikas. Eisige Winde fallen von den Höhen der Anden in die tropischen Wälder Südamerikas.
Am auffallendsten bei Kakteen ist ihre Anpassung an Trockenperio-

Die Frucht von Cereus ist eine sich öffnende Beere mit zahlreichen kleinen, schwarzen Samen. Diese sind in schwammiges Gewebe eingelagert, das bis zur völligen Reife ziemlich saftig ist. Beim Austrocknen fallen die Samen heraus und werden dann von Ameisen und anderen Insekten verschleppt.

den. Diese Trockenresistenz hängt jedoch stark davon ab, wieviel Wasser die Pflanze in ihren Organen gespeichert hat, und vor allem auch, wie lange sie braucht, um sich diesen Vorrat anzueignen. Da Kakteen meist auf gut durchlüfteten und höher gelegenen Flächen wachsen, leiden sie unter den gelegentlich Texas und Colorado verwüstenden Überschwemmungen genausowenig wie unter den Wirbelstürmen, die immer wieder mit starken Regenfällen Florida heimsuchen.

Im Gegensatz dazu würden die an warme, feuchte Urwaldluft gewöhnten *Epiphyllum*-Arten in der trockenen Luft Arizonas nicht lange überleben.

Nach rein praktischen, nicht nach botanischen Gesichtspunkten kann man Kakteen in vier große Gruppen entsprechend ihren Standortansprüchen unterteilen. Abweichungen in jeder Gruppe werden hier nicht berücksichtigt.

1. Pflanzen aus Wüsten und Halbwüsten
2. Pflanzen aus Gebirgslagen
3. Pflanzen aus Steppen und Grasland
4. Pflanzen aus tropischen und subtropischen Wäldern.

Diese Gliederung ist nicht überall streng anwendbar. Zum Beispiel sind Arten und Varietäten der Gattung *Opuntia* so weit verteilt, daß man sie schon fast Ubiquisten nennen kann. Die flachästige *Opuntia polyacan-*

In den Wüstengebieten trifft die volle Sonnenenergie ungehindert auf den Boden, wobei nur ein geringer Teil reflektiert wird (oben); nachts findet eine ebenso starke Rückstrahlung und damit Akbühlung statt, wobei sich als Niederschlag Tau bildet (unten).

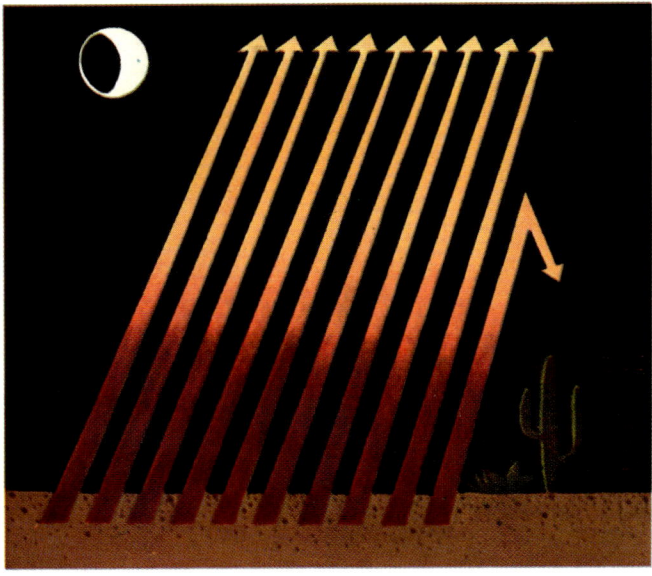

tha wächst in den kanadischen Provinzen Alberta und Britisch-Kolumbien auf einer Breite von 50°, während *Opuntia australis* mit annähernd kugeligen Gliedern in Patagonien vorkommt. In Anpassung an das rauhe Klima sind sie klein und niederliegend. Andere Opuntien findet man an den Küsten Floridas und Carolinas, auf den Antillen, den Galapagos-Inseln, in allen Wüstenregionen und in den Anden. Durch ihre große Vielgestaltigkeit ist diese größte Gattung der Kakteen in der Lage, in drei der vier oben genannten Wuchsgebiete vorzukommen. Wüsten oder wüstenähnliche Gebiete, in denen Perioden völliger Trockenheit oft mit heftigen Gewittergüssen wechseln, findet man im Südwesten der Vereinigten Staaten von Amerika mit südlichen Ausläufern bis nach Mexiko. Dieses riesige Gebiet reicht von Montana und Utah im Norden bis zur mexikanischen Grenze und von Kalifornien im Westen über die Rocky Mountains hinweg über die ganze texanische Hochebene. Die klimatischen Bedingungen sind dort recht unterschiedlich. Der eigentliche Wüstenanteil ist verhältnismäßig klein und liegt hauptsächlich westlich der Mountains, erstreckt sich aber östlich über den Großen Salzsee hinaus entlang dem Colorado und dem Rio Grande. Wüstenkakteen findet man in großer Zahl in Arizona. Ungefähr 100 km von der mexikanischen Grenze entfernt liegt ein Zentrum zur Erforschung und Erhaltung von Wüstenpflanzen, gegründet unter der Schirmherrschaft der Carnegie-Stiftung. Südlich von Tucson liegt ein Städtchen mit dem kennzeichnenden Namen Sahuarita. Sahuaro oder Saguaro ist der indianische Name für *Carnegiea gigantea*. In diesem Gebiet, begrenzt durch die Gila-Wüste im Osten und die Hochebenen von San Francisco und Colorado im Norden, steht ein einmaliger Wald von *Carnegiea*-Kakteen – riesigen Kakteen, die eine Höhe von 15 m und mehr erreichen. Ihr relativ flaches Wurzelwerk bestreicht eine Fläche von mehr als 20 m Durchmesser. Alle Wüstenkakteen brauchen intensive Sonneneinstrahlung und vollständige Trockenheit während der Ruheperiode, während der Wachstumsphase dagegen reichlich Feuchtigkeit.

Obwohl sie auf Hochebenen wachsen, kann man keinen der in den Vereinigten Staaten wachsenden Kakteen als Gebirgspflanze bezeichnen, da sie alle nur in geschützten Lagen vorkommen. Die Hänge der Rocky Mountains sind gut bewaldet, vor allem mit Koniferen, und die Küstenkette ist die Heimat der bekannten *Sequoia*. Da der Unterschied zwischen Tag- und Nachttemperaturen in Wüstengebieten sehr groß ist, besteht immer ein gewisses Feuchteangebot aus dem nachts sich niederschlagenden Tau. Dies ist besonders auf Hochebenen der Fall. Nur aufgrund dieser Tatsache können auf dem großen mexikanischen Hochland Kakteen und andere Sukkulenten wachsen, die sich darauf besonders eingestellt haben. Diese von trockenen Nordostwinden bestrichene Ebene liegt bis 2000 m hoch. Im Sommer wird sie von der Hitze gedörrt, im Winter fällt gelegentlich Schnee. Die begrenzenden Bergzüge der Sierra Madre im Osten und Westen reichen bis 3500 m hoch. Sie bilden jedoch keine geschlossene Kette, sondern durch eine Öffnung zu den Ebenen am Golf von Mexiko wehen gemäßigte Winde ins Hinterland. Zerstreut liegende Vulkanseen, saisonale

Rocky Mountains

Rocky Mountains

Opuntia

Opuntia
Wilcoxia
Carnegiea
Lophocereus
Echinocereus
Hamatocactus
Ferocactus
Echinocactus
Corypantha
Mammillaria

Opuntia
Cephalocereus
Pachycereus
Lemaireocereus
Wilcoxia
Mammillaria
Echinocereus
Anocarpus
Echinofossulocactus
Ferocactus
Echinocactus
Astrophytum
Thelocactus
Coryphantha

Nyctocereus
Heliocereus
Myrtillocactus
Epiphyllum

Opuntia
Lemaireocereus
Nyctocereus
Heliocereus
Hylocereus
Selenicereus
Aporocactus
Melocactus
Epiphyllum

Opuntia
Leptocereus
Harrisia
Hylocereus
Selenicereus
Melocactus
Pereskia

Epiphyllum

untia
ocereus
ostoa
naireocereus
nocereus
zicactus

untia
ageocereus
istocactus
utia
ivia
odia
psalis

(Anden)

Kordilleren

Caatingas

Brasilianisches
Bergland

Gran Chaco

Opuntia
Cereus
Trichocereus
Harrisia

Zygocactus
Epiphyllum
Lepismium
Rhipsalis
Pereskia

(Anden)

Kordilleren

Pampa

Patagonien

Opuntia
Trichocereus
Copiapoa
Neoporteria
Parodia

Opuntia
Trichocereus
Harrisia
Cleistocactus
Chamaecereus
Echinopsis
Gymnocalycium
Notocactus
Parodia
Frailea
Pereskia

Opuntia

21

Flußsysteme und die jahreszeitlichen Regenfälle reichen nicht aus, um die extremen Bedingungen, unter welchen die Pflanzen dort auf kalkhaltigem, steinigem Boden wachsen, zu mildern. Die Temperaturunterschiede zwischen den extrem heißen Tagen und den kalten Nächten haben entweder die üblichen Schutzmechanismen aller Sukkulenten verstärkt oder zur Bildung neuer angeregt. *Sedum* und *Echeveria* besitzen dort an der Oberfläche eine glänzende Wachsschicht, die sich verdickt und blaugrün oder rötlich wird. Bestimmte Kakteen entwickelten harte, leuchtend gefärbte Dornen, während ihre Oberfläche selbst bronzefarbig wurde.

Auf der mexikanischen Hochebene, und dort vor allem in den Provinzen Hidalgo und San Luis Potosí, findet man eine ansehnliche Anzahl von Kakteen, unter ihnen die ausgefallensten und am wenigsten bekannten Gattungen. In anderen Ländern werden sie kaum kultiviert, da sich unter dem Einfluß ihres heimischen Klimas sehr langsam wachsende und sich kaum verzweigende Arten entwickelt hatten. Man kann von ihnen zur Vermehrung auch keine Sproßabschnitte machen, da sie klein und kugelig sind. Meist besitzen sie auch stark angeschwollene Wurzeln, die in ihrer Größe in keinem Verhältnis zum überirdischen Teil stehen.

Wegen dieser Schwierigkeiten bei der Vermehrung, und da sie am Standort äußerst schwierig zu finden sind, sind sie in jeder Kakteensammlung die Renommierstücke. Unter den interessantesten sind die flachen und hornigen *Ariocarpus*-Arten, die sich so tief in den Boden ziehen, daß sie in ihrer Umgebung kaum auffallen. *Leuchtenbergia* hat sich ihrer Umgebung durch Bildung aufrechter Mamillen angepaßt, was ihnen ein agavenähnliches Aussehen gibt und den gesamten Tau im Zentrum zusammenfließen läßt. *Obregonia* hat ebenfalls blattähnliche Mamillen, die aber weniger auffallend sind, und auch bei *Pelecyphora aztechium* leiten die bizarr geformten Mamillen den Tau auf den Boden. Südlich des Wendekreises liegen Wälder mit periodischen oder ständigen Regenfällen. Dieser Vegetationstyp ist vorherrschend in ganz Mittelamerika und begleitet die nördlichen Kordilleren auf ihrer West- und Ostseite und erstreckt sich bis nach Guyana und in das riesige Amazonasgebiet. Hier wie auch auf allen Westindischen Inseln findet man epiphytische und halbepiphytische Kakteen. Zu ihnen gehören die herrlichen *Epiphyllum* mit ihren duftenden Blüten und die bizarren Arten der *Rhipsalidinae*, welche sich an Ästen großer Bäume klammern und dort von winzigen Humusmengen leben. Feuchtigkeit entnehmen sie ihrer Umgebung mit haarfeinen Wurzeln, die sich oft wie ein Geflecht um epiphytische Farne oder die steifen Blätter von Bromeliaceen legen. Obwohl die epiphytischen Kakteen während Zeiten geringer Regenfälle in einen Ruhezustand verfallen, ist die Luft doch immer warm und auch feucht genug, um ein Austrocknen zu verhindern. Ihre Blüten sind zwar nicht so ansehnlich wie die der neben ihnen wachsenden Orchideen, doch ist das zierliche Geflecht ihrer hängenden, fleischigen Triebe hübsch anzusehen.

Neben diesen spezialisierten Formen wachsen auch klassische kugelige und zylindrische Formen in den flachen Küstenregionen der Westindischen Inseln. Obwohl sie sich äußerlich kaum von den Wüstenkakteen unterscheiden, wachsen sie doch unter völlig anderen Bedingungen: Die Temperaturen sind ziemlich gleichmäßig und unterschreiten nie 18–20° C, die leichten und sehr durchlässigen Böden sind etwas salzig und damit genau passend für das nur schwach entwickelte Wurzelsystem, das auf diesen Standorten keine Konkurrenten fürchten muß, und die Atmosphäre bleibt auch in Zeiten geringer Niederschläge immer feucht.

Einige Gattungen wachsen, wenn auch mit unterschiedlichen Arten, sowohl in Nord- wie in Südamerika. Die Opuntien Südamerikas sind im Gegensatz zu den flachen nordamerikanischen Arten mehr kugelig und zylindrisch.

In Südamerika findet man Kakteen meist im Bergland, in Steppen und im Grasland. So wachsen an den Abhängen der Kordilleren die großen *Cereus*-Arten wie *Espostoa* und *Oreocereus*, die zum Schutz gegen Kälte wollige Haare und Borsten tragen. Um starken Winden zu widerstehen, sind viele *Trichocereus*-Arten ziemlich klein und polsterförmig. Von den Bergen Boliviens und Nord-Argentiniens wachsen Kakteen von Höhen bis um 3630 m bis in die steppenartigen Ebenen und Prärien hinunter. Viele der bei uns kultivierten Gattungen – *Rebutia, Lobivia, Parodia, Cleistocactus* und *Haageocereus* – stammen aus diesem Gebiet. Einige *Lobivia*-Arten hat man in Höhen über 3000 m gefunden. Hier gedeihen sie in der prallen Sonne ohne irgendwelchen Schatten. Im Gegensatz dazu brauchen Gattungen wie *Echinopsis* im Sommer ein wenig Schatten, den sie unter dem trockenen Gras der Prärien Argentiniens finden.

Die Berge Süd-Brasiliens, Paraguays und Uruguays sind die Heimat der beliebten und viel gepflanzten *Cereus*-, *Chamaecereus*- und *Gymnocalycium*-Arten. *Schlumbergera* ist eine der häufigsten Epiphyten, die geschützt vor kalten Winden in den Küstenwäldern bei Rio de Janeiro wächst. *Gymnocalycium* wächst zwischen den Bergen und den Wäldern im leichten Schatten auf nährstoffreicheren Böden als die Wüstenkakteen.

Eine der großen Schwierigkeiten bei der Kultur von Kakteen aus den Kordilleren, besonders bei denen aus Peru, ist das notwendige Angebot genau der Umweltbedingungen, welche die Pflanzen am natürlichen Standort genießen. Um Erfolg zu haben, muß zuerst die genaue Herkunft der Art bestimmt werden. Dann muß man bedenken, daß die Höhen der Kordilleren zwar volles Sonnenlicht bekommen, daß die etwas tieferen Hänge jedoch oft von Wolken beschattet sind, was zwar direkte Sonnenbestrahlung ausschließt, aber immer noch sehr helles Streulicht zuläßt, und daß die Talsohlen noch weniger Licht erhalten. Dann muß man ein Fenster finden, hinter dem die jeweiligen Lichtverhältnisse zumindest annäherungsweise erreicht werden können. In Europa ist die sommerliche direkte Einstrahlung für viele Arten zu stark, und vor allem ist die tägliche Sonnenscheindauer zu lang. Als Folge bekommen Pflanzen, die durch Wolle oder Haare nicht ausreichend geschützt sind, bei Aufstellung im Freien oft einen Sonnenbrand.

Entdeckung und Geschichte der Kakteen

Vielfach wird behauptet, schon Christoph Kolumbus habe wohl den ersten Kaktus nach Europa gebracht, doch stammt der erste europäische Bericht aus dem Jahr 1576. Der Arzt und Botaniker Matthias de l'Obel berichtete in seinem Buch *Stirpium Adversaria Nova* mit Abbildung von einem *Cereus*.

Die das Landschaftsbild ganzer Regionen in Mexiko prägende Opuntie trat auch früher schon in der Geschichte des Landes in Erscheinung. Nach einer Legende gründeten die Azteken ihre Hauptstadt Tenochtitlán 1325 nach dem Traum eines Priesters, in dem ein Kaktus aus einem Felsen so mächtig heranwuchs, daß sich ein Adler auf ihm niederließ. Diese Legende wird ausführlich nacherzählt in Fra Diego Durans *Historia de las Indias de la Nueva España* (1581), doch der Traum und seine Erfüllung wurde schon 1541 im *Codex Mendoza* aufgezeichnet, einem Werk, das Azteken auf Befehl der Spanier ausführten. Die ersten farbigen Abbildungen wurden von einem *Cereus* und einer Opuntie angefertigt. Sie erschienen im *Codex Badianus*, 1552 verfaßt von Martin de la Cruz, ebenfalls einem getauften Indianer.

Die besten Berichte über die Kultur der Ureinwohner, besonders derer in Mexiko, stammen von Missionaren. Da ihre Aufgabe die Bekehrung der Einwohner war, mußten sie notwendigerweise ihre Sprache (Nahuatl) lernen und Informationen über ihre Religion, Sitten und ihre gesamte Kultur sammeln. Der bekannteste Missionar war ein Franziskanermönch namens Bernardino de Sahagún, der 1529 nach Mexiko kam. In seinem Werk *Historia Universal de Nueva España* sammelte er alles verfügbare Material über das Land und seine Einwohner. Dabei ging er auf ungewöhnliche Weise vor. Er stellte einigen Einheimischen, welche nicht Spanisch sprachen, Fragen. Diese schrieben die Antworten in ihrer Bilderschrift auf, welche Fra Bernardino dann gesammelt einem Mitbruder an der Schule in Santa Cruz schickte. Dieser übertrug die Bilderschrift in Nahuatl, und Bernardino faßte die Berichte dann in seinem Werk, das auch in Nahuatl geschrieben ist, zusammen.

Fra Bernardino erfuhr so, daß die Einheimischen eine bestimmte Pflanze verwenden, um während ihrer religiösen Zeremonien Halluzinationen hervorzurufen. Da er wahrscheinlich wußte, daß bei allen alten und primitiven Völkern hauptsächlich Pilze zum Erzeugen von Halluzinationen verwendet wurden, nannte er diese halluzinogene Pflanze *teonanacatl*. Dies bedeutet »Göttlicher Pilz«, und ebenso kann man auch die aztekischen Schriftzeichen deuten. Heute wissen wir, daß diese Pflanze der Kaktus *Lophophora williamsii* ist, besser bekannt unter seinem einheimischen Namen Peyote, Mescal, Mezcal und Peyotl. Es ist möglich, daß andere Kakteen auf ähnliche Weise verwendet wurden: *Ariocarpus, Pelecyphora* und *Obregonia* sind zum Beispiel klein genug, um für einen Pilz gehalten zu werden, und alle enthalten mindestens ein halluzinogenes Alkaloid.

Interessanterweise wurde der Gebrauch von Peyotl in den Vereinigten Staaten selbst für die Indianerstämme verboten, obwohl es seit Beginn

Ein Melocactus *war der erste Kaktus, der in Europa bekannt wurde.*
Dies verwundert nicht, da seine Heimat, die Antillen, lange Zeit der am besten
erschlossene Teil der Neuen Welt war.

des achtzehnten Jahrhunderts allgemein angewandt wurde. Es gibt allerdings eine Ausnahme des Verbots, und zwar für die Native American Church, eine christliche Sekte, der auch ungefähr 40 000 Navajos angehören. Da die Verfassung Religionsfreiheit garantiert, dürfen Angehörige dieser Sekte Peyotl als Sakrament während ihrer Gottesdienste verwenden.

Obwohl Berichte über die Entdeckung der Kakteen weniger verläßlich und genau sind wie die über andere Pflanzen, kann man doch annehmen, daß einige Vertreter in der zweiten Hälfte des sechzehnten Jahrhunderts nach Europa gelangt sein müssen. Diese bildeten die Grundlage für die Beschreibungen in den Pflanzenbüchern, die in jener Zeit so reichlich erschienen sind. Oviedo sammelte viele Pflanzen in seinem Garten auf Haiti, während er seine *Historia* schrieb. Da er regelmäßig Spanien besuchte, nahm er sicher auch Pflanzenproben mit. Wir wissen, daß während dieser Zeit *Opuntia ficus-indica* nach Europa gelangte, ebenso *Melocactus communis* und einige andere. Der *Melocactus* wurde 1576 beschrieben und abgebildet durch Matthias de l'Obel unter dem Namen *Echinomelocactus*. Gelegentlich wurden auch die Anstrengungen erwähnt, die unternommen wurden, um diese Kakteen in einem unwirtlichen Klima am Leben zu erhalten.

1597 wurde eines der bekanntesten Pflanzenbücher in London herausgegeben: *The Herball or Generall Historie of Plants* von John Gerald. Es enthält Abbildungen von zwei *Cereus*-Arten, nämlich »The Torch or Thorne Euphorbium« (Die Fackel- oder Dorneneuphorbie) und »The Hedgehogge Thistle« (Die Igeldistel), und von einer Opuntie: »The Indian Fig Tree« (Der indianische Feigenbaum).

Im siebzehnten Jahrhundert wuchs nicht nur in den botanischen Gärten, sondern ganz allgemein das Interesse an Pflanzen. Samen und Pflanzen aus der ganzen Welt gelangten nach Europa. Während dieser Zeit kamen auch Kakteen und überlebten recht gut in den inzwischen zur Mode gewordenen Orangerien.

Einige dieser Kakteen wurden klassifiziert, doch von Botanikern nach Linné anders eingeordnet. 1623 erwähnte Gaspard Bauhin *Opuntia ficus-indica* und einen *Cereus peruvianus spinosus fructu rubro* in seinem *Pinax Theatri Botanici*, und 1688 beschrieb John Ray in *Historia Plantarum II* einen *Echinomelocactus lanugiosum tuberculis spinosis*, offensichtlich eine Mammillarie. Plunket zeichnete und beschrieb 1696 einen *Epiphyllum* als *Phyllanthos americana sinuosis foliis longis*, und im gleichen Jahr veröffentlichte Abraham Munting aus Groningen ein Buch mit dem Titel *Nauwkeurige Beschrijving der Aardgewassen* (Genaue Beschreibung der Bodenpflanzen), in welcher man die stilisierte Abbildung einer blühenden und fruchtenden *Opuntia major angustifolia* findet.

Richard Bradley, erster Professor für Botanik an der Universität Cambridge, gab 1718 seine *History of Succulent Plants* (Geschichte der Sukkulenten) heraus, und zwei Jahre später veröffentlichte er einen Artikel über die Kultur von Sukkulenten. In der ersten Ausgabe von Philip Millers *Gardeners Dictionary* (Gärtners Wörterbuch) von 1731 werden zwölf Cereen und elf Opuntien genannt. Im Jahr darauf schrieb Johann Jakob Dillen, bekannter unter dem Namen Dillenius, sein zweibändiges Werk *Hortus Elthamensis* (Der Garten von Eltham). In ihm findet man Bilder von *Epiphyllum, Pereskia, Opuntia* und *Nopalea cochenillifera*, die in den Gärten von Sherard in Eltham, England, gezogen wurden.

1753 veröffentlichte Linné sein *Species Plantarum*, das Werk, das die Grundlage für die botanische Nomenklatur bildet. Darin faßte er alle Arten der ab diesem Zeitpunkt Kaktus genannten Familie zusammen. Kaktus leitet sich ab vom griechischen *kaktos*, einem Namen, den Theophrast und Theokrit einer nicht näher bekannten stachligen Pflanze, vermutlich einer Distel, gegeben hatten. Linné nahm den Begriff vom Ende des bereits bestehenden Namens *Echinomelokaktus* und verwendete die anderen Wortbestandteile zur Bezeichnung der Gattungen. Nur wenig später bezeichnete Miller in einer neueren Ausgabe seines *Gardeners Dictionary* diese Einteilung als nicht angemessen und legte vier Gattungen fest, wobei er neben *Cactus* die drei alten Namen *Opuntia, Cereus* und *Pereskia* verwendete.

Die Herkunft des bekannten Namens *Opuntia* ist etwas verwickelt. Er geht zurück auf *Opus*, die Hauptstadt von Lokris im alten Griechenland. Um diese Stadt wuchsen anscheinend viele Feigenbäume mit besonders süßen Früchten, aus denen man den Milchsaft *(opos)* zur Verwendung als Lab gewann. So wurde das Eigenschaftswort *opuntios* (= von Opus) die Bezeichnung für eine Pflanze mit feigenähnlichen Früchten. Man nimmt allgemein an, daß Miller diesen Namen von

Joseph Pitton de Tournefort übernahm, der vier verschiedene Opuntien unterschieden hatte. Der Name geht jedoch noch weiter zurück: Schon 1656, im Geburtsjahr Tourneforts, liest man im Verzeichnis der in John Tradescants Garten in Chelsea wachsenden Pflanzen *Ficus indicus minor, Opuntia*.

Der Name *Cereus* kam auf ähnliche Weise zustande. Miller schrieb ihn Paul Hermann, dem Direktor der Botanischen Gärten in Leyden während der zweiten Hälfte des siebzehnten Jahrhunderts, zu. Der Name wurde jedoch schon früher von Jacob Theodor Tabernaemontanus in seinem *Kraeutherbuch* verwendet. Der zweite Teil, der 1625 nach seinem Tode veröffentlicht wurde, enthält eine Zeichnung von *Cereus peruvianus*.

Den dritten neuen Namen, *Pereskia*, entlehnte Miller dem französischen Naturwissenschaftler Charles Plumier. Plumier, der lange Zeit in der Karibik lebte und der Verfasser von *Nova Plantarum Americanorum Genera* ist, benannte damit eine einzelne Art. Linné übernahm ebenfalls den Namen *Pereskia*, da er jedoch nur eine Gattung anerkannte, wurde daraus *Cactus pereskia*. In Wirklichkeit ist der Name *Pereskia* falsch, da er sich vom Namen eines weiteren französischen Naturforschers, Nicholas Claude Fabry de Peiresc, ableitet. Alle Bemühungen um eine korrekte Schreibweise scheiterten jedoch bisher am Internationalen Code der Botanischen Nomenklatur.

Millers vier Gattungen waren in der zweiten Hälfte des achtzehnten Jahrhunderts allgemein anerkannt und schienen auch ausreichend für

Aus Chile wurden im neunzehnten Jahrhundert einige Arten der von Britton und Rose eingerichteten Gattung Neoportera bekannt. Heute rechnet man sie zu Echinocactus. Viele Arten sind bei uns noch selten, da sie noch nicht lange entdeckt und eingeführt sind.

die zweiundzwanzig Arten, welche 1789 in Kew gehalten und von William Aiton in der ersten Ausgabe von *Hortus Kewensis* aufgeführt wurden. Antoine Laurent de Jussieu unternahm 1789 in seiner *Genera Plantarum Secundum Ordines Naturalis Disposita* den ersten Versuch einer natürlichen Ordnung der Pflanzenwelt. Darin wurde zum ersten Mal eine eigene Familie der Kakteen eingerichtet, ihren heutigen Umfang bekam sie aber erst 1799 mit der Veröffentlichung des *Tableau du Règne Végétal* durch Etienne P. Ventenat zugewiesen.

In diesem Werk wurde die Familie *Cactoides* genannt. Der große Genfer Botaniker Augustin Pyrame de Candolle war erst einundzwanzig Jahre alt, als 1799 der erste Teil seiner *Plantarum Historia Succulentarum* mit Illustrationen von Pierre-Joseph Redoute erschien. Er setzte das Werk bis 1829 fort, doch bevor es richtig zum Tragen kam, warf Andrian H. Haworth die ganze Familie der Kakteen wieder durcheinander. In seiner *Synopsis Plantarum Succulentarum* von 1812 behält er Millers zusätzliche drei Gattungen zwar bei, verwirft aber die Linnésche Gattung *Cactus* vollständig und errichtet eine weitere Gattung von größerer Bedeutung, nämlich *Mammillaria*. Die Abschaffung des Begriffs *Cactus* war keine direkte Niederlage Linnés: Er blieb die Grundlage des Familiennamens und Bestandteil verschiedener Gattungsnamen, außerdem ist er immer noch der volkstümliche Name aller Kakteen wie auch anderer stachliger Sukkulenten.

Das neunzehnte Jahrhundert war das große Zeitalter der Expeditionen und botanischen Entdeckungen wie auch der Anlage von Herbaren und Sammlungen lebender Pflanzen. Die von Alexander von Humboldt 1799–1804 unternommenen Reisen, welche er in einem sechsunddreißigbändigen Werk *Voyage aux régions équinoxiales du nouveau continent* beschrieb, waren von grundlegender Bedeutung. Weitere Botaniker, die unschätzbare Beiträge lieferten, waren Fürst zu Salm-Reifferscheidt-Dyck, Link, Otto, Martius, Lemaire, Riccobono, Engelmann und Karl Schumann.

Viele von ihnen versuchten, neue Systeme zur Klassifizierung der Pflanzen einzuführen, das Ergebnis dieser hektischen Forschertätigkeit trug jedoch mehr zu einer Inflation der Gattungs- und Artnamen als zu deren Übersichtlichkeit als Ganzem bei.

Das Auslichten dieses Namensgestrüpps – viele waren ungültig oder erwiesen sich lediglich als Synonyme – wurde 1904 von zwei unermüdlichen Amerikanern begonnen: Nathaniel Lord Britton, Direktor der New York Botanical Gardens, und Joseph Nelson Rose, stellvertretender Konservator des Herbars des Nationalmuseums der Vereinigten Staaten der Smithonian-Stiftung. Mit der tatkräftigen Unterstützung der Carnegie-Stiftung, gegründet von dem großen Stahlmagnaten Andrew Carnegie, bereisten Britton und Rose Nord- und Südamerika in allen Richtungen, besuchten Europa, um die dortigen Kakteensammlungen zu sichten, durchsuchten Floren und Archive und gewannen die Mitarbeit bedeutender Botaniker, Sammler und auch von Privatleuten. Zwischen 1919 und 1923 wurde dann ihr vierbändiges Werk *Cactaceae* veröffentlicht. In ihm unterteilten sie die Familie in Triben, Subtriben und gelegentlich auch Serien, sie beschrieben viele neue Gattungen und beseitigten andere. Diese Einteilung wird im großen und ganzen bis heute befolgt, neue Entdeckungen werden hinzugefügt, und geringfügige Änderungen wurden angebracht.

Bis zu Beginn des 2. Weltkriegs haben sich vor allem deutsche Botaniker mit Sukkulenten im allgemeinen und Kakteen im besonderen beschäftigt. Der bekannteste war Curt Backeberg (1894–1966), der das bis dahin angewandte System der Klassifizierung umwarf. Sein neues System behält die drei Hauptgruppen bei, erhebt sie aber in den Rang von Unterfamilien und unterteilt diese dann in Triben, Subtriben, Gruppen und Untergruppen. Pflanzen werden diesen Einheiten nicht nur aufgrund der botanischen Ähnlichkeit, sondern auch nach geographischen und standörtlichen Gegebenheiten zugeordnet. Ein Ergebnis dieses Konzeptes war die Schaffung vieler eng umrissener Gattungen, viele mit sogar nur einer Art. Viele von Backebergs Gattungen sind nie anerkannt worden, andere existieren nur als Synonyme. Das Faszinierende an seinem System ist, daß er die Gruppe *Cereus* mit den Epiphyten beginnt, und zwar mit *Rhipsalis*, gefolgt von den *Hylocereinae* und den *Cacteae*. Die *Cacteae* unterteilt er in *Austrocereeae* aus Südamerika und *Boreocereeae* aus Nordamerika. Am Ende dieser Reihe stehen dann die Mammillarien. Andere Autoren kamen zu der Ansicht, daß die Epiphyten Abkömmlinge der *Hylocereinae* mit strukturellen Abwandlungen aufgrund des besonderen Lebensraumes sind. Da der Beleg ihrer Herkunft wirklich schwierig ist, kann man diese Hypothese nicht von der Hand weisen. Wie in anderen Familien gibt es auch für

verschiedene Kakteenarten neben dem wissenschaftlichen Namen volkstümliche Bezeichnungen. Die meisten lokalen Namen für Kakteen gibt es in Nordamerika, nur ungefähr ein halbes Dutzend in Süd- und Mittelamerika, und im deutschen Sprachraum, weit vom natürlichen Verbreitungsgebiet entfernt, gibt es nur für wenige häufig gehaltene Arten deutsche Namen. In den USA wurde für die Lokalnamen von Kakteen sogar ein bestimmtes System entwickelt.

An deutschen Namen sind unter anderen bekannt die Bischofsmütze *(Astrophytum myriostigma)*, der Goldkugelkaktus oder Schwiegermutterstuhl *(Echinocactus grusonii)*, das Greisenhaupt *(Cephalocereus senilis)*, der Heidelbeerkaktus *(Myrtillocactus geometrizans)*, die Königin der Nacht *(Selenicereus grandiflorus)*, der Osterkaktus *(Rhipsalidopsis gaertneri)* und der Weihnachtskaktus *(Cygocactus truncatus)*. Weitere deutsche Namen sind bei den Beschreibungen der einzelnen Arten aufgeführt.

Kakteen als Nutzpflanzen

Von keiner Kakteenart kann man behaupten, daß sie von größerer wirtschaftlicher Bedeutung ist, doch werden viele von ihnen in ihrem Verbreitungsgebiet auf die eine oder andere Art genutzt. So werden zum Beispiel in waldarmen Gegenden getrocknete Stämme von Cereusarten als Ersatz für Bauholz und Bretter verwendet, während in anderen Gebieten bei Futtermangel die flachen Äste von Opuntien an das Vieh verfüttert werden. Natürlich muß man vorher die Glochidien entfernen. Junge Triebe von Opuntien, deren Stacheln leicht abgeschabt werden können, ißt man als Nopalitos in Mexiko gebacken und in Texas gekocht. Nopal ist der dortige Name für verschiedene Kakteenarten.

Da Kakteenäste wegen ihres hohen Wassergehaltes viel länger frisch bleiben als übliche Gemüsearten, wurden sie von Seefahrern im siebzehnten und achtzehnten Jahrhundert mit auf ihre Reisen genommen und abgekocht als Mittel gegen Skorbut gegessen.

In Delikatessengeschäften kann man auch in Deutschland die Früchte des Feigenkaktus kaufen. *Opuntia ficus-indica* wächst in vielen wärmeren Ländern und ist auch in verschiedenen Mittelmeerländern eingebürgert, wo ihre Früchte sogar für den Export angebaut werden. Andere Arten, die ebenfalls wegen ihrer Früchte kultiviert werden, sind *Opuntia tuna, Opuntia streptacantha* und *Opuntia cardona*, die der Art *ficus-indica* sind aber die weitaus süßesten und schmackhaftesten.

In Mexiko ißt man auch gern die Früchte verschiedener *Cereus*-Arten, wie zum Beispiel die von *Hylocereus undatus* oder die blauen Beeren des Heidelbeerkaktus *(Myrtillocactus geometrizans)*, die auf den Märkten unter dem Namen *Garambullos* verkauft werden. Auch die Frucht der großen *Carne-giea gigantea* gilt als besonders schmackhaft, zumindest als schmackhaft genug, um die Mühe des Pflückens in zehn Meter Höhe zu entlohnen.

Einige Arten von *Echinocereus* sind bekannt als Erdbeerkakteen, da ihre Früchte nicht nur fleischig, sondern auch eßbar sind. Sie sind zwar auch von Dornen bedeckt, die aber während der Reife weich werden und leicht entfernt werden können.

Wenn man die starrenden Dornen von *Echinocactus* sieht, kann man sich kaum vorstellen, daß auch Arten dieser Gattung eßbar sein können. Doch unter dem dornigen Äußeren verbirgt sich ein wäßriges Fruchtfleisch, das entfernt an Wassermelonen erinnert. Man stellt daraus eine Marmelade mit dem Namen *Dulces de Visnaga* her. Mit *visnaga* bezeichnet man dort verschiedene Arten, doch *Echinocactus visnaga* besitzt ihn auch als wissenschaftlichen Namen.

Weit verbreitet ist auch die Verwendung von Kakteen als lebende Zäune und als Viehgatter. Verschiedene *Cereus*-Arten werden dazu verwendet, da sie mit ihren Armen ein besonders undurchdringliches Dickicht bilden. Beliebt sind auch Arten von *Pachycereus* und *Stenocereus*, die so aufrecht und regelmäßig wachsen, daß sie auch Orgelpfeifen oder Orgelkaktus genannt werden. Ebenso werden Opuntien oft als Heckengewächse verwendet. Und es ist nicht zu leugnen, daß in südlichen Ländern ein Blumenkasten, mit dornigen Kakteen bepflanzt, auf einer Mauer mindestens genauso wirksam und sicherlich wesentlich schöner anzusehen ist als die dort üblichen Glasscherben oder ein Stacheldraht.

Oben: Viele Echinocactus-*Arten haben ein saftiges Fruchtfleisch, aus dem man Marmelade und kandierte Früchte herstellt.*
Unten: Die Kaktusfeige. Die Früchte sind nie giftig und meist angenehm süß.

Allgemeine Regeln zur Kultur von Kakteen

Vom Standpunkt des Kakteenliebhabers aus, der Kakteen halten will, teilt man die Familien am besten in zwei Gruppen ein – Kakteen aus Wüsten und Berggegenden und solche aus tropischen und subtropischen Wäldern. Mit einigen allgemeinen Regeln kommt man in allgemeinen mit Vertretern dieser Gruppe ganz gut zurecht, doch muß man auch gewisse arteigene Besonderheiten berücksichtigen.

Temperatur und Feuchte

Ebenso verbreitet wie falsch ist die Ansicht, daß Kakteen Zimmerpflanzen sind. In Wirklichkeit sind nur sehr wenige Kakteen für die Haltung im Haus geeignet, da man dort kaum die speziellen Wuchsbedingungen bieten kann.

Die meisten Häuser besitzen Zentralheizung und sind deshalb zu warm, da Kakteen im Winter völlig zur Ruhe kommen müssen. Übermäßige Wärme am Tag hat auch noch einen anderen Nachteil. Obwohl die Temperatur nachts absinkt, fällt sie doch nicht so stark wie am natürlichen Standort. Außerdem ist die Luft im Haus immer trocken, es fehlt der nächtliche Tau zum Feuchtigkeitsausgleich. Deshalb müssen Kakteen dort ab und zu gegossen werden. Wassergaben bei mangelndem Licht und ungenügender Luftzirkulation führen zu unnatürlichem Wachstum und zu schwachen Pflanzen mit spärlichen Dornen.

Im gemäßigten Klima findet man im Winter die günstigsten Bedingungen im Gewächshaus. Es sollte recht kühl sein mit Minima – je nach Art – von 2–10° C und Maxima von 8–12° C. Wenn man gewisse Bedürfnisse beachtet, kann man Kakteen aber auch im Haus halten. Moderne Häuser mit einer großen Fensterfläche sind zum Halten aller Pflanzen, auch von Kakteen, am besten geeignet. Wohnungen mit überdachten Balkonen sind geradezu ideal, da man diese verglasen und zum Wintergarten machen kann. Günstig stehen Kakteen auch auf dem Fensterbrett dicht hinter der Scheibe. Dort erhalten sie an sonnigen Tagen die volle Sonne und nachts stehen sie am kühlsten Platz im Zimmer. Dort sollte auch normalerweise die Luftfeuchte ausreichen, um ein Gießen im Winter überflüssig zu machen. Heizkörper unter dem Fenster beeinträchtige die Kakteen nicht, wenn das Fensterbrett breit genug ist. Am besten setzt man dort die Kakteen in Kästen mit trockenem Kies, den man leicht befeuchtet, wenn die Pflanzen durch zu große Wärme runzlig werden. Eine solche Anordnung ist besonders geeignet für junge Pflanzen, die etwas empfindlicher sind und höhere Temperaturen brauchen als alte Pflanzen.

Besser als die Überwinterung in warmen, bewohnten Räumen ist die völlige Ruhe im kühlen Treppenhaus oder sogar im halbdunklen Keller. Die Temperaturen dürfen aber auch hier nie unter 2–5° C sinken. Wenn die Hauptwuchsfaktoren Wärme und Feuchtigkeit fehlen, ertragen Kakteen Dunkelheit, ohne Schaden zu nehmen. Ruhende Kakteen können sogar völlige Dunkelheit über mehrere Wochen ertragen. Je nach Trockenheit des Standorts ist es aber trotzdem notwendig, alle

Viele Kakteen gedeihen gut auf einem sonnigen Fensterbrett, wenn im Winter die Temperaturen nicht zu hoch sind. Wenn sie dazu nicht zu reichlich gegossen werden, können sie an einem solchen Platz auch überwintern.

drei bis vier Wochen die Pflanzen leicht zu gießen. Der Boden sollte nie längere Zeit staubtrocken sein. Wenn überhaupt kein geeigneter Standplatz für die Überwinterung zur Verfügung steht, empfehlen Spezialisten eine Radikalmaßnahme. Die Kakteen werden ausgetopft und sorgfältig in einen Karton verpackt an einem kühlen Ort aufgestellt. Im Karton wird die Wasserabgabe gehemmt, trotzdem steht aber genügend Luft zur Verfügung. Wenn man die Pflanzen dann in Abständen auf Schädlingsbefall oder eventuell auftretende Fäulnis kontrolliert, können sie den Winter so meist unversehrt überstehen. Nur in den wärmsten Gebieten Deutschlands kann man einige Opuntien ganzjährig im Freien halten, aber auch diese brauchen zumindest einen leichten Schutz gegen zu starke Fröste und vor allem gegen Nässe.

Im Sommer gehören die Kakteen nach draußen, je nach Art in die volle Sonne, in den Schatten oder Halbschatten. Von der Temperatur her völlig ungefährdet sind die Pflanzen erst ab Mitte Mai nach den Eisheiligen. Je nach Witterungsverlauf und Klimazone kann man sie aber auch schon wesentlich früher nach draußen bringen. Es empfiehlt sich, die Kakteen nicht völlig ungeschützt in den Garten oder auf die Terrasse zu stellen. Meist genügt ein einfaches Glas- oder Plastikdach, um die Pflanzen vor Kälte, Regen und vor allem auch vor Hagel zu schützen. Direkt nach dem Umzug aus dem Winterquartier sollten die Pflanzen leicht schattig gehalten und zunächst nur verhalten gegossen werden. Zeigt sich beginnendes Wachstum, sollte man durchdringend wässern, dies sollte aber erst wiederholt werden, wenn die Töpfchen

35

wieder richtig ausgetrocknet sind. Während des Sommers stellen viele Kakteen-Arten ihr Wachstum wieder ein. Dies ist normal und rührt von den klimatischen Unterschieden zu ihrer Heimat her. Einmal ist es bedingt durch die größeren täglichen Temperaturunterschiede in ihrer Heimat. Zum anderen liegt in den Tropen auch im Sommer die Tageslänge nur unwesentlich über 12 Stunden, während sie bei uns um 18 Stunden beträgt. Die Kakteen leiden also als Tropenpflanzen paradoxerweise in unseren Breiten unter zuviel Sonne.

Wenn Kakteen nun im Sommer dreizehn bis fünfzehn Stunden bei Temperaturen über 30° C in der Sonne stehen und bei Nacht die Temperaturen nicht unter 20° C sinken, verfallen sie in eine Art Sommerruhe, während der sie aber trotzdem regelmäßig gegossen werden müssen. Im Hochsommer ist es also ratsam, auch Arten, die sonst direkte Sonne wünschen, leicht schattig zu halten. In vielen Jahren ist es in Deutschland allerdings wichtiger, sich zu überlegen, wie man Kakteen im Freien vor Kälte und vor allem Nässe schützt.

Licht und Luft

Fast alle Kaktusarten möchten soviel Luft wie möglich, und die meisten brauchen direkte Sonnenbestrahlung. Wenn man sie aber auch noch so pfleglich über den Winter bringt, sind sie doch geschwächt und ihre Abwehrkräfte gering. Wenn man sie also nicht vorsichtig an den Sommerstandort gewöhnt, bekommen sie einen Sonnenbrand. Solche Wunden heilen zwar wieder, aber die Pflanze bleibt doch immer geschädigt. Aus dem gleichen Grund sollten auch hinter Glas gehaltene Pflanzen mit einer Schattierung vor der direkten Mittagssonne geschützt werden, da vor allem klares Glas wie ein Brennglas wirken kann. Diese Vorsichtsmaßnahmen sind vor allem bei jungen Pflanzen nötig, da sie gegenüber Sonnenlicht noch empfindlicher sind als ausgewachsene Pflanzen. Diese Forderung erscheint etwas seltsam, wenn man schon einmal gesehen hat, wie leicht Kaktussamen in voller Sonne keimen und junge Pflanzen bilden. Man muß allerdings bedenken, daß in natürlicher Umgebung die jungen Kakteen immer von höheren Pflanzen und Steinen zumindest zeitweise beschattet werden.

Epiphytische oder halbepiphytische Kakteen brauchen entsprechend ihrer Herkunft aus schattigen Wäldern einen Platz, der ihnen über längere Zeit am Tage Schatten oder Halbschatten gewährt. Einige mit *Helicereus* gekreuzte *Epiphyllum*-Hybriden können etwas mehr Sonne vertragen, aber dies sind die Ausnahmen. Im allgemeinen danken sie eine Stelle im Halbschatten in heller Umgebung mit reicherem Ansatz und schöneren Blüten.

Boden

Es ist unbedingt notwendig, daß alle Kaktusarten in Böden mit guter Luft- und Wasserführung gehalten werden. Ist dies nicht der Fall, bildet sich leicht Staunässe, und die Wurzeln faulen. Viele Leute glauben, daß man Kakteen nur fast vollständig trocken zu halten braucht, um diesem Problem zu entgehen. Doch undurchlässige Böden sind hart und verhindern die Durchlüftung, was zum Ersticken der Pflanze führt. Dies ist oft der Grund, aus dem Sukkulenten welken. Es stimmt zwar, daß Kakteen in ihrer Heimat auch auf harten, felsigen Böden wachsen, aber man muß auch bedenken, wie weit dort die Wurzeln streifen können, um Hindernisse herum und tief in die Erde, bis sie schließlich einen geeigneten Platz finden, wo sie sich ausbreiten können. Solche Möglichkeiten haben die Wurzeln im Blumentopf natürlich nicht.

Alle Böden, in denen Kakteen wachsen, benötigen einen gewissen Sandanteil, um gute Luft- und Wasserführung zu gewährleisten. Außerdem darf der Boden kein organisches Material enthalten, das noch nicht völlig verrottet ist. Gut ausgereifter Humus dagegen ist notwendig. Wüsten- und Bergkakteen brauchen einen an Mineralsalzen reichen Boden. Epiphyten und Halbepiphyten, welche man hauptsächlich wegen ihrer Blüten hält – *Epiphyllum, Hylocereus* und *Selenicereus* zum Beispiel –, verlangen Böden mit einem höheren Humusanteil, wie völlig ausgereifte Lauberde mit ein wenig gut verrottetem Pferdedung oder einem ähnlichen Dünger. *Rhipsalis* und verwandte Gattungen lieben vor allem Lauberde und Torf. Empfindliche oder sehr junge Pflanzen danken eine Zugabe von gemahlener Holzkohle zum Sand, da sie die ungünstige Wirkung von etwa doch vorhandenem, noch nicht verrottetem Material neutralisiert. Sowohl Grillkohle als auch Aktivkohle für Aquarienfilter sollte vor der Verwendung in einem Sieb gewaschen werden. Am Ende dieses Abschnittes sind Rezepte für vier Grund-Bodenmischungen für Topfkakteen angegeben. Sie sind nur als Leitlinien anzusehen, die nach eigenen Erfahrungen für die jeweiligen Bedürfnisse abgewandelt werden können. Jeder erfahrene Kakteengärtner hat sein eigenes Geheimrezept.

Verschiedene Materialien können der Erde zugemischt werden. Winzige Kügelchen aus Blähton oder Styropor kann man statt grobem Sand verwenden. Sand, wie ihn der Maurer verwendet, hat den Vorteil, daß er aus Körnern verschiedener Größe zusammengesetzt ist. Wenn man aus diesem Sand die gröbsten Steinchen heraussiebt, hat man schon den wichtigsten Teil der Kakteenerde. Die üblicherweise im Handel befindliche Blumenerde sollte man auf keinen Fall verwenden, da sie mit ihrem hohen Torfanteil die Feuchtigkeit zu stark hält und außerdem zum Verklumpen neigt. Sie kann eventuell als Ersatz für Lauberde genommen werden, aber dann sollte der Anteil verringert werden.

Außer Pferdemist, der nicht überall zu haben ist, kann man auch andere Dünger verwenden. Da Kakteen keine Blätter besitzen, ist ihr Stickstoffbedarf gering. Die drei Zahlen, die auf Düngerpackungen angegeben sind, beziehen sich auf den Prozentgehalt von Stickstoff, Phosphor und Kali in der Mischung, und zwar genau in dieser Reihenfolge. Bei Mineraldüngern für Kakteen sollte der Stickstoffgehalt immer niedriger sein als die Gehalte der anderen Nährstoffe, da Stickstoff mehr das Größenwachstum fördert, Phosphor und Kali mehr der Blühfreudigkeit und Widerstandsfähigkeit zugute kommen. Trotzdem sollte immer nur sehr wenig Dünger gegeben werden. Falls Düngung notwendig wird, haben sich langsam lösliche Granulate als günstig erwiesen.

Unterschiedliche Meinungen hört man darüber, ob saure oder alkalische Böden vorzuziehen seien. Da viele Arten auf kalkreichen Böden leben, ist es für ihre Kultur günstig, wenn man der Erde ein paar feingemahlene Gipskrümel oder Eierschalen zufügt, um kräftige, gefärbte Dornen zu erzielen. Gibt man allerdings zuviel, leiden die Dornen durch den Kalküberschuß, und ledrige Haut ist die Folge. Obwohl viele Züchter darauf schwören, daß Kakteen leicht saure Bedingungen vorziehen, ist auch bekannt, daß zu saure Erde allen Gattungen außer *Rhipsalis* schadet. Im günstigsten Fall wirkt sich ein solcher Schaden so aus, daß die Pflanze zwar ein vollkommen gesundes, aber auch unnatürlich frisches Aussehen hat. Das macht sie zwar attraktiv für einen Käufer, aber einem ungeübten Liebhaber, der möglichst robuste Pflanzen haben sollte, bereitet sie wahrscheinlich nur Schwierigkeiten.

1. 2 Teile reife, lehmige Gartenerde, frei von nicht verrotteten organischen Bestandteilen; 1 Teil grober Flußsand; 1 Teil sehr grobkörniger Quarzsand; ein klein wenig Granulatdünger.
   Diese Mischung ist geeignet für *Opuntia, Cereus* und ähnliche Gattungen, *Echinopsis* und *Mammillaria. Selenicereus* und *Aporocactus* brauchen zusätzlich noch 1 Teil gut verrottete Lauberde.
2. Zu gleichen Teilen lehmige Gartenerde, Lauberde und Sand; 1/2 Teil grobkörnigen Quarzsand; ein wenig Granulatdünger.
   Passend für *Echinocereus* und ähnliche Gattungen. Für *Rebutia* und *Lobivia* vermindert man den Lauberdeanteil auf 1/2 und fügt statt dessen 1/2 Teil Torf zu.
3. Eine vorwiegend anorganische Mischung: 3 Teile Sand; 2 Teile lehmige Gartenerde; 1 Teil Lauberde; 1 Teil grobkörnigen Quarzsand.
   Geeignet für *Echinocactus* und ähnliche Gattungen. *Echinofossulocactus, Astrophytum* und *Gymnocalycium* bekommen nur 1 Teil Gartenerde und dafür 2 Teile Lauberde.
4. Gleiche Teile Lehm, Lauberde und Sand und wenig Dünger mit sehr hohem Phosphoranteil.
   Bestens geeignet für *Epiphyllum* und *Schlumbergera*. Bei *Rhipsalis* nimmt man statt Lehm faserigen Torf.

Gießen

Viele Leute glauben, daß hin und wieder ein Fingerhut Wasser für Kakteen vollauf genügt. Das sind genau die Leute, die sich immer beklagen, daß Zimmerpflanzen bei ihnen nicht alt werden. Und das ist kein Wunder.

Es kann nicht oft genug darauf hingewiesen werden, daß die meisten Kakteen während des Winters eine Ruheperiode brauchen. Während dieser Zeit kann man sie bis zu einem Monat ohne Wasser lassen, besonders, wenn man sie bei recht niedrigen Temperaturen hält. Aber es ist grausam, wenn man sie während der Wachstumsphase trocken stehenläßt. Ihr Feuchtigkeitsbedürfnis darf man nicht nur deshalb geringachten, weil sie keine Blätter besitzen, die sie hängen lassen können. Wie bei den anderen Wuchsbedürfnissen der Kakteen kann man auch hinsichtlich des Gießens keine festen Regeln aufstellen, zu vieles ist hier zu beachten. Um die verschiedenen Bedingungen, die berücksichtigt werden müssen, zu verdeutlichen, nehmen wir als Beispiel einen Wüstenkaktus in einem Tontopf geeigneter Größe. Im Winter steht er im Haus auf einem Fensterbrett bei 18–20° C. Im Sommer ist er draußen in der Sonne. Im Januar muß diese Pflanze einmal, höchstens zweimal gegossen und drei- bis viermal besprüht werden. Im Februar braucht sie zwei- bis dreimal Wasser, im März und April viermal, außerdem wird sie gelegentlich noch besprüht. Im Mai kommt der Kaktus allmählich nach draußen, zuerst nur in den Halbschatten oder höchstens für ein paar Stunden täglich in die Sonne. Während dieser Zeit reicht vier- bis fünfmaliges Gießen, wenn das Wetter nicht allzu heiß ist. Wenn die Pflanze dann schließlich voll in der Sonne steht, muß häufiger gegossen werden: Von Ende Juni bis September sind tägliche Wassergaben nötig.

Wird das Wetter dann wieder kühler, wird das Programm gerade umgekehrt, so daß im Dezember die Pflanzen nur noch ein paarmal gegossen und gelegentlich besprüht werden.

Was die Gießmenge anbetrifft, so ist nur ein Fingerhut voll bestimmt zuwenig. Das Wasser sollte die ganze Erde im Topf ausreichend befeuchten und die Möglichkeit haben, nach unten abzufließen. Gießen in zwei Stufen ist recht günstig, wobei man zuerst so stark gießt, bis das Wasser unten abläuft. Nach zehn Minuten gießt man dann mit einer geringeren Menge nach. Nach zu starker Austrocknung läuft das Wasser oft entlang der Topfwand ab, ohne die Mitte des Wurzelballens zu erreichen. Dies ist meist beim seltenen Gießen im Winter der Fall. Ein halbstündiges Wasserbad bis an den Topfrand sorgt in diesem Fall für die richtige Durchfeuchtung.

Wenn die Pflanzen im Sommer draußen stehen, schadet ein gelegentlicher Regenguß nicht; im Gegenteil, für die an Unwetter gewöhnten Kakteen ist dies nur abhärtend. Eine längere Regenperiode schadet jedoch den Pflanzen, und sie sollten dann unter ein Dach gebracht werden.

Im Sommer sind Regenschauer oft gefolgt von stechend klarer Sonne. Dagegen kann man nichts tun, und den Pflanzen scheint es offensichtlich auch nicht zu schaden. Trotzdem ist es nicht ratsam, die Natur in dieser Beziehung nachzuahmen. Kakteen sollten nicht gegossen werden, solange ihre Töpfe noch heiß von der Sonne sind. Obwohl es die beste Zeit wäre, wird kaum ein Kakteenpflanzer schon vor Sonnenaufgang gießen. Für ihn ist die beste Zeit nach Sonnenuntergang oder zumindest am späten Nachmittag, wenn die Töpfe etwas abgekühlt sind. Außerdem hat diese Methode den Vorteil, daß die Erde über Nacht schön kühl bleibt.

Leitungswasser kann in Gegenden mit geringer Wasserhärte durch-

aus zum Gießen verwendet werden. Hartes Wasser kocht man am besten ab, um den Kalk auszufällen. Am günstigsten ist auf jeden Fall Regenwasser, und man sollte es unbedingt vorziehen, wo es verfügbar ist. Sehr gut ist auch das Auftauwasser aus dem Kühlschrank geeignet, das ähnliche Eigenschaften wie destilliertes Wasser aufweist. Hartes Wasser verursacht häßliche weiße Ränder am Fuß der Pflanzen und verstopft die Spaltöffnungen. Zum Sprühen ist es völlig ungeeignet, da es auf der ganzen Pflanze im Laufe der Zeit einen grauen Belag und Flecken hinterläßt. Die Mühe der Beschaffung geeigneten Wassers lohnt sich in jedem Fall.

Den Epiphyten und Halbepiphyten der Untertriben *Epiphyllinae* und *Rhipsalidinae* sollte nach der Blüte nur eine kurze Ruheperiode gegönnt werden. Nach dieser sollten sie auch nur selten gegossen, dagegen aber häufig besprüht werden, um ein Runzligwerden der Triebe zu verhindern. Wenn *Epiphyllum* während des ganzen Winters kühl gehalten wird, wirkt sich die Ruheperiode am günstigsten aus.

Umtopfen

Am natürlichen Standort streichen die Wurzeln von Kakteen über mehrere Meter oder dringen tief in den Boden. Kakteen sind aber sehr anpassungsfähig und erreichen im Topf mit einem sehr beschränkten Wurzelsystem doch beachtliche Größen. Allerdings ist die Wachstumsgeschwindigkeit stark verringert.

Das Umtopfen von Kakteen gehört nicht zu den angenehmen Garten-
arbeiten, vor allem wenn man es mit einer dornenstarrenden Kugel
oder, noch schlimmer, mit einer Opuntie zu tun hat. Trotzdem ist es
möglich, das Umtopfen schmerzfrei zu gestalten.
Bei normalen Pflanzen schlägt man den umgekehrten Topf mit seinem
Rand auf eine harte Kante und läßt den gelockerten Wurzelballen in die
andere Hand fallen. Bei Kakteen legt man den Topf seitlich auf eine feste Unterlage und klopft unter Drehen kräftig auf den Topfboden. Dabei
löst sich der Ballen von der Topfwand. Bei Plastiktöpfen, in denen die
Wurzeln weniger mit der Wand verwachsen, gelingt das einfacher als
bei Tontöpfen. Wenn sich so der Ballen nicht löst, stellt man den Topf
einfach aufrecht und fährt mit einem Messer ringsum zwischen Topfwand und Ballen. Bei älteren Kugelkakteen wie *Echinopsis* und ähnliche Gattungen kann man keine von beiden Methoden anwenden, da
die Pflanzen über den Rand des Topfes ragen. Hier bleibt als einzige
Möglichkeit das Zerschlagen des Topfes mit kurzen, kräftigen Ham-
merschlägen.
Wenn sich der Ballen etwas gelockert hat, schlägt man bei dem immer
noch auf der Seite liegenden Topf kräftig auf den Rand. Danach kann
man den Topf meist leicht entfernen. Sollte er immer noch nicht vom
Ballen abzuziehen sein, kann man mit einem Stöckchen durch das Entwässerungsloch nachhelfen. Dann hält man den Wurzelballen hoch
und schlägt mit dem Stock seitlich ein wenig von der Erde ab. Wenn die
Wurzeln außen ein dichtes Geflecht gebildet haben, schneidet man

Links: Beim Umtopfen von Kakteen verwendet man zum Einfüllen der Erde am besten einen Teelöffel.
Rechts: Vor allem große Töpfe brauchen am Grund eine ausreichend starke Drainageschicht, um Staunässe und dadurch verursachte Wurzelfäule zu verhindern.

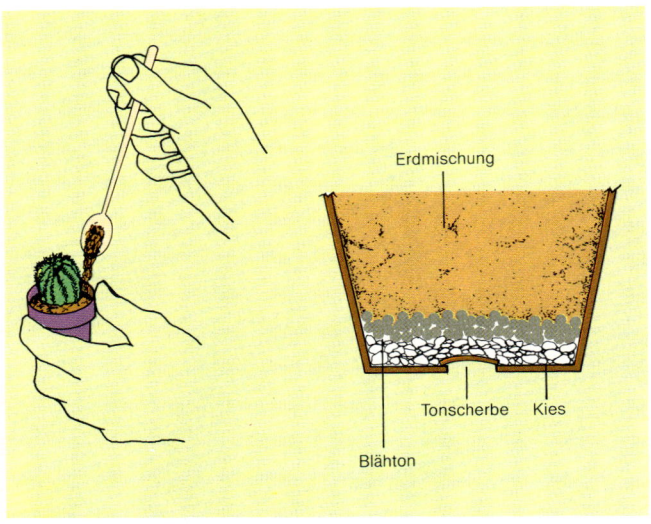

Erdmischung

Tonscherbe   Kies

Blähton

dieses ab, da es meistens aus toten Wurzeln besteht, die neuen Wuchs verhindern, unabhängig davon, wieviel neue Erde nachher außen zur Verfügung steht.

Der neue Topf sollte nur wenig größer sein als der alte. Über das Entwässerungsloch legt man einen Stein oder eine Topfscherbe, dann folgt eine der Topfgröße entsprechend dicke Entwässerungsschicht aus Kies, Blähton oder ebenfalls Topfscherben. In großen Töpfen kann diese Schicht 1½ cm dick, in kleinen Töpfen entsprechend dünner sein. Bei Plastiktöpfen mit mehreren Löchern sollte man nur Kies verwenden. Dieser gewährleistet einen besseren Wasserabzug als alles andere Material, was bei Plastiktöpfen ohne seitliche Wasserverdunstung besonders wichtig ist.

Auf die Drainageschicht kommt neue Erde, und darauf setzt man vorsichtig die Pflanze. Mit kleinen Stöckchen fixiert man sie in der Mitte des Topfes, bis man außen unter gelegentlichem Schütteln neue Erde bis ungefähr 1 cm unter den Rand aufgefüllt hat. Dann drückt man die Erde mit dem Finger oder, wenn die Pflanze zu stachlig ist, mit einem Hölzchen fest.

Der Wurzelhals darf nie in der Erde stecken. Hat man auf den Boden zuwenig Erde eingefüllt, und die Pflanze sitzt zu tief, muß der ganze Vorgang wiederholt werden. Wenn der Wurzelhals nur wenig zu tief sitzt, kann man mit einer dünnen Lage grobkörnigem Quarz auffüllen. Dies gewährleistet eine ausreichende Belüftung, so daß es nicht zu Fäulnis kommen kann.

Das Beschreiben des Umtopfens ist umständlicher als die Arbeit selbst. Trotzdem muß man glücklicherweise Kakteen wegen ihres langsamen Wachstums nur alle zwei bis drei Jahre umtopfen. Junge Kakteen, die häufig in Minitöpfchen verkauft werden, sollten allerdings gleich umgetopft werden. Dies erklärt sich aus ihrer Anzuchtweise. Sämlinge, die dicht an dicht in einer Saatschale gekeimt sind, werden in eine andere Schale mit sehr grober, durchlässiger Erde pikiert. Dort haben sie ausreichend Platz, um zu verkaufsfähiger Größe heranzuwachsen.

Auf die gleiche Weise pflanzt man Abschnitte und Ableger aus. Wenn die Pflänzchen ausreichend Wurzelmasse gebildet haben, werden sie mit einer winzigen Erdmenge in die Zwergentöpfchen verpflanzt. Das macht wenig Arbeit und schadet den Pflanzen auch nicht. Natürlich kann keine Pflanze unter so beengten Verhältnissen lang durchhalten, und so sollten die Kakteenkinder so rasch wie möglich in Töpfe von mindestens doppelter Größe umgepflanzt werden.

Wenn die zum Verpflanzen verwendete Erde vollkommen trocken ist, sollte der Kaktus anschließend leicht gegossen werden. Ist sie jedoch feucht, darf unter keinen Umständen weitere Feuchtigkeit zugeführt werden. Boden und Pflanze sollten jedoch täglich während der nächsten zwei bis drei Tage besprüht werden. Anschließend kann man der Jahreszeit entsprechend gießen. Außerdem sollte, besonders im Sommer, die Pflanze für eine Woche schattig gestellt und dann wieder allmählich an die Sonne gewöhnt werden.

Vermehrung

Die übliche, schnellste und einfachste Art, Kakteen zu vermehren, geschieht durch Abschnitte. Besonders bei den blühfreudigen und hübschen Hybriden kann man nur durch Vermehrung mit Abschnitten sicher sein, daß die Nachkommen mit den Eltern identisch sind. Meist zieht man Kakteen nicht aus Samen, da man erstens nie sicher sein kann, ob die Arten samenecht sind, und es zweitens bei vielen Arten schwierig ist, Samen zu bekommen, da sie erst im Alter fruchten und das oft auch nur in ihrer Heimat. Im allgemeinen vermehrt man nur die Arten mit Samen, welche sich nicht verzweigen und von denen man deshalb keine Ableger gewinnen kann; dazu gehören leider die meisten seltenen Kakteen. In manchen Fällen kann man aber auch von nicht verzweigenden Arten Ableger gewinnen, indem man einfach die Sproßspitze abschneidet.

Im allgemeinen verwendet man aber Seitenäste, direkt an der Bodenoberfläche abgehende Nebensprosse oder unterirdische Verzweigungen als Abschnitte. Diese müssen vorsichtig abgenommen werden, da der Haupttrieb nicht verletzt werden darf. Man muß sich auch vorher überlegen, wie die Elternpflanze nach der Entnahme aussieht. Bei besonders großen, alten Exemplaren sollte man keine Seitenäste entnehmen, da sie anschließend meist unproportioniert erscheinen und außerdem die Gefahr des Absterbens der ganzen Pflanze besteht.

Zweigabschnitte sind besonders von Opuntia *und* Cereus *leicht zu gewinnen. Um Fäulnis zu vermeiden, sollten die Abschnitte nicht zu tief gepflanzt werden. Außer bei sehr heißem Wetter läßt man sie längere Zeit absolut trocken.*

Abschnitte entnimmt man mit einem scharfen Messer. Bei großen Pflanzen ist manchmal eine feine Säge nötig. Scheren sind nicht geeignet, da sie das Pflanzengewebe quetschen. Den Schnitt sollte man immer an einem Knoten machen. Bei Abschnitten von *Epiphyllum* ist es zweckmäßig, den Abschnitt V-förmig zuzuspitzen, indem man die fleischigen Flügel entfernt, die beim Einpflanzen leicht in Fäulnis übergehen. Wenn man sie entfernt, bildet die Pflanze, nachdem sie Wurzeln gezogen hat, zahlreiche Verzweigungen.

Den Abschnitt stellt man trocken an einen schattigen Ort, bis sich an der Wunde ein Kallus gebildet hat, was bis zu drei Wochen dauern kann. Das erfordert Geduld, denn wenn die Wunde nicht vollkommen trocken und verheilt ist, verliert man die Pflanze sicher durch Fäulnis.

Die Abschnitte pflanzt man in dieselbe Bodenmischung wie die Mutterpflanze. Empfindliche Arten setzt man zuerst in gewaschenen, nährsalzfreien groben Sand. In jedem Fall sollten sowohl Erde als auch Sand fast völlig trocken sein. Abschnitte darf man auch nicht zu tief in den Boden stecken. Lange Abschnitte bindet man deshalb an Stöckchen, damit sie nicht umfallen. Kugelige Teile drückt man nur in eine flache Vertiefung, so daß die unteren Areolen und Dornen nicht bedeckt werden.

Während der ersten Tage hält man die Pflanze im Schatten und besprüht sie leicht. Dann gießt man sie auch im Sommer nur sehr schwach, bis sich eindeutig Wurzeln gebildet haben. Die beste Jahreszeit für Abschnitte sind das späte Frühjahr und der Sommer. Man kann

Kakteen kann man in Blumentöpfen aus Samen ziehen. Die Oberfläche unterteilt man für verschiedene Arten. a) Echinocactus texensis, *drei Wochen alt. b)* Ferocactus wislizeni, *zwei Monate alt. c)* Coryphantha radians, *drei Monate alt; in diesem Alter werden bei vielen Arten die ersten Dornen gebildet. d)* Astrophytum-*Pflänzchen.*

diese Arbeit aber auch zu jeder anderen Zeit durchführen, wenn man den Abschnitt lange genug an einem warmen, luftigen Ort trocknen läßt und ihn nach dem Eintopfen ziemlich trocken bei Temperaturen über 18° C hält.

Wie bereits erwähnt, werden Kakteen selten aus Samen gezogen, mit Ausnahme von Kaktusgärtnereien, die für ihre Lieferungen große Pflanzenzahlen benötigen, besonders aber auch von europäischen Liebhabern. Hier die Beschreibung dieser Vermehrungsart:

Kakteensamen behalten ihre Keimfähigkeit für mehr als zwei Jahre, aber am willigsten keimen frische Samen. Während einige Arten schon nach einer starken Woche Pflänzchen bilden, brauchen andere dazu einen Monat bis zu einem Jahr. Die Keimung der hartschaligen Opuntiensamen wird durch zwei- bis dreitägiges Einweichen in warmem Wasser beschleunigt.

Die beste Saatzeit liegt zwischen April und Oktober. Wenn jedoch die Keimbedingungen – Temperaturen um 21° C und hohe Lichtintensität – gegeben sind, kann man zu jeder anderen Zeit aussäen. Bei niedrigeren Temperaturen dauert die Keimung länger und unterbleibt bei manchen Arten auch ganz.

Die Aussaat erfolgt am besten in flachen Tonschalen, die man zur besseren Drainage halb mit Kies oder Topfscherben füllt. Darauf gibt man bis 1–2 cm unter den Rand eine Mischung von gleichen Teilen grobem Sand und reifem Laubkompost. Fachleute mischen oft noch etwas feinen Blähton oder ein wenig Lehm bei. Man kann auch mit Steinmehl

und ähnlichem Material experimentieren, was allerdings schon einige Erfahrung erfordert. Die Erde wird angefeuchtet, eingeebnet und mit einem Brettchen leicht angedrückt. Dann streut man die Samen so gleichmäßig wie möglich auf die Oberfläche, drückt sie an und bedeckt sie mit feinem Sand. Diese Sandschicht macht man bei kleinen Samen sehr dünn, bei größeren darf sie bis zu 3 mm dick sein. Das gleichmäßige Verteilen der Samen wird einfacher, wenn man sie auf einem Papier mit Sand mischt, dann das Papier knifft und den Sand mit dem Samen gleichmäßig auf die Oberfläche streut. Gewässert wird, indem man die Schale in ein Wasserbad stellt, bis die Erde völlig getränkt ist.

Oft wird empfohlen, die Schale mit Glas oder einer Folie abzudecken, wobei man immer wieder lüften muß, um übermäßige Kondenswasserbildung zu vermeiden. Eine solche Abdeckung braucht man bei Aufstellung im Freien, da dort selbst im Schatten die Samen rasch austrocknen würden. Im Zimmer deckt man besser mit dickem Papier ab, da dieses zwar überschüssiges Kondenswasser aufnimmt, aber doch eine hohe Luftfeuchte gewährleistet.

Sobald die Keimblätter erscheinen, ist es ratsam, die Pflänzchen leicht mit einem Fungizid zu besprühen und dies in Abständen zu wiederholen, da sie in diesem Stadium sehr anfällig für Pilzerkrankungen sind. Verpflanzen sollte man erst bei einem Durchmesser von 1–2 cm, beziehungsweise einer Höhe von 3–4 cm. Wenn die Pflanzen zu dicht stehen, kann man sie in eine andere Schale mit gleicher Erdmischung pikieren, am besten in Reihen in ausreichend großem Abstand.

Sammeln von Kakteen am Standort

Neben Aussaat und vegetativer Vermehrung gibt es noch eine weitere verlockende Möglichkeit, die eigene Sammlung zu vergrößern. Reisen in das Verbreitungsgebiet der Kakteen in Amerika sind in den letzten Jahren zunehmend billiger geworden. Dort könnte man bei entsprechender Ausdauer und Fachkenntnis wildwachsende Kakteen ausgraben. Früher war das gängige Praxis, heute sieht man das nicht mehr gern aus folgenden Gründen: (1) Da von Sammlern meist seltene Stücke ausgegraben werden, können diese bald in ihrem Bestand bedroht sein. (2) Wüstengegenden, in denen Kakteen vorkommen, haben eine so schüttere Pflanzendecke, daß jede Wunde im Boden zu starker Erosion und Schädigung der übrigen Pflanzen führen kann. Und was die Sache noch schlimmer macht, der Sammler, oder man sollte besser sagen der Dieb, wird meist kaum in der Lage sein, die geraubte Pflanze am Leben zu erhalten.

Um solchen Problemen vorzubeugen, gibt es in den Südweststaaten der USA ein Gesetz gegen die unerlaubte Entnahme von Kakteen aus dem Freiland. Nach diesem Gesetz muß ein Sammler bei den zuständigen Behörden erfragen, welche der von ihm gewünschten Arten gesammelt werden darf. Arten, die auf der Roten Liste stehen, dürfen nur mit schriftlicher Genehmigung gesammelt werden. Besitzt man diese Genehmigung nicht, riskiert man eine empfindliche Geld- oder Gefängnisstrafe.

Rechts: So pfropft man einen Kaktus. Myrtillocactus geometrizans *eignet sich sehr gut als Unterlage, bewurzelte Abschnitte sind allerdings nicht einfach zu bekommen.*
Oben: Die Unterlage wird zur Vorbereitung waagerecht abgeschnitten.
Mitte: Mediolobivia pectinata *wird mit Gummibändern auf die Unterlage gepreßt.*
Unten: Erfolgreich gepfropfte Sulcorebutia. *Die Seitentriebe kann man als Abschnitte verwenden.*

Pfropfen

Gepfropft wurden Kakteen früher nur, um das schwache Wurzelwachstum einiger Arten auszugleichen oder um Pflanzen mit extremen Standortansprüchen halten zu können. Heute ist das Pfropfen in Mode gekommen, und Pflanzen mit völlig ausreichendem eigenem Wurzelsystem werden jetzt als Pfropflinge angeboten.

Der Grund für diese Entwicklung ist darin zu sehen, daß junge Sämlinge auf der eigenen Wurzel weit weniger rasch wachsen, als wenn man sie so früh wie möglich verpfropft. Pfropflinge erreichen in einem Jahr eine Größe, welche normale Pflanzen erst in vier bis fünf Jahren erreichen. Dieser Zeitgewinn ist für Kakteengärtnereien zwar sehr wichtig, verschandelt aber doch die sonst hübschen Pflanzen. Vollends entstellt werden sie häufig auch durch gefärbte kleine Strohblumen, die man auf ihre Dornen steckt.

Wer Interesse an der Technik des Pfropfens hat, sollte dies nur mit Arten versuchen, die aufgrund ihrer Wuchseigenschaften tatsächlich dieses Eingriffs bedürfen. Außerdem sollte man so tief wie möglich pfropfen, wenn auch nur aus ästhetischen Gründen.

Ganz allgemein sollte die Unterlage immer wuchsfreudiger sein als der Pfropfling. Eine schwachwüchsige Art entwickelt sich so rascher, das Wurzelsystem der Unterlage wird dabei aber geschwächt. Ist der Pfropfling wüchsiger als die Unterlage, so schrumpft diese, und die ganze Pflanze stirbt ab.

Epiphytische Kakteen bieten sich zum Pfropfen geradezu an wegen ihres hängenden Wuchses und ihrer schwachen Wurzeln. Außerdem blühen sie gepfropft auch reichlicher. Alle Epiphyten kann man auf *Hylocereus undatus* pfropfen. Bei *Schlumbergera* entfernt man die fleischigen Flügel des unteren Internodiums wie bei der Vorbereitung von Abschnitten. Den entstehenden Keil paßt man in einen gleich geformten Spalt am Rand einer Rippe der Unterlage. Auf diese Weise kann man drei Pfropflinge auf *Hylocereus* aufbringen, was der ganzen Pflanze einen harmonischen Aufbau gibt. Das Geheimnis, eine Pfropfung zum »Angehen« zu bringen, liegt im exakten Schnitt. Der Pfropfling muß sich ohne Nachhelfen paßgenau in den Spalt schmiegen. Um ein Verrutschen zu verhindern, kann man den Pfropfling mit Dornen eines anderen Kaktus fixieren, die man nach acht bis zehn Tagen wieder entfernt. Diese Zeit reicht zum Verheilen der Wunden aus, wenn die Pflanze in sehr trockener Luft bis zu 25° C gehalten wird. Nadeln sind zum Fixieren nicht geeignet. Kugelige und säulenförmige Arten pfropft man meist auf *Hylocereus undatus. Cereus, Espostoa, Echinocactus, Lobivia* und *Melocactus* bevorzugen als Unterlage *Trichocereus*, vor allem *Trichocereus spachianus.*

Wichtig ist immer, daß Unterlage und Pfropfling ungefähr denselben Durchmesser besitzen. Beide müssen mit glattem, waagrechtem Schnitt abgetrennt werden. Anschließend preßt man sie leicht aufeinander und reibt sie etwas hin und her, um eventuell eingeschlossene Luftblasen auszutreiben. Dann gibt man zur Befestigung kreuzweise Gummibänder um Pfropfling und Topfboden, wobei man die Sproß-

spitze mit einem Stückchen Stoff vor Beschädigung schützt. Man kann den Pfropfling auch mit einem Band befestigen, doch läßt sich hier die Spannung nicht so gut regulieren. Die Gummis dienen nur der Fixierung, brauchen also keinen stärkeren Druck auszuüben. Das Verheilen der Wunde und das Zusammenwachsen dauert bei günstiger Temperatur und trockener Luft ungefähr einen Monat. Die Pflanze hält man solange im Schatten und gießt nur verhalten. Sprühen darf man auf keinen Fall, da dadurch Wundfäule gefördert würde.

Haltung im Freiland und die großen Kakteensammlungen

Wo immer das Klima mild genug ist und die Temperaturen nicht oder nur für wenige Tage unter den Gefrierpunkt absinken, kann man Kakteen auch ganzjährig im Freien halten. Ideale Gebiete sind die meist trockeneren Gebiete der Subtropen und die höheren Lagen der Tropen. In Europa gewähren einzig die Mittelmeerländer Griechenland, Süditalien, die italienische und französische Riviera sowie südliches und südwestliches Spanien geeignete Bedingungen. Lediglich einige Opuntienarten (*Opuntia phaecantha, Opuntia rafinesquei* und andere) sind winterhart und können auch in anderen Gebieten Europas im Freiland angepflanzt werden. Einige Kaktusarten aus den Kordilleren Chi-

Der Desert Botanical Garden in Phoenix, Arizona.

les und Perus gedeihen auch im relativ milden Klima Südenglands, wenn man sie im Winter vor kalten Winden und vor allem vor Nässe schützt.

Neben geeignetem Klima brauchen Freilandkakteen unbedingt einen hervorragend drainierten Standort ohne jede Staunässe. Zerklüftetes, felsiges Gelände, wie es in den Mittelmeerländern oft angetroffen wird, eignet sich daher besonders. Steilere Abhänge müssen allerdings in kleinere Terrassen aufgegliedert werden, da sonst oberflächlich abflie- ßendes Wasser nach starken Regenfällen die Wurzeln freispülen kann. Alle in Europa angepflanzten Kakteen brauchen entweder einen natürlichen oder einen künstlichen Schutz gegen die in der kalten Jah- reszeit immer wieder auftretenden kalten Winde aus nördlichen bis öst- lichen Richtungen.

Besonders gefährlich sind im Winter auftretende stärkere Regenfälle, welche die Kakteen gerade während ihrer Ruhezeit treffen. Sie müs- sen unbedingt abgehalten werden. Da in Küstengebieten meist weni- ger Niederschläge fallen als im bergigen Hinterland, findet man dort auch die bekannten Kakteensammlungen in Europa.

Die meisten bekannten Gärten und Sammlungen mit Kakteen zeigen häufig auch Sukkulenten aus anderen Familien, aber der ganze Stolz sind doch immer die monumentalen Kaktusarten: die großen Säulen von *Cereus*, die dornenstarrenden kugeligen Formen, die vielarmigen Opuntien, bizarre kriechende Formen, und auch kleine Arten, die manchmal urtümlichen Skulpturen im Kleinformat ähneln.

Obwohl solche Formen selten sind, bildet selbst Carnegiea gigantea *an ihrem natürlichen Standort Cristaten. Besonders auffällig ist diese Anomalität, wenn sie nicht alle Triebenden einer Pflanze erfaßt. Bei dem abgebildeten Exemplar gab wahrscheinlich eine Verletzung des Vegetationspunkts Anlaß zu dem ungewöhnlichen Wuchs.*

Gute bis hervorragende Kakteensammlungen findet man in den USA an folgenden Orten:

Die Huntington Botanical Gardens in San Marino, Kalifornien, besitzen der Welt größte Freiland-Sukkulentensammlung. Auf einer Fläche von fünf Hektar stehen rund 30 000 blühende Exemplare. Kakteen wachsen dort neben Aloe, Agaven und Yukka, unzählige Euphorbien wetteifern mit riesigen Gruppen von *Echinocactus*.

Im Boyce Thompson Arboretum in Superior, Arizona, stehen neben Sukkulenten auch viele andere Pflanzen, die an aride Klimate angepaßt sind. Selbstverständlich findet man dort auch eine reichhaltige Sammlung von Kakteen.

Dasselbe trifft auch für den Desert Botanical Garden in Tucson, Arizona, zu. Besonders interessant in diesem Garten ist ein Informationszentrum für Hobbygärtner, das von der Zeitschrift »Sunset« unterhalten wird. Hier wird man ausführlich über die Haltung von Kakteen im Haus und im Freiland unterrichtet.

Eine kleine, aber nicht minder interessante Sammlung befindet sich im Botanischen Garten der Stadt Phoenix in Arizona. Außergewöhnlich ist auch der Cholla Cactus Garden im Joshua Tree National Monument in Kalifornien.

Die europäischen Kakteensammlungen sind in mancher Hinsicht erlesener als die in den USA. Wahrscheinlich kommt es daher, daß Kakteen in Europa schon immer etwas Besonderes waren und deshalb mehr geschätzt werden als in ihrer Heimat.

An der italienischen Riviera, unweit der französischen Grenze, werden
in den Gärten von La Mortola neben anderem über achtzig *Opuntia*-Ar-
ten gezogen. Etwa 50 km westlich davon werden im Jardin Exotique
von Monte Carlo nur Sukkulenten gezeigt, darunter gewaltige Säulenkakteen und Kugelformen. Gerade die letzteren sind von so unge-
wöhnlicher Größe, daß sie mit Ringen vor dem Umfallen geschützt werden müssen. Nicht weit davon, in St. Jean-Cap Ferrat, liegt der bekannte Park *Les Cèdres*. Neben den großen Exemplaren, die im Freien
stehen, kann man dort in Reihen von Gewächshäusern die wohl größte
Sammlung von Sukkulenten der Welt bewundern. Diese Sammlung
wird durch den Erwerb von seltenen Exemplaren ständig vergrößert.
Schließlich gibt es noch in dem Küstenort Blanes nördlich von Barce-
lona die herrliche Sammlung von Freiland-Opuntien von F. Rivière de
Caralt.

Schädlinge und Krankheiten

Die schlimmsten Feinde der Kakteen sind Pilzkrankheiten, die vor allem bei zu großer Feuchtigkeit Fäulen an Wurzeln und Sproß verursa-
chen. Verschiedene Arten von Schimmel- und Fäulepilzen können jeden Teil der Pflanze befallen. Bei Wurzelbefall gibt es kaum noch Hilfe,
da der Erreger dann meist schon das Innere des Sprosses zersetzt hat.
Dagegen können gegen Fäulen, welche die Oberfläche irgendeines

53

oberirdischen Teiles befallen haben, Schritte unternommen werden, welche die Pflanze noch retten. Zuerst wird sie ausgetopft, dann gewaschen und sorgfältig von bereits zersetztem Material gereinigt. Alle toten Wurzeln, eingesunkenes und offensichtlich erkranktes Gewebe wird mit einem scharfen Messer abgeschnitten. Anschließend werden alle Schnittstellen und Wunden mit Schwefelpulver, Holzkohle oder mit einem Fungizid eingestäubt, um Neuinfektionen zu verhindern. Zuletzt topft man die Pflanze wie einen Abschnitt in reinen Sand und hält ihn trocken bei Temperaturen nicht unter 18–21° C.

Da Vorbeugen immer besser ist als Heilen, sollte man besonders bei hoher Luftfeuchte darauf achten, daß man Wassergaben eher zu gering als zu hoch bemißt und daß man die Pflanzen bei kaltem Wetter oder wenn die Töpfe durch einen Regen völlig durchnäßt sind, an einen wärmeren Platz stellt. Man muß immer wieder daran erinnern, daß Kakteen, wie alle Sukkulenten, eine unglaubliche Trockenresistenz besitzen. Dürr aussehende Wurzeln und durch übergroßen Wasserverlust runzlige Triebe beginnen neues Wachstum und werden wieder prall, wenn man sie nur bei entsprechend warmen Temperaturen ein paarmal gießt.

Glücklicherweise gibt es nur wenige Insekten als Schaderreger an Kakteen. In ihrer Heimat sind die bedeutendsten die Schildläuse. Bei uns kommen sie nur gelegentlich an importierten Exemplaren vor. Zur Bekämpfung stellt man die befallene Pflanze am besten gleich in die Quarantäne und entfernt die Schildläuse mit einem Zahnstocher.

Eine Schildlausart, *Dactylopius coccus*, wurde schon in vorkolumbianischer Zeit auf verschiedenen Opuntienarten gezüchtet. Der von den weiblichen Tieren vor der Eiablage gebildete rote Farbstoff Cochenille wurde gesammelt. Ungefähr 120 000 Tiere liefern 1 kg Farbstoff. Als die Spanier Mexiko eroberten, war diese Farbgewinnung bereits ein alter Industriezweig. Zuerst hielt man die Farbe für eine pflanzliche Ausscheidung. Erst 1703 entdeckte man mit Hilfe des Mikroskops die Laus als Lieferanten. Ausgehend von Mexiko verbreitete sich die Cochenilleproduktion nach Algerien, Südafrika, Indien und sogar nach Südspanien und auf die Kanarischen Inseln. Dort bildete sie bis zur Erfindung der Chemiefarben einen bedeutenden Wirtschaftszweig.

In Deutschland werden Kakteen hauptsächlich von Wurzelläusen, die unterirdisch an den Wurzeln saugen, und von Spinnmilben geplagt. Beide Schädlinge erkennt man wegen ihrer verborgenen Lebensweise oder wegen ihrer Kleinheit meist erst an den verursachten Schäden. Befall durch Wurzelläuse äußert sich in unbefriedigendem Wachstum und schwacher Blütenbildung. Spinnmilben, die vor allem im Winter bei Zimmertemperatur mit geringer Luftfeuchte auftreten, saugen einzelne Pflanzenzellen leer. Diese leeren Zellen erscheinen als fahle, weißliche Tupfen.

Wurzelläuse kann man bekämpfen, indem man beim Umtopfen die befallenen Wurzeln vollständig entfernt oder indem man die Wurzeln kurz in eine Insektizidlösung taucht. Andere Insekten wie Schildläuse, Schmierläuse und Blattläuse kann man durch eine mindestens zweimalige Anwendung von geeigneten Insektiziden im Abstand von 10

Tagen bekämpfen. Spinnmilben ist mit solchen Mitteln kaum beizukommen. Sie sind jedoch sehr empfindlich gegen kaltes Wasser und höhere Luftfeuchte. Wenn man die befallenen Pflanzen scharf mit kaltem Wasser abbraust und dies im Abstand von jeweils 5 Tagen zwei- bis dreimal wiederholt, dürften sie meist befallsfrei sein. Nach dieser Roßkur müssen die Pflanzen unbedingt an einen günstigeren Standort als vorher gebracht werden, um einen Neubefall durch diesen nur unter ganz bestimmten Bedingungen auftretenden Schädling zu verhindern.

In Kakteengärtnerein und großen Dauerpflanzungen treten gelegentlich auch Nematoden auf. Hier hilft nur ein Ausgraben der Pflanzen, Abschneiden der Wurzel und Verpflanzen in unverseuchten Boden. Der verseuchte Boden muß mit Dampf oder Chemikalien entseucht und die Wurzeln verbrannt werden. Dasselbe gilt für Topfpflanzen.

Gliederung der Familie Cactaceae

Tribus *Pereskieae*

Pflanzen mit holzigem Sproß, aufrecht oder niederliegend; Blätter bisweilen fleischig immergrün oder während der Ruhezeit zum Teil abfallend. Areolen dornig und in den Blattachseln mehr oder weniger wollig. Blüten hängend, einzeln oder in Gruppen; Frucht fleischig. Gattungen: *Pereskia, Maihuenia.*

Tribus *Opuntieae*

Meist sehr fleischige, verzweigte und gegliederte, abgerundete und flache Triebe. Zahlreiche Areolen mit oder ohne Dornen, jedoch immer mit Glochiden. Blätter flach oder zylindrisch und mit wenigen Ausnahmen bald abfallend. Dornen meist gerade und schlank, auch hakenförmig und als Hosendornen. Blüten einzeln an den Areolen sitzend; bestehend aus zahlreichen Kelch- und gefärbten Kronblättern. Die Frucht ist als vielsamige Beere meist eßbar.

Wichtigste Gattung: *Opuntia*. Größte Gattung mit über 300 Arten. Da sie in ihrer Gestalt je nach Anpassung an verschiedene Umweltbedingungen sehr unterschiedlich sind, ist eine Unterteilung in Untergattungen notwendig. Die Untergattungen wiederum teilt man in Serien. Zwischen den Fachleuten bestehen unterschiedliche Auffassungen über die Zahl der Untergattungen. Nach einigen sind es sechs, da aber zwei nur sehr schwer von zwei anderen zu unterscheiden sind, kann man sich auf vier beschränken.

– Untergattung **Consolea:** Ursprünglich für eine eigene Gattung gehalten. Die bis 10 m hohen Arten stammen alle aus Westindien. Der Stamm ist rund. Die aus ovalen Segmenten bestehenden Äste wachsen aus seitlichen Areolen und geben besonders der jungen Pflanze das Aussehen eines vielarmigen Kreuzes. Blüten besitzen am Grund des Griffels Nektarien.

– Untergattung **Opuntia:** Riesige Untergattung mit – je nach Autor – siebzehn bis neunundzwanzig Serien. Die nur wenige südamerikanische Arten umfassende *Brasilopuntia* fügen wir hier ein, obwohl sie teilweise als eigene Untergattung angesehen wird. Die Pflanzen sind groß und aufrecht, niederliegend oder aufsteigend. Alle besitzen mehr oder weniger flache, runde oder ovale bis längliche Glieder, welche überall mit Areolen besetzt sind. Entweder völlig ohne oder mit ein bis vier Dornen je Areole. Glochiden allgemein zahlreich und dicht stehend. Stämme werden mit zunehmendem Alter zylindrisch.

– Untergattung **Cylindropuntia:** Glieder gerundet, zylindrisch oder länglich; Hauptsproß groß und aufrecht oder kurz und niederliegend.

– Untergattung **Tephrocactus:** Ursprünglich von Lemaire als eigene Gattung eingerichtet; der Name leitet sich vom griechischen *tephra*, Asche, ab, wegen der meist grauen Farbe der Arten. Alle Arten sind in Südamerika beheimatet. Auf dem klein bleibenden Hauptsproß bilden sich Bündel von ein- bis mehrgliedrigen Seitenästen. Diese sind kugelig bis leicht zylindrisch. Wir schließen hier die nordamerikanische Untergattung *Clavatopuntia Fric* mit keulenförmigen Gliedern ein. Da viele Arten davon auch zylindrische Formen bilden, ist es abgesehen von einigen kleinen botanischen Details schwierig, die beiden Untergattungen zu unterscheiden.

Tribus **Cacteae**

Da dieser Tribus drei Viertel aller Arten der Familie umfaßt, ist er in Subtriben unterteilt. Die Arten sind mehr oder weniger fleischig und umfassen sowohl Erdpflanzen als auch Epiphyten; die Triebe können

einfach oder verzweigt sein, aus einem oder mehreren Gliedern von kugeligen, zylindrischen oder flachem Aussehen bestehen und auch blattähnliche seitliche Auswüchse besitzen. Die meisten Arten haben mehr oder weniger deutlich hervorstehende Rippen oder Mamillen. Blätter fehlen völlig und sind reduziert auf Schuppen an der Kronröhre, die deutlich abgesetzt ist und den Fruchtknoten enthält. Abgesehen von den Epiphyten und ein oder zwei schwach bewehrten Gattungen besitzen alle Arten Dornen unterschiedlicher Größe, Ausbildung und Farbe, jedoch sind es nie Hosendornen, und die Areolen besitzen auch nie Glochiden. Die sitzenden Blüten sind von unterschiedlicher Farbe und Größe, umfassen sowohl Tag- als auch Nachtblüher und sitzen fast immer einzeln an unterschiedlichen Stellen des Sprosses.
Die Frucht ist meist eine fleischige Beere mit vielen Samen.

Subtribus *Cereinae*
Meist aufrechte, manchmal aufsteigende verzweigte Pflanzen mit einem gewaltigen säulenartigen Haupttrieb, der sich zum Teil schon am Grund verzweigt. Die Äste bestehen aus mehreren Gliedern. Auch diese sind verzweigt und die meisten Glieder deutlich gerippt mit sehr dornenreichen Areolen. Die weißen oder gefärbten Blüten sind Tag- oder Nachtblüher, oft stark duftend und ringförmig am oberen Teil des Stammes sitzend. Die blütentragenden Areolen unterscheiden sich oft von den normalen. Die Frucht ist eine glatte oder dornige, fleischige Beere und bei einigen Arten eßbar.

Unten: Alle Arten des Subtribus Cereinae *besitzen ausgebreitete, seitlich stehende Blüten mit Ausnahme von* Cleistocactus. *Seine Blüten mit kurzen Kronblättern öffnen sich kaum.*
Rechts oben: Echinopsis *besitzen große, süß duftende Blüten auf einer langen, durchscheinenden Röhre. Leider sind sie sehr kurzlebig.*
Unten: Die Blüten von Selenicereus pteranthus, *der »Prinzessin der Nacht«, sind weiß, sehr groß, aber ohne Duft.*

Bedeutende Gattungen: *Cereus, Cephalocereus, Oreocereus, Pachycereus, Heliocereus, Trichocereus, Cleistocactus, Espostoa.*

Subtribus *Hylocereinae*

Der Name stammt vom griechischen *yle* und bedeutet Wald. Die Pflanzen besitzen aufsteigende Stengel und können mit Hilfe von Luftwurzeln an einer Stütze hochklettern. Sie sind in den Waldgebieten von Mittel- und Äquatorialamerika zu Hause, wo sie als Epiphyten und Halbepiphyten leben. Die Triebe sind meist schlank und bestehen aus zahlreichen Gliedern, an deren unterem Teil die Luftwurzeln entspringen. Die Stengel sind allgemein dreikantig oder geflügelt, mit kleinen Dornen an den Areolen, die in Vertiefungen sitzen.

Die nachtblühenden Blüten sind groß, fast immer weiß, gelegentlich auch rosa, mit rötlichen oder grünlichen Kelchblättern. Einige sind so schön und wohlriechend, daß sie den deutschen Namen »Königin der Nacht« erhielten. Die Kronröhre wie die große, dornige oder dornenlose Frucht sind von Schuppen bedeckt. Dieser Subtribus umfaßt neun Gattungen.

Bedeutende Gattungen: *Hylocereus, Selenicereus, Aporocactus.*

Subtribus *Echinocereinae*

Dieser und der folgende Subtribus sind nach dem Igel (griechisch *echinos*) benannt, da ihre meist kugeligen Sprosse außerordentlich dornig

59

sind. Die Pflanzen sind niedrig, mit kugeligen, ovalen oder länglichen Trieben; sie wachsen am Boden und besitzen meist einen Haupttrieb, der an seinem Grund zahlreiche Seitensprosse bildet, so daß große Kissen entstehen. Die Sprosse tragen erhabene Rippen oder Rippen, die aus senkrecht angeordneten Mamillen gebildet werden, welche mehr oder weniger wollige Areolen mit Dornen tragen. Die kräftig gefärbten Blüten stehen immer einzeln und entspringen normalerweise von seitlichen Areolen. Die fleischige Frucht mit schwarzen Samen springt nicht auf. Der Subtribus umfaßt sieben Gattungen, welche mit Ausnahme von *Echinocereus* alle aus Südamerika stammen. Wichtigste Gattungen: *Echinocereus, Echinopsis, Lobivia.*

Subtribus *Echinocactinae*

Diese Pflanzen besitzen einen kugeligen oder kurz zylindrischen Sproß, der meist unverzweigt ist. Er besitzt stark ausgeprägte Rippen, die sich mit zunehmendem Alter der Pflanze aus zusammengewachsenen Mamillen bilden, die in jungem Zustand noch getrennt sind. Der Sproß wächst manchmal zu beachtlicher Größe, und ältere Pflanzen, vor allem, wenn der Hauptsproß verletzt ist, können seitlich sproßähnliche Glieder bilden. Die Blüten sind klein und nicht besonders auffällig. Sie entspringen von Areolen in der Nähe des Vegetationspunktes und stehen immer einzeln. Die Frucht ist fleischig, manchmal eßbar und springt in der Reife auf. Zu diesem Subtribus gehören rund sechsunddreißig Gattungen, welche einige der seltensten und am wenigsten häufig kultivierten Kakteen umfassen. Diese sind ungewöhnlich geformt, schwierig zu vermehren und äußerst langsam im Wachstum. Hauptsächliche Gattungen: *Echinocactus, Ferocactus, Gymnocalycium, Neoporterea, Parodia, Stenocactus, Echinofossulocactus.*

Subtribus *Cactanae*

Diese Pflanzen sind kugelig oder geschwollen zylindrisch. Sie sind unverzweigt und bilden höchstens am Sproßgrund Seitentriebe. Die starken Rippen verlaufen senkrecht und stetig, nur leicht unterbrochen von den immer dornentragenden Areolen. Die Pflanzen bilden ein deutlich ausgeprägtes Cephalium, auf welchem die kleinen Blüten sitzen. Es ist wollig und gelegentlich borstig.
Die beiden einzigen Gattungen *Melocactus* und *Discocactus* werden beide kultiviert. *Melocactus* ist eine recht hübsche Gattung, die früher unter dem Namen *Cactus* bekannt war. Diese Gattung umfaßt ungefähr dreißig Arten, die alle aus den tropischen Gebieten von Zentral- und Südamerika sowie aus Westindien stammen.

Subtribus *Cactinae*

Vom Standpunkt des Kakteengärtners gesehen ist dies der wichtigste Subtribus der *Cacteae*, da zu ihm die Mammillarien gehören. Obwohl zu dieser Gattung weniger Arten gehören als zu den Opuntien, bietet sie doch einen solchen Reichtum an Varietäten und Hybriden, daß die genaue Bestimmung einer Pflanze oft fast unmöglich wird.

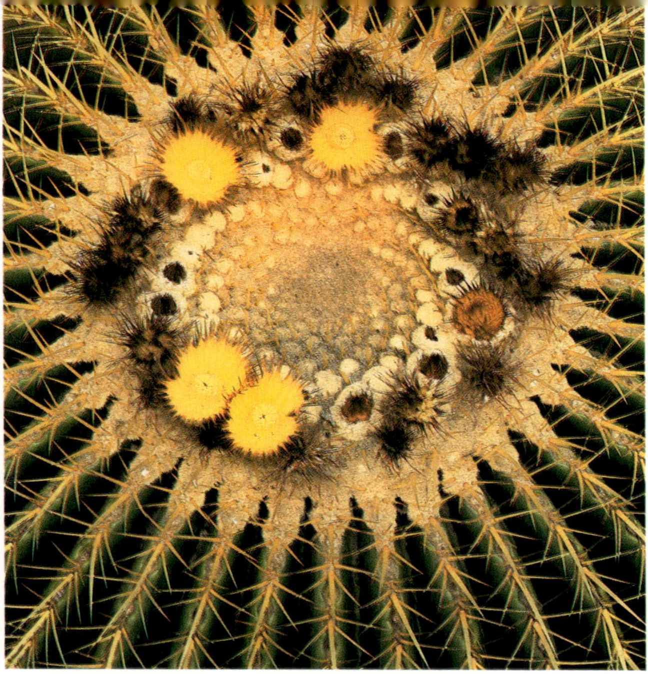

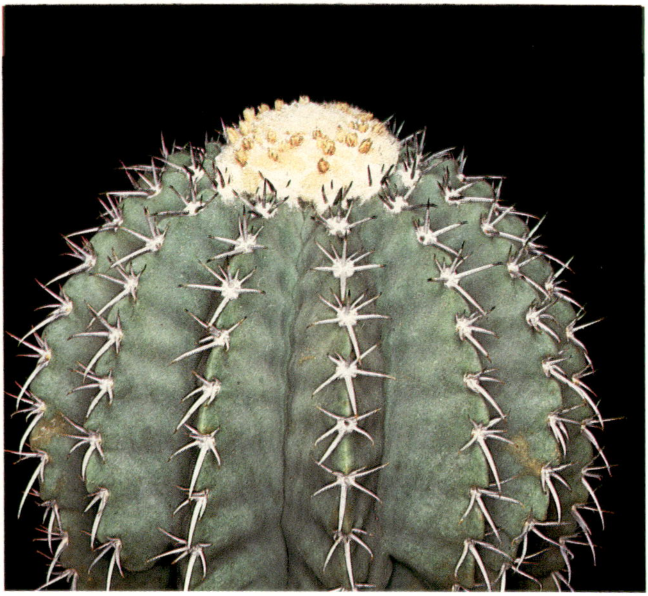

Alle zugehörigen Arten sind kugelig oder im Alter leicht zylindrisch. Sie
wachsen langsam, und ihre Mamillen sind spiralig angeordnet. Dornen
stehen auf den Spitzen der Mamillen und setzen sich als Wolle auf deren Oberseite fort. Dort entspringen die Blüten oder bei geteilten Areolen aus den wolligen Axillen. Die Blüten stehen immer einzeln am älteren Teil der Pflanze und sind von sehr unterschiedlicher Größe. Die
Frucht ist eine grüne oder rote, nicht aufspringende Beere.
Wichtigste Gattungen: *Mammillaria, Coryphantha, Thelocactus, Escobaria*.

Subtribus ***Epiphyllinae***
Die letzten beiden Subtriben umfassen einen Typ von Kakteen, der von
den oben beschriebenen völlig abweicht. Da sie aus tropischen Wäldern stammen, sind sie fast alle Epiphyten, sie können jedoch auch auf
der Erde wachsen, wenn der Boden humusreich und gut durchlüftet ist.
Am natürlichen Standort wachsen einige auch in Felsritzen, aber sie
ertragen alle keine pralle Sonne, da sie an Schatten in heißer, feuchter
Luft gewöhnt sind.
Die Pflanzen setzen sich aus zahlreichen gegliederten Ästen zusammen, jeder mit einer festen, zum Teil vorstehenden Hauptader verse-
hen, die seitlich fleischige Auswüchse besitzt. Dies gibt den Gliedern
ein flaches, blattähnliches Aussehen, nur die unteren Glieder sind
stammähnlich. Aus den Ästen entspringen oft Luftwurzeln. Sie dienen
nur zur Aufnahme von Luftfeuchtigkeit und sind kaum in der Lage, die

Pflanze zu verankern oder sonstige Nährstoffe aufzunehmen. Die kräftig gefärbten Blüten zeigen alle Übergänge von allseits symmetrischem bis zu deutlich sichtbar unregelmäßigem Bau. Am Scheitel der Glieder sitzen dicht gedrängt Areolen, aus denen Blüten oder weitere Glieder entspringen.

Besonders große und schöne Blüten tragen die Gattungen *Epiphyllum, Phyllocactus, Zygocactus* und *Schlumbergera.*

Subtribus *Rhipsalidinae*

Die acht Gattungen dieses Subtribus sind auf den ersten Blick kaum als Kakteen zu erkennen. Sie sind alle Epiphyten und wachsen in tropischen Wäldern von den geringen Humusmengen, die sich in Astlöchern und am Grund von Ästen sammeln. Aus der Luft nehmen sie mit ihren zahlreichen, haarfeinen Luftwurzeln, die bei Trockenheit rasch vertrocknen, Feuchtigkeit auf. Die stark verzweigten Triebe tragen winzige, unbedornte Areolen, aus denen weitere Zweige entspringen. Die Glieder sind entweder gegenständig oder wirtelig angeordnet und können sowohl rund, eckig oder flach sein. Die Blüten sind klein und meist einzeln. Sie blühen mehrere Tage und bleiben nachts geöffnet. Die Früchte, die lange hängen bleiben, sind kleine, saftige Beeren von weißer, roter oder violetter Farbe. Häufig sind sie durchscheinend oder perlmuttartig.

Wichtige Gattungen: *Rhipsalis, Hatiora, Lepismium.*

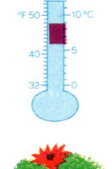

1 ACANTHOCALYCIUM KLIMPELIANUM
(Weidlich und Werdermann) Backeberg
Tribus *Cacteae* – Subtribus *Echinocereinae*

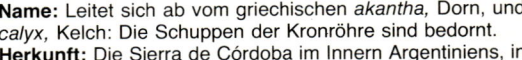

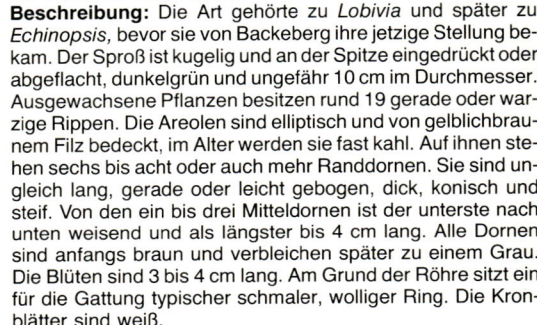

Name: Leitet sich ab vom griechischen *akantha,* Dorn, und *calyx,* Kelch: Die Schuppen der Kronröhre sind bedornt.
Herkunft: Die Sierra de Córdoba im Innern Argentiniens, in der Nähe der Stadt Córdoba.
Beschreibung: Die Art gehörte zu *Lobivia* und später zu *Echinopsis,* bevor sie von Backeberg ihre jetzige Stellung bekam. Der Sproß ist kugelig und an der Spitze eingedrückt oder abgeflacht, dunkelgrün und ungefähr 10 cm im Durchmesser. Ausgewachsene Pflanzen besitzen rund 19 gerade oder warzige Rippen. Die Areolen sind elliptisch und von gelblichbraunem Filz bedeckt, im Alter werden sie fast kahl. Auf ihnen stehen sechs bis acht oder auch mehr Randdornen. Sie sind ungleich lang, gerade oder leicht gebogen, dick, konisch und steif. Von den ein bis drei Mitteldornen ist der unterste nach unten weisend und als längster bis 4 cm lang. Alle Dornen sind anfangs braun und verbleichen später zu einem Grau. Die Blüten sind 3 bis 4 cm lang. Am Grund der Röhre sitzt ein für die Gattung typischer schmaler, wolliger Ring. Die Kronblätter sind weiß.
Kultur: Die Pflanze braucht direkte Sonne und nimmt tiefe Temperaturen übel. Vermehrung über Samen und Stecklinge.

2 ACANTHOCALYCIUM THIONANTUM
(Spegazzini) Backeberg
Tribus *Cacteae* – Subtribus *Echinocereinae*

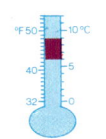

Herkunft: Berghänge bei Cachi in der Provinz Salta in Nordwest-Argentinien.
Beschreibung: Diese kugelige Pflanze wird etwas länglich, verzweigt sich am Grund und wird bei einer Dicke von 6 bis 10 cm bis zu 12 cm hoch. Sie besitzt rund 14 Rippen. Die Areolen sitzen an der Spitze von Warzen und sind anfangs von gelblichbraunem Filz bedeckt.
Der untere Teil der Areole ist etwas nach unten gezogen, während der obere Teil die Rippe halbmondförmig umfaßt. Mit zunehmendem Dickenwachstum der Pflanze werden die Areolen elliptisch und fast kahl. Meist sind ein bis vier Mitteldornen von 10 Randdornen umgeben. Sie sind mit 1,5 cm alle ungefähr gleich lang und anfangs braun, später grau oder weißlich gelb. Die rund 5 cm lange Blüte besteht aus einer stark behaarten Röhre mit einer schwefel- bis zitronengelben Krone. Von dieser Art gibt es wahrscheinlich verschiedene Formen, da kürzlich sehr ähnliche Pflanzen mit anderer Dornenzahl und sich überkreuzenden Randdornen gefunden wurden.
Kultur: Vermehrung vorzugsweise durch Stecklinge.

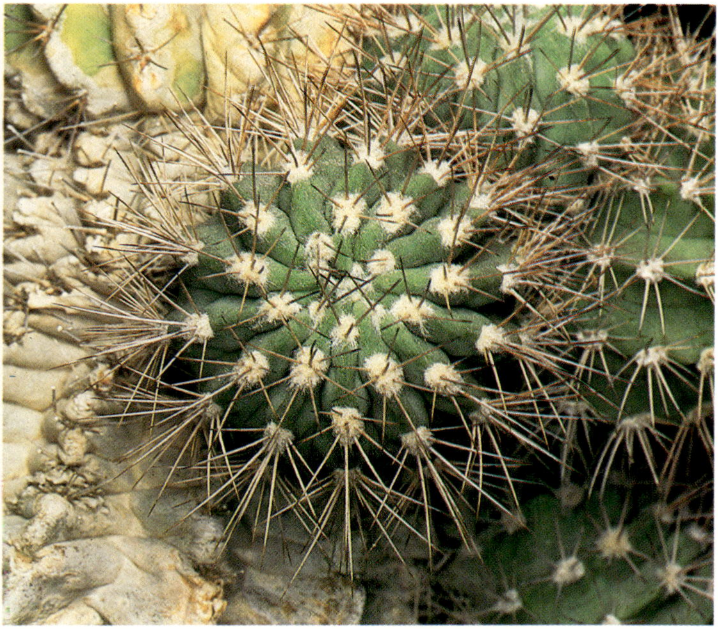

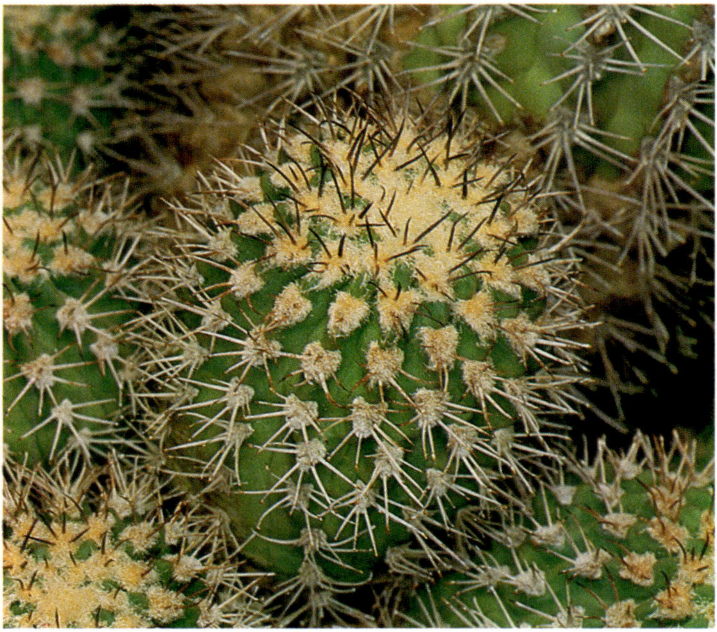

3 APOROCACTUS FLAGELLIFORMIS

(Linnaeus) Lemaire
Tribus *Cacteae* – Subtribus *Hylocereinae*
Peitschenkaktus, Schlangenkaktus

Name: Leitet sich vom griechischen *aporos,* undurchdring-lich, ab: Die Pflanze bildet ein dichtes Gewirr kriechender Sprosse. Die Gattung wurde 1860 von Lemaire beschrieben, Linnés *Cactus flagelliformis* gab den Artnamen.
Herkunft: Der Staat Hidalgo in Mexiko. Als der Kaktus Ende des 16. Jahrhunderts in Europa eingeführt wurde, hielt man ihn für eine südamerikanische Pflanze. 1696 wurde er von Sloane unter dem Namen *Cereus minima serpens americana* beschrieben.
Beschreibung: Dieser besonders wegen seiner reichen Blüte sehr beliebte Kaktus besitzt runde niederliegende oder kriechende Sprosse bis zu 2 m Länge bei nur 2 cm Dicke. Die nicht besonders deutlichen 10 bis 14 Rippen sind nur schwach warzig mit dichtsitzenden Areolen. Die 10 bis 15 Randdornen sind schlank, 5 mm lang und anfangs rötlich, später gelblich bis braun. Die drei bis vier Mitteldornen sind braun mit gelben Spitzen. Die tags geöffneten Blüten sitzen an der ganzen Länge des Sprosses, sind 7 bis 8 cm lang und blühen im Frühjahr mehrere Tage karmesinrot.
Kultur: Dieser Epiphyt wächst gern in Ampeln, von denen er herabhängen kann. Er braucht eine Ruheperiode und im Sommer direkte Sonne und viel Wasser. Vermehrung durch Stecklinge während der Sommermonate.

4 AREQUIPA RETTIGII (Quehl) Oehme

Varietät **ERECTOCYLINDRICA** (Rauh und Backeberg)
Krainz
Tribus *Cacteae* – Subribus *Echinocactinae*

Name: Die Pflanze ist benannt nach Arequipa, einer Stadt in Süd-Peru, in deren Nähe sie gefunden wurde.
Herkunft: Peru
Beschreibung: Der anfangs kugelige Sproß wird später länglich und fast niederliegend. Auf den 10 bis 20 flachen Rippen sitzen die am jüngeren Teil grauen und filzigen Areolen im Abstand von 5 mm. Die 20 bis 30 durchscheinend schlanken Randdornen sind 1 cm lang. Die Mitteldornen, bei alten Pflanzen bis zu 10 an der Zahl, sind kräftiger und werden bis zu 3 cm lang. Die scharlachrote, behaarte Blüte sitzt nahe der Spitze und ist bis über 6 cm lang. Auf der schlanken Röhre sitzt eine leicht schiefe Krone.
Erectocylindrica wurde von Backeberg für eine eigene Art ge-halten, heute gilt sie als Varietät. Sie hat viel Ähnlichkeit mit anderen Formen dieser Art. Die in der Jugend kerzenförmi-gen Pflanzen werden bis 50 cm hoch. Am Sproß mit 15 bis 17 Rippen sitzen die 5 mm großen gelblichgrauen Areolen. Die 12 bis 14 schlanken, pfriemförmigen Randdornen sind an-fangs weiß, später grau. Die 4 cm langen Mitteldornen sind hell mit dunkler Spitze. Die roten Blüten werden 7 cm lang.
Kultur: Sandige, steinige Erde. Vermehrung durch Steck-linge.

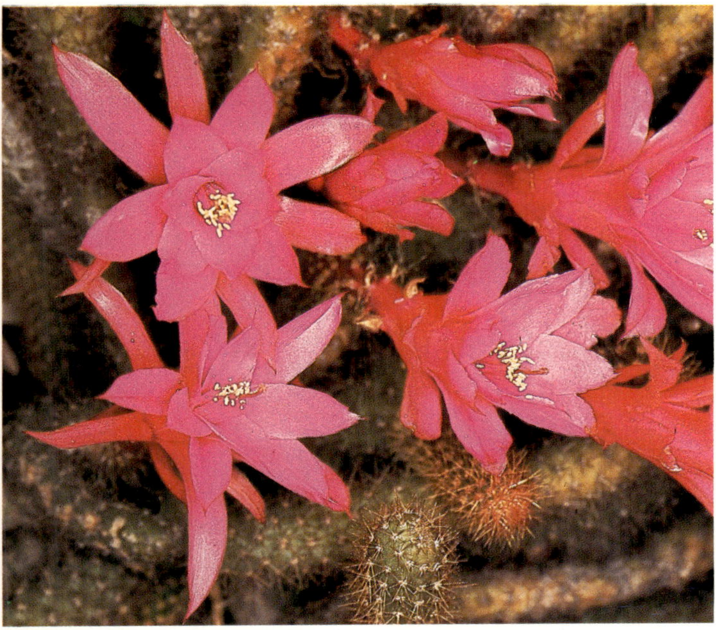

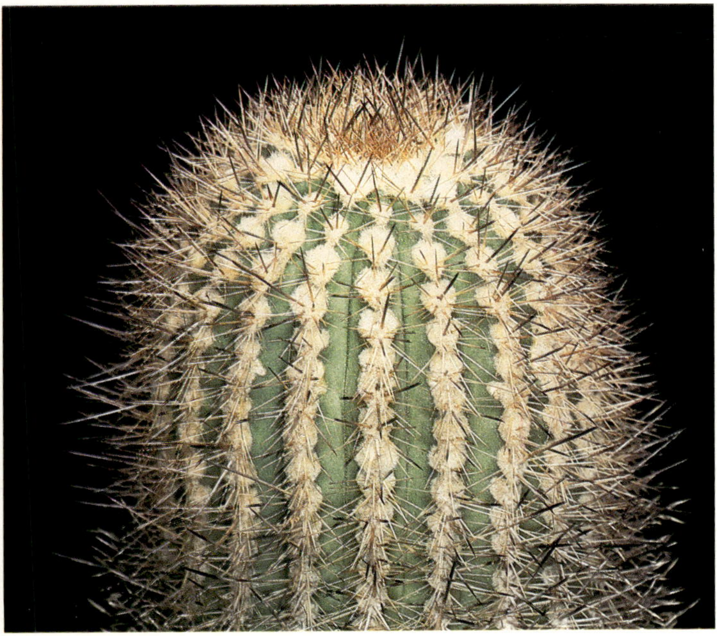

5 ARIOCARPUS FURFURACEUS (Watson) Thompson
Tribus *Cacteae* – Subtribus *Echinocactinae*

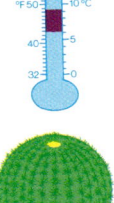

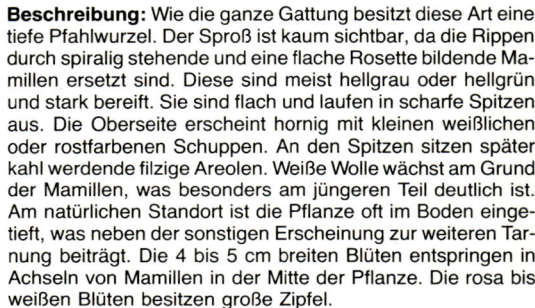

Name: Er leitet sich ab von *Sorbus aria,* der Mehlbeere, und *karpos,* Frucht. Die Frucht der Pflanze erinnert an eine Mehlbeere. Die Gattung wurde 1838 von Scheidweiler benannt, von Lemaire in *Anhalonium* geändert und von Schumann 1898 wieder dem alten Namen zugeführt.
Herkunft: Der Staat Coahuila in Nord-Mexiko.
Beschreibung: Wie die ganze Gattung besitzt diese Art eine tiefe Pfahlwurzel. Der Sproß ist kaum sichtbar, da die Rippen durch spiralig stehende und eine flache Rosette bildende Mamillen ersetzt sind. Diese sind meist hellgrau oder hellgrün und stark bereift. Sie sind flach und laufen in scharfe Spitzen aus. Die Oberseite erscheint hornig mit kleinen weißlichen oder rostfarbenen Schuppen. An den Spitzen sitzen später kahl werdende filzige Areolen. Weiße Wolle wächst am Grund der Mamillen, was besonders am jüngeren Teil deutlich ist. Am natürlichen Standort ist die Pflanze oft im Boden eingetieft, was neben der sonstigen Erscheinung zur weiteren Tarnung beiträgt. Die 4 bis 5 cm breiten Blüten entspringen in Achseln von Mamillen in der Mitte der Pflanze. Die rosa bis weißen Blüten besitzen große Zipfel.
Kultur: Dieser Kaktus wird kaum kultiviert, da er nur durch Samen vermehrbar ist und dazu sehr langsam wächst.

6 ARIOCARPUS KOTSCHOUBEYANUS (Lemaire) Schumann
Tribus *Cacteae* – Subtribus *Echinocactinae*

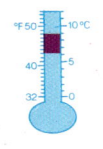

Herkunft: Die Staaten Zacatecas, Querétaro, Nuevo León und San Luis Potosí in Zentral- und nördlichem Zentral-Mexiko.
Beschreibung: Der deutsche Botaniker Wilhelm Karwinsky von Karvin sammelte das erste Exemplar dieser Art und schickte es 1840 nach Europa. Er soll für das 250 g schwere Stück 200 Dollar bezahlt haben, mehr als sein Gewicht in Gold. Die Wurzel ist sehr dick und fleischig, zylindrisch und viel länger als der nur 5 cm hohe Sproß. Am Standort ist der Sproß fast ganz in den Boden eingesenkt, die Sproßspitze ist eben mit dem Boden. Der Sproß besteht aus graugrünen, dreieckigen, am Grund filzigen Mamillen. Diese stehen spiralig, überlappen sich und sind am Grund weniger als 1 cm breit. Mit ihrer hornigen Oberfläche sind sie völlig hart. Die 3 cm breiten Blüten stehen in der Achsel von jungen Mamillen in einem Busch von Haaren. Die äußeren Blütenblätter sind bräunlich, die inneren rosa oder karmesinrot. Ältere Pflanzen verzweigen sich.
Kultur: Trotz des langsamen Wachstums braucht die Pflanze viel Sonne und ausreichend Platz zur Wurzelbildung. Bei trockener Haltung erträgt sie auch kältere Temperaturen, bevorzugt aber doch milde Wärme. Vermehrung durch Ableger von alten Pflanzen.

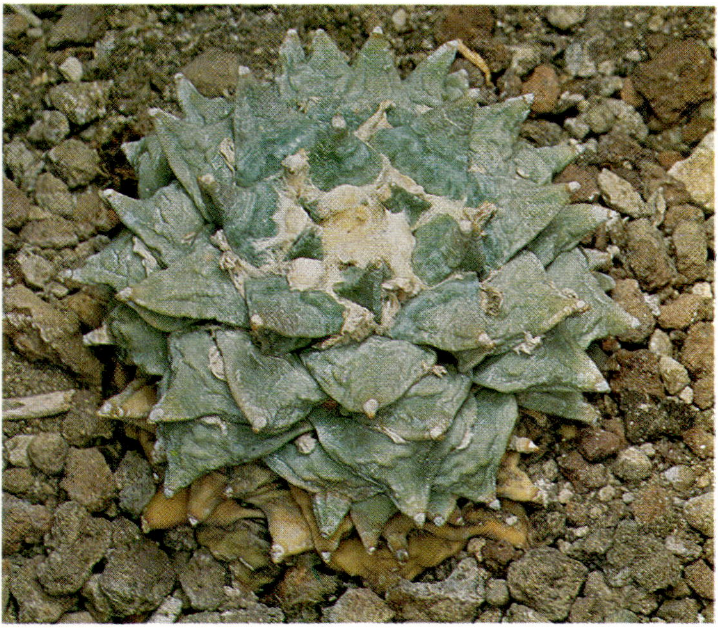

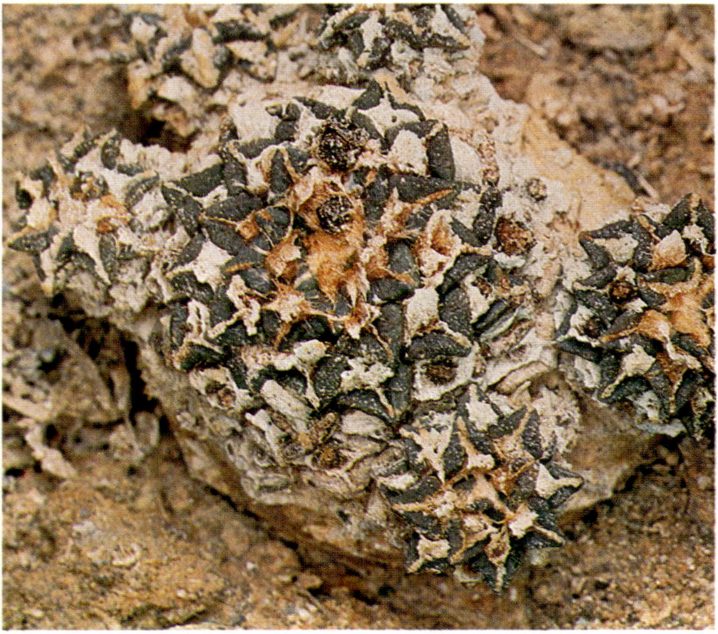

7 ARIOCARPUS TRIGONUS (Weber) Schumann
Tribus *Cacteae* – Subtribus *Echinocactinae*

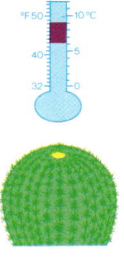

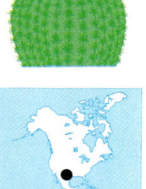

Herkunft: Der Staat Nuevo León in Nordost-Mexiko.
Beschreibung: Ein Laie wird sich diese kleine Pflanze kaum als Kaktus erkennen. Der Sproß, welcher auf einer langen, rübenförmigen Wurzel – kennzeichnend für diese Gattung – sitzt, besteht fast nur aus spitzen, dreieckigen Warzen, deren Oberseite flach und deren Unterseite gekielt ist. Diese sind grau bis olivgrün, aufrecht, zahlreich, mit hornigen Kanten. Ihre Länge beträgt 3,5 bis 5 cm, die Breite an der Basis 2 cm. Areolen sitzen nahe den Spitzen. Am Grund der Warzen wachsen dicht wollige Haare. Bis 5 cm breite, gelbe Blüten stehen oft zahlreich im Zentrum. Der Durchmesser der Pflanze beträgt, besonders bei der etwas größeren Varietät *elongatus,* bis über 10 cm. Die Frucht ist eine kugelige, mit Flaum bedeckte Beere. Da sie durch den Flaum geschützt sind, bleiben auch nach Eintrocknen der Frucht die Samen lange erhalten.
Kultur: Da alle *Ariocarpus*-Arten durch Stecklinge kaum zu vermehren sind und außerdem äußerst langsam wachsen, werden sie wenig kultiviert. Entsprechend groß ist die Nachfrage bei Sammlern. Da sie sehr anfällig für Wurzelfäule sind, empfiehlt sich die Haltung in sehr durchlässigem Boden bei knapper Wasserversorgung.

8 ARROJADOA AUREISPINA Buining und Brederoo
Tribus *Cacteae* – Subtribus *Cereinae*

Name: Die Pflanze wurde zu Ehren von Dr. Miguel Arrojadoa, einem Erforscher der ariden und semiariden Gebiete Brasiliens, benannt. Die von Britton und Rose eingerichtete Gattung wurde zeitweilig als Teil von *Cephalocereus* angesehen. Nach der Entdeckung weiterer Arten ging man jedoch wieder zurück auf die alte Bezeichnung, welche heute allgemein anerkannt ist.
Herkunft: Der Staat Bahia in Brasilien.
Beschreibung: Dieser 1966 von Horst und Buining entdeckte Kaktus gehört zu einer Gattung mit meist kerzenartig schlanken und oft kriechenden Arten. Der oft schon am Grund verzweigte Sproß kann bei 5 cm Dicke bis über 1 m lang werden. Auf den weit stehenden, stumpfen Rippen tragen die Areolen ein Dutzend kurze, schlanke Randdornen, während die acht oder neun Mitteldornen bis über 1 cm lang sein können. Aus dem dornigen Cephalium an der Sproßspitze erheben sich die rosaroten Blüten. Nach einem Abschnitt des Längenwachstums bildet sich dort jährlich ein neues Cephalium. An den kirschgroßen, hellroten Früchten bleiben die vertrockneten Blüten lange hängen.
Kultur: Die Pflanze liebt Halbschatten. Vermehrung unter warmen Bedingungen durch Stecklinge.

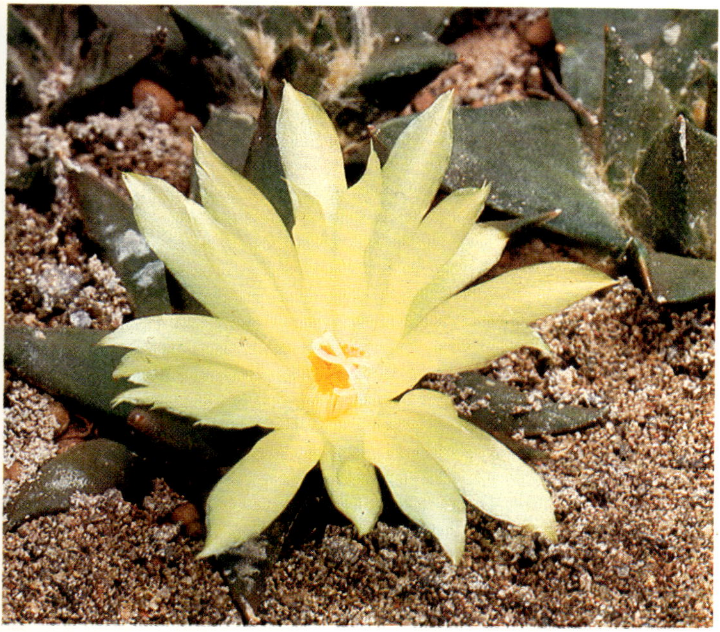

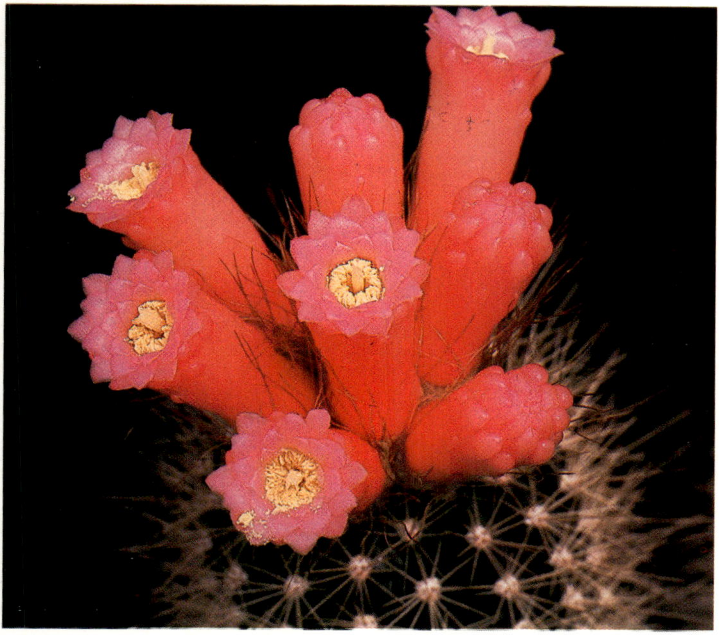

9 ARROJADOA RHODANTHA (Gürke)
Britton und Rose
Tribus *Cacteae* – Subtribus *Cereinae*

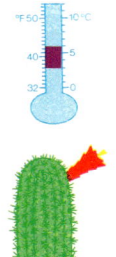

Herkunft: Östliches Brasilien, bei São Raimundo Nonato im Staat Pinauí.

Beschreibung: Der Sproß ist bei einer Länge von 1 bis 2 m nur 2 bis 5 cm dick und in der Jugend aufrecht, später niederliegend oder aufsteigend. Er verzweigt sich meist am Grund, bildet manchmal aber auch kurze, zylindrische Äste. Auf den 10 bis 12 schwach ausgeprägten Rippen sitzen im Abstand von ungefähr 1 cm die flaumigen Areolen. Die 20 bis 50 nadelartigen Randdornen sind anfangs braun und werden später weiß. Die 5 bis 6 Mitteldornen erscheinen ähnlich gestaltet, sind aber etwas stärker, länger und anfangs dunkelbraun. Cephalien stehen sowohl an der Spitze des Haupttriebes wie auch an den Verzweigungen. Sie sind 1 bis 2 cm lange, wollige Büschel von bräunlicher Farbe mit zahlreichen bis zu 3 cm langen Borsten. Die rotvioletten Blüten sind röhrenförmig und 3 bis 4 cm lang. Sie stehen einzeln an den obersten Areolen. Da aber oft mehrere Blüten gleichzeitig blühen, scheinen sie in Gruppen zu stehen. Die kleine purpurne Frucht ist rund oder länglich.

Kultur: Wie die anderen Arten ihrer Gattung braucht diese Pflanze humose, aber doch sandige und steinige Erde. Vermehrung durch Stecklinge.

---

10 ASTROPHYTUM ASTERIAS (Zuccarini) Lemaire
Tribus *Cacteae* – Subtribus *Echinocactinae*
Seeigelkaktus

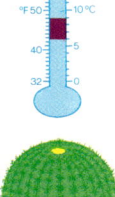

Name: Er geht zurück auf griechisch *astron*, Stern, und *phyton*, Pflanze: Die Areolen sind sternförmig angeordnet.

Herkunft: Das Tal des Rio Grande in Texas und die Staaten Tamaulipas und Nuevo León in Mexiko.

Beschreibung: Diese Art ist abgeflacht kugelig und wird bei einem Durchmesser von 10 cm nur etwa halb so hoch. In Kultur bleibt sie meist kleiner. Sie besitzt keinerlei Dornen und ist von graugrüner Farbe. Die acht flachen Rippen werden durch schmale, tiefe Furchen begrenzt. Die hervorstehenden großen Areolen sind rund, weiß und filzig. Sie stehen im Abstand von 5 mm und bilden eine sternförmige Zeichnung. Sie sind umgeben von Tupfen, die in einem bogenförmig nach unten weisenden Muster angeordnet sind. Diese bestehen aus winzigen weißen Schuppen und stehen an den Furchen und an der Spitze dichter. Die endständigen Blüten sind 3 cm lang, 6,5 cm breit und gelb mit rotem Schlund. Eine Hybride der Art mit *Astrophytum myriostigma* besitzt Merkmale beider Arten und ist gänzlich mit silbrigen Schuppen bedeckt.

Kultur: Da sich die Pflanze nicht verzweigt und Abschnitte wegen ihrer Form nicht gewonnen werden können, wird sie nur durch Samen vermehrt. Da sie langsam wächst, ist sie die seltenste Art ihrer Gattung. Braucht hohe Temperaturen im Winter und volle Sonne im Sommer.

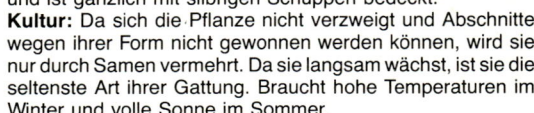

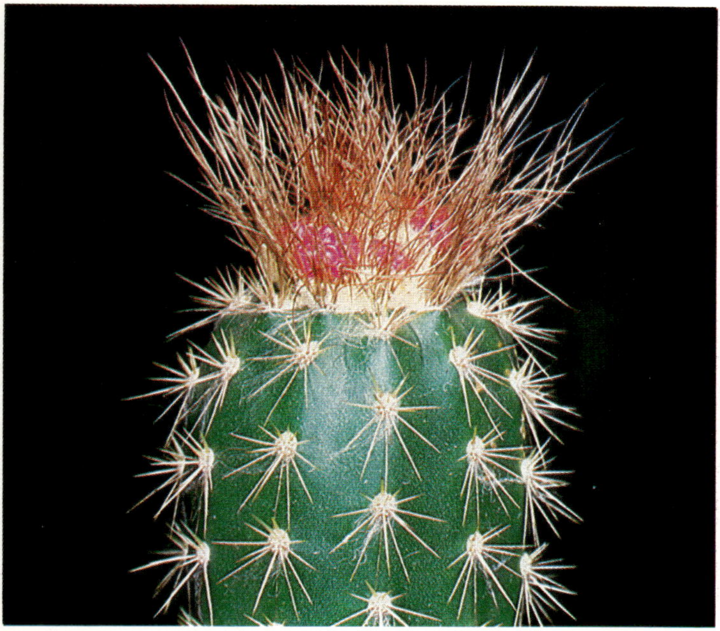
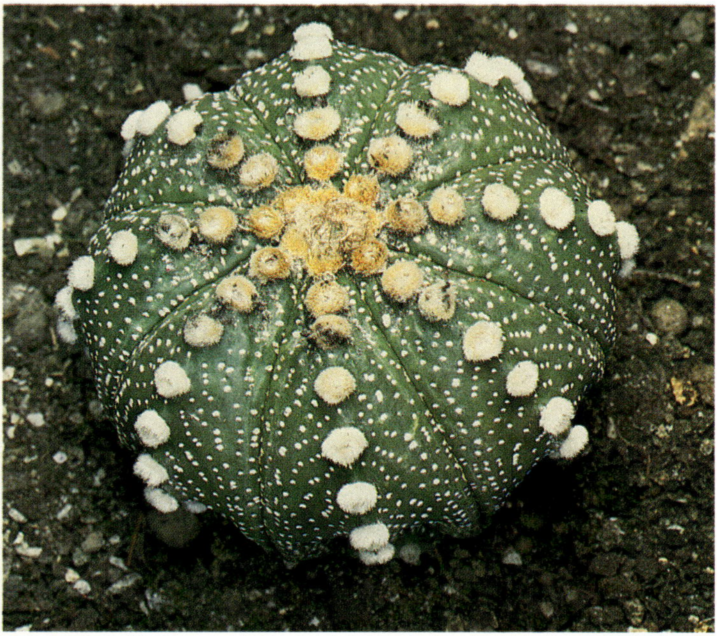

11 ASTROPHYTUM CAPRICORNE (Dietrich)
Britton und Rose
Tribus *Cacteae* – Subtribus *Echinocactinae*
Bockshornkaktus

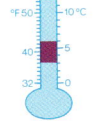

Herkunft: Umgebung von La Rinconada in Nuevo León, Nord-Mexiko, nahe der Grenze zu New Mexico.
Beschreibung: Der Sproß ist anfangs kugelig, wird dann aber bis 20 cm hoch. Sein Grün erhält durch zahlreiche winzige weiße Schüppchen ein graues Aussehen. Auf seinen acht oder neun deutlich vorstehenden kantigen Rippen sitzen im Abstand von 1,5 bis 3 cm große Areolen. Aus ihrem bräunlichen Flaum wachsen bis zu zehn unregelmäßig geformte Dornen von rund 7 cm Länge. Diese sind braun oder schwarz, gebogen, flach, sehr biegsam und nicht sehr spitz. Sie fallen mit zunehmendem Alter ab, so daß der untere Pflanzenteil dornenlos ist. Die Blüten stehen nahe der Sproßspitze, sind gelb mit rotem Schlund und blühen drei bis vier Tage. Die Pflanze blüht während des Sommers mehrere Male. Die rötliche, olivenförmige Frucht ist wollig und wie bei allen Arten dieser Gattung leicht bedornt. Es gibt drei Varietäten: *crassispinum* ist größer mit dunkelgrauen Dornen, *niveum* ist völlig mit weißen Schuppen bedeckt, *minus* ist kleiner und dornig.
Kultur: Vermehrung durch Samen. Die Pflanze braucht volle Sonne und während der Ruheperiode im Winter Temperaturen knapp über dem Gefrierpunkt.

12 ASTROPHYTUM MYRIOSTIGMA (Lemaire)
Tribus *Cacteae* – Subtribus *Echinocactinae*
Bischofsmütze

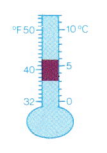

Herkunft: Die Ebene des nördlichen Zentral-Mexiko.
Beschreibung: Diese 1839 von Lemaire eingerichtete Gattung umfaßt nur wenige Arten, die lange Zeit unter dem Namen *Echinocactus* bekannt waren. *A. myriostigma* mit seinen vielen Varietäten wird am häufigsten kultiviert. Er hat drei bis acht, meist fünf, deutlich ausgeprägte Rippen. Der Typus besitzt einen kugeligen, am Scheitel vertieften Sproß, der im Alter etwas länglich wird. Er ist grün, aber so dicht mit kleinen weißen Schuppen bedeckt, daß er weißlichgrau erscheint. Die dornenlosen und mit bräunlicher Wolle bedeckten Areolen sitzen sehr dicht auf den Rippen, bei einigen Varietäten sind sie sehr klein und in größerem Abstand voneinander. Die gelben Blüten sind 6 cm breit. Die Varietät *quadricostatum* hat nur 4 Rippen. Eine andere Varietät (früher galt sie als Unterart) wird *A. myriostigma potosinum* genannt, da sie aus San Luis Potosí stammt. Sie hat einen schuppenlosen, graugrünen oder völlig grünen Sproß und wird in Gärtnereien auch als *A. myriostigma nudum* gehandelt.
Kultur: Da die Pflanze sich nicht verzweigt, erfolgt die Vermehrung durch Samen. Bei älteren Pflanzen wachsen nach Entnahme der Spitze unterhalb der Schnittstelle Seitentriebe. Die Pflanze erträgt kurzzeitig tiefe Temperaturen, braucht direkte Sonne und sehr gut durchlüfteten Boden.

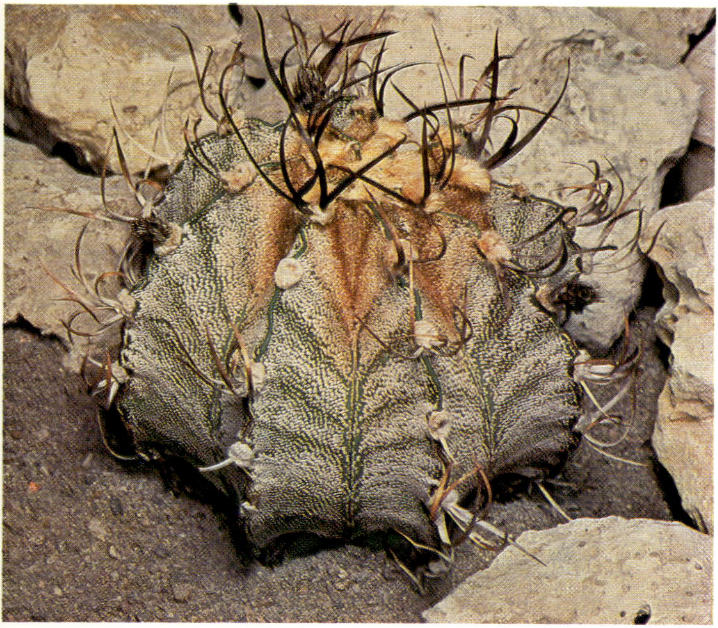

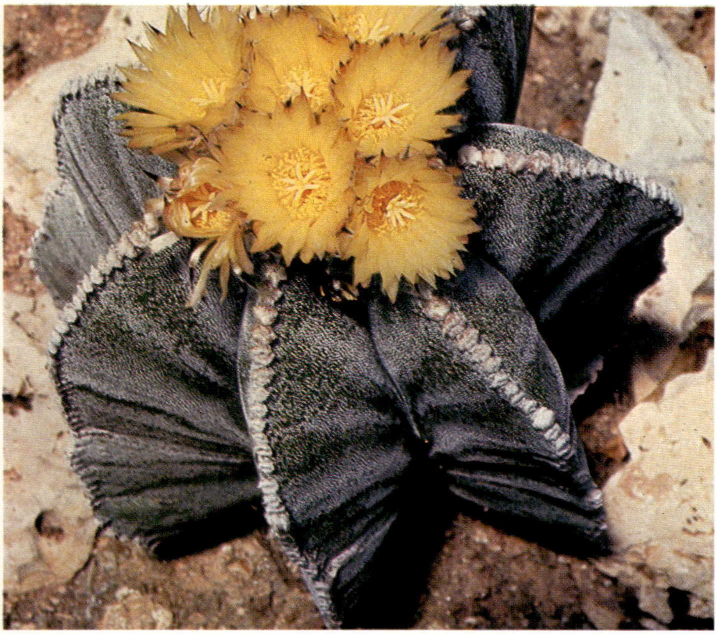

13 **ASTROPHYTUM ORNATUM** (de Candolle)
Weber ex Britton und Rose
Tribus *Cacteae* – Subtribus *Echinocactinae*

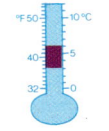

Herkunft: Die Staaten Hidalgo und Querétaro im zentral-me-xikanischen Hochland.

Beschreibung: Dies ist die größte Art der Gattung. Die an-fangs kugeligen Pflanzen werden mit zunehmendem Alter säulenförmig. Am natürlichen Standort werden ältere Exem-plare bis zu 2 m hoch bei einem Durchmesser von 30 cm. In Kultur werden sie kaum größer als 25 bis 30 cm, und das sind dann schon ungewöhnlich große Vertreter. Backeberg be-richtete von einem Exemplar, das angeblich knapp 3 m hoch war. Der Sproß besitzt acht gut ausgeprägte Rippen. Diese verlaufen gerade oder leicht spiralig und sind von silbrigen Schuppen bedeckt, die in bogigen Bändern angeordnet sind. Die in größeren Abständen stehenden Areolen besitzen 5 bis 11 gerade, spitze Dornen von gelber oder brauner Farbe. De-ren Länge ist unterschiedlich, beträgt aber höchstens 3 cm. Die blaßgelben Blüten haben einen Durchmesser von unge-fähr 8 cm. Die Frucht ist weniger fleischig als bei anderen Ar-ten. Sie springt in der Reife auf, enthält aber meist nur wenige Samen. Die Varietät *glabrescens* hat eine dunkelgrüne Ober-fläche mit sehr wenigen oder auch gar keinen Schuppen. Im Gegensatz dazu besitzt die Varietät *mirbelii* einen lückenlos von Schuppen bedeckten Sproß mit goldgelben Dornen.

Das untere Bild zeigt eine *Astrophytum*-Hybride. Zahlreiche Kreuzungen zwischen *Astrophytum asterias* und *Astro-phytum myriostigma* wurden durchgeführt. Die Kreuzungspro-dukte kreuzte man zum Teil wiederum mit *Astrophytum orna-tum*. Ziel dieser Züchtungsarbeit war, Pflanzen mit einer inter-essanten und weniger gleichförmigen Verteilung der silbrigen Schuppen und mit einem höheren Stamm zu erzielen. Außer-dem wachsen diese Hybriden rascher und bilden nach Entfer-nung der Sproßspitze Seitentriebe. Die entfernte Sproßspitze kann als Steckling verwendet werden. Oft sind diese Hybri-den völlig dornenlos. In ihrem Aussehen vereinigen sie die Merkmale ihrer Eltern.

Kultur: Wie die übrigen Vertreter der Gattung wird auch diese Art durch Samen vermehrt. Sie wächst jedoch rascher und ist auch sonst problemloser und widerstandsfähiger. Aber auch sie braucht sehr gut durchlüfteten Boden und einen Platz mit ungehinderter Sonneneinstrahlung.

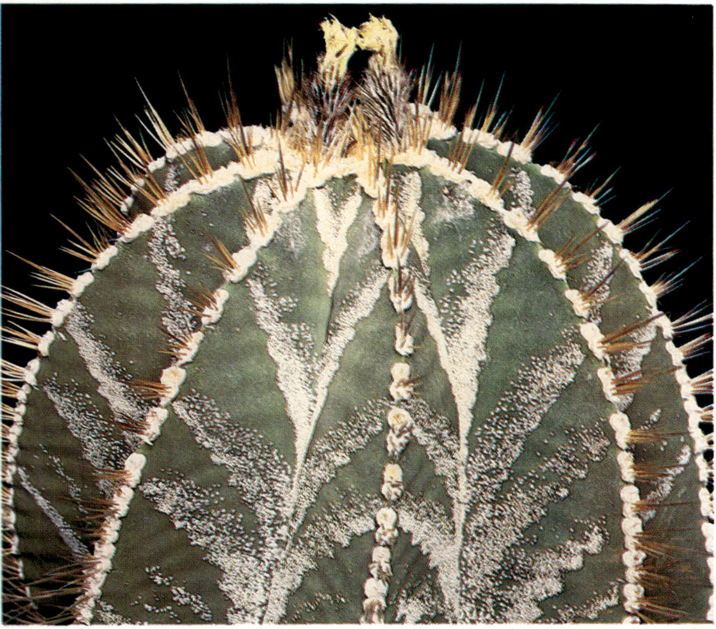

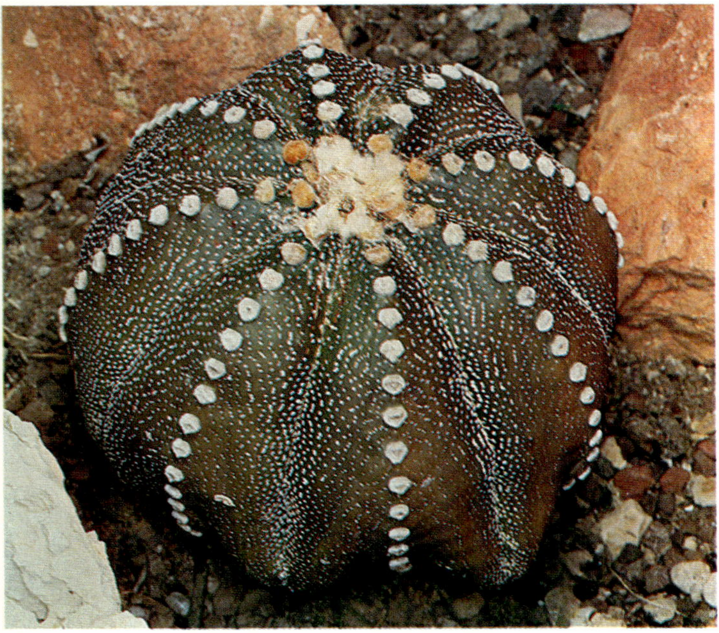

14 AUSTROCEPHALOCEREUS DYBOWSKII
(Gosselin) Backeberg
Tribus *Cacteae* – Subtribus *Cereinae*

Name: Diese Art, welche von der südlichen Hemisphäre, nämlich aus Brasilien, stammt, ähnelt *Cephalocereus.*
Herkunft: Die trockenen Berge im Hinterland des Staates Bahia im Nordosten Brasiliens.
Beschreibung: Seit ihrer Entdeckung 1908 bis erst vor kurzem zählte diese Art zu *Cephalocereus,* und sie ist auch noch immer unter diesem Namen bekannt. Durch ihre starke Verzweigung direkt am Boden bildet sie dichte Horste mit Stämmen bis zu 4 m Länge und 8 cm Dicke. Der Sproß ist unterteilt in 20 undeutlich ausgeprägte Rippen, die dicht mit Areolen besetzt sind. Die zahlreichen kurzen Randdornen verschwinden in den dichten, bis 8 cm langen Haaren. Die zwei oder drei gelblichen oder braunen Mitteldornen sind zahlreicher und auch eher weiß im oberen Teil, besonders auf der nach Westen gewandten Seite, auf der meist die Blüten stehen. Die Pflanzen tragen ein Cephalium, das bei alten Pflanzen von der Spitze bis 60 cm weit herabreichen kann. Die weißen, glockenförmigen Blüten sind 4 cm lang, die Früchte kugelig, glatt und rosarot.
Kultur: Brauch im Sommer direkte Sonne. Leicht zu vermehren durch Stecklinge.

15 AZTEKIUM RITTERI (Boedecker) Boedecker
Tribus *Cacteae* – Subtribus *Echinocactinae*

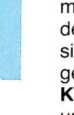

Name: Diese 1929 von Boedecker beschriebene Gattung umfaßt nur eine einzige Art und ist nach den Azteken benannt.
Herkunft: Der Staat Nuevo León in Nordost-Mexiko.
Beschreibung: Diese flachkugelige Pflanze besitzt eine kurze Pfahlwurzel, ist ungefähr 5 cm breit und graugrün mit einem filzigen Scheitel. Ältere Pflanzen verzweigen sich am Grund. Die 9 bis 11 abgerundeten Rippen stehen ungefähr 1 cm vor und besitzen charakteristische unregelmäßige Querwülste. Die dichtstehenden und von kurzen weißen Haaren bedeckten Areolen tragen ein bis drei nicht sehr kräftige Dornen von 3 bis 4 mm Länge. Zwischen den Hauptrippen stehen schmalere, unregelmäßig warzige Nebenrippen. Sie beginnen etwas unterhalb der Spitze und werden nach unten hin zahlreicher. Die waagrechten Wülste bilden ein Fächermuster, das an gewisse aztekische Skulpturen erinnert und der Pflanze auch den Namen gab. Die endständigen Blüten sind 1 cm breit und weiß, die äußeren Kronblätter sind rosa gerandet.
Kultur: Die Pflanze braucht sandigen Boden, volle Sonne und erträgt keine Kälte. Gepfropft bleibt sie grün und wird weniger interessant.

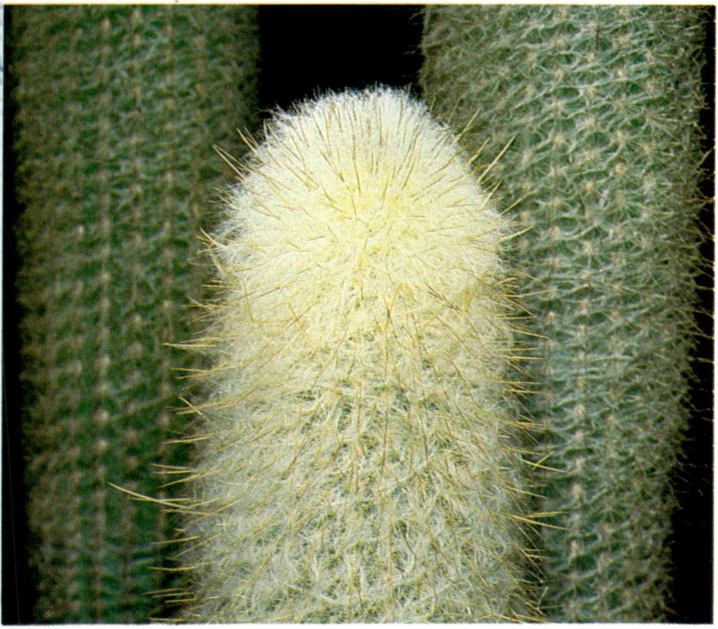

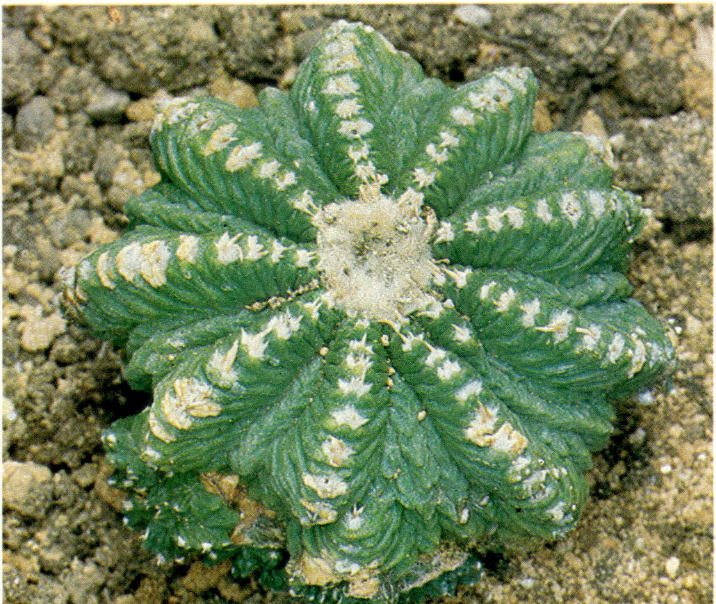

16 BORZICACTUS HUMBOLDTII (Humboldt, Bonpland und Kunth) Britton und Rose
Tribus *Cacteae* – Subtribus *Cereinae*

Name: 1909 benannte Vincenzo Riccobono diese Gattung nach Antonio Borzí, dem Gründer der botanischen Gärten von Messina und Palermo in Sizilien.
Herkunft: Von Süd-Ecuador bis Nord-Peru.
Beschreibung: Diese Art wird gelegentlich noch mit dem nicht mehr anerkannten Gattungsnamen *Seticereus* bezeichnet. Der niederliegende, später aufsteigende dunkelgrüne Sproß ist ungefähr 70 cm lang und 3 bis 5 cm dick. Die 10 bis 12 Rippen sind unterschiedlich stark warzig mit quer verlaufenden Vertiefungen zwischen den kleinen, von gelblichem Flaum bedeckten und 1 bis 1,5 cm voneinander stehenden Areolen. Die zahlreichen, schlanken Randdornen und rund sechs bis über 1 cm langen Mitteldornen sind kastanienbraun bis rötlich, gerade und steif. Die Dornen des Cephaliums sind von gleicher Farbe, aber weicher und umgeben von geraden oder welligen, seidenartigen, weißlichen Borsten. Die rosa bis blutroten Blüten von rund 7 cm Länge besitzen eine schuppige, mit kurzen weißlichen Haaren bedeckte Röhre von derselben Farbe. Die Kronblätter sind lanzettlich.
Kultur: Obwohl erwachsene Pflanzen reichlich blühen, werden sie nur selten kultiviert. Sie sind mehr Freiland- als Topfpflanzen. Vermehrung durch Stecklinge oder Samen.

17 BORZICACTUS MADISONIORUM Hutchison
Tribus *Cacteae* – Subtribus *Cereinae*

Herkunft: Paul Hutchison entdeckte diese Pflanze in der Schlucht des Rio Marañón in Nord-Peru und beschrieb sie 1963.
Beschreibung: Dieser graugrüne Kaktus ist anfangs kugelig und wird später etwas länglich. Die 7 bis 12 Rippen entwickeln sich erst allmählich und sind bei jungen Pflanzen noch nicht sichtbar. Nur leicht erhabene Warzen tragen Areolen, welche teils dornenlos sind, teils ein bis fünf deutlich gekrümmte, anfangs braune, später weißliche Dornen besitzen. Die roten Blüten auf der mit bräunlichen Haaren besetzten trichterförmigen Röhre sind 8 bis 10 cm lang und ungefähr 5 cm breit. In der kugeligen, flaumigen Frucht von 2 cm Durchmesser liegen glänzendbraune Samen. Backeberg reihte diese Pflanze in die Gattung *Submatucana* ein, unter welchem Namen sie in manchen Sammlungen heute noch zu finden ist.
Kultur: Obwohl diese Pflanze ohne Schwierigkeiten auch wurzelecht gedeiht, wird sie doch recht oft gepfropft, um das Wachstum und die Blütenbildung zu beschleunigen. Vermehrung durch Samen.

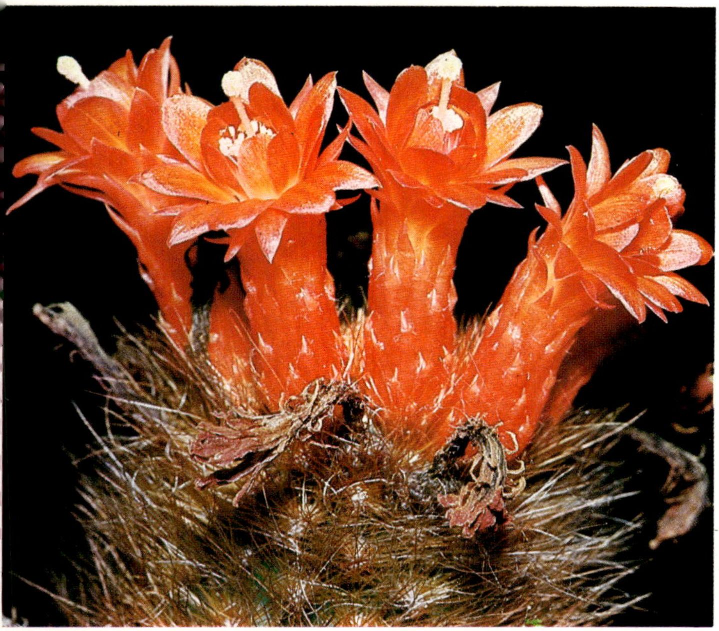

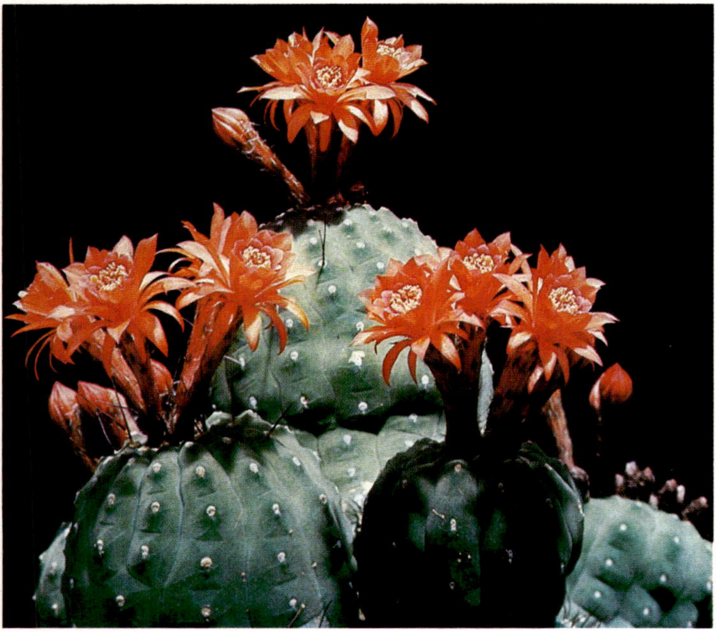

18 BORZICACTUS SAMAIPATANUS Cárdenas
Tribus *Cacteae* – Subtribus *Cereinae*

Herkunft: Kordilleren von Cochabamba in Bolivien, in der Nähe von Samaipata, südlich Santa Cruz, in einer Höhe von 1900 m.

Beschreibung: Mit dieser erst kürzlich entdeckten Art schuf der bolivianische Botaniker Martin Cárdenas die neue Gattung *Bolivicereus*. Zur jetzigen Gattung, die allgemein als richtig angesehen wird, wurde sie vom Kakteenspezialisten Myron Kimnach von den Botanischen Gärten in Huntington gestellt. Der aufrechte, am Grund verzweigte Sproß ist sehr schlank. Bei einer Dicke von nur 4 cm wird er fast 1,5 m hoch. Auf den 14 bis 16 Rippen stehen die bräunlichen Areolen im Abstand von 5 mm. Da sie mit den Areolen der benachbarten Rippe auf Lücke stehen, entsteht der Eindruck, die Rippen seien quer gekerbt. Die schlanken Randdornen sind 4 mm, die kräftigen, geneigten Mitteldornen bis 3 cm lang. Sie sind anfangs gelblich mit roter Spitze und werden später grau. Die blutroten bis dunkel purpurnen Blüten wachsen seitlich waagrecht nach außen. Ihre schuppige Röhre ist besonders am Grund behaart, die Früchte sind wollig und kugelig. Die Varietät *multiflorus* besitzt weniger Dornen und mehr Blüten.

Kultur: Vermehrung durch Samen oder Stecklinge in feuchtem Sand. Bei trockener Haltung ist die Pflanze kälteverträglich.

19 BORZICACTUS SAMNENSIS Ritter
Tribus *Cacteae* – Subtribus *Cereinae*

Herkunft: Die Westabhänge der westlichen Kordilleren in Peru. Die Art wurde in der Nähe von Samne im Departement La Libertad gefunden.

Beschreibung: Die Pflanze wurde 1964 von Ritter beschrieben und klassifiziert. Dieser strauchähnliche Kaktus kann aufrecht oder niederliegend bei einem Stammdurchmesser von nur 5 bis 7 cm bis zu 6 m hoch werden. Der Sproß besitzt sechs bis neun warzige Rippen. Die am älteren Sproßteil zahlreichen Dornen sind anfangs gelblich bis rötlich braun und werden später weißlich. Der bis 8 cm lange Mitteldorn ist von ein bis drei kürzeren Randdornen umgeben. Die auf einer schwarz behaarten Röhre sitzenden Kronblätter bilden eine purpurviolette Blüte von ungefähr 1 cm Durchmesser. Die gelbliche, ovale Frucht ist 3,5 cm lang.

Kultur: Dieser Kaktus ist für die Kultur nicht besonders geeignet, da er als junge Pflanze wenig attraktiv ist und im Alter sperrig wird und eher unordentlich wirkt. Er ist sehr kälteverträglich, braucht aber viel Sonne, eine strenge Ruheperiode und besonders gut durchlüfteten Boden. Vermehrung durch Stecklinge.

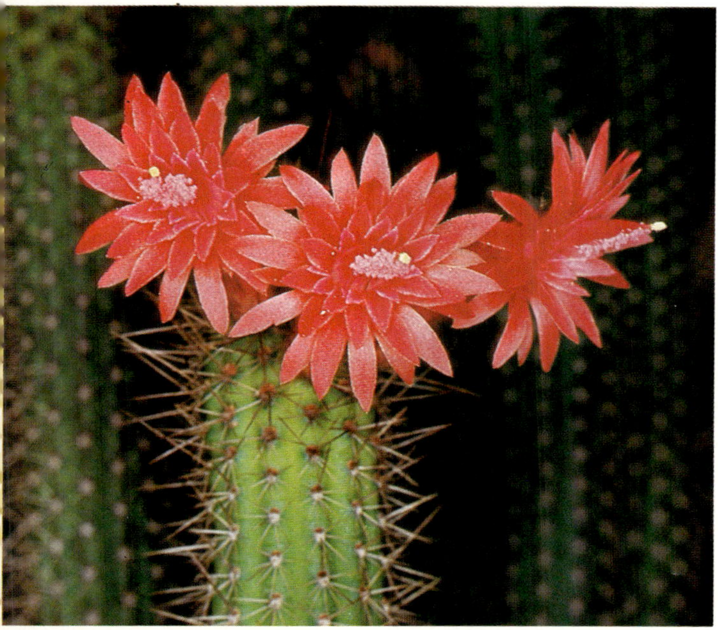

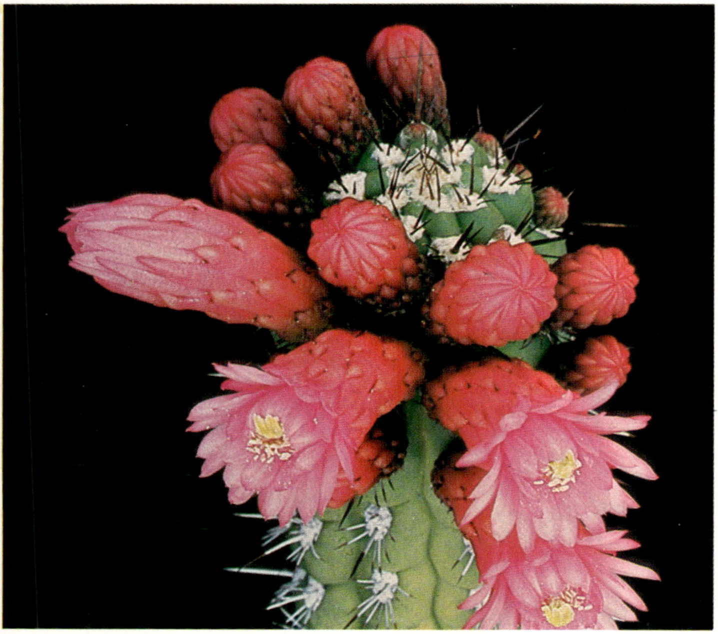

20 BORZICACTUS SEPIUM (Humboldt, Bonpland und Kunth) Britton und Rose
Tribus *Cacteae* – Subtribus *Cereinae*

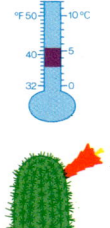

Herkunft: Hänge der Andentäler in Ecuador von Riobamba bis zu den Ausläufern des erloschenen Vulkans Chimborasso.

Beschreibung: Diese 1823 von Humboldt, Bonpland und Kunth als *Cactus sepium* beschriebene Pflanze hält man heute für identisch mit dem in La Mortola aus Samen gezogenen Kaktus, den Riccobono *Borzicactus ventimigliae* benannt hatte. Der zweite Name gilt nur noch als Synonym. Der anfangs niederliegende und später aufrechte Sproß wird fast 1,4 m hoch und 4 cm dick. Er verzweigt sich an der Basis, seltener am oberen Sproßteil. V-förmige Einkerbungen unterteilen die 8 bis 12 Rippen in seitlich versetzt stehende Warzen, die ovale, filzige Areolen tragen. Die acht bis zehn schlanken, bräunlichen Randdornen sind 0,5 bis 1 cm lang. Die 2 cm langen, einzeln oder zu zweit stehenden Mitteldornen unterscheiden sich von ihnen kaum. In der Nähe der Sproßspitze sind die Dornen rötlich braun. Die 4 cm langen, tags geöffneten Blüten sitzen seitlich. Die Schuppen der Röhre tragen wollige Haare in ihren Achseln. Die äußeren Kronblätter sind rot, die inneren rosa. Insgesamt sind die Blüten leicht unregelmäßig.

Kultur: Die Pflanze wächst rasch und blüht schon früh. Sie braucht im Sommer direkte Sonne. Vermehrung durch Stecklinge.

21 BROWNINGIA ALTISSIMA (Friedrich Ritter) Buxbaum
Tribus *Cacteae* – Subtribus *Cereinae*

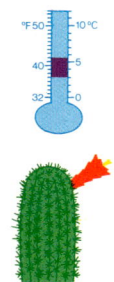

Name: Britton und Rose benannten die Pflanze nach W. E. Browning, dem Direktor des Britischen Instituts in Santiago.

Herkunft: Entlang des Rio Maroñón in der Nähe von Buenavista in den westlichen Kordilleren Nord-Perus.

Beschreibung: Der dicke Stamm dieser baumartigen Kaktee wird in Trockengebieten bis 5 m, in feuchten Gegenden bis doppelt so hoch. Die aufrechten Äste können sich nochmals verzweigen. Die sieben bis acht breiten Rippen tragen Warzen mit gewölbten Rändern. In den so gebildeten keilförmigen Vertiefungen befinden sich die im jüngeren Teil weißfilzigen Areolen. Dieser Filz wird später braun bis grau. Auf den Seiten der Rippen bleiben im jungen Teil fächerförmige, graugrüne Streifen sichtbar, bis sie mit zunehmendem Dickenwachstum der Pflanze allmählich verschwinden. Aus den anfangs dornenlosen Areolen wachsen später fünf bis sechs weiche Randdornen von 1 cm Länge. In diesem Dornenkranz steht ein nach unten weisender Mitteldorn. Die 5 bis 6 cm langen grünlichweißen Blüten sitzen auf einer grob geschuppten Röhre. Die zart duftenden Blüten sind nach außen gewandt.

Kultur: In Kultur bleibt die Pflanze immer im Jugendstadium. Die nachts geöffneten Blüten sind in Kultur kaum jemals zu sehen. Vermehrung durch Samen oder Stecklinge.

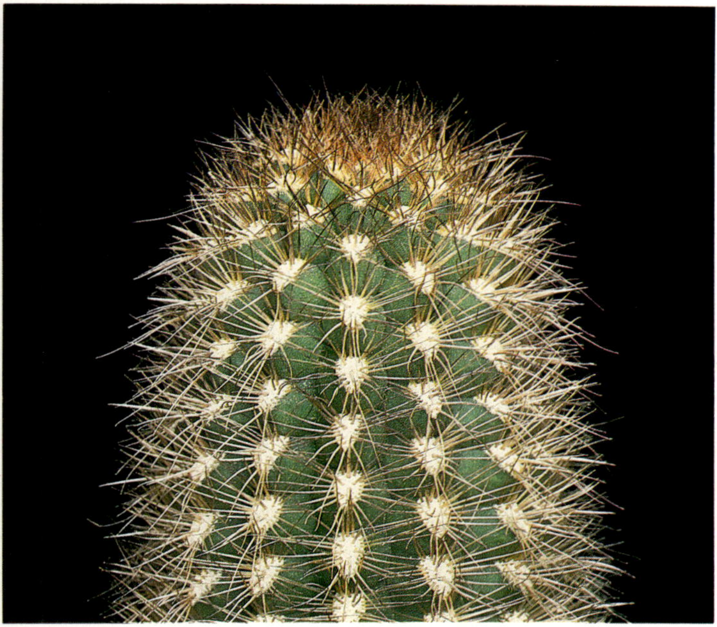

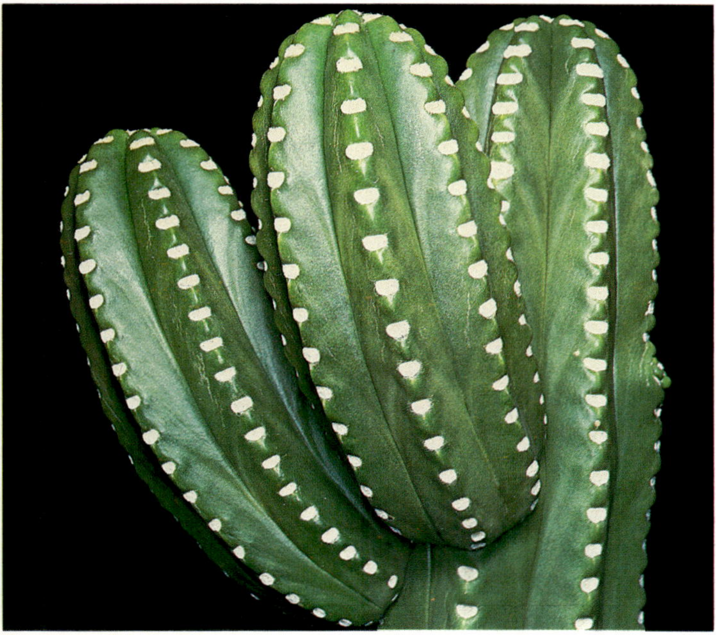

22 BROWNINGIA HERTLINGIANA (Backeberg)

Buxbaum
Tribus *Cacteae* – Subtribus *Cereinae*

Herkunft: Das Tal des Rio Mantaro in Peru, zwischen den westlichen und östlichen Kordilleren nordöstlich von Lima.

Beschreibung: Wegen seines leuchtendblauen Sprosses machte Backeberg diese Art zum Namensgeber der heute nur noch als Synonym geltenden Gattung *Azureocereus*. Der sich verzweigende Stamm erreicht eine Höhe von 8 m und eine Stärke von 30 cm. Die rund 18 Rippen erscheinen anfangs um die Areolen etwas verdickt, später bilden sich Warzen, die quer durch keilförmige Kerben getrennt sind. An jüngeren Trieben tragen die Areolen meist vier Randdornen und ein bis drei längere, bis zu 8 cm lange Mitteldornen. Die Dornen sind gelb mit braunen Spitzen oder nur am Grund gelb. Am älteren Teil können in einer Areole bis zu 30 gleich lange Dornen stehen, die aber weicher als die an den Triebspitzen sind. In den dazwischen liegenden Teilen zeigen die Dornen in Zahl und Ausprägung alle Übergänge. Die nachts geöffneten Blüten besitzen eine mehr oder weniger gebogene, braunpurpurne, schuppige Röhre von 5 cm Durchmesser. Die weißen Kronblätter sind leicht schief.

Kultur: Obwohl auch kleinere Exemplare wegen ihrer ungewöhnlichen Farbe recht attraktiv sind, sieht man sie außer in den großen Sammlungen selten in Kultur. Vermehrung durch Stecklinge. Samen sind kaum erhältlich.

23 BROWNINGIA RIOSANIENSIS (Backeberg)

Buxbaum
Tribus *Cacteae* – Subtribus *Cereinae*

Herkunft: Das Tal des Rio Saña in Peru, welches ihm auch den Namen gegeben hat, von den Hängen der westlichen Kordilleren bis zum Pazifik.

Beschreibung: Die am natürlichen Standort bis 4 m hohe Pflanze mit einem dicken, sich verzweigenden Stamm bleibt in Kultur viel kleiner. Die 8 cm dicken, bläulichgrünen Äste besitzen rund sechs warzige Rippen. Die meist nur am jüngeren Teil deutlich sichtbaren Warzen sind nur wenig ausgeprägt. Sie sind sehr breit angelegt und quer durch eine V-förmig nach unten weisende Kerbe getrennt. Sechs von der Spitze ausgehende, nur schwach angedeutete Kanten geben den Warzen ein prismatisches Aussehen. Aus den weißflaumigen Areolen wachsen sechs bis acht unregelmäßige Dornen, wobei die äußeren von den inneren kaum unterschieden sind. Der dicke, kegelförmige Dorn im oberen Teil der Areole ist 5 cm lang, gelblich mit rotem Grund und oft mit schwarzer Spitze. Er wird, wie die anderen Dornen, später weißlich. Diese sind ebenfalls lang und dick oder auch kurz und schlank. Die nachts geöffneten Blüten sitzen auf einer schuppigen und haarigen Röhre und besitzen eine weiße Krone.

Kultur: Die Pflanze wird kaum angebaut. Sie ist wenig kälteverträglich. Vermehrung durch Samen oder eventuell mit Stecklingen.

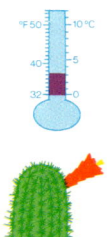

24 **CARNEGIEA GIGANTEA** (Engelmann)
Britton und Rose
Tribus *Cacteae* – Subtribus *Cereinae*

Name: Diese 1848 von Engelmann *Cereus giganteus* benannte Art wurde 1908 von Britton und Rose zu Ehren von Andrew Carnegie, einem Industriellen und Philanthropen, umbenannt.

Herkunft: Arizona, südwestliches Kalifornien und der Staat Sonora in Mexiko. Das Verbreitungszentrum liegt in der von dem Fluß Gila durchschnittenen Gila-Wüste in Arizona. Bei Tucson wurde 1933 speziell für diese Art ein rund 315 Quadratkilometer großes Schutzgebiet eingerichtet. Ihre Blüte ist das Wahrzeichen Arizonas.

Beschreibung: Diese Art, die einzige ihrer Gattung, gehört zu den größten und am langsamsten wachsenden Kakteen. Sie erreicht manchmal eine Höhe von 18 m und einen Stammdurchmesser von 65 cm. Wegen der großen Mengen gespeicherten Wassers – an den Sproßenden beträgt der Wassergehalt 98 % – wiegt eine 5 m hohe Pflanze ungefähr 750 kg. Aufgrund des unglaublich langsamen Wachstums kann es ein Jahrhundert dauern, bis die Pflanze eine baumähnliche Gestalt erreicht hat. Die ältesten Exemplare schätzt man deshalb auf ein Alter von über 200 Jahren. Da diese Art bis zu −4° C frosthart ist, wächst sie weiter nördlich als jeder andere große Kaktus.

Die Pflanze besitzt 12 bis 24 stumpfe Rippen, die im Abstand von 2 cm mit braunen Areolen besetzt sind. Umgeben von 12 oder mehr strahlenförmig angeordneten Randdornen stehen drei bis sechs Mitteldornen von bis zu 7 mm Länge. Alle Dornen sind braun und werden später grau. Nahe der Sproßspitze sitzen die Areolen dichter und sind von braunem Filz bedeckt. Blüten werden nur von ausgewachsenen Exemplaren an den Sproßenden gebildet. Sie sind weiß, ungefähr 12 cm hoch und breit, mit einer grünen, schuppigen Röhre und kurzen, ausgebreiteten Kronblättern. Fleisch und Schale der eßbaren Frucht sind rot. Die Frucht platzt in der Reife auf. Sie gehörte zu den Grundnahrungsmitteln der Papago-Indianer, die den vergorenen Saft zur Feier ihres Neujahrsfestes Ende Juni verwendeten.

Der Stamm dieser Kaktusriesen wird durch einen ringförmig im Innern angelegten Holzkörper versteift und im Gleichgewicht gehalten. Seitenäste werden erst im Alter von 15 bis 30 Jahren gebildet, meist in einer Höhe von etwa 2 m. Bis über acht solcher Äste wachsen annähernd parallel zum Stamm nach oben und gleichen durch entgegengerichtetes Wachstum die Kräfte von Wind und Erdbewegungen aus. Die Äste können sich auch noch weiter verzweigen. Die im Bild sichtbaren großen Löcher stammen von verschiedenen Spechtarten, die darin ihre Nester bauen.

Kultur: Das Wachstum ist so langsam, daß die Pflanze zwei Jahre nach der Saat erst 8 cm hoch ist, und es dauert 30 Jahre, bis sie schließlich die Höhe von 1 m erreicht.

25 CASTELLANOSIA CAINEANA Cárdenas
Tribus *Cacteae* – Subtribus *Cereinae*

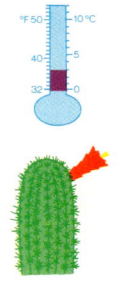

Name: Der bolivianische Botaniker Martin Cárdenas benannte diese Pflanze zu Ehren von Alberto Castellanos, einem argentinischen Spezialisten südamerikanischer Kakteen.

Herkunft: Östliches Bolivien, in Höhe von 700 bis 1600 m.

Beschreibung: Gegenwärtig umfaßt diese Gattung nur diese einzige Art. Als großer, aufrechter Strauch mit mehr oder weniger biegsamen Ästen von graugrüner Farbe wird dieser Kaktus fast 6 m hoch. Der Stamm mit neun abgerundeten Rippen ist 3,5 cm dick. Jüngere Triebe haben mehr Rippen mit runden, weißfilzigen und leicht genarbten Areolen. Die 15 Randdornen werden 1 bis 4 cm lang, die drei oder vier Mitteldornen erreichen bis 7 cm Länge. Sie sind alle steif und in der Farbe braun bis grau. An den blütentragenden jungen Triebteilen sitzen statt Dornen auf den Areolen Büschel dornenähnlicher Borsten von 1 bis 4 cm Länge. Sie stehen steil nach oben und sind weiß, grau oder braun gefärbt. Die 3 bis 5 cm langen Blüten von purpurner Farbe öffnen sich nachts, bleiben aber auch noch am folgenden Tag geöffnet. Die 3 cm langen gelbgrünen Früchte sind giftig, was bei Kakteen nur sehr selten vorkommt.

Kultur: Da die Pflanze keinen besonders schönen Wuchs besitzt, wird sie nur selten gepflanzt. Vermehrung durch Stecklinge.

---

26 CEPHALOCEREUS MAXONII Rose
Tribus *Cacteae* – Subtribus *Cereinae*

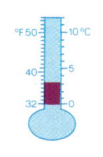

Name: Er leitet sich ab vom griechischen Wort *kephale,* Kopf – die Sproßspitzen dieser Gattung sehen durch die langen, dichtstehenden Haare wie Cephalien aus –, und vom Entdecker William R. Maxon, der die ersten Exemplare um 1905 fand.

Herkunft: Bei El Rancho und Salamá in den Bergen Zentral-Guatemalas.

Beschreibung: Bei diesem strauchähnlichen, fast 3 m hohen Kaktus ist der stammähnliche Haupttrieb blaßgrün bereift und rund 12 cm dick. An ihm sitzen aufwärts gebogene Äste. Er hat sechs bis acht scharfkantige Rippen, die mit ziemlich kleinen Areolen besetzt sind. Diese sind an jüngeren Pflanzenteilen stark haarig und tragen ungefähr zehn kurze und schlanke Randdornen von anfangs gelblichbrauner, später dunklerer Farbe und einen Mitteldorn, der gelegentlich bis 4 cm lang wird. Die Sproßspitze und die dort sitzenden Dornen sind bis auf eine Länge von 30 cm herab durch einen dichten Pelz langer, weißer Haare umhüllt. Diese ein Cephalium vortäuschende Erscheinung nennt man Pseudocephalium. Die rötlichpurpurnen Blüten sind 4 cm lang, die kugeligen, leicht abgeflachten Früchte 3,5 cm dick.

Kultur: Die Pflanze braucht direkte Sonne, steinigen, durchlässigen Boden, ziemlich hohe Luftfeuchtigkeit und im Winter viel Wärme. Vermehrung durch Stecklinge.

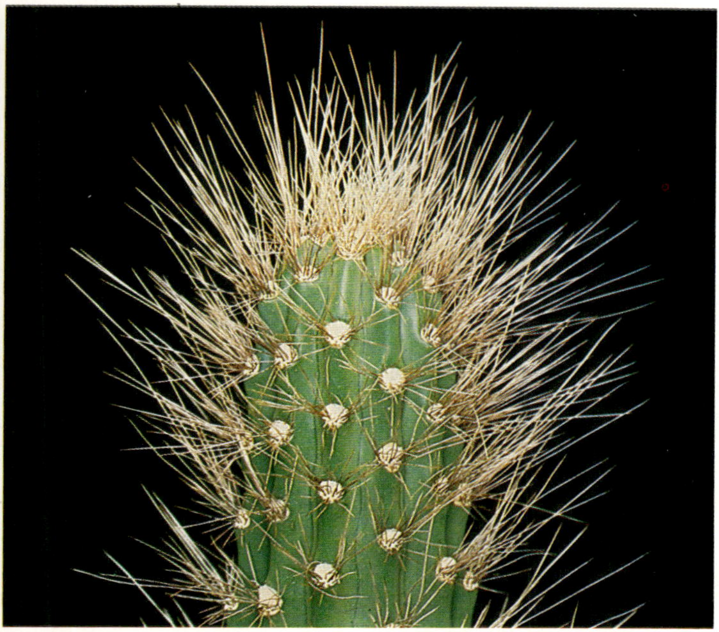

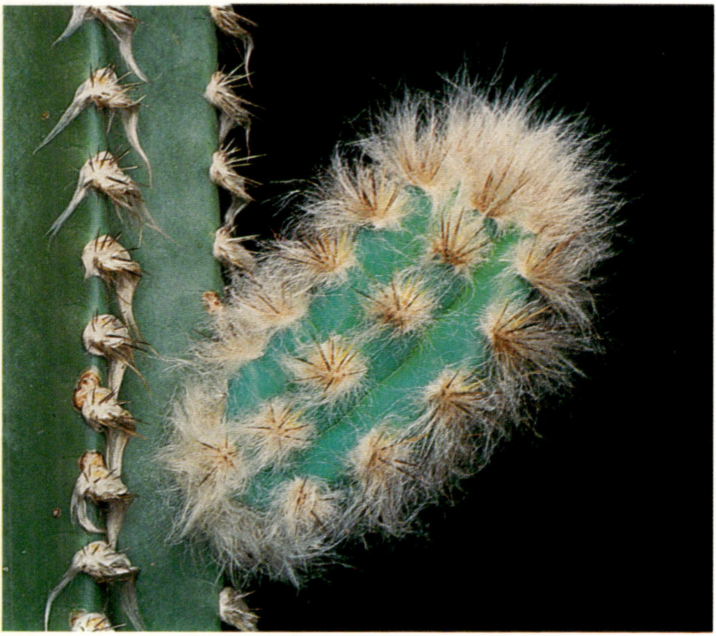

27 CEPHALOCEREUS PALMERI Rose

Tribus *Cacteae* – Subtribus *Cereinae*
Haarsäulenkaktus

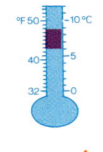

Herkunft: Die Küstenebene des Staates Tamaulipas im östlichen Mexiko, besonders zwischen Matamoros und Tampico.

Beschreibung: Der aufrechte, säulenförmige und reich verzweigte Stamm wird bis 6 m hoch. Die Äste erreichen eine Stärke von 5 bis 8 cm. Der Neuzuwachs ist blaugrün bereift. Auf den neun breiten, weit vorstehenden Rippen mit abgerundeter Kante sitzen die großen, runden Areolen. Diese tragen lange grauweiße Haare, die an den Sproßspitzen und an blühenden Teilen besonders dicht sind. Diese 4 bis 5 cm langen Haare bilden ein Pseudocephalium, das sich als wirrer Film den Rippen entlang nach unten erstreckt und sowohl Dornen als auch Blütenknospen unter sich verbirgt. Jede Areole besitzt 8 bis 12 schlanke, bis 1 cm lange Randdornen und einen viel kräftigeren Mitteldorn von mehr als doppelter Länge. Je nach Alter wechseln die Dornen ihre Farbe von Gelb über Braun nach Grau. Die trichterförmigen, purpurroten Blüten besitzen eine ebenfalls behaarte Röhre. Eine Varietät hat auch rosarote Blüten.

Kultur: Da aus Samen gezogene Pflanzen sehr langsam wachsen und wegen der anfangs nur spärlich gebildeten Wolle recht uncharakteristisch aussehen, erfolgt die Vermehrung meist durch Stecklinge. Die Pflanze braucht im Winter höhere Temperaturen und im Sommer leichte Beschattung. Sie sollte zurückhaltend gegossen werden.

28 CEPHALOCEREUS SENILIS (Haworth) Pfeiffer

Tribus *Cacteae* – Subtribus *Cereinae*
Greisenhaupt

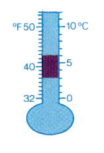

Herkunft: Die Staaten Hidalgo, Vera Cruz und Guanajuato in Zentral-Mexiko.

Beschreibung: Name und Beschreibung dieser Art gehen zurück auf Haworth, der sie 1824 *Cactus senilis* nannte. De Candolle gab ihr 1828 den Namen *Cereus senilis*. Obwohl der säulenartige Stamm am natürlichen Standort 10 bis 15 m hoch und 40 cm dick wird, ist dieser Kaktus wegen seines überaus langsamen Wachstums für die Haltung im Topf doch gut geeignet. In seltenen Fällen verzweigt sich der blaßgrüne Sproß am Grund, meist bleibt er unverzweigt. Junge Pflanzen haben 10 bis 15 Rippen; wenn sie über 1 m hoch sind, hat sich deren Anzahl verdoppelt. Die sehr dichtsitzenden Areolen tragen ein bis fünf gelbliche Dornen und 20 bis 30 haarähnliche Borsten. Diese fallen mit zunehmendem Alter ab, so daß der untere Sproßteil bis auf die Dornen verkahlt, der obere jedoch mit dichten Haaren bedeckt ist. Vor der Blüte entwickelt die Pflanze auf einer Seite der Sproßspitze eine stark behaarte Ausbuchtung. Aus diesem Pseudocephalium erheben sich die nachts geöffneten Blüten mit cremefarbenen inneren und rötlichen äußeren Kronblättern. Die rote Frucht ist gelblich behaart.

Kultur: Ausgewachsene Pflanzen sind gut kälteverträglich. Sämlinge werden in vier Jahren ungefähr 10 cm groß.

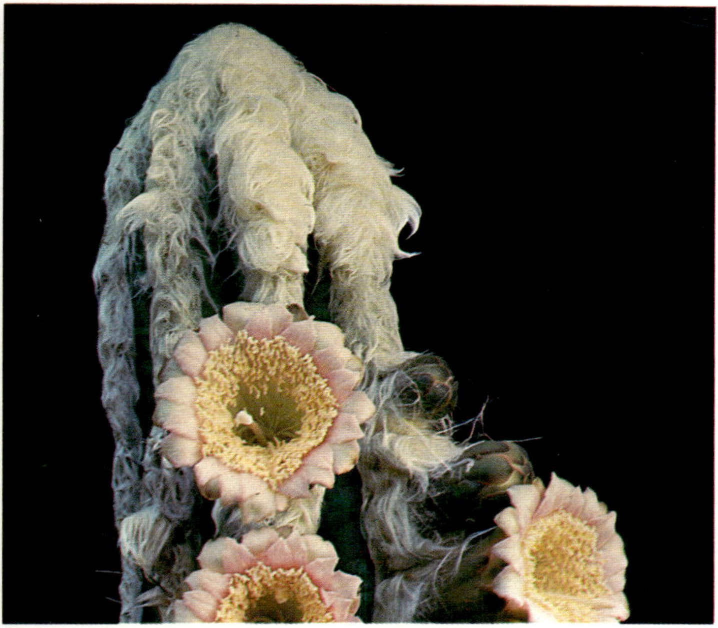

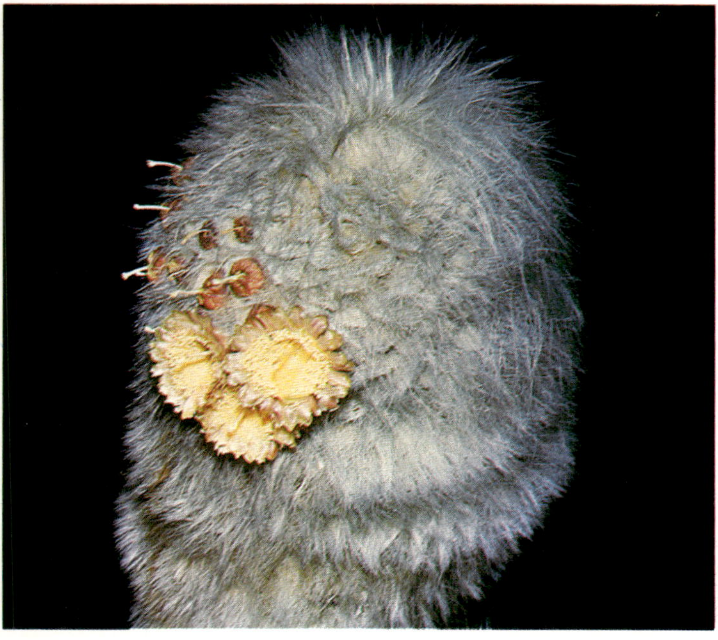

29 CEPHALOCLEISTOCACTUS
SCHATTATIANUS Backeberg
Tribus *Cacteae* – Subtribus *Cereinae*

Name: Der Gattungsname stammt von Friedrich Ritter, der ihn aus *kephale,* Kopf, und *kleistos,* geschlossen, ableitete, da die Pflanze in ihrer Eigenart, die Blüten nicht zu öffnen, sehr dem *Cleistocactus* ähnelt. Sie unterscheidet sich jedoch durch stärkeres Dornen- und Borstenwachstum an den blütentragenden Teilen. Anfangs zeigt sie nur seitliche Blüten, später am ganzen oberen Sproßteil.
Herkunft: Bolivien
Beschreibung: Die Pflanze bildet aufrecht oder niederliegend mit ihren 60 cm langen und 5 cm dicken Trieben ein dichtes Geflecht. Auf den 16 nur schwach ausgebildeten, leicht warzigen Rippen stehen die runden, filzigen Areolen, die anfangs gelb, später weiß erscheinen. Sie tragen über 30 gelbliche bis weiße Dornen, bei denen die äußeren und mittleren gleich ausgebildet sind. Sie sind alle ziemlich kurz, bis auf ein oder zwei von über 1 cm Länge. Das Cephalium besteht aus bräunlichgelben Borsten von zunehmender Länge, anfangs nur auf einer Seite, später den ganzen Sproß umfassend. Die 4 cm lange Blüte mit ihrer roten Röhre und den gelben Kronblättern öffnet sich fast nie.
Kultur: Die Pflanze ist einfach zu halten, wird aber im Alter etwas sperrig. Vermehrung durch Stecklinge.

30 CEREUS AETHIOPS Haworth
Tribus *Cacteae* – Subtribus *Cereinae*

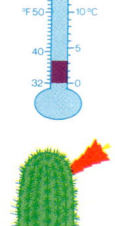

Name: Der Name stammt vom lateinischen *cereus,* Wachskerze.
Herkunft: In Argentinien von Mendoza entlang dem Rio Negro an den Hängen der Anden.
Beschreibung: Die strauchartige Pflanze ist auch noch unter dem alten Namen *Cereus coerulescens* bekannt. Der aufrechte, bläuliche Sproß erreicht bei 3 bis 5 cm Dicke eine Höhe von 2 m. Die Pflanze verzweigt sich erst mit zunehmendem Alter. Die manchmal spitz zulaufenden Äste werden bis über 30 cm lang. Auf den flachen Warzen der acht nur wenig vorstehenden Rippen sitzen große, schwarze Areolen mit 9 bis 12 Randdornen und 4 Mitteldornen. Die 5 bis 10 mm langen Randdornen sind schwarz mit weißem Grund, die Mitteldornen sind ganz schwarz, dicker und ungefähr doppelt so lang. Die Röhre der 20 cm langen, trichterförmigen Blüte besitzt nur wenige Schuppen. Die äußeren Kronblätter sind grünlich mit rosarotem oder rötlichem Rand, innen sind sie rein weiß oder rosa. Die sich öffnende ovale und bräunliche Frucht enthält schwarze Samen. Von den beiden bekannten Varietäten besitzt *landbeckii* weiße Randdornen, *melanacantha* dagegen oft purpurrote Dornen und kräftigere und längere, glänzendschwarze Mitteldornen.
Kultur: Bei trockener Haltung ist die Pflanze gut kälteverträglich. Vermehrung durch Samen oder Stecklinge.

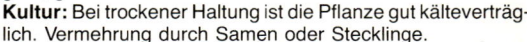

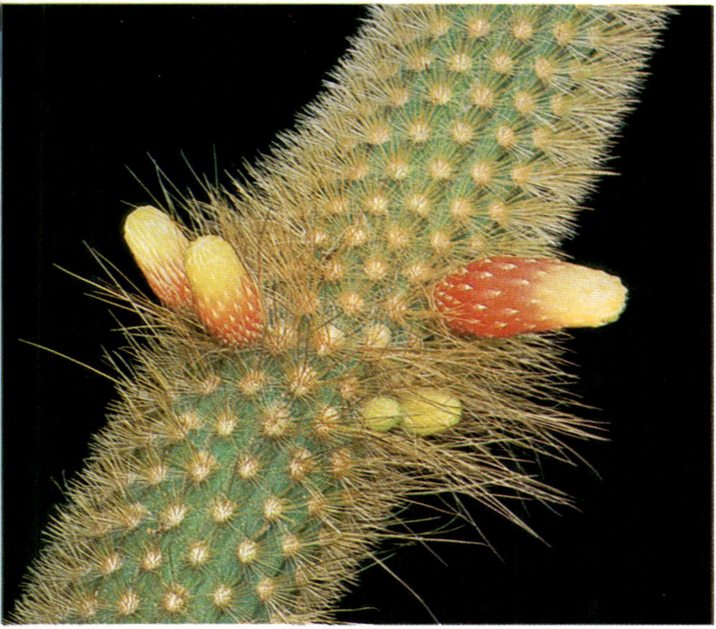

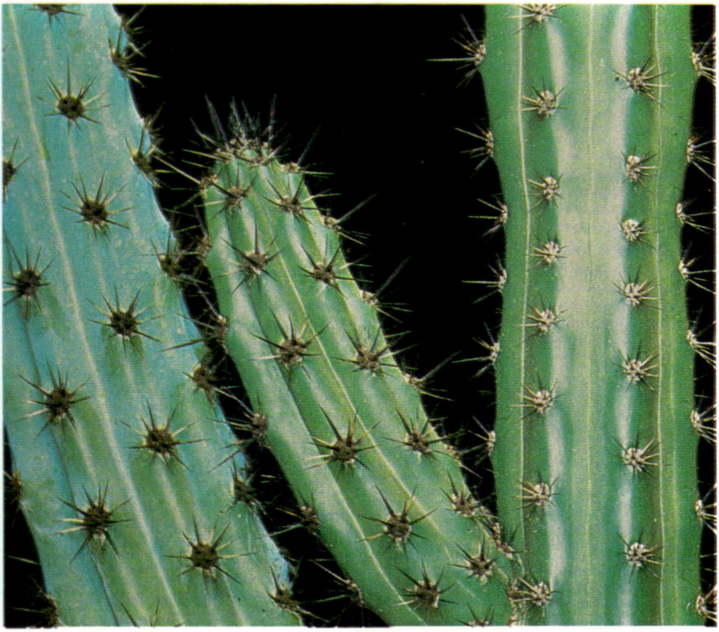

31 CEREUS JAMACARU de Candolle
Tribus *Cacteae* – Subtribus *Cereinae*

Herkunft: Brasilien, von der Küste bis zu den Wüsten im Inneren.

Beschreibung: Die baumartige Pflanze ist in ganz Brasilien weit verbreitet und wird bis zu den Westindischen Inseln angepflanzt. Von dem dort gebrauchten Namen *mandacaru* leitet sich wahrscheinlich ihr Artname ab. Am natürlichen Standort wird die Pflanze mit ihrem kurzen, holzigen und bis über 35 cm dicken Stamm über 10 m hoch. Die sich mehrfach verzweigenden Äste bilden eine hohe, aufrechte Krone. Die junge Pflanze ist vollständig hellblau gefärbt, später wird sie grün und am älteren Stammteil schließlich korkartig. Die sieben bis acht, gelegentlich bis 10 Rippen sind anfangs flach und bis 3 cm hoch. Die gelben bis bräunlichen Areolen sitzen in Eintiefungen der Rippen. Später werden die Rippen breiter und mehr abgerundet. Die Anzahl der Dornen schwankt zwischen 15 und 20, von denen sieben bis neun kurze Randdornen sind. Die dickeren und steiferen Mitteldornen sind bis über 12 cm lang. Alle Dornen sind in der Jugend gelblichbraun, im Alter grau. Die 25 cm großen Blüten stehen seitlich und blühen nachts. Die äußeren Kronblätter sind grünlich, die inneren weiß. Die Frucht ist groß und rot.

Vermehrung: Die Vermehrung erfolgt meist durch Stecklinge.

---

32 CEREUS PERUVIANUS Miller
Tribus *Cacteae* – Subtribus *Cereinae*
Felsenkaktus

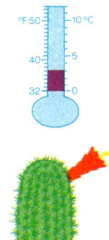

Herkunft: Nicht bekannt. An den Küsten Süd-Brasiliens und Nord-Argentiniens verbreitet.

Beschreibung: Der sich verzweigende, säulenartige Stamm wird mehrere Meter hoch und 20 cm dick. Er ist dunkelgrün, am jungen Sproß blaugrün. Junge Pflanzen haben vier Rippen, ältere fünf bis neun, bei denen die runden, braunen Areolen auf leichten Erhebungen sitzen. Inmitten von fünf bis zehn Randdornen steht ein steifer Mitteldorn von manchmal 3 cm Länge. 15 cm lange Blüten wachsen von den oberen Sproßteilen nach außen. Sie sitzen auf einer langen, schuppigen Röhre von brauner Farbe. Obere Schuppen und äußere Kronblätter leuchten weiß. Die 6,5 cm dicke, runde Frucht ist orange oder hellgelb, die Samen sind schwarz. Der Kaktus bildet häufig abnorme Formen, die in kleinen Exemplaren bei der Haltung bevorzugt werden. Die Varietät *monstrosus* ist groß und schlank mit unregelmäßiger Rippenbildung, *monstrosus minor* ist klein und neigt besonders am Scheitel zur Cristatenbildung.

Kultur: Er braucht direkte Sonne und sandigen, durchlüfteten Boden. Bei trockener Haltung ertragen ausgewachsene Exemplare sogar leichten Frost. Vermehrung meist durch Stecklinge, da die Vermehrung aus Samen sehr langwierig ist.

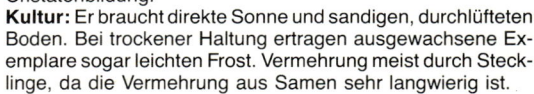

33 CHAMAECEREUS SILVESTRII (Spegazzini)
Britton und Rose
Tribus *Cacteae* – Subtribus *Echinocereinae*

Name: Dieser leitet sich ab vom griechischen *chamai,* auf dem Boden, und vom lateinischen *cereus,* Wachskerze, und bezieht sich auf den niederliegenden Wuchs. Den Artnamen gab Spegazzini zur Erinnerung an seinen Freund Dr. Filippo Silvestri.

Herkunft: Der Fuß der Anden in den Provinzen Tucumán und Salta im nördlichen Argentinien.

Beschreibung: Die Gattung besteht nur aus dieser einen Art. Die kleine, niederliegende Pflanze ist kerzenförmig und bildet zahlreiche Seitentriebe, wobei die kurzen Sprosse bei einer Dicke von 1 bis 2,5 cm 6 bis 15 cm lang werden. Sechs bis neun flache Rippen tragen auf engsitzenden Areolen borstige Dornen. Eine Vielzahl scharlachroter Trichterblüten erscheint von Mai bis Juli. Die etwa 15 cm langen Blüten besitzen eine schuppige, behaarte Röhre, und die Kronblätter sind weit ausgebreitet. Die Sorte *Crassicaulis cristata* besitzt verbänderte Sprosse und größere Blüten. Eine Kreuzung mit *Lobivia densispina* ergab Pflanzen mit kräftigem Sproß und Blüten von unterschiedlicher Farbe.

Kultur: Die Pflanze ist selbststeril, vermehrt sich jedoch leicht durch Ableger. Sie wird häufig von Spinnmilben befallen, die mit speziellen Akariziden bekämpft werden können. In der Wachstumszeit braucht sie viel Sonne und reichliches Wässern.

34 CLEISTOCACTUS STRAUSII (Heese)
Backeberg
Tribus *Cacteae* – Subtribus *Cereinae*
Silberkerze

Name: Er ist abgeleitet vom griechischen *kleistos,* geschlossen, da die Blüten sich nur selten öffnen.

Herkunft: In Höhen von 1700 m im Distrikt Tarija in Bolivien, nahe Argentinien.

Beschreibung: Der hellgrüne Sproß wird 5 bis 8 cm dick und rund 3 m hoch. Er verzweigt sich am Grund, Seitentriebe werden nur nach Entfernen der Sproßspitze gebildet. Auf den 25 flachen Rippen sitzen die Areolen sehr dicht auf Lücke. Ihre 30 bis 40 weißen, borstigen Randdornen stehen kreuz und quer und verdecken besonders im oberen Teil, wo sie dichter und borstiger wachsen, den eigentlichen Sproß. Die vier blaßgelben Mitteldornen sind um 2 cm lang. Die aus einer roten, mit Haaren und Schuppen bedeckten Röhre bestehenden Blüten wachsen waagrecht aus dem oberen Sproßteil. Die kurzen Kronblätter bleiben meist geschlossen. Staubblätter und Griffel mit Narbe ragen aus der Röhre heraus. Die Frucht ist ebenfalls rot und wollig. Meist wird die Varietät *fricii* mit 5 cm langen Randdornen und weißen Mitteldornen kultiviert.

Kultur: Die Pflanze braucht bei mäßigen Temperaturen direkte Sonne und ist problemlos in der Haltung. Nur ausgewachsene Exemplare bilden Blüten. Vermehrung durch Samen oder Stecklinge.

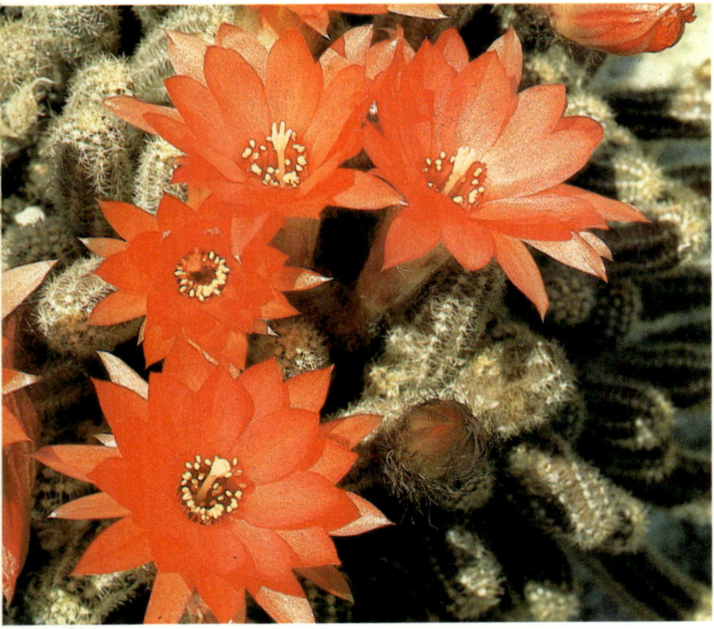

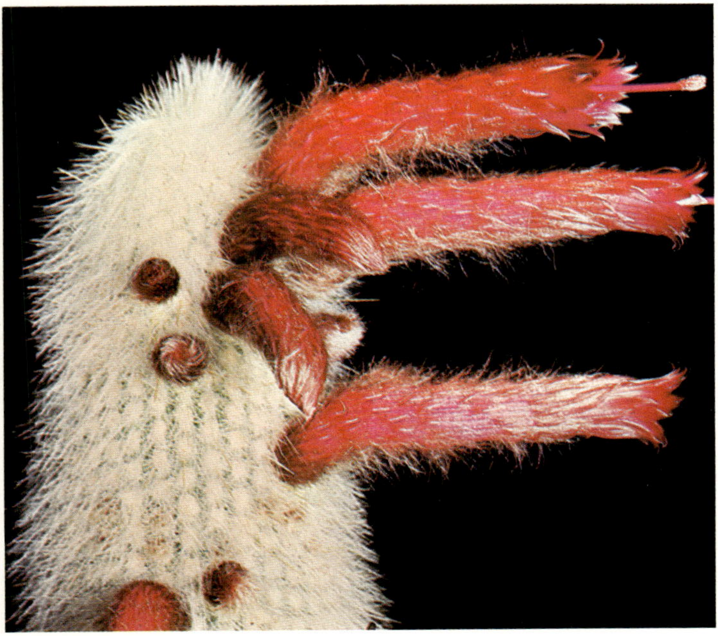

35 CLEISTOCACTUS WENDLANDIORUM
Backeberg
Tribus *Cacteae* – Subtribus *Cereinae*

Herkunft: Wurde vor nicht allzu langer Zeit in Bolivien entdeckt. Sein Verbreitungsgebiet ist deshalb noch nicht voll bekannt.

Beschreibung: Der schlanke Sproß von 3 bis 4 cm Durchmesser verzweigt sich am Grund. Die 22 sehr flachen Rippen sind kaum erhaben und tragen ziemlich große, etwas längliche Areolen mit etwa 40 sehr feinen und kurzen, borstigen Dornen, die anfangs blaßgelb sind und später weiß bis grau werden. Die Mitteldornen unterscheiden sich kaum von den Randdornen, sie sind gleich gefärbt, stehen aber dichter beieinander. Die 5 cm langen Blüten erscheinen als leicht gebogene, aber sonst zylindrische Röhren von helloranger Farbe. Die äußeren Kronblätter sind blutrot bis leuchtendorange, die inneren erscheinen in den gleichen Farben etwas dunkler. Die Staubfäden sind am Grund verwachsen und umfassen so kelchartig die Nektardrüsen.

Kultur: Obwohl er wahrscheinlich leicht zu halten ist, findet man diesen Kaktus noch kaum in Kultur. Im Winter dürfen die Temperaturen nicht in die Nähe des Gefrierpunkts kommen, im Sommer braucht er einen warmen, sonnigen Platz und reichliches Gießen während der Blüte. Die Vermehrung erfolgt durch Stecklinge.

36 COCHEMIEA POSELGERI (Hildmann)
Britton und Rose
Tribus *Cacteae* – Subtribus *Cactinae*

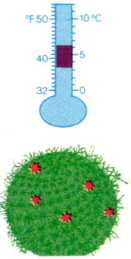

Name: Die Gattung ist nach einem Indianerstamm benannt, der auf der Halbinsel Niederkalifornien lebte.

Herkunft: Der südliche Teil von Niederkalifornien in Mexiko.

Beschreibung: Diese Art gehörte nach H. Hildmann zur Gattung *Mammillaria,* bis der Botaniker Walton von ihr die Gattung *Cochemiea* abtrennte. Die blau- bis graugrünen Sprosse erreichen Längen von 2 m bei einem Durchmesser von ungefähr 4 cm. Der Kaktus ist anfangs aufrecht, später niederliegend oder herabhängend. Er verzweigt sich am Grund und bildet so reichlich Tochtertriebe. Die konischen Mamillen tragen in der Achsel weiße Wollbüschel und manchmal Borsten. Die ebenfalls wolligen Areolen mit sieben bis neun steifen, 15 cm langen Randdornen von anfangs gelber, später grauer Farbe sitzen auf der Spitze der Warzen. Blüten entspringen an der Sproßspitze aus den Achseln der Mamillen. Sie sind rund 3 cm lang, glänzend blutrot, und sowohl Staubblätter als Griffel ragen weit hervor. Die kugelige Frucht ist ungefähr 6 bis 8 mm dick.

Kultur: Die Pflanze wächst problemlos und ziemlich rasch. Erst ältere Sprosse gelangen zur Blüte. Zum Gedeihen sind volle Sonne und eine strenge Ruheperiode notwendig. Vermehrung durch Stecklinge.

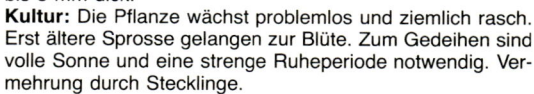

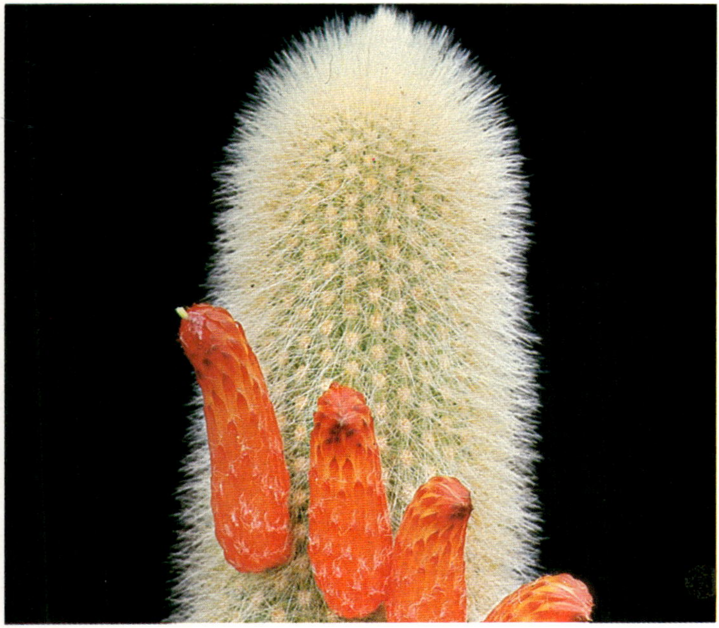

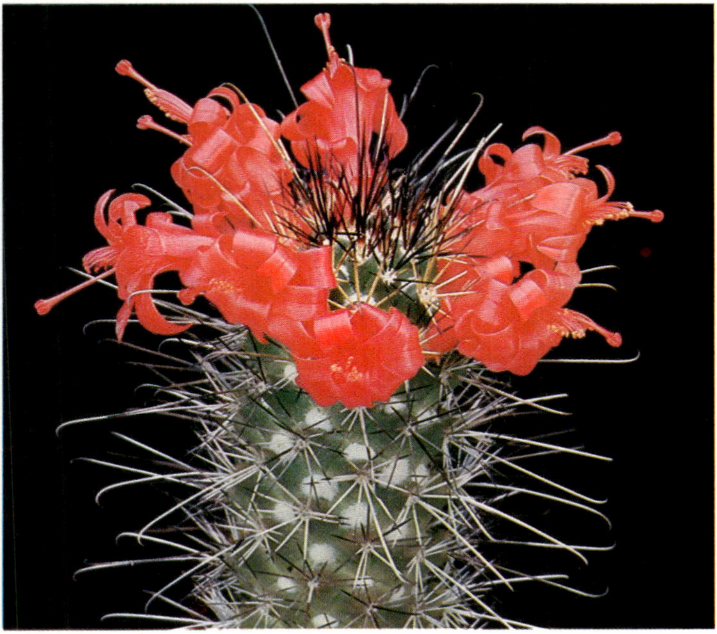

37 CHOCHEMIEA SETISPINA (Coulter) Walton
Tribus *Cacteae* – Subtribus *Cactinae*

Herkunft: Die Granithänge des Hinterlandes im mittleren Niederkalifornien in Mexiko.

Beschreibung: Man kann diese Art leicht mit einer *Mammillaria* verwechseln. Bevor Walton sie zur richtigen Gattung stellte, hatte ihr Engelmann 1897 auch tatsächlich den Namen *Mammilaria setispina* gegeben. Die Pflanze bildet große Büschel von anfangs kugeligen Sprossen, die sich später strecken und bei einer Dicke von 4 cm bis 30 cm hoch werden. Sie besitzen kurze, konische Warzen mit wolligen Achseln und einer runden, weißen Areole an der Spitze. Der jüngste Teil der Areole ist anfangs filzig, wird aber später fast kahl. Die 9 bis 12 schlanken, weißen Randdornen mit bräunlicher Spitze sind 2 cm lang. Sie sind gerade oder leicht gebogen und strahlenförmig angeordnet. Ein bis vier Mitteldornen von gleicher Farbe sind etwas länger, der obere ist bis über 5 cm lang und hakenförmig. Blüten stehen nahe der Sproßspitze in den Achseln der Mamillen älterer Pflanzen. Bei einer Länge von fast 6 cm besitzen sie eine deutlich trichterförmige Röhre und eine unregelmäßige Krone in Farbtönen von blut- bis scharlachrot. Die keulenförmige Frucht ist ebenfalls rot und fast 2 cm lang.

Kultur: In direkter Sonne ist die Haltung einfach. Wichtig ist eine strenge Ruheperiode im Winter bei Temperaturen knapp über 0° C. Braucht gut durchlüfteten Boden. Vermehrung durch Stecklinge.

38 COPIAPOA CHANARALENSIS Ritter
Tribus *Cacteae* – Subtribus *Echinocactinae*

Name: Bei der Einrichtung dieser Gattung nannten sie Britton und Rose nach der Hauptstadt der chilenischen Provinz Atacama, Copiapó, da alle Arten der Gattung im Küstenstreifen von Nord- und Mittel-Chile zu Hause sind.

Herkunft: Der Küstenort Chañaral nahe der Südgrenze der Provinz Atacama in Chile. Die Art ist nach diesem Dorf und der gegenüberliegenden Insel benannt.

Beschreibung: Die Art wurde erst kürzlich entdeckt und stellt sich vielleicht nur als eine örtliche Varietät einer der vielen anderen Arten heraus. Der olivgrüne, kugelige Sproß hat rund 18 Rippen. Diese sind durch nicht sehr stark ausgeprägte Warzen gegliedert, auf denen die hellen Areolen sitzen. Vor allem bei jüngeren Pflanzen sind die Sproßspitzen dicht von gelblichweißer Wolle bedeckt. Die drei bis fünf kräftigen Dornen sind braun mit dunklen Spitzen. Mit zunehmendem Alter werden sie heller und schließlich ganz grau.

Kultur: Es liegen bisher wenig Erfahrungen vor. Da die Pflanze aber beim 29. Breitengrad auf Meereshöhe wächst, ist anzunehmen, daß sie nur wenig kälteverträglich ist. Außer in den großen Sammlungen findet man sie kaum in Kultur. Die Vermehrung erfolgt durch Samen.

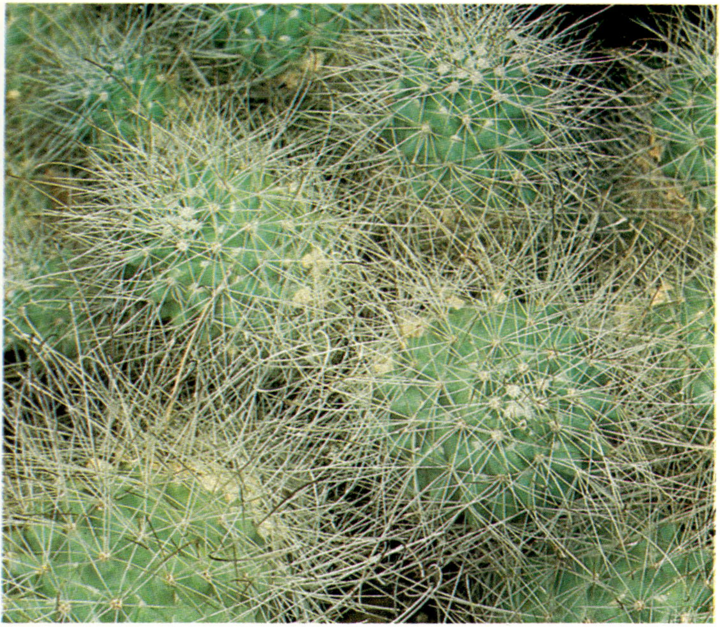

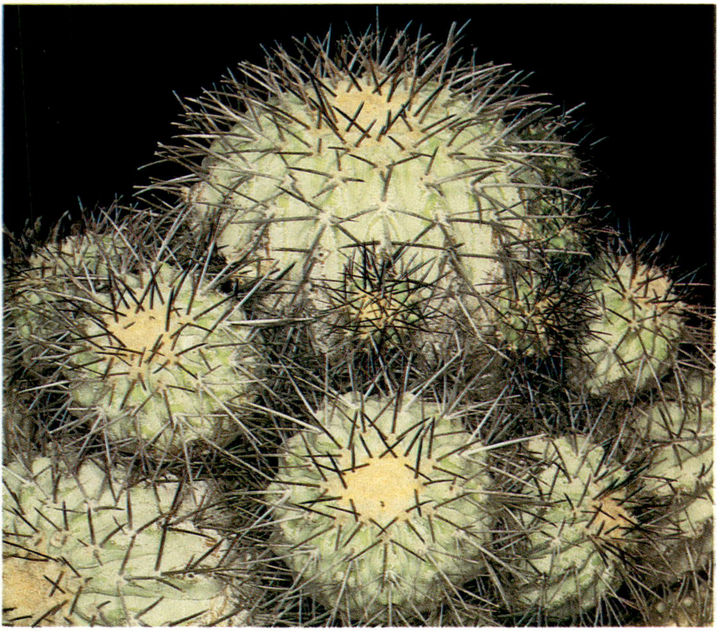

39 COPIAPOA CINEREA (Philippi) Britton und Rose
Tribus *Cacteae* – Subtribus *Echinocactinae*

Herkunft: Von Taltal und Paposo bis Caleta Cobre an der Küste Nord-Chiles in der Provinz Antofagasta.
Beschreibung: Die anfangs kugelige Pflanze wird später säulenartig. Am natürlichen Standort wird sie bis 1 m hoch und bildet am Grund Verzweigungen. Der kreidigweiße Sproß besitzt rund 20 Rippen, die durch tiefe Einschnürungen zwischen den Warzen waagrecht unterteilt werden. Die leicht wolligen Areolen sind in die Spitzen der Warzen eingetieft, die Sproßspitze ist von einem dichten Filz bedeckt, und bei jungen Pflanzen sind die Warzen größer und am Grund sechsekkig. Die Anzahl der Dornen schwankt je nach Varietät zwischen ein bis sieben Randdornen und ein bis zwei Mitteldornen. Meist sind diese schwarz, doch bei der sich nicht verzweigenden Varietät *columna-alba,* die 75 cm hoch wird, sind sie anfangs gelblichbraun und werden später schwarz. Der Flaum der oberen Areolen ist erst gelblichweiß und später grau. Die rund 3 cm langen, trichterförmigen Blüten besitzen eine blaßgelbe Röhre mit rötlichen Schuppen im oberen Teil. Die Kronblätter sind innen gelb und außen orange. Die Samen aus der aufplatzenden, kugeligen Frucht werden durch Ameisen verbreitet.
Kultur: Vermehrung durch Samen. Wegen der starken natürlichen Hybridenbildung fallen die Nachkommen jedoch meist nicht samenecht aus.

40 COPIAPOA CINEREA (Philippi) Britton und Rose
Varietät **DEALBATA** (Ritter) Backeberg
Tribus *Cacteae* – Subtribus *Echinocactinae*

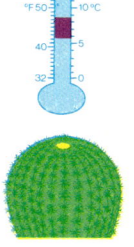

Herkunft: Küstengebiet Chiles bei 30° südlicher Breite.
Beschreibung: Dies ist die Varietät von *Copiapoa cinerea* mit der größten Verbreitung. Viele Autoren sahen sie deshalb als eigene Art an. Sie bildet mächtige halbkugelförmige Polster aus vielen Seitensprossen von 6 bis 12 cm Durchmesser. Die 21 bis 23 warzigen Rippen enden an der Sproßspitze in einem weißgrauen Filz. Die eingesunkenen, 5 mm langen Areolen sind graufilzig und tragen meist nur einen steifen, aufrechten Dorn von 2 bis 5 cm Länge. Manchmal bilden sich noch ein bis drei kleinere Dornen. Die trichterförmigen Blüten messen in Länge und Breite um 3,5 cm und bilden eine blaßgelbe Krone. Die kugelige Frucht ist grünlichweiß mit roten Bäckchen und schwarzen Samen. Obwohl die Farbe dieser Varietät das gleiche kreidige Weiß ist wie bei der obigen Art, ist sie doch durch die Form der Areolen und die Anzahl der Dornen auch im Jugendstadium leicht zu unterscheiden.
Kultur: Der Kaktus braucht im Winter mäßige Wärme, im Sommer volle Sonne und sehr durchlässigen Boden. Vermehrung durch Samen oder einen der grundständigen Seitentriebe.

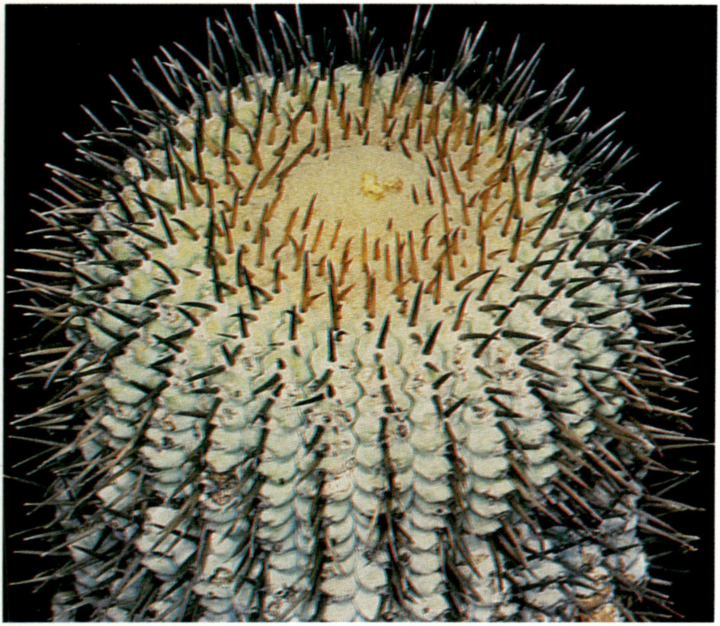

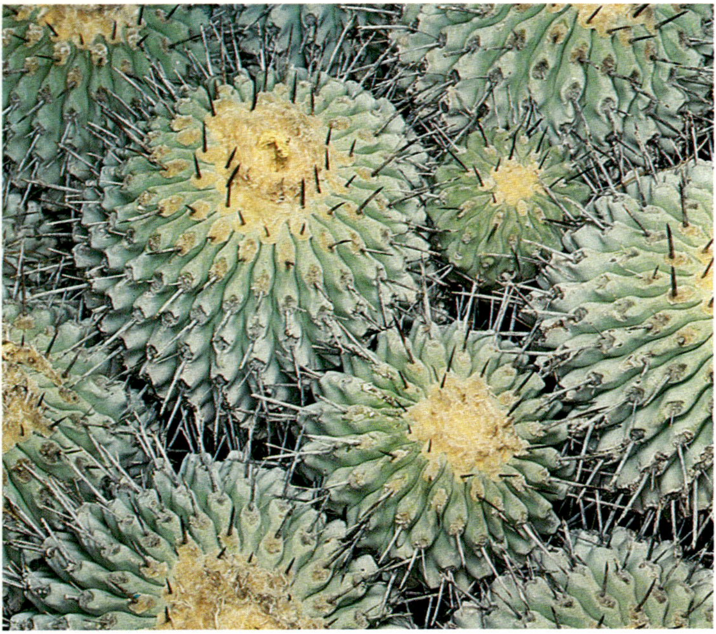

41 COPIAPOA COQUIMBANA (Rümpler)
Britton und Rose
Tribus *Cacteae* – Subtribus *Echinocactinae*

Herkunft: Die Hügel um die Küstenstadt Coquimbo und La Serena in der Provinz Coquimbo in Chile.
Beschreibung: Diese Art wurde bereits 1885 von Rümpler als *Echinocactus coquimbanus* beschrieben. Später wurde sie von Britton und Rose der Gattung *Copiapoa* zugeordnet. Sie besitzt einen reich verzweigten, kugeligen Sproß. der Polster von fast 1 m Durchmesser bildet. Die Sprosse sind ungefähr 10 cm dick. Bei dieser Pflanze sind die Wurzeln nicht wie bei anderen Arten als Pfahlwurzel, sondern faserig ausgebildet. Der blaßgrüne Sproß ist besonders während der Blüte an der Spitze wollig. Die 10 bis 17 warzigen Rippen sind hoch, abgerundet und am Grund breit angelegt. Oben stehen die Areolen im Abstand von 2 cm und tragen acht bis zehn schlanke, leicht gebogene Randdornen und ein bis zwei dikkere Mitteldornen von anfangs schwarzer, später grauer Farbe. Die 3 cm langen, becherförmigen Blüten wachsen aus der weißen Wolle der Triebspitze. Die äußeren Kronblätter sind schmal und grünlich, die inneren breit, stumpf und gelb. Eine erst kürzlich entdeckte Varietät besitzt größere Warzen, weniger und dickere Dornen sowie größere Blüten.
Kultur: Braucht im Winter bei sparsamen Wassergaben etwas höhere Temperaturen. Vermehrung durch Samen oder Stecklinge.

42 COPIAPOA KRAINZIANA Ritter
Tribus *Cacteae* – Subtribus *Echinocactinae*

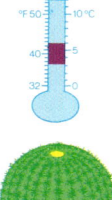

Herkunft: Die Küstenberge über Taltal in der Provinz Antofagasta in Chile.
Beschreibung: Diese Art wurde von Ritter entdeckt und 1963 beschrieben. Die *Copiapoa*-Arten sind immer noch recht selten auf dem Markt, da es über zwanzig Jahre dauert, bis ein Kaktus in seinen Ansprüchen genau untersucht ist und Samen oder Ableger in ausreichender Zahl gewonnen werden können. Nordamerika ist in bezug auf Kakteen von Botanikern recht gut erforscht, in Südamerika, besonders in den Anden, warten aber immer noch Arten auf ihre Entdeckung. Diese graugrüne Pflanze von 12 cm Dicke verzweigt sich reich und bildet Polster von über 1 m Durchmesser. Auf den 13 bis 14 Rippen, die bis 1,5 cm hoch sind, sitzen die Areolen besonders an der Sproßspitze sehr dicht, wo sie einen grauen Filz bilden. Die 10 bis 12 Randdornen sind 1 bis 2 cm lang, die 14 bis 20 Mitteldornen 2 bis 3 cm. Alle Dornen sind nadelartig und spitz, zum Teil leicht gebogen, und von weißer, später grauer Farbe. Die gelben Blüten sind 3,5 cm lang. Die Frucht ist ebenfalls gelb oder rot.
Kultur: Man bekommt kaum ältere, bereits verzweigte Exemplare. Vermehrung deshalb meist durch Samen.

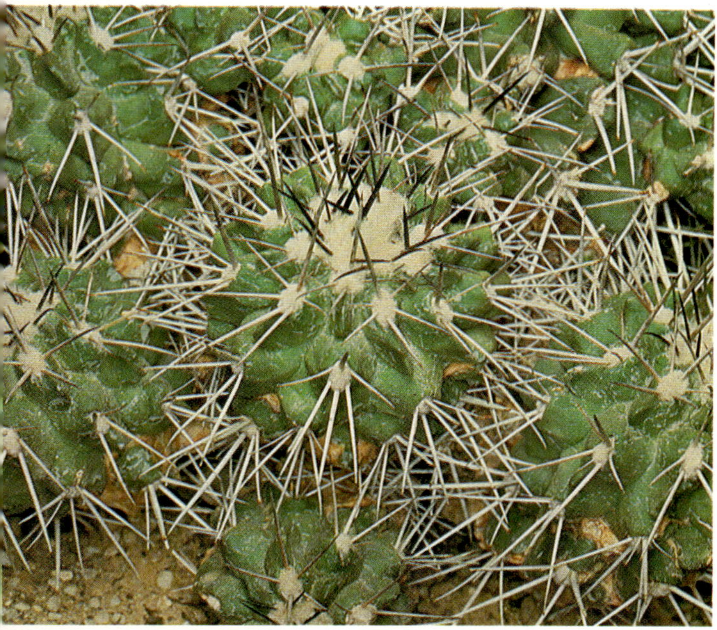

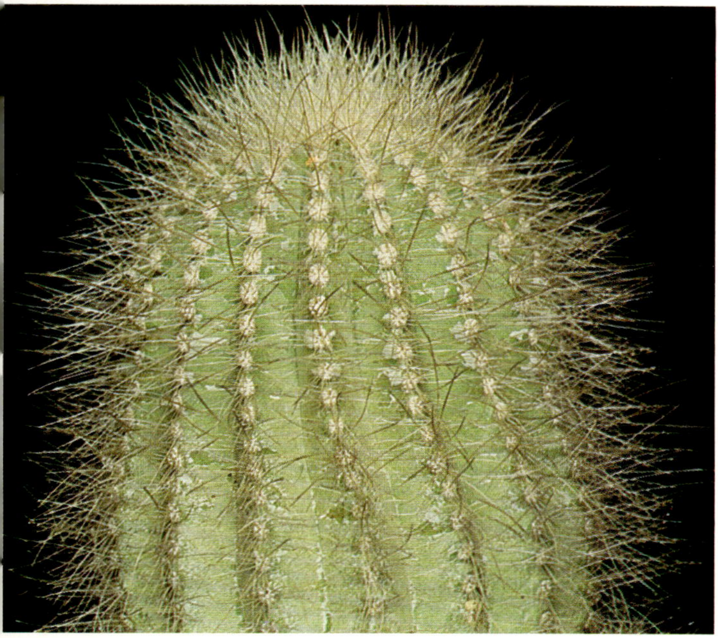

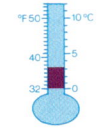

43 CORYPHANTHA ANDREAE (Purpus und
Boedecker) Boedecker ex Berger
Tribus *Cacteae* – Subtribus *Cactinae*

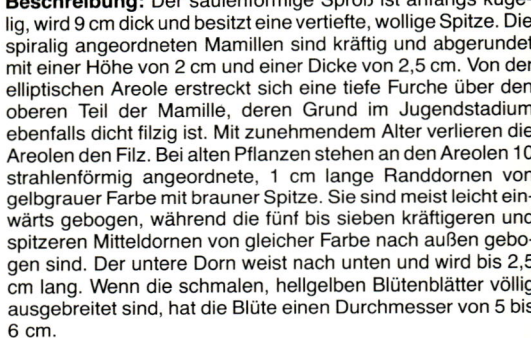

Name: Da die Blüten an der Spitze der Pflanze stehen, wurde ihr Name aus den griechischen Begriffen *koryphe,* Gipfel, und *anthos,* Blüte, gebildet.

Herkunft: Berge in der Umgebung von Perote, Vera Cruz, in Zentral-Mexiko in Höhe von 2500 bis 4000 m.

Beschreibung: Der säulenförmige Sproß ist anfangs kugelig, wird 9 cm dick und besitzt eine vertiefte, wollige Spitze. Die spiralig angeordneten Mamillen sind kräftig und abgerundet mit einer Höhe von 2 cm und einer Dicke von 2,5 cm. Von der elliptischen Areole erstreckt sich eine tiefe Furche über den oberen Teil der Mamille, deren Grund im Jugendstadium ebenfalls dicht filzig ist. Mit zunehmendem Alter verlieren die Areolen den Filz. Bei alten Pflanzen stehen an den Areolen 10 strahlenförmig angeordnete, 1 cm lange Randdornen von gelbgrauer Farbe mit brauner Spitze. Sie sind meist leicht einwärts gebogen, während die fünf bis sieben kräftigeren und spitzeren Mitteldornen von gleicher Farbe nach außen gebogen sind. Der untere Dorn weist nach unten und wird bis 2,5 cm lang. Wenn die schmalen, hellgelben Blütenblätter völlig ausgebreitet sind, hat die Blüte einen Durchmesser von 5 bis 6 cm.

Kultur: Die Pflanze ist in der Haltung einfach, da sie gelegentlich tiefe Temperaturen gut erträgt. Im Sommer verträgt sie nur kurzzeitig intensive Sonne. Vermehrung durch Samen.

44 CORYPHANTHA CLAVATA (Scheidweiler)
Backeberg
Tribus *Cacteae* – Subtribus *Cactinae*

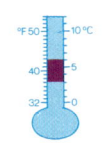

Herkunft: Der Staat Hidalgo und angrenzende Gebiete in den Staaten Querétaro und Mexico in Mexiko.

Beschreibung: Der Name dieser Art wurde oft geändert, und die Zuordnung zur Gattung ist immer noch nicht völlig geklärt. Sie wurde 1838 als *Mammillaria* beschrieben, doch weicht sie in einigen Merkmalen ab. Britton und Rose stellten sie deshalb zu *Neolloyidia,* und Backeberg fügte sie zu *Coryphantha.* Bei älteren Pflanzen, die sich am Grund auch verzweigen, ist der Sproß 20 cm hoch und 7 cm dick. Die 2 cm langen, kegelförmigen Mamillen sind am Grund wollig und besitzen oben eine schmale Furche sowie ein oder zwei rote Honigdrüsen. Die spiralig angeordneten Mamillen stehen später etwas schief. Die Areolen sind an der Sproßspitze filzig und wollig, werden später aber kahl und fallen im alten Sproßteil mitsamt den Dornen ab. Inmitten der sechs bis neun bräunlichen Randdornen von 8 bis 15 mm Länge steht meist ein längerer, gelblicher bis brauner Mitteldorn. Die äußeren Kronblätter der 5 cm langen Blüte sind hellbraun mit rötlicher Mittellinie, die inneren sind cremeweiß oder gelb. Die Pflanze bildet eine weißliche Pfahlwurzel.

Kultur: Vermehrung meist durch Samen.

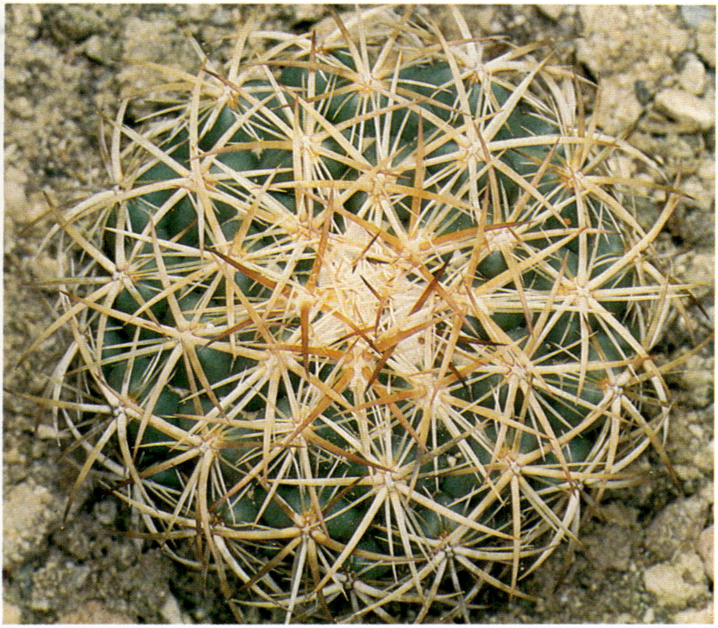

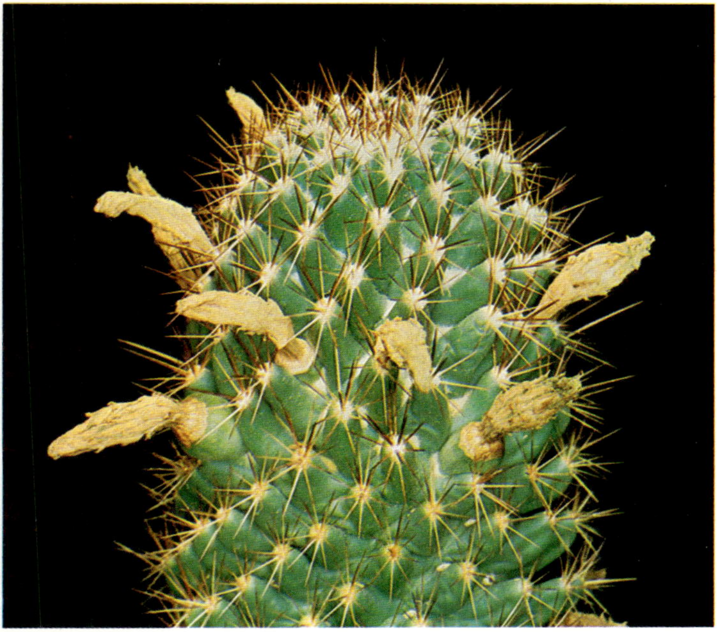

45 CORYPHANTHA ERECTA (Lemaire)
Tribus *Cacteae* – Subtribus *Cactinae*

Herkunft: Der Staat Hidalgo in Mexiko.
Beschreibung: Lemaire stellte 1868 die Pflanze von *Mammillaria* zur jetzigen Gattung, da im Gegensatz zu *Mammillaria* die Blüten an der Sproßspitze stehen und auf der Oberseite der Mamille eine Furche von deren Grund bis zur Areole verläuft. *Coryphantha erecta* besitzt einen gelbgrünen, säulenartigen Sproß mit abgerundeter Spitze und zahlreicher Seitensprossen, die zusammen große Polster bilden. Einzelne Triebe sind anfangs aufrecht, später niederliegend, bis 30 cm lang und 6 bis 8 cm dick. Die 8 mm langen, stumpf kegelförmigen Mamillen sind spiralig angeordnet und stehen etwas schief. In ihrer wolligen Achsel steht eine anfangs gelbe, später braune Drüse. Junge Areolen sind besonders an der Sproßspitze wollig, wo sie eine weiße Krone bilden. Sie tragen 8 bis 14 Randdornen von 1 cm Länge, die entweder waagrecht oder schräg stehen und hellgelb oder dunkelgelb bis braun gefärbt sind. Von den zwei bis vier 2 cm langen Randdornen ist der untere gebogen. Die gelben bis hellgelben Blüten öffnen sich bis zu einem Durchmesser von 5 bis 7 cm.
Kultur: In Kultur wird die Pflanze nicht so groß wie im Freiland und verzweigt sich auch kaum. Die Vermehrung erfolgt deshalb durch Samen. Wenn man sie nicht auf eine wüchsige Unterlage pfropft, ist das Jugendwachstum sehr langsam. Sie braucht Winterruhe und ganzjährig Sonne.

46 CORYPHANTHA PALMERI Britton und Rose
Tribus *Cacteae* – Subtribus *Cactinae*

Herkunft: Die Staaten Durango, Zacatecas und Coahuila im nördlichen Zentral-Mexiko. Die Pflanze wurde 1904 von Edward Palmer an den felsigen Kämmen der Sierra Magdalena nahe Durango entdeckt.
Beschreibung: Der blaßgrüne, kugelige Sproß verlängert sich später und verzweigt sich auch manchmal. Die größte Dicke erreicht er mit 8 bis 10 cm. Die kegelförmigen, engstehenden Mamillen von 2 cm Länge sind in 13 nicht regelmäßigen Spiralen angeordnet. Die Areolen an den Spitzen der Mamillen sind anfangs wollig, werden später aber fast kahl. Die 11 bis 14 ziemlich dicken Randdornen erscheinen gelblich mit schwarzen Spitzen. Sie stehen strahlenförmig und fast im rechten Winkel zu dem kräftigen, mit einer Hakenspitze versehenen Mitteldorn. Dieser ist braun und 1 bis 2 cm lang. Die 3 cm langen Blüten sind blaßgelb bis fast weiß. Die länglichen äußeren Kronblätter besitzen einen braunen Mittelstrich. Die inneren Kronblätter laufen in eine kleine Spitze aus.
Kultur: Die Pflanze kann man durch Samen oder Ableger von alten Pflanzen vermehren. Sie verlangt sehr groben, sandigen Boden und sollte erst gegossen werden, wenn dieser vollständig trocken ist.

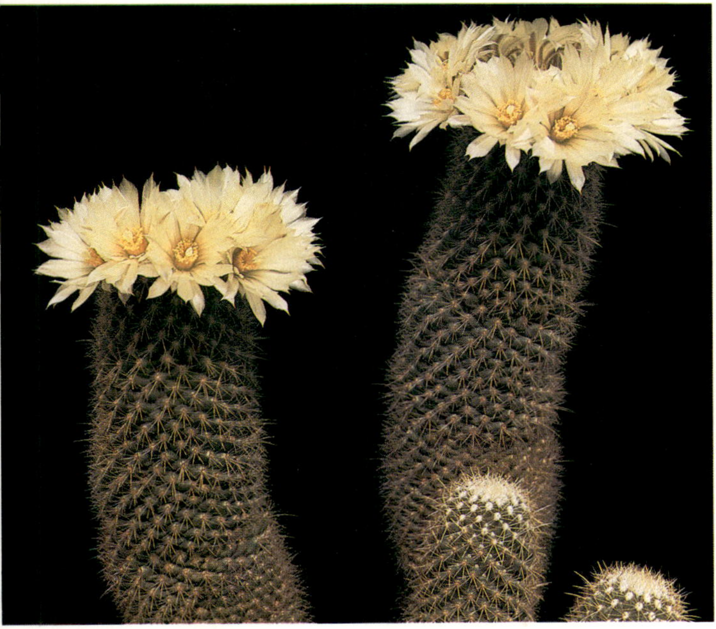

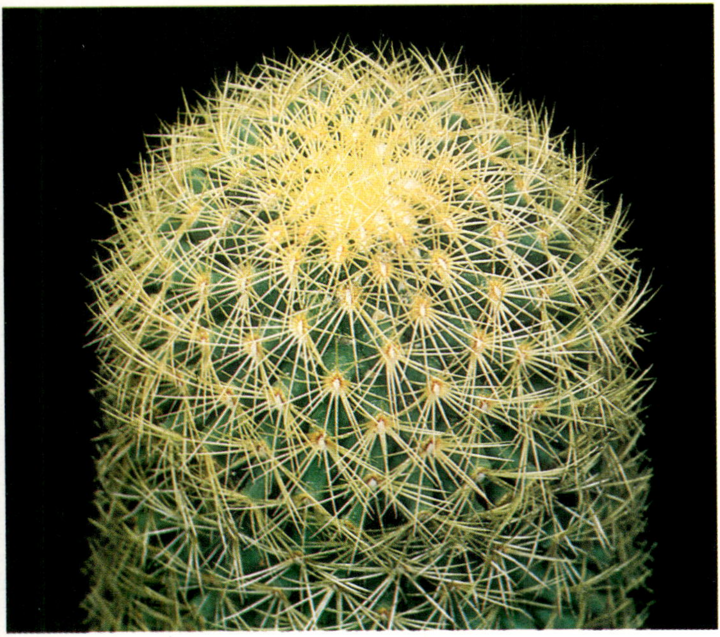

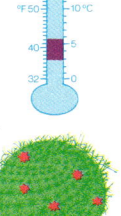

47 **CORYPHANTHA RADIANS** (de Candolle)
Britton und Rose
Tribus *Cacteae* – Subtribus *Cactinae*

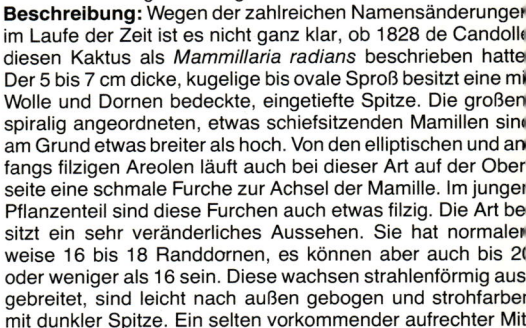

Herkunft: Hidalgo und angrenzende Staaten in Mexiko.
Beschreibung: Wegen der zahlreichen Namensänderungen im Laufe der Zeit ist es nicht ganz klar, ob 1828 de Candolle diesen Kaktus als *Mammillaria radians* beschrieben hatte. Der 5 bis 7 cm dicke, kugelige bis ovale Sproß besitzt eine mit Wolle und Dornen bedeckte, eingetiefte Spitze. Die großen spiralig angeordneten, etwas schiefsitzenden Mamillen sind am Grund etwas breiter als hoch. Von den elliptischen und anfangs filzigen Areolen läuft auch bei dieser Art auf der Oberseite eine schmale Furche zur Achsel der Mamille. Im jungen Pflanzenteil sind diese Furchen auch etwas filzig. Die Art besitzt ein sehr veränderliches Aussehen. Sie hat normalerweise 16 bis 18 Randdornen, es können aber auch bis 20 oder weniger als 16 sein. Diese wachsen strahlenförmig ausgebreitet, sind leicht nach außen gebogen und strohfarben mit dunkler Spitze. Ein selten vorkommender aufrechter Mittteldorn ist dicker und länger als die 1 cm langen Randdornen. Die schmalen Kronblätter der 6 bis 7 cm großen Blüte sind zitronengelb mit gelegentlich rotem Schlund.
Kultur: Die Pflanze braucht leichten Schatten und sehr durchlässigen Boden. Bei trockener Haltung erträgt sie Kälte recht gut. Vermehrung durch Samen.

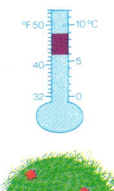

48 **CORYPHANTHA REDUNCUSPINA** Boedecker
Tribus *Cacteae* – Subtribus *Cactinae*

Name: Wegen der gebogenen Mitteldornen wurde der Artname vom lateinischen Wort *reduncus,* hakig oder gebogen hergeleitet.
Herkunft: Die Küste von Tamaulipas in Mexiko.
Beschreibung: Der hellgrüne bis gelbliche Sproß von bis 10 cm Dicke ist anfangs rundlich und wird später länglich. Die horizontal leicht zusammengedrückten, kegelförmigen Mamillen von 1 cm Länge sind spiralig angeordnet. Sie sind am Grund filzig und werden wie die anfangs wolligen Areolen später kahl. 15 bis 20 strohfarbene bis weiße Randdornen mit meist dunkler Spitze wachsen von der Areole strahlenförmig nach außen. Sie sind 12 mm lang, während die zwei bis drei dicken Mitteldornen bis doppelt so lang sind. Sie sind nach unten gebogen und verfärben sich von anfangs braunschwarz zu blaßgelb. Aus den Achseln der jüngsten Mamillen wachsen 4 bis 5 cm große Blüten mit gelber Krone. Die Art könnte man mit *Coryphantha recurvata* verwechseln, doch diese Art bildet mehr Seitentriebe und besitzt mehr und deutlich hakenförmige Randdornen sowie Mitteldornen von 2 cm Länge.
Kultur: Die Art braucht im Sommer etwas Schatten und im Winter höhere Temperaturen. Vermehrung durch Samen oder Stecklinge.

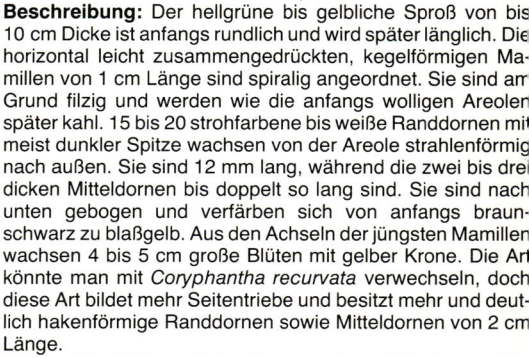

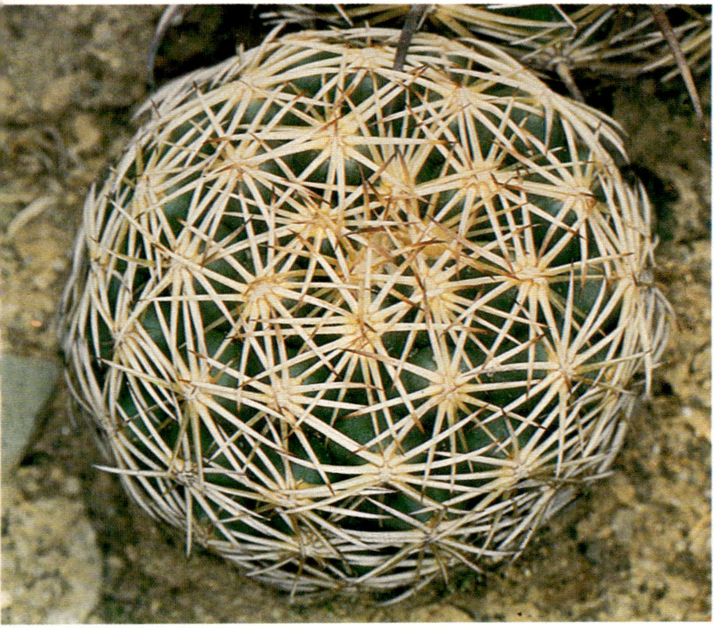

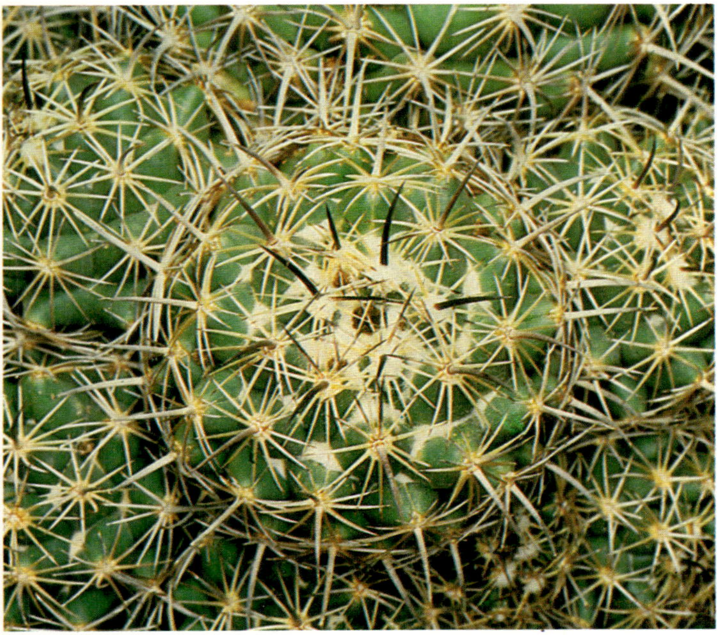

49 DISCOCACTUS ARANEISPINUS Buining
Tribus *Cacteae* – Subtribus *Cactinae*

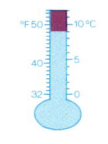

Name: Die nur in Brasilien, Paraguay und Bolivien vorkommende Gattung wurde 1837 von Pfeiffer eingerichtet. Der Name kommt vom griechischen Wort *diskos,* Scheibe, wegen der runden und deutlich abgeflachten Gestalt der Pflanzen. Sowohl *Discocactus* wie *Melocactus* besitzen Cephalien. Bei *Discocactus* sind sie jedoch kleiner, kürzer und dorniger.

Herkunft: Der Staat Bahia im Osten Brasiliens.

Beschreibung: Diese erst kürzlich eingeführte Art wurde 1977 von Buining beschrieben. Der Sproß ist eine abgeflachte Kugel von 10 bis 12 cm Dicke, welche mit fortschreitendem Alter am Fuß Seitentriebe bildet. Das von weißer oder grauer Wolle bedeckte Cephalium überragt bei einer Breite von 4,5 cm den Sproß um 3 cm. Auch bei ausgewachsenen Pflanzen tragen die 21 Rippen nur sechs bis sieben ovale Areolen, die anfangs von cremefarbenem Filz bedeckt sind und später verkahlen. Die 15 ungefähr 3 cm langen, mehr oder weniger schlanken Dornen sind strahlenförmig angeordnet, anfangs hell gefärbt und werden später grau. Sie überkreuzen sich gegenseitig und sind nach außen gebogen, was ihnen ein spinnenähnliches Aussehen gibt. Nach diesem wurde der Artname vom lateinischen *aranea,* Spinne, hergeleitet. Wie bei der ganzen Gattung blühen die kleinen weißen Blüten nachts. Die roten Früchte sind länglich.

Kultur: Vermehrung durch Samen. Diese Art wird oft gepfropft.

50 DOLICHOTHELE BAUMII (Boedecker)
Werdermann und Buxbaum
Tribus *Cacteae* – Subtribus *Cactinae*

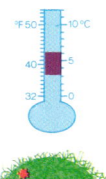

Name: Zur Beschreibung der Form der Mamillen wurden die griechischen Worte *dolikos,* lang, und *thele,* Zitze oder Brust, verwendet.

Herkunft: Der Staat Tamaulipas in Mexiko.

Beschreibung: Die Pflanze besitzt einen ovalen Sproß von 8 cm Höhe und 6 cm Dicke, welcher am Grund Seitentriebe bildet. Mit 1 cm Länge sind die Mamillen nicht so lang wie bei anderen Arten der Gattung. Diese sind anfangs am Grund wollig, verkahlen aber später. In den Areolen sitzen strahlenförmig 30 bis 35 sehr schlanke Dornen von 1 bis 1,5 cm Länge. Die fünf bis sechs Mitteldornen sind wechselnd weiß und hellbraun bis cremefarben. Sie sind steifer und gerader als die Randdornen und fast 1,8 cm lang. Die stark duftenden Blüten sind trichterförmig und 3 cm lang und breit. Die Farbe der äußeren Kronblätter ist schwefelgelb. Die eiförmige, graugrüne Frucht ist 1,5 cm lang. Mit zunehmendem Alter bildet die Pflanze nicht nur am Grund, sondern auch im oberen Teil Seitentriebe. Die früher zu *Mammillaria* gehörige Art wird manchmal auch heute noch zu dieser Gattung gerechnet.

Kultur: Vermehrung dieser rasch wachsenden Art durch Samen oder Stecklinge.

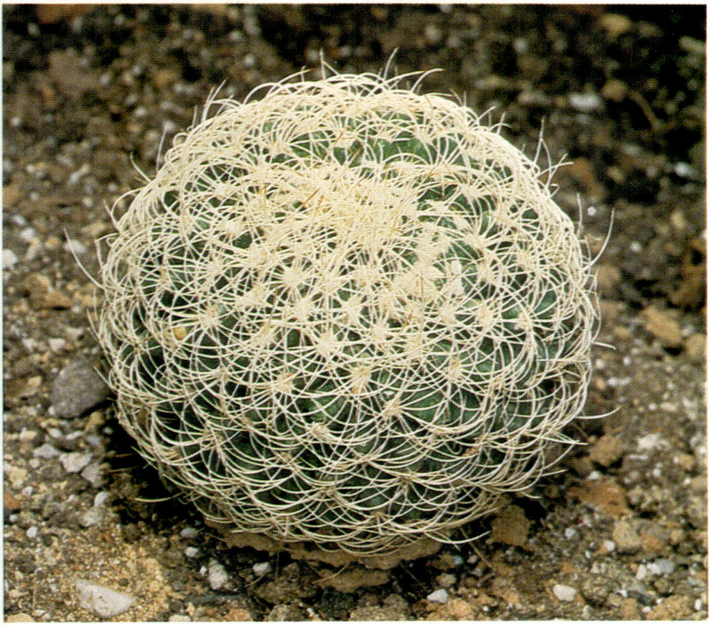

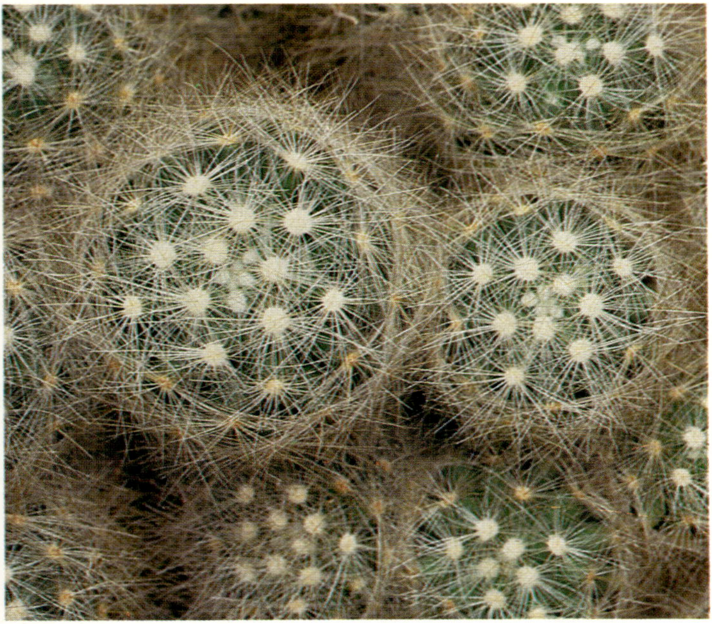

51 DOLICHOTHELE LONGIMAMMA (de Candolle)
Britton und Rose
Tribus *Cacteae* – Subtribus *Cactinae*

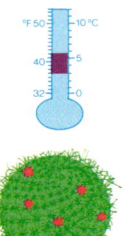

Herkunft: Der Staat Hidalgo in Zentral-Mexiko.

Beschreibung: De Candolla gab 1828 diesen Artnamen einer *Mammillaria* mit langen Mamillen, später wurde er von Britton und Rose dieser neuen Gattung zugeordnet. Innerhalb der Gattung gibt es zwei deutlich unterschiedene Typen, nämlich Arten mit großen und solche mit kleinen Blüten. Diese Art gehört zum ersten Typ. Der anfangs kurze und kugelige Sproß wird später bis 10 cm hoch. Er besteht aus einem kleinen Körper und strahlenförmig von ihm abstehenden, ziemlich weichen und walzenförmigen Mamillen von 2 bis 7 cm Länge. Jede Mamille ist am Grund mehr oder weniger wollig, manchmal auch kahl, und trägt auf der Spitze eine Areole mit 10 schlanken, strahlenförmig abstehenden, weißen oder cremefarbenen Randdornen bis zu 2 cm Länge. Die ein bis drei Mitteldornen sind gerade, kürzer und gelblich mit dunkler Spitze. Mit zunehmendem Alter bildet die Pflanze große Polster durch zahlreiche am Grund und am oberen Sproßteil erscheinende Seitentriebe. Die trichterförmigen Blüten sind 6 cm lang mit außen gelbgrünen und innen gelben Kronblättern. Die Varietät *gigantothele* trägt noch größere Mamillen, und *globosa* besitzt eine mehr kugelige Form. Auch eine Cristatenform wird angeboten.

Kultur: Die sehr langen Wurzeln verlangen einen hohen Topf. Vermehrung durch Samen oder durch Ableger.

52 DOLICHOTHELE SPHAERICA (Dietrich)
Britton und Rose
Tribus *Cacteae* – Subtribus *Cactinae*

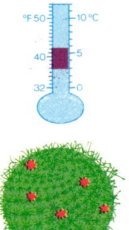

Herkunft: Südliches Texas und Nuevo León mit Tamaulipas in Mexiko, vor allem in Seenähe und am Rio Grande.

Beschreibung: Diese Art wurde 1853 von Albert Dietrich als *Mammillaria* beschrieben, nachdem sie an der Laguna Madre nahe Corpus Christi an der texanischen Küste entdeckt worden war. Sie bleibt niedrig, hat eine fleischige Wurzel und bildet aus zahlreichen, kugeligen Sprossen von 4 bis 5 cm Dicke dichte Polster bis zu 50 cm Durchmesser. Die kegel- bis walzenförmigen, weichen Mamillen sind 1 bis 1,5 cm lang und stehen leicht nach oben gebogen dicht gedrängt am Körper. Sie sind am Grund leicht wollig. Die runden Areolen an ihrer Spitze tragen 12 bis 15 blaßgelbe Randdornen mit dunklerem Grund. Sie stehen strahlenförmig und sind rund 1 cm lang, während der einzige Mitteldorn aufrecht, etwas dicker und nur 4 mm lang ist. Die gelben, 6 bis 7 cm breiten Blüten erscheinen zwar an der Sproßspitze, nicht aber in den Achseln der jüngsten Mamillen. Sie öffnen sich sehr weit und sind trichterförmig. Die 1,5 cm lange, längliche Frucht ist von grünlichweißer Farbe und blutrot überlaufen, außerdem duftet sie, eine einmalige Besonderheit innerhalb dieses Tribus.

Kultur: Die Pflanze braucht während der Winterruhe leichte Wärme und gelegentliches Besprühen. Vermehrung durch Samen ist möglich, doch kommt man mit Ablegern rascher zu einem Ergebnis.

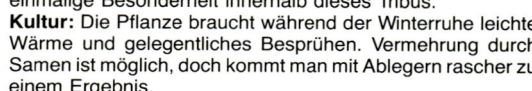

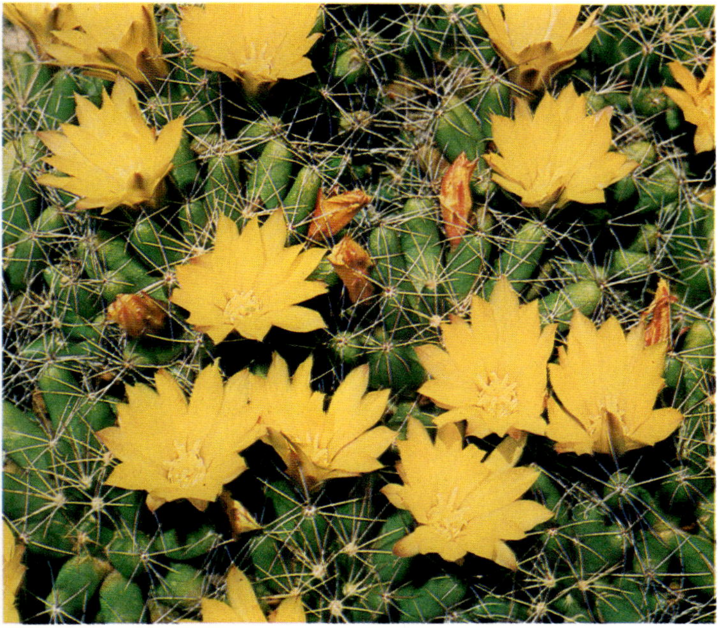

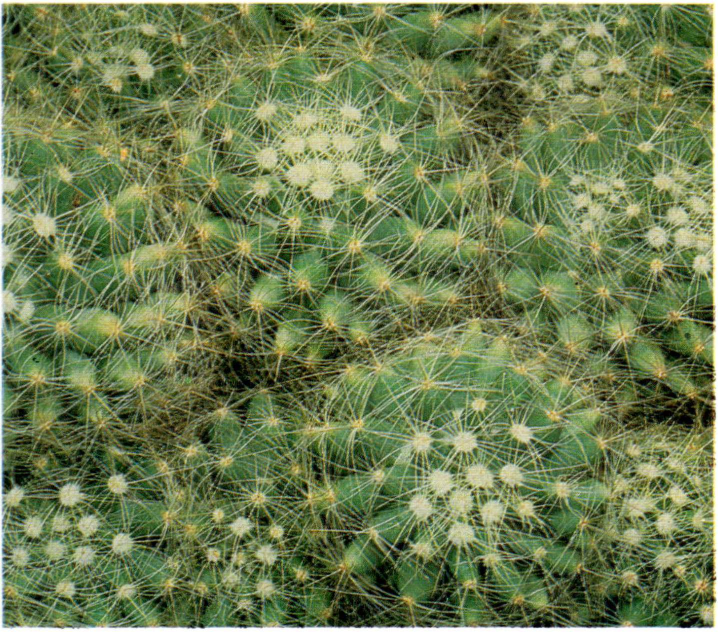

53 DOLICHOTHELE UBERIFORMIS (Zuccarini)
Britton und Rose
Tribus *Cacteae* – Subtribus *Cactinae*

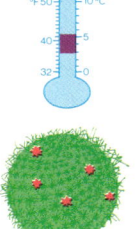

Herkunft: Der Staat Hidalgo in Zentral-Mexiko.
Beschreibung: Der Sproß ist eine flache Kugel von 7 cm Höhe und 10 cm Breite, die sich durch grundständige Ausläufer verzweigt. Die am Grund kahlen Mamillen sind rund 2,5 cm lang, kegelförmig und weisen in alle Richtungen. Die an ihrer Spitze sitzenden Areolen sind fast kahl und besitzen nur drei bis sechs strahlenförmig abstehende Randdornen. Diese sind 1,5 cm lang, schlank, gerade oder leicht gedreht und blaßgelb mit rotbraunem Grund. Bei den 3,5 cm breiten Blüten sind die äußeren Kronblätter rötlich, und die Doppelreihe der inneren, länglichen Kronblätter ist von gelber Farbe. Wie bei allen Arten dieser Gattung entspringen die Blüten aus Mamillenachseln nahe der Sproßspitze. Auch diese Pflanze ist schon lange bekannt. Zuccarini beschrieb sie 1837 als *Mammillaria,* und nur wenige Jahre später war sie in dem Werk von Pfeiffer und Otto »Abbildung und Beschreibung blühender Cacteen« aufgeführt.
Kultur: Wie alle Arten dieser Gattung besitzt auch diese Pflanze eine dicke, fleischige Wurzel, die einen großen Topf verlangt. Dieser Kaktus ist nicht besonders blühfreudig, aber sonst problemlos in der Haltung. Vermehrung durch Ableger oder, wenn diese nicht verfügbar sind, durch Samen.

54 ECHINOCACTUS GRUSONII Hildmann
Tribus *Cacteae* – Subtribus *Echinocactinae*
Goldkugelkaktus, Schwiegermutterstuhl

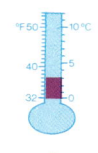

Name: Er kommt vom griechischen *echinos,* Igel, wegen der vielen kräftigen und dichten Dornen auf den Areolen. Die Gattung wurde 1827 von Link und Otto eingerichtet, und als Karl Schumann 1898 eine Monographie über sie schrieb, umfaßte sie 138 Arten. Später wurden die meisten anderen Gattungen zugeordnet, so daß sie heute nur noch sechs Arten umfaßt. Trotzdem wird auch heute noch der alte Gattungsname für viele Arten als Synonym gebraucht.
Herkunft: Die Staaten San Luis Potosí und Hidalgo in Zentral-Mexiko.
Beschreibung: Die extrem langsam wachsende, kugelige Pflanze besitzt rund 30 deutlich ausgeprägte Rippen und wird bis 80 cm dick und 1 m hoch. Die Areolen sind von anfangs gelbem, später grau werdendem Flaum bedeckt. Sie tragen acht bis zehn Randdornen von ungefähr 3 cm Länge und drei bis fünf Mitteldornen bis zu 5 cm Länge. Alle Dornen sind anfangs goldgelb und werden später weißlich. Die kleinen, bräunlichen Blüten sind auf der Innenseite gelb und sitzen wie eine Krone um das Zentrum.
Kultur: Da sich nur alte Pflanzen verzweigen, erfolgt die Vermehrung durch Samen. Sämlinge werden in vier Jahren ungefähr 4 cm dick. Da die Pflanze leicht unter Sonnenbrand leidet, sollte sie vor der prallen Mittagssonne geschützt werden.

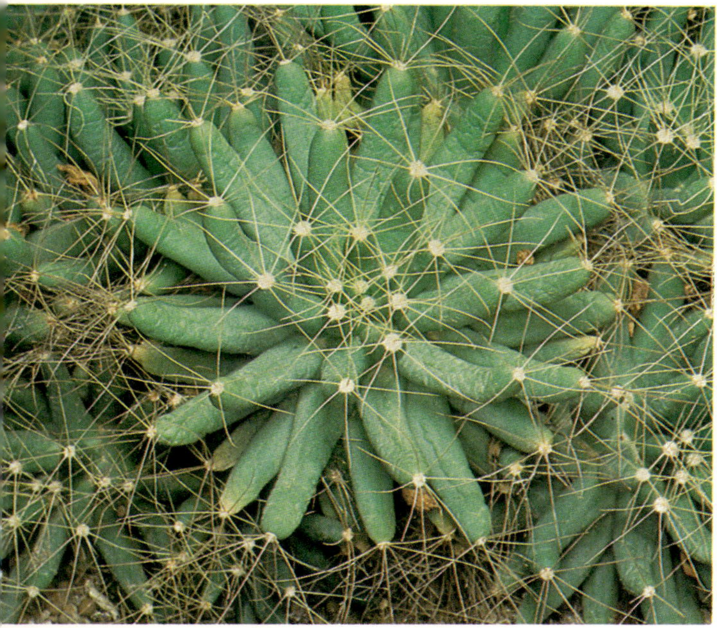

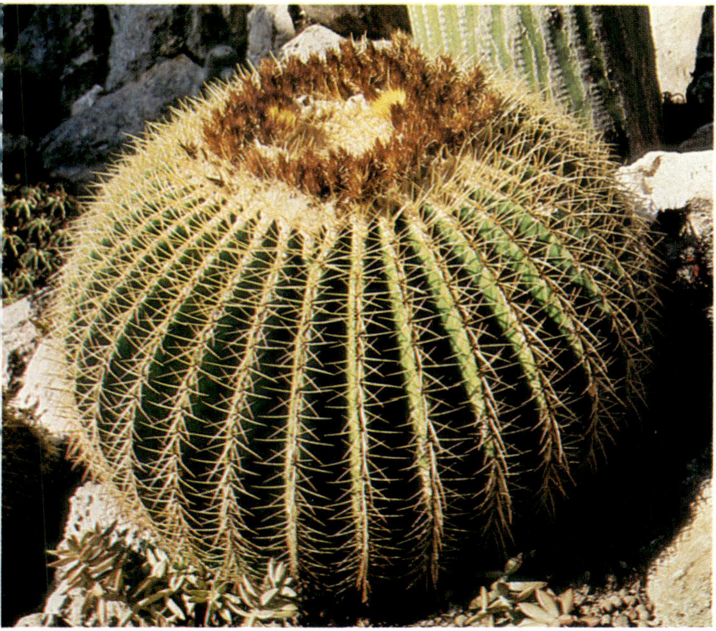

55 ECHINOCACTUS INGENS Zuccarini
Tribus *Cacteae* – Subtribus *Echinocactinae*

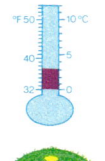

Herkunft: Mittleres und nördliches Mexiko.
Beschreibung: Diese Pflanze wird als dicke Säule bis 1,5 m
hoch und 1,25 m dick. In Kultur bleibt sie meist kugelig oder
wird höchstens leicht länglich. Die Spitze ist stark wollig.
Junge Exemplare besitzen acht, alte bis über 50 Rippen. Die
gelbwolligen Areolen tragen acht Randdornen und einen Mittel-
teldorn. Alle sind gerade, steif, 2 bis 3 cm lang und anfangs
braun, später grau gefärbt. Die gelben Blüten werden 2 cm
lang. Bis vor kurzem wurden die beiden Varietäten *grandis*
(Rose) Krainz und *palmeri* (Rose) Krainz als eigene Arten geführt. *Grandis* ist dicker und höher als der Typus. Junge Pflanzen besitzen mehr oder weniger rotgefärbte Zonen und ge-
teilte Areolen, bei alten Pflanzen sind sie ungeteilt. Die fünf bis
sechs Randdornen sind 3 bis 4 cm, der eine Mitteldorn ist
5 cm lang. Alle Dornen sind gelb und werden später rotbraun.
Palmeri ist ebenfalls dick säulenförmig bis 2 m hoch, besitzt
aber nur 12 bis 26 Rippen. Die fünf bis acht hellen Randdornen sind zart, während die vier kreuzweise stehenden, etwas
abgeflachten Mitteldornen kräftig sind. Die Dornen sind hier in
der Jugend braungelb. Beide Varietäten stammen aus dem
nördlichen Mexiko.
Kultur: Die Pflanze wächst langsam und schätzt direkte
Sonne. Vermehrung durch Samen.

---

56 ECHINOCACTUS TEXENSIS Hopffer
Tribus *Cacteae* – Subtribus *Echinocactinae*

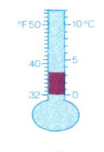

Herkunft: Südöstliches New Mexico, Texas und nördliches
Mexiko.
Beschreibung: Diese 1842 zuerst von Hopffer beschriebene
Art wurde von Britton und Rose zu einer eigenen, nur diese
Art umfassenden Gattung *Homalocephala,* »Flachkopf«, ge-
stellt. Diese Zuordnung wurde wieder rückgängig gemacht.
Die Pflanze hat eine Dicke von 30 cm und wird 15 cm hoch.
Auf den 13 bis 27 kräftigen Rippen sitzen nur zwei bis sechs
filzige Areolen. Aus diesen entspringen sechs bis sieben ab-
geflachte, ausgebreitete Randdornen von 1 bis 4 cm Länge.
Sie sind quer rot gebändert und werden später gelb. Der ein-
zige Mitteldorn ist ebenfalls flach, wird 6 cm lang und 8 mm
breit. Er ist nach unten gebogen und auch gebändert. Die duftenden Blüten sind becherförmig und 6 cm lang und breit. Die
Röhre ist mit dünnen Schuppen besetzt. Die rosa bis gelben
oder weißen Kronblätter sind am Grund rot gefärbt und an den
Rändern ausgefranst. Die Blüten bleiben vier Tage geöffnet.
Die kugelige Frucht ist scharlachfarben.
Kultur: Vermehrung durch Samen. Das Jugendwachstum ist
sehr langsam.

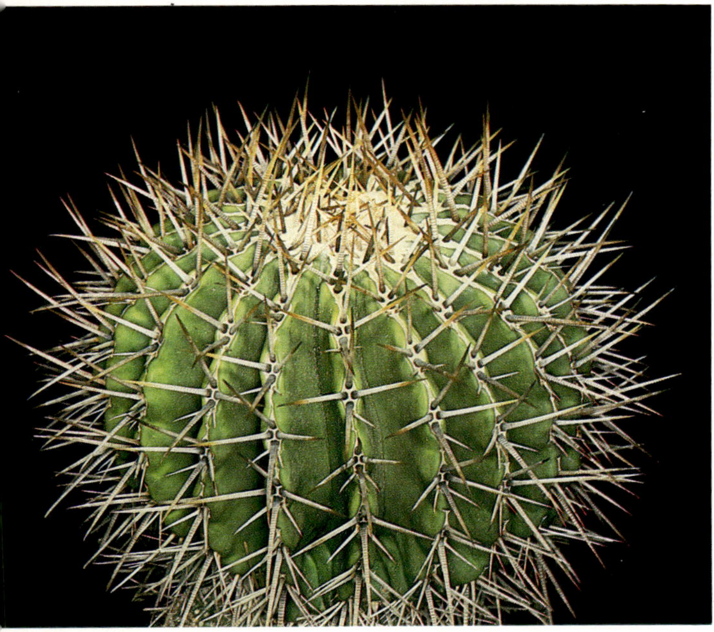

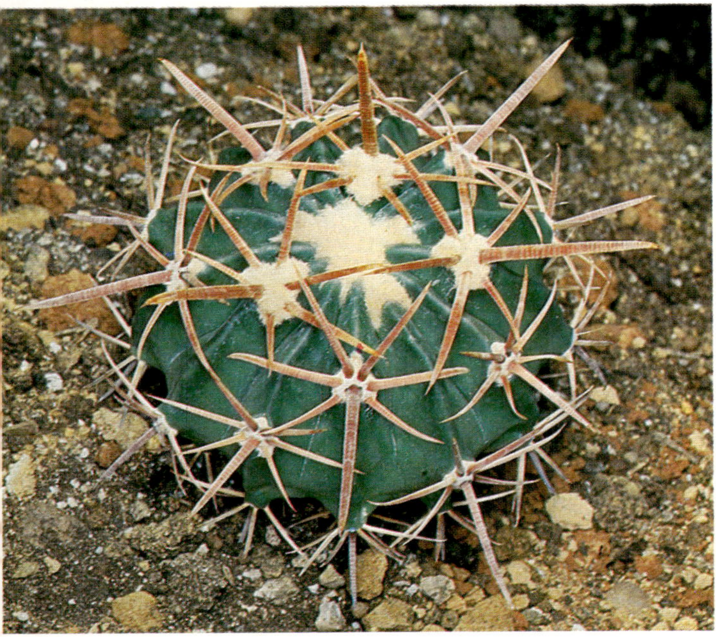

57 ECHINOCEREUS BALLEYI Rose
Tribus *Cacteae* – Subtribus *Echinocereinae*

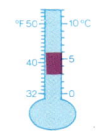

Name: Der Gattungsname ist abgeleitet vom griechischen Wort *echinos,* Igel, und dem lateinischen Wort *cereus,* Kerze, als Hinweis auf stachelige und schlanke Formen.
Herkunft: Die Wichita-Berge im südwestlichen Oklahoma.
Beschreibung: Dies ist eine der interessantesten Erscheinungen in dieser Gattung. Der sich am Grund verzweigende, walzenförmige Sproß wird über 20 cm hoch und 9 cm dick. Rund 15 manchmal spiralig verlaufende, schmale Rippen tragen ovale Areolen. Ungefähr 16 strahlig abstehende, nadelartige Randdornen sind anfangs weiß und werden später gelblich oder hellbraun bis rosa. Mitteldornen werden keine gebildet, obwohl die schräg nach unten weisenden stärksten Randdornen von 3 cm Länge auf den ersten Blick wie solche aussehen. Die Blüten entspringen aus den weißen und wolligen jüngsten Areolen. Sie bestehen aus einer dornigen, wolligen, trichterförmigen Röhre und rosa- bis blutroten 6 cm weit ausgebreiteten Kronblättern. Verschiedene Varietäten werden nach der Blütenfarbe – Weiß, Braun oder Rosa – oder nach der Stärke und Länge der Dornen unterschieden.
Kultur: Die Pflanze erträgt keine Kälte, aber bei entsprechender Wärme während der Winterruhe blüht sie im Folgejahr reichlich. Vermehrung durch Samen oder Stecklinge.

58 ECHINOCEREUS BARTHELOWANUS
Britton und Rose
Tribus *Cacteae* – Subtribus *Echinocereinae*

Herkunft: Diese Art wurde von Rose 1911 auf der Isla Magdalena im südlichen Niederkalifornien, nahe der Santa Maria Bay an der Pazifikküste gefunden. Sie wurde nach Barthelow, dem Kapitän des Expeditionsschiffes, benannt.
Beschreibung: Die Pfanze verzweigt sich am Grund sehr stark und bildet so dichte Polster. Der längliche Sproß wird 20 cm hoch und 4 bis 5 cm dick. Die rund zehn mehr oder weniger warzigen Rippen verschwinden fast unter den vielen dikken Dornen. Die im Abstand von nur 2 bis 5 mm stehenden Areolen sind anfangs weiß und filzig. Auf ihnen stehen viele sich gegenseitig überkreuzende Dornen von bis zu 7 cm Länge. Sie sind anfangs hellrot, werden später weiß oder gelb mit brauner bis schwarzer Spitze und schließlich grau. Die sechs Mitteldornen sind kaum unterschieden, doch sind sie vor allem am Grund etwas dicker, und besonders ein Dorn ist wesentlich länger als die anderen. Die kleine Blüte wird nur 1 cm lang, wovon auf die Kronblätter weniger als 5 mm entfallen. Die sehr dornige Röhre ist im Dornengewirr an der Sproßspitze völlig verborgen.
Kultur: Diese Art wird kaum zum Kauf angeboten. Während der langen Ruheperiode muß sie völlig trocken und frostfrei gehalten werden. Vermehrung durch Stecklinge.

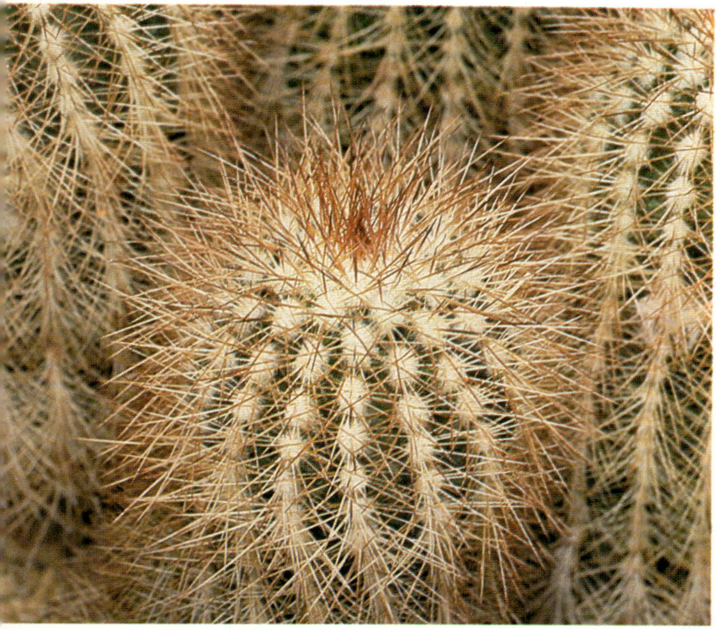
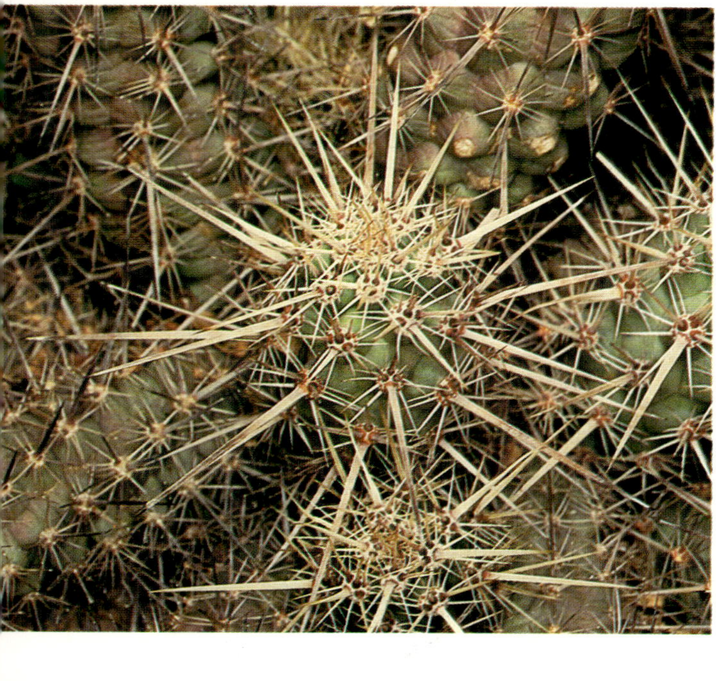

59 ECHINOCEREUS DELAETII Gürke

Tribus *Cacteae* – Subtribus *Echinocereinae*
Greisenhaar

Herkunft: Stammt aus dem südlichen Teil des Staates Coahuila im Norden Mexikos in der Sierra de la Paila nördlich von Parras.

Beschreibung: Diese von Gürke 1909 beschriebene Art verdankt ihren Namen dem belgischen Kakteenhändler Franz de Laet, der viele Kakteen eingeführt hat. Trotz des beschränkten Verbreitungsgebiets erfreut sich diese Art großer Beliebtheit als Kulturpflanze, da sie nicht zu groß wird und leicht zu halten ist. Der aufrechte Sproß wird 10 bis 30 cm hoch und verzweigt sich sowohl am Grund als auch am Sproß reichlich. Auf den Areolen der 20 Rippen stehen bis zu 36 spitze, gelbliche Randdornen von 1 cm Länge sowie vier oder fünf gedrehte, cremeweiße Mitteldornen mit rötlicher Spitze von rund 3 cm Länge. Zwischen den Dornen wachsen zahlreiche wirre, dicke, weißgraue Haare. Diese bedecken den ganzen Sproß und werden bis 10 cm lang. Rosaviolette Blüten wachsen aus seitlichen Areolen und öffnen sich nach außen. Sie messen 7 cm in der Länge und 6 cm im Durchmesser.

Kultur: Die Pflanze liebt volle Sonne und kalkreichen Boden. Außerdem braucht sie frostfreie Winterruhe und ausreichend Wasser im Sommer. Sie wächst ziemlich rasch und bildet schon während der ersten drei Jahre mehrere Seitensprosse.

60 ECHINOCEREUS ENNEACANTHUS

Engelmann
Tribus *Cacteae* – Subtribus *Echinocereinae*

Herkunft: New Mexico, Texas und Chihuahua in Mexiko.

Beschreibung: Die Pflanze verzweigt sich am Grund zu sehr vielen Seitentrieben und bildet mit diesen niederliegenden bis aufsteigenen Ästen rasenartige Polster. Die 20 cm langen und 5 bis 7 cm dicken Triebe besitzen sieben bis zehn warzige Rippen mit runden, weißen Areolen, die im Abstand von 2 cm stehen. Die meist acht ungleich langen Randdornen sind am Grund verdickt, ungefähr 1 cm lang und gelblich. Der einzige Mitteldorn ist dick, bräunlich und 3 bis 5 cm lang. Obwohl ältere Pflanzen mehr als acht Randdornen je Areole besitzen können, bedeutet der von Engelmann 1848 vergebene Artname »neun Dornen«, abgeleitet von griechisch *ennea,* neun, und *acantha,* Dorn. Die hellblutroten Blüten erreichen eine Länge von 5 bis 6 cm und fast 7 5 cm im Durchmesser. Die länglichen Kronblätter öffnen sich sehr weit. Die kugeligen, roten Früchte messen im Durchmesser 2 cm und sind eßbar. Im südlichen Texas kocht man aus ihnen Marmelade, die nach Erdbeeren schmeckt. Diese Art bildet auch Cristatenformen.

Kultur: Die Art braucht strenge Winterruhe, volle Sonne im Sommer und sandigen Boden. Vermehrung erfolgt durch Stecklinge.

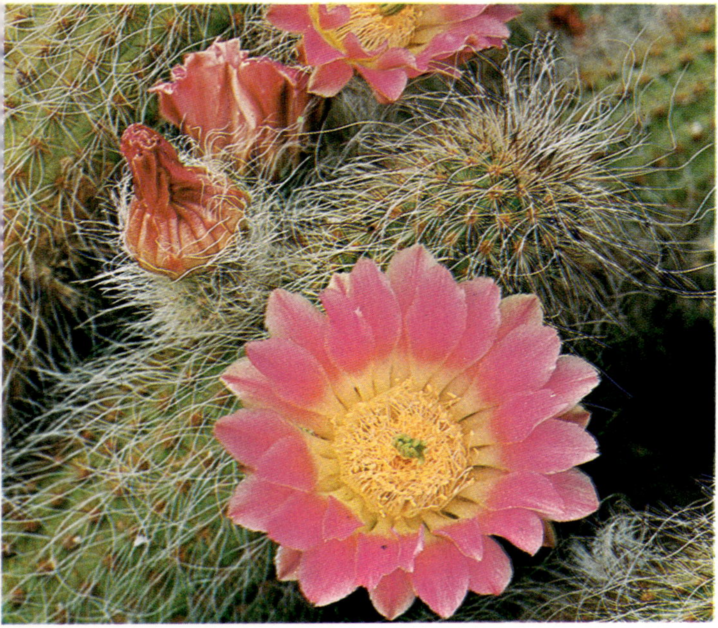

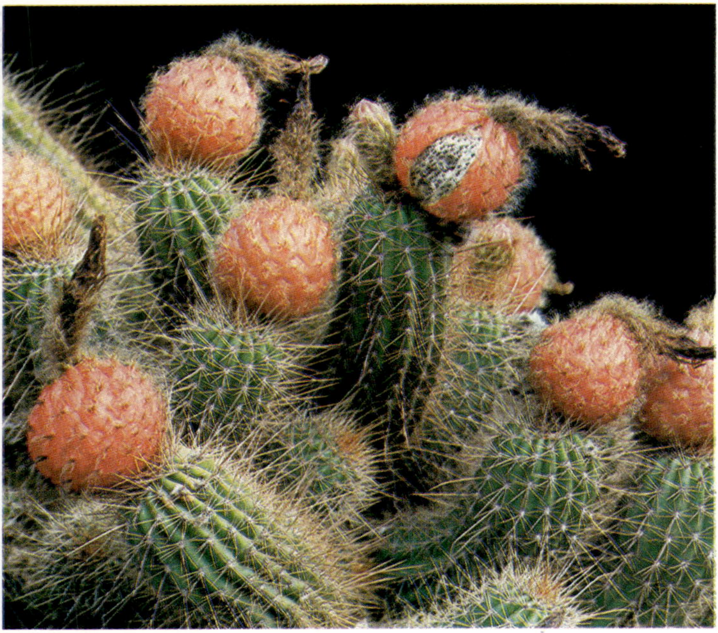

61 ECHINOCEREUS FITCHII Britton und Rose
Tribus *Cactinae* – Subtribus *Echinocereinae*

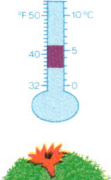

Herkunft: Um Laredo in Texas, nahe der mexikanischen Grenze. Die Art wurde zu Ehren von William Fitch, dem Assistenten auf Roses Reisen, benannt.
Beschreibung: Die 1913 entdeckte Pflanze besitzt einen leicht konisch nach oben verjüngten Sproß, ist 8 bis 10 cm hoch und ungefähr 5 cm dick. Erst ältere Pflanzen bilden am Grund Verzweigungen. Die Pfahlwurzel ist ziemlich dick. Die 10 bis 14 nicht besonders deutlichen, abgerundeten Rippen tragen kleine, gelbliche, dichtsitzende Areolen mit rund 20 sich überkreuzenden Randdornen. Diese liegen dem Sproß flach an und sind 5 mm lang. Die vier bis sechs aufrechten bräunlichen Mitteldornen werden 1 cm lang. Die senkrecht nahe der Sproßspitzen stehenden Blüten besitzen eine dornige und haarige trichterförmige Röhre und Kronblätter von rosa- bis blutroter Farbe. Am Schlund sind sie meist etwas dunkler. Die Gesamtlänge der Blüten beträgt 6 bis 7 cm. Die zugespitzten Kronblätter öffnen sich so weit, daß die Blüten fast umgestülpt erscheinen. Das Wachstum der Pflanze ist sehr langsam, aber schon junge Pflanzen blühen.
Kultur: Die Pflanze braucht im Sommer viel Sonne und im Winter einen etwas wärmeren Platz. Die Haltung ist problemlos. Vermehrung erfolgt am einfachsten durch Stecklinge. Um das Wachstum von Sämlingen zu beschleunigen, pfropft man sie gern auf wüchsigere Unterlagen.

62 ECHINOCEREUS KNIPPELIANUS Liebner
Tribus *Cacteae* – Subtribus *Echinocereinae*

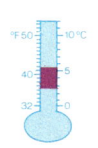

Herkunft: Der Staat Coahuila im Norden Mexikos.
Beschreibung: Liebner gab 1895 dieser Pflanze ihren Artnamen nach dem bekannten Kakteenhändler Karl Knippel. Sie besitzt einen kugeligen bis leicht länglichen Sproß von 10 cm Höhe und eine fleischige, rübenähnliche Pfahlwurzel. Der dunkelgrüne Sproß ist so weich und wasserhaltig, daß er manchmal etwas schlaff und faltig erscheint. Die fünf Rippen, die sich mit zunehmendem Alter auf sieben vermehren können, stehen vor allem an der Sproßspitze deutlich vor. Zwischen den Warzen befinden sich Querfalten. Auf den kleinen weißfilzigen Areolen sitzen ein bis drei schwache, borstenartige, gebogene Dornen von weißer bis blaßgelber Farbe. Sie fallen später ab, so daß der untere Sproßteil kahl ist. Die trichterförmigen Blüten sind 3 cm lang und besitzen rosarote, weit sich öffnende Blütenblätter. Sie entspringen seitlichen Areolen und sind nach oben gebogen.
Kultur: Kleine Exemplare findet man häufig in Kultur, doch sind sie recht schwer zu bestimmen, da die Sproßspitzen meist wenig entwickelt sind und die Sprosse selbst keine Bestimmungsmerkmale bieten. Vermehrung durch Samen.

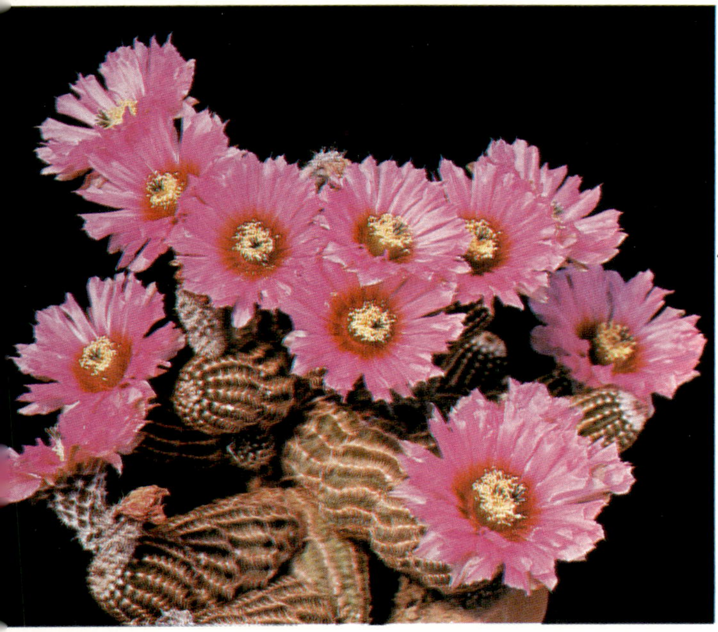

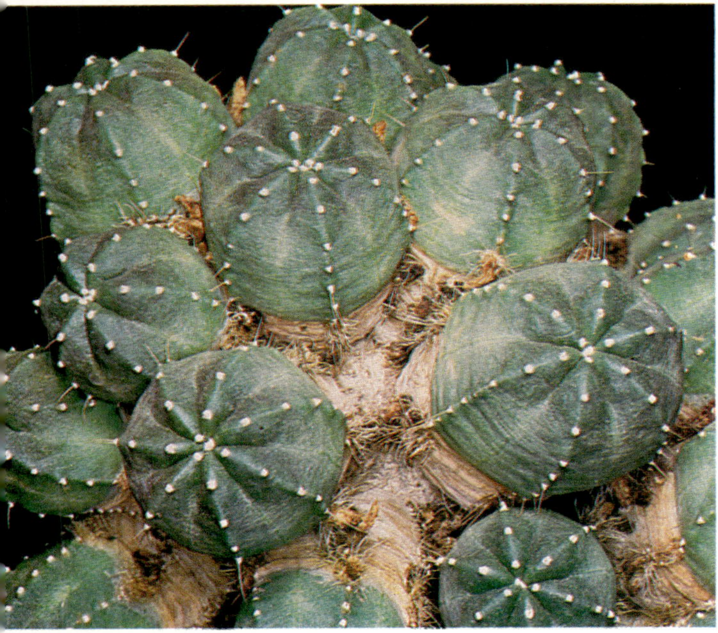

63 ECHINOCEREUS LONGISETUS (Engelmann)
Rümpler
Tribus *Cacteae* – Subtribus *Echinocereinae*

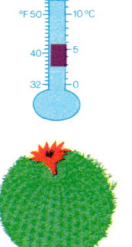

Herkunft: Südlich des Rio Grande del Norte im Staat Coahuila im Norden Mexikos.
Beschreibung: Diese Art wurde 1853 entdeckt und von Engelmann 1859 als *Cereus* beschrieben. Rümpler stellte sie 1885 in die jetzige Gattung. Später galt sie als verschollen und wurde erst vor kurzem wiederentdeckt. Der bis 20 cm hohe, aufrechte Sproß wird ungefähr 5 cm dick und bildet am Grund zahlreiche Seitentriebe. 11 bis 14 schwach warzige Rippen tragen runde Areolen mit 15 bis 25 schlanken, weißen Randdornen. Die längeren Dornen am unteren Teil der Areole werden 1,5 cm lang. Die fünf bis sieben weißen Mitteldornen, von denen die kürzesten 4 cm lang werden, besitzen dunkle Spitzen. Alle Dornen sind borstenähnlich und weich. Die hellblutroten bis violetten Kronblätter der 6 cm langen Blüten werden 3 cm lang.
Kultur: Die Pflanze ist ziemlich selten, und bei der Bestimmung bestehen noch gewisse Unsicherheiten. Die wiederentdeckte Pflanze könnte auch mit einer 1909 in den Bergen des südlichen Arizona nahe Mexiko gefundenen Art identisch sein. Als Pflanze aus einer hochgelegenen Wüste braucht sie sicher eine strenge Ruheperiode und viel Sonne und häufiges Gießen im Sommer. Vermehrung durch Ableger.

64 ECHINOCEREUS MARITIMUS (Jones)
Schumann
Tribus *Cacteae* – Subtribus *Echinocereinae*

Herkunft: Die Nordwestküste von Niederkalifornien.
Beschreibung: Die Art wurde ursprünglich in der Nähe von Ensenada nahe der Grenze zu den Vereinigten Staaten von dem Freizeitbotaniker Marcus Jones entdeckt, der sie 1883 als *Cereus* beschrieb. Sie ist eine äußerst vermehrungsfähige Pflanze, die mit bis zu 200 Seitentrieben 30 cm hohe Polster von 2 m Durchmesser bildet. Die kugeligen bis länglichen Sprosse werden 5 bis 15 cm hoch und 2 cm dick. Sie verzweigen sich sowohl am Grund wie auch weiter oben. Auf acht bis zehn Rippen sitzen im Abstand von 1 cm runde, weiße Areolen, die später grau werden. Umgeben von neun bis zehn strahlenförmig ausgebreiteten, steifen Randdornen sitzen meist vier Mitteldornen, von denen die oberen kantig, die unteren rund sind. Sie werden über 3 cm lang. Die blaßgelben oder grüngelben Kronblätter der ungefähr 4 cm langen Blüten sind länglich und an der Spitze abgerundet.
Kultur: Die Pflanze ist wenig kälteverträglich und braucht viel Platz. Sie benötigt weniger Wasser als die übrigen *Echinocereus*-Arten, dafür aber hohe Luftfeuchte und gelegentliches Besprühen. Vermehrung durch Ableger oder Stecklinge.

65 ECHINOCEREUS PAPILLOSUS Linke
Tribus *Cacteae* – Subtribus *Echinocereinae*

Herkunft: Südliches Texas, von nordöstlich Laredo bis Edinburg.

Beschreibung: Die Triebe dieser sich stark verzweigenden Pflanze sind meist aufrecht, selten kriechend oder niederliegend. Sie sind blaßgrün, werden 24 bis 30 cm lang und 2 bis 7 cm dick. Die sechs bis zehn Rippen bestehen aus 1 cm langen Mamillen, die durch tiefe, waagrechte Einkerbungen getrennt sind. Die runden, weißen oder gelben Areolen tragen rund sieben Randdornen von 1 cm Länge. In der Farbe wechseln sie über Weiß und Hellbraun bis Mittelbraun. Der einzige Mitteldorn ist 1,5 bis 2 cm lang. Er ist meist weiß oder gelb mit braunem Grund, bei manchen Pflanzen ist er völlig braun. Die Blüten haben einen Durchmesser von 12 cm. Die Kronblätter sind gelb mit rotem Schlund, spatelförmig und 6 cm lang. Die Varietät *rubescens* besitzt Dornen, die anfangs rosa bis rot gefärbt sind und später dunkelbraun werden. Die dicht verzweigte Varietät *angusticeps* wächst nur 8 cm hoch bei einem Durchmesser der Sprosse von 3 cm.

Kultur: Diese Art wird selten gepflanzt. Manchmal pfropft man sie, sie wächst aber auch gut auf eigener Wurzel. Am von ihr bevorzugten warmen Standort im Winter wird sie leicht runzlig, nach Beendigung der Ruhe bekommt sie aber rasch wieder die gewohnte Form. Die Vermehrung ist einfach mit Ablegern.

66 ECHINOCEREUS PECTINATUS (Scheidweiler) Engelmann
Tribus *Cacteae* – Subtribus *Echinocereinae*

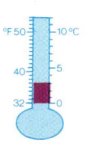

Herkunft: Von Chihuahua im Norden Mexikos südwärts bis Guanajuato. Heute wächst er vom südöstlichen Arizona bis Maverick County in Texas in Höhen bis zu 1350 m.

Beschreibung: Diese Art wurde erstmalig von Henri Galeotti (1814–1858), dem Leiter der Botanischen Gärten in Brüssel, gesammelt und nach Belgien gebracht. Ihr Sproß verzweigt sich am Grund, gelegentlich auch höher, ist länglich oval und wird 15 bis 20 cm hoch. Auf den rund 20 breiten Rippen sitzen dicht die ovalen Areolen. Diese tragen 20 bis 25 weiße bis rosarote Randdornen, die häufig rötlich gefleckt oder geringelt sind. Sie sind seitlich kammartig ausgebreitet. Sie sechs oder mehr Mitteldornen bleiben kurz. Die rotvioletten Blüten werden 6 bis 8 cm lang und sitzen auf einer kurzen Röhre mit filzigen und dornigen Areolen.

Kultur: Wie alle *Echinocereus*-Arten ist auch dieser Kaktus einfach zu halten. Während der strengen Winterruhe reicht es, wenn die Temperaturen knapp über dem Gefrierpunkt bleiben. Im Sommer ist häufiges Gießen notwendig. Die Pflanze wächst langsam, doch auch im Jugendstadium ist sie hübsch anzusehen. Vermehrung durch Ableger oder Stecklinge.

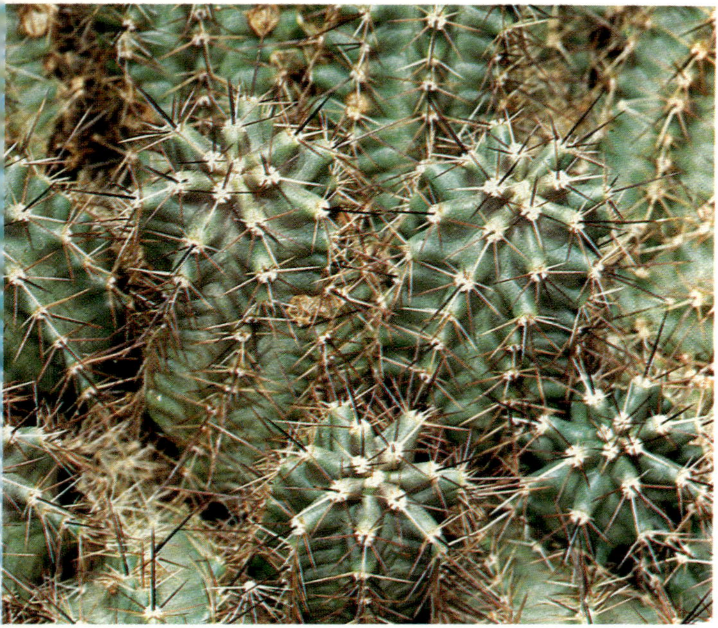

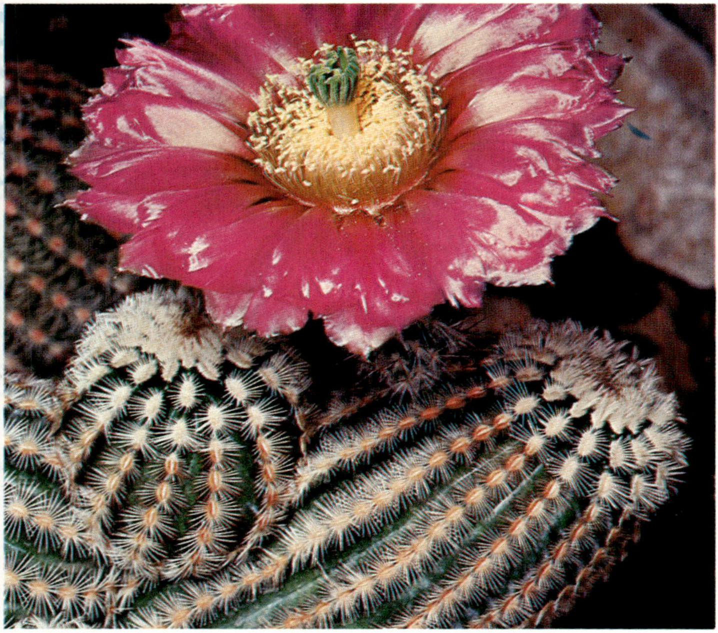

67 ECHINOCEREUS PECTINATUS (Scheidweiler)
Engelmann, Varietät **REICHENBACHII** (Tersch.) Krainz
Tribus *Cacteae* – Subtribus *Echinocereinae*
Regenbogenkaktus

Herkunft: Texas, Oklahoma, südöstliches Colorado, New Mexico und nördliches Mexiko.
Beschreibung: Diese Pflanze wurde erst vor kurzem von Krainz als Varietät von *Echinocereus pectinatus* erkannt, vorher galt sie als eigene Art. Beide Pflanzen waren schon lange bekannt: Der *Index Kewensis* nannte die Varietät *reichenbachii* im Jahr 1893, und 50 Jahre vorher war sie der Gattung *Echinocactus* zugeordnet. Der walzenförmige Sproß der Pflanze wird 20 cm hoch und 9 cm dick. Er verzweigt sich nur am Grund. Die ovalen Areolen sitzen auf den 12 bis 19 Rippen sehr dicht. 20 bis 30 Randdornen von 5 bis 8 mm Länge stehen kammförmig nach außen gebogen, so daß sie die Dornen auf der benachbarten Rippe berühren oder überkreuzen. Sie können weiß, rötlich oder braun gefärbt sein, doch tragen die Randdornen an einem Sproß alle dieselbe Farbe. Ein oder zwei Mitteldornen sind den Randdornen sehr ähnlich, doch fehlen sie meist völlig. Die rosavioletten Kronblätter der rund 7 cm langen Blüte öffnen sich sehr weit. Sie sitzen auf einer kurzen, behaarten Röhre. Manchmal duften sie, und gelegentlich öffnen sie sich sogar für zwei Tage.
Kultur: Die Varietät hat die gleichen Ansprüche wie die Art. Die Vermehrung erfolgt ebenfalls durch Stecklinge.

68 ECHINOCEREUS PENTALOPHUS
(de Candolle) Lemaire
Tribus *Cacteae* – Subtribus *Echinocereinae*

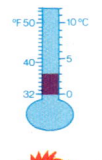

Herkunft: Südliches Texas bis nordöstliches Mexiko.
Beschreibung: Von dieser Art gibt es mehrere Varietäten, die seit ihrer ersten Beschreibung durch de Candolle im Jahr 1828 immer wieder zu Schwierigkeiten in der Klassifizierung geführt haben. Der Sproß wird 12 cm lang und 2 cm dick. Am Grund bildet er ein Gewirr von vielen kriechenden Seitentrieben. Die manchmal spiralig angeordneten, rund fünf warzigen Rippen tragen weißliche, dichtstehende Areolen mit drei bis sechs kurzen weißen Randdornen mit braunen Spitzen. Mitteldornen werden meist nicht ausgebildet, aber gelegentlich sieht man doch einen dunklen Dorn von 1,5 cm Länge. Die ungefähr 10 cm langen Blüten tragen ihre breiten, rotvioletten Kronblätter weit geöffnet. Auf der Röhre sitzen Areolen mit langen Haaren und braunen Dornen. Die manchmal für eine eigene Art gehaltene Varietät *procumbens* hat niederliegende Sprosse und Kronblätter mit weißem und gelbem Grund. Die ebenfalls oft auch als selbständig angesehene Varietät *ehrenbergii* besitzt acht bis zehn Randdornen und einen weißen bis hellgelben Mitteldorn. Von dieser Varietät gibt es auch Cristaten. Der aus dem griechischen abgeleitete Name bedeutet »fünf Rippen«.
Kultur: Besonders die Varietät *procumbens* blüht und wächst problemlos. Vermehrung durch Stecklinge.

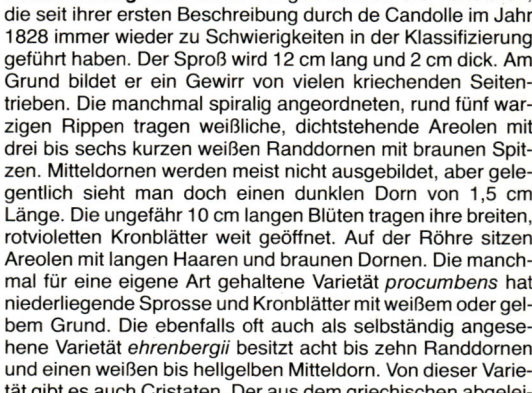

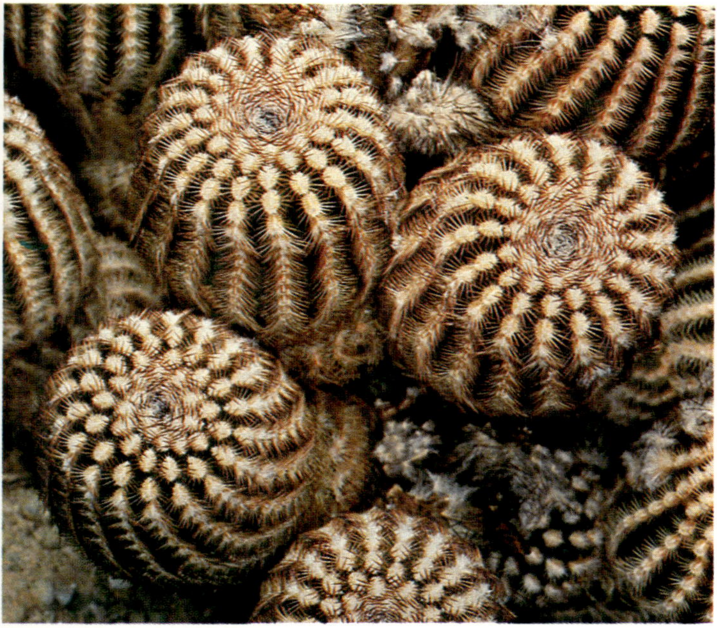

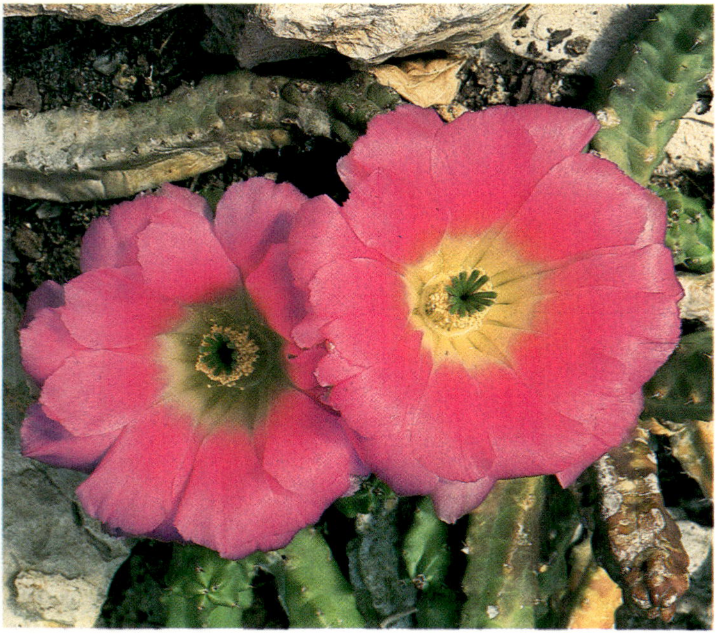

69 ECHINOCEREUS ROETTERI (Engelmann)
Rümpler
Tribus *Cacteae* − Subtribus *Echinocereinae*

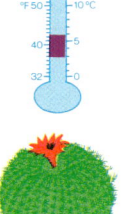

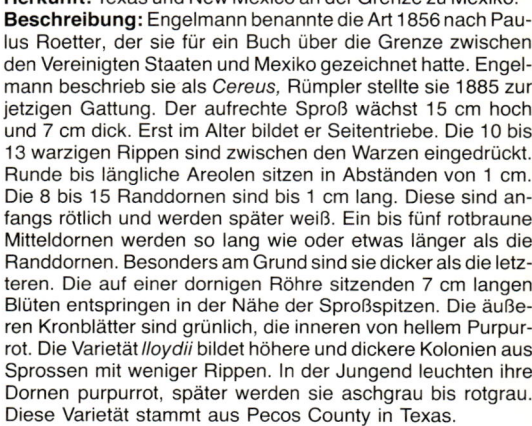

Herkunft: Texas und New Mexico an der Grenze zu Mexiko.
Beschreibung: Engelmann benannte die Art 1856 nach Paulus Roetter, der sie für ein Buch über die Grenze zwischen den Vereinigten Staaten und Mexiko gezeichnet hatte. Engelmann beschrieb sie als *Cereus,* Rümpler stellte sie 1885 zur jetzigen Gattung. Der aufrechte Sproß wächst 15 cm hoch und 7 cm dick. Erst im Alter bildet er Seitentriebe. Die 10 bis 13 warzigen Rippen sind zwischen den Warzen eingedrückt. Runde bis längliche Areolen sitzen in Abständen von 1 cm. Die 8 bis 15 Randdornen sind bis 1 cm lang. Diese sind anfangs rötlich und werden später weiß. Ein bis fünf rotbraune Mitteldornen werden so lang wie oder etwas länger als die Randdornen. Besonders am Grund sind sie dicker als die letzteren. Die auf einer dornigen Röhre sitzenden 7 cm langen Blüten entspringen in der Nähe der Sproßspitzen. Die äußeren Kronblätter sind grünlich, die inneren von hellem Purpurrot. Die Varietät *lloydii* bildet höhere und dickere Kolonien aus Sprossen mit weniger Rippen. In der Jungend leuchten ihre Dornen purpurrot, später werden sie aschgrau bis rotgrau. Diese Varietät stammt aus Pecos County in Texas.
Kultur: Die Pflanze liebt wüstenähnliche Bedingungen und ist kaum kälteverträglich. Vermehrung erfolgt meist durch Samen, die Varietät sollte man durch Ableger vermehren.

70 ECHINOCEREUS SALM-DYCKIANUS
Scheer
Tribus *Cacteae* − Subtribus *Echinocereinae*

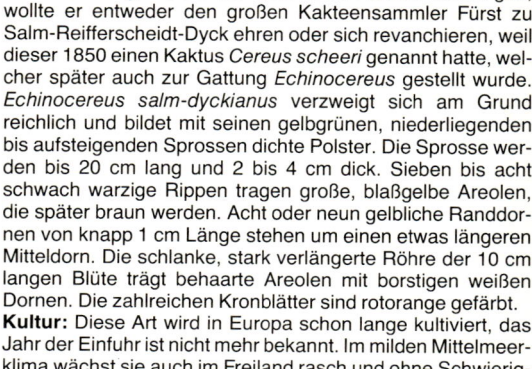

Herkunft: In den Staaten Sonora und Chihuahua im Norden Mexikos.
Beschreibung: Als Scheer 1856 dieser Art den Namen gab, wollte er entweder den großen Kakteensammler Fürst zu Salm-Reifferscheidt-Dyck ehren oder sich revanchieren, weil dieser 1850 einen Kaktus *Cereus scheeri* genannt hatte, welcher später auch zur Gattung *Echinocereus* gestellt wurde. *Echinocereus salm-dyckianus* verzweigt sich am Grund reichlich und bildet mit seinen gelbgrünen, niederliegenden bis aufsteigenden Sprossen dichte Polster. Die Sprosse werden bis 20 cm lang und 2 bis 4 cm dick. Sieben bis acht schwach warzige Rippen tragen große, blaßgelbe Areolen, die später braun werden. Acht oder neun gelbliche Randdornen von knapp 1 cm Länge stehen um einen etwas längeren Mitteldorn. Die schlanke, stark verlängerte Röhre der 10 cm langen Blüte trägt behaarte Areolen mit borstigen weißen Dornen. Die zahlreichen Kronblätter sind rotorange gefärbt.
Kultur: Diese Art wird in Europa schon lange kultiviert, das Jahr der Einfuhr ist nicht mehr bekannt. Im milden Mittelmeerklima wächst sie auch im Freiland rasch und ohne Schwierigkeiten. Vermehrung durch Ableger.

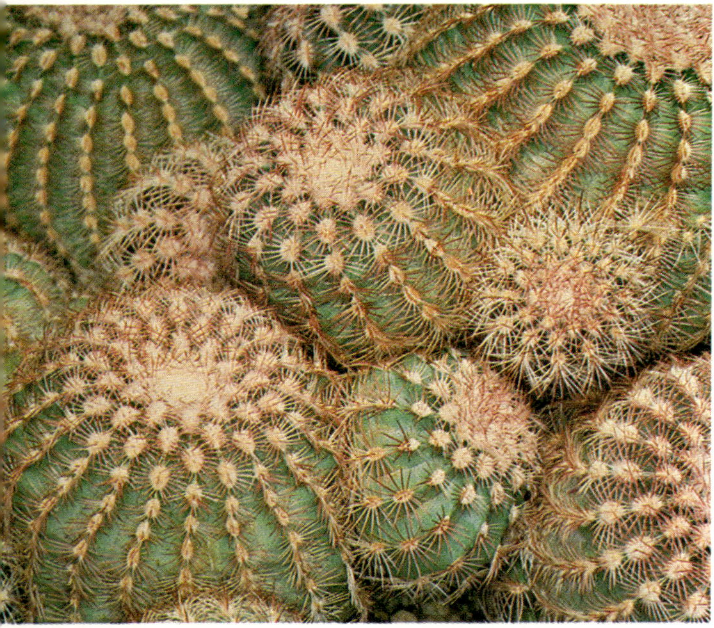

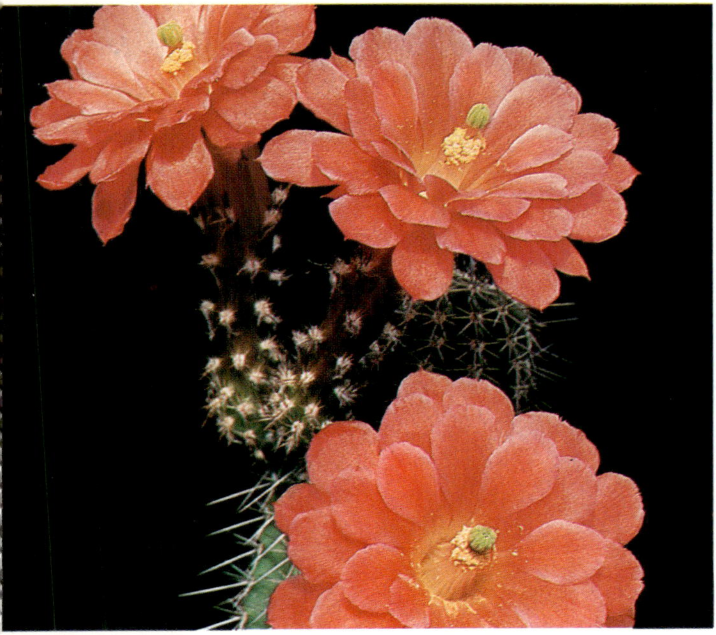

71 ECHINOCEREUS SCIURUS (Brandegee)
Britton und Rose
Tribus *Cacteae* – Subtribus *Echinocereinae*

Herkunft: Die Südspitze von Niederkalifornien.
Beschreibung: Diese Pflanze wurde 1897 von Townsend
Brandegee nahe San José del Cabo entdeckt. Seine Frau
Katherine, ebenfalls Botanikerin, beschrieb sie 1904 als *Cereus*. Die Pflanze bildet dichte Kissen von 60 cm Durchmesser und verzweigt sich am Grund zu aufrechten Sprossen von
20 cm Höhe. Jeder Trieb besitzt 12 bis 17 nicht sehr deutlich
ausgeprägte Rippen mit ungefähr 5 mm hohen, dichtsitzenden Warzen, auf denen sich die kleinen runden Areolen befinden. Aus ihrem später verschwindenden Filz erheben sich 18
strohgelbe, schlanke, borstenähnliche Randdornen mit roten
Spitzen. Sie werden bis 1,5 cm lang, während die dickeren
Mitteldornen von gleicher Farbe kürzer sind. Der Sproß verschwindet fast völlig unter den dichten Dornen. Die Blüten
werden 7 cm lang und bis über 9 cm breit, wobei die Blütenknospen von vielen schlanken Dornen mit braunen Spitzen
bedeckt sind. Die vielen rosavioletten Kronblätter öffnen sich
sehr weit. Kurz vor Beginn der Blüte neigt sich die Sproßspitze
oft nach unten, so daß der ganze Sproß wie ein großer Eich-
hörnchenschwanz aussieht. Daher kommt auch der Artname.
Sciurus ist das lateinische Wort für Eichhörnchen.
Kultur: Die Pflanze muß im Winter bei etwas höheren Temperaturen völlig trocken gehalten werden. Vermehrung durch
Ableger.

72 ECHINOCEREUS SUBINERMIS Salm-Dyck
ex Scheer
Tribus *Cacteae* – Subtribus *Echinocereinae*

Herkunft: Sonora und Chihuahua im Norden Mexikos.
Beschreibung: Diese Art wurde zwischen 1845 und 1850 in
Europa eingeführt. Scheer beschrieb sie 1856. Es ist die Art
mit den wenigsten Dornen in dieser Familie. Der anfangs
flachkugelige Sproß wird später oval bis zylindrisch und 10 bis
12 cm hoch, bei einer Dicke von 9 cm. Ältere Pflanzen verzweigen sich manchmal am Grund. Das blasse Grün der jungen Sprosse wechselt später über Bläulich nach Dunkelgrün.
Die meist fünf, höchstens acht Rippen sind groß und am Rand
etwas gewellt. Die darauf sitzenden kleinen, nur schwach
wolligen Areolen tragen acht Randdornen und einen Mitteldorn von gelblicher Farbe und geringer Länge. Bis auf drei
oder vier braune bis schwärzliche Dornen fallen alle Dornen
einer Areole ab, manchmal werden diese auch völlig kahl. Die
trichterförmigen Blüten von 8 cm Länge und etwas größerer
Breite sitzen auf schlanken Röhren mit sehr kurzen weißen
Dornen. Die angespitzten Kronblätter, außen anfangs braun,
später gelb, öffnen sich weit. Innen sind sie immer leuchtend
gelb. Die dunkelgrüne Frucht wird 2 cm lang.
Kultur: Diese äußerst empfindliche Art, die das ganze Jahr
Sonne und Wärme braucht, wird nur selten kultiviert. Vermehrung durch Samen dauert sehr lange, meist werden Ableger
verwendet.

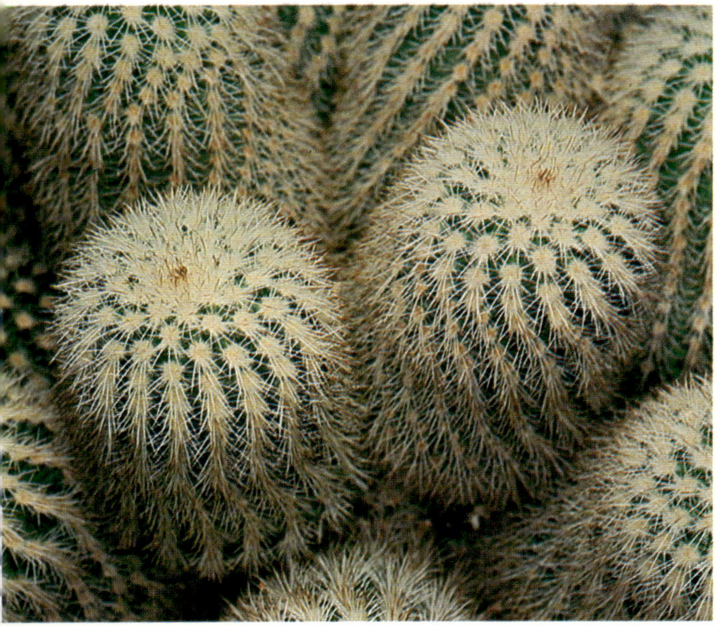

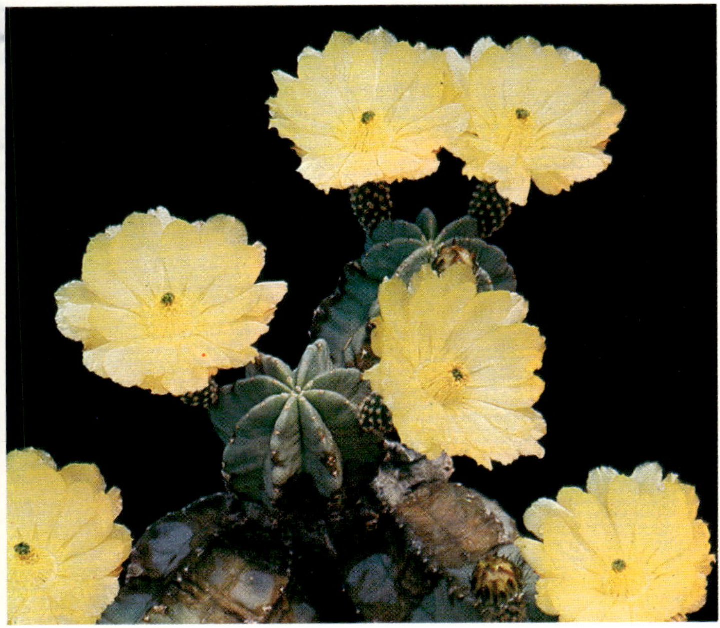

73 ECHINOCEREUS VIRIDIFLORUS Engelmann
Form **CHLORANTHUS** (Engelmann) Krainz
Tribus *Cacteae* – Subtribus *Echinocereinae*

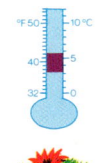

Herkunft: Westliches Texas und südliches New Mexico, angrenzende Gebiete von Mexiko.

Beschreibung: Als *Cereus* wurde diese Pflanze 1856 von Engelmann beschrieben, und Rümpler stellte sie 1885 zu *Echinocereus.* Anfangs hielt man diese Pflanze für eine Varietät, heute sieht man sie nur als Form, aber man kann sie auch noch als Art bezeichnet finden. Der zuerst kugelige, später walzenförmige Sproß wird bis 30 cm hoch und 4 bis 7 cm dick. Unter den reichlich gebildeten Dornen verschwinden die 13 bis 18 Rippen fast völlig. Runde oder leicht ovale Areolen tragen 12 bis 20 borstenartige weiße Randdornen, welche sich weit überkreuzen und oft rote Spitzen besitzen. Besonders an den obersten Areolen sind einige der Borsten etwas kräftiger ausgebildet. Die drei bis fünf Mitteldornen werden bis 2,5 cm lang. Sie stehen in geraden Linien übereinander und weisen anfangs nach außen, später nach unten. Sie sind weiß oder rot gefärbt und umgeben oft als farbige Bänder angeordnet den ganzen Sproß. Die Pflanze wird vor allem wegen dieser sehr veränderlichen Dornenfärbung gehalten, da die 2,5 cm großen braungrünen Blüten sich kaum öffnen.

Kultur: Selbst alte Pflanzen verzweigen sich nur selten, deshalb erfolgt die Vermehrung durch Samen.

74 ECHINOFOSSULOCACTUS ALBATUS
(Dietrich) Britton und Rose
Tribus *Cacteae* – Subtribus *Echinocactinae*

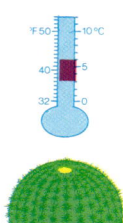

Name: Der Name wurde abgeleitet vom griechischen *echinos,* Igel, und dem lateinischen *fossula,* kleiner Graben, was sich auf die schmale Furche bezieht, die bei manchen Arten oberhalb der Areole zu sehen ist. Die Gattung wurde 1841 von G. Lawrence eingerichtet, später ordnete Schumann mehrere Arten dieser Gattung einer Untergattung von *Echinocactus* unter dem Namen *Stenocactus* zu. Berger erhob diese zur Gattung, und verschiedene Kakteen sind heute noch unter diesem Namen bekannt.

Herkunft: Nord- bis Zentral-Mexiko.

Beschreibung: Der später sich streckende, flachkugelige und blaugrüne Sproß mit weißwolliger Spitze trägt 35 schmale, wellige Rippen, auf denen in Vertiefungen im Abstand von 1,5 cm die Areolen sitzen. Die rund zehn borstenartigen, cremefarbenen Randdornen (im jüngeren Teil stehen sie in geringerer Anzahl) werden 1 cm lang. Die viel dickeren und längeren Mitteldornen sind dunkler und gerade, bis auf den obersten, welcher abgeflacht und 5 cm lang nach oben gebogen ist. Die 2 cm langen Trichterblüten besitzen lanzettliche gelbe Kronblätter.

Kultur: Braucht Sonne und wohldosierte Wassergaben. Zur Wuchsbeschleunigung wird sie oft gepfropft. Vermehrung durch Samen.

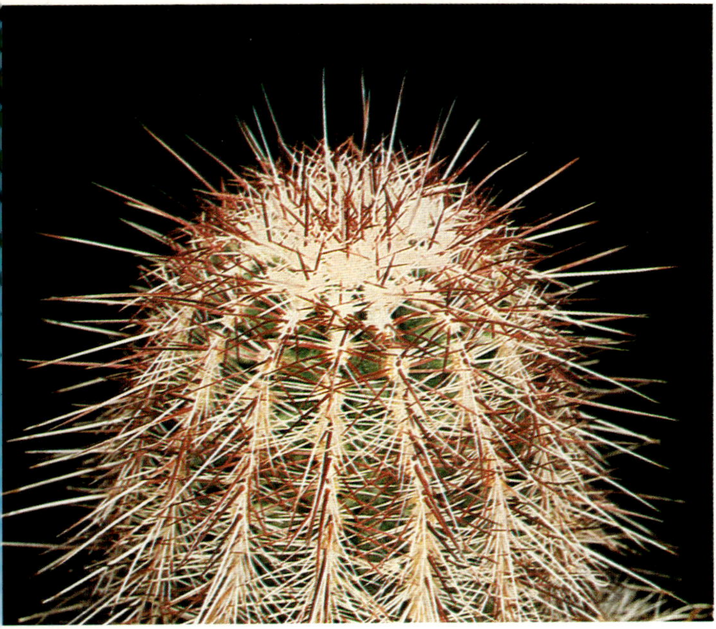

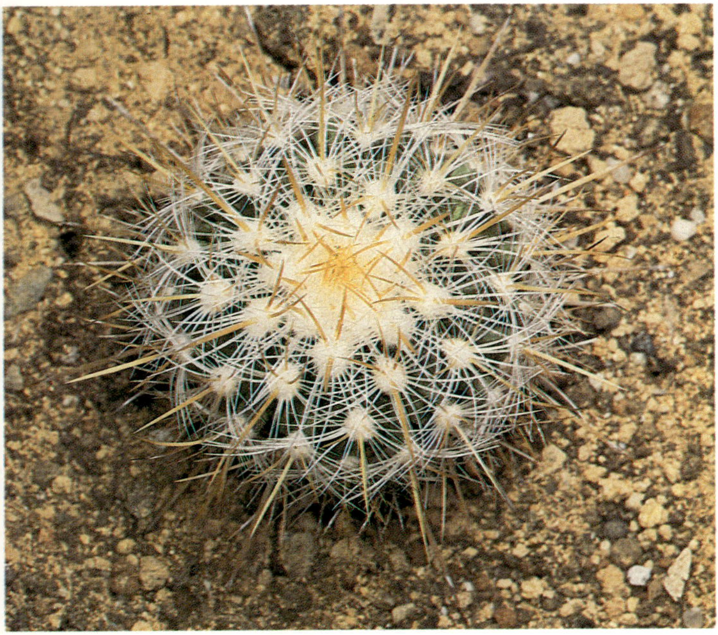

75 ECHINOFOSSULOCACTUS
CAESPITOSUS Backeberg
Tribus *Cacteae* – Subtribus *Echinocactinae*

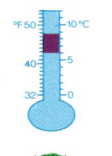

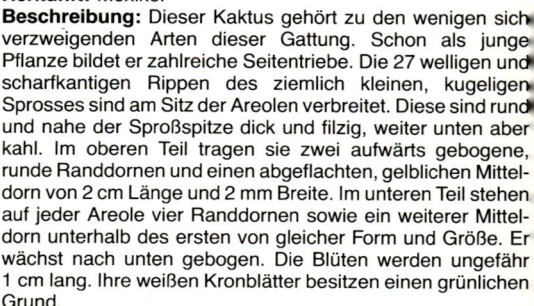

Herkunft: Mexiko.

Beschreibung: Dieser Kaktus gehört zu den wenigen sich verzweigenden Arten dieser Gattung. Schon als junge Pflanze bildet er zahlreiche Seitentriebe. Die 27 welligen und scharfkantigen Rippen des ziemlich kleinen, kugeligen Sprosses sind am Sitz der Areolen verbreitet. Diese sind rund und nahe der Sproßspitze dick und filzig, weiter unten aber kahl. Im oberen Teil tragen sie zwei aufwärts gebogene, runde Randdornen und einen abgeflachten, gelblichen Mitteldorn von 2 cm Länge und 2 mm Breite. Im unteren Teil stehen auf jeder Areole vier Randdornen sowie ein weiterer Mitteldorn unterhalb des ersten von gleicher Form und Größe. Er wächst nach unten gebogen. Die Blüten werden ungefähr 1 cm lang. Ihre weißen Kronblätter besitzen einen grünlichen Grund.

Kultur: Am natürlichen Standort ist die Pflanze meist etwas größer als in Kultur. Sie braucht direkte Sonneneinstrahlung und kann Kälte über längere Zeit nicht ertragen. Im Winter sollte sie auf keinen Fall gegossen werden. Sie kann durch Samen vermehrt werden, doch da sie sich frühzeitig verzweigt, ist die Vermehrung durch Ableger einfacher.

76 ECHINOFOSSULOCACTUS
COPTONOGONUS (Lemaire) Lawrence
Tribus *Cacteae* – Subtribus *Echinocactinae*

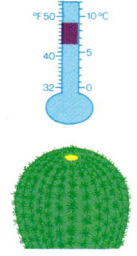

Herkunft: Hidalgo und San Luis Potosí in Mexiko.

Beschreibung: Im Gegensatz zu anderen Arten dieser Gattung besitzt diese Pflanze nur wenige kantige Rippen mit breitem Grund. Erst als ausgewachsene Pflanze bildet der etwas flache, kugelige Sproß Seitentriebe. Er ist grau- bis blaugrün, bis 10 cm hoch und über 10 cm breit. Die Areolen auf den 10 bis 14 kantigen und gekerbten, bis 1,5 cm hohen Rippen sitzen in Abständen von 2 cm und sind an der Sproßspitze dicht mit Filz bedeckt. Später werden sie kahl. Die drei bis fünf Dornen sind anfangs rötlich und werden später strohfarben mit dunkleren Querbändern. Die oberen Dornen biegen sich nach oben und sind flach, vor allem der Mitteldorn, der mit 4 cm länger als die übrigen ist. Die unteren Dornen weisen nach unten, sind rund und nur um 1,5 cm lang. Die 3 cm langen Blüten entspringen nahe der Spitze. Die weißen Kronblätter sind zahlreich, länglich schmal und besitzen einen blutroten bis hellrotvioletten Mittelstreifen.

Kultur: Dieser Kaktus ist in der Haltung anspruchsvoller als die anderen Arten der Gattung. Er liebt Halbschatten. Vermehrung durch Samen oder, falls verfügbar, durch Ableger.

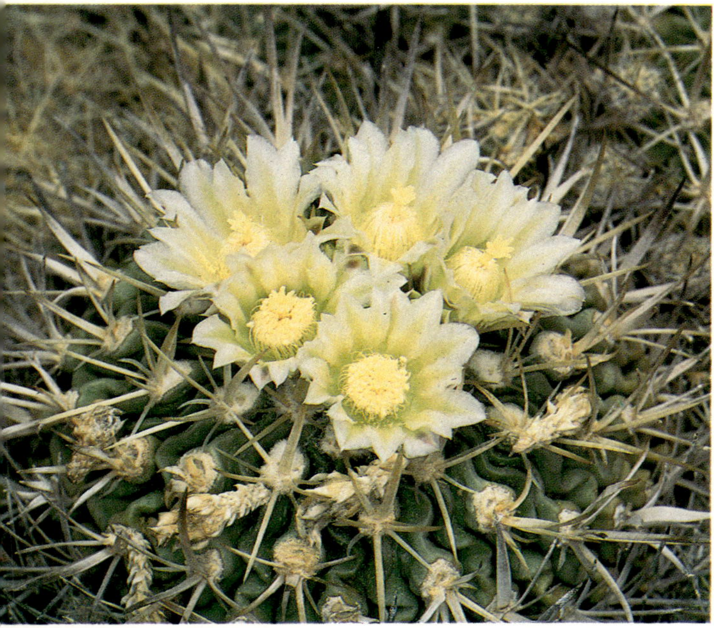

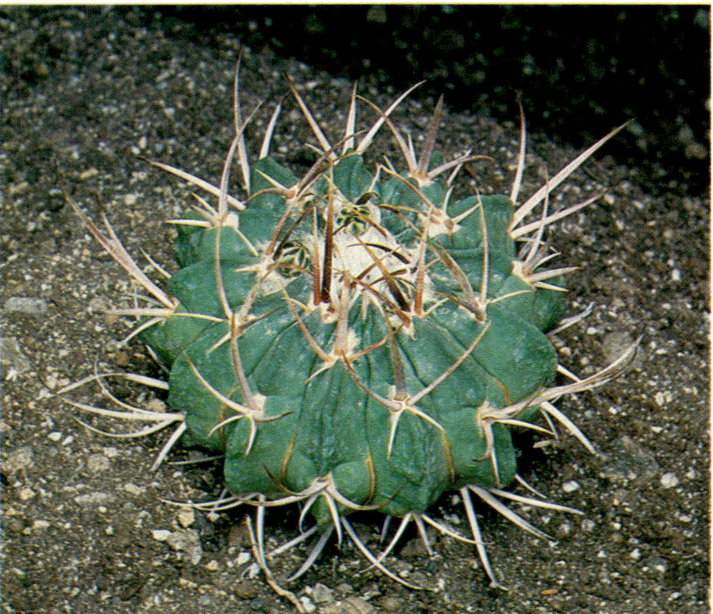

77 ECHINOFOSSULOCACTUS CRISPATUS
(de Candolle) Lawrence
Tribus *Cacteae* – Subtribus *Echinocactinae*

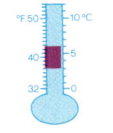

Herkunft: Der Staat Hidalgo in Mexiko.
Beschreibung: Diese 1828 von de Candolle als *Echinocactus* beschriebene Art wurde 1841 von Lawrence der jetzigen Gattung zugesellt. Viele Fachleute halten diese Entscheidung für nicht richtig, der Name wird aber trotzdem beibehalten. Der anfangs kugelige Sproß wird später länglich und bei einer Dicke von rund 8 cm bis 15 cm hoch. Er ist dunkelgrün und besitzt 25 bis 35 schlanke, regelmäßig gewellte Rippen mit scharfer Kante. Alte Pflanzen haben sogar noch mehr Rippen. Die zuerst wolligen und später kahlen Areolen sitzen in unregelmäßigen Abständen von 3 bis 4 cm, erscheinen durch ihre Anordnung aber dichter gestellt. Die oberen der sieben bis acht Randdornen sind gelblich und flach, besonders der nach oben weisende oberste Dorn, welcher bis 2 cm lang wird. Die unteren Dornen sind weiß und nur ungefähr halb so lang. Der einzige Mitteldorn ist gerade, steif, braun mit hellerem Grund und ebenfalls 2 cm lang. Die Blüten werden rund 3,5 cm lang. Die äußeren weißen Kronblätter tragen außen einen violetten Mittelstreifen, die inneren sind hellrot und besitzen einen Mittelstreifen von purpurner Farbe.
Kultur: Vermehrung durch Samen. Die Pflanzen fallen nicht ganz samenecht aus.

78 ECHINOFOSSULOCACTUS
LAMELLOSUS (Dietrich) Britton und Rose
Tribus *Cacteae* – Subtribus *Echinocactinae*

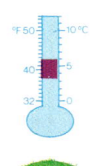

Herkunft: Der Staat Hidalgo in Zentral-Mexiko.
Beschreibung: Die Pflanze wurde 1847 von dem deutschen Botaniker Albert Dietrich beschrieben. Alle Arten dieser Gattung (mit Ausnahme von *E. coptogonus*) besitzen schmale, lamellenartige Rippen, und bei dieser Art ist diese Eigenart besonders ausgeprägt. Der anfangs kugelige, später längliche Sproß mit abgeflachter Spitze wird bis 10 cm hoch und 8 cm dick. 35 schmale, unregelmäßig gewellte und gefaltete Rippen tragen weiße, in der Jugend filzige Areolen. Von den darauf sitzenden Randdornen sind die vier bis fünf unteren kurz und gebogen, anfangs gelb und später leicht grau. Von den drei oberen, weiß mit brauner Spitze, biegen sich die dicken seitlichen nach außen. Der bis über 3 cm lange mittlere Dorn ist breit, flach und längs und quer gestreift. Ältere Pflanzen besitzen außerdem noch einen kräftigen, 4 cm lang nach außen weisenden Mitteldorn von rundem oder leicht dreieckigem Querschnitt. Die an der Sproßspitze entspringenden Blüten werden 4 cm lang. Ihre Kronblätter sind auf der Innenseite fleischfarben bis blutrot.
Kultur: Die Pflanze braucht volle Sonne, sandigen Boden und wenig Wasser. Da nur sehr alte Exemplare sich verzweigen, erfolgt die Vermehrung durch Samen.

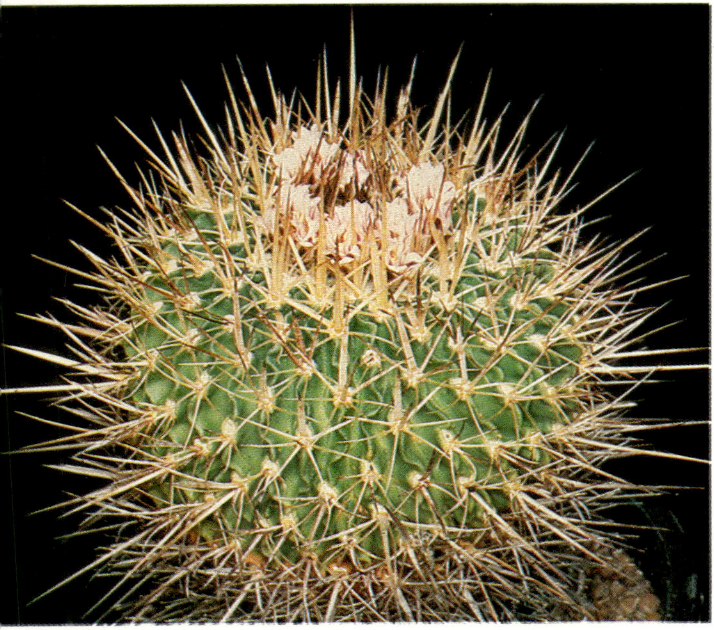

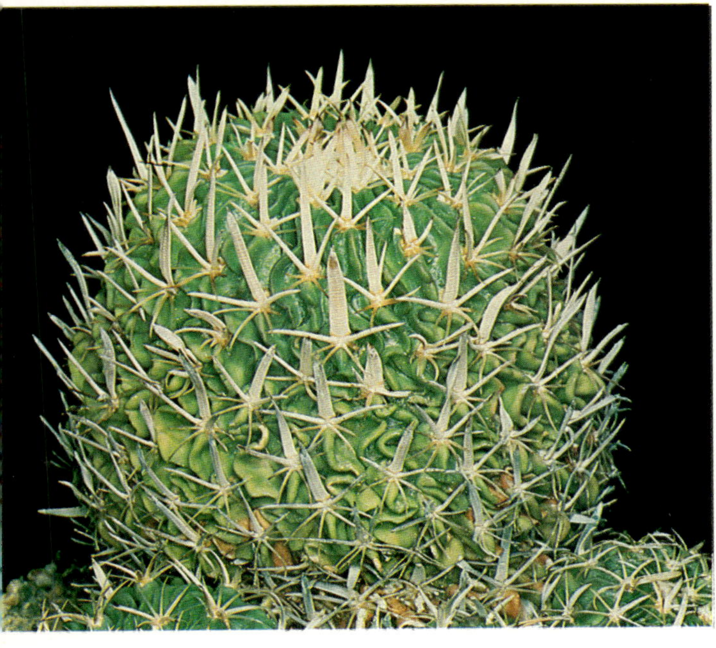

79 ECHINOFOSSULOCACTUS

VAUPELIANUS (Werdermann) Tiegel und Oehme
Tribus *Cacteae* – Subtribus *Echinocactinae*

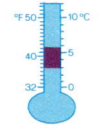

Herkunft: Mexiko.

Beschreibung: Diese Art wurde vor wenigen Jahrzehnter von Werdermann entdeckt und als *Echinocactus* beschrie ben. Er benannte sie nach dem Botaniker Vaupel. Werder mann stand aber wohl nur ein junges Exemplar ohne deutli che Unterscheidungsmerkmale zur Verfügung. Diese Art be sitzt zwar nicht so auffällig geformte Dornen wie die anderer Vertreter der Gattung, dafür verzweigt sie sich aber reichlich Der runde, an der Spitze wollige und dornige Sproß mißt 4 cm im Durchmesser. Die auf 35 schmalen und tiefgekerbten, wel ligen Rippen sitzenden Areolen sind anfangs weißfilzig. 12 bis 25 schlanke, fast durchsichtig weiße Randdornen stehen ge rade oder leicht gebogen strahlenförmig ab und überkreuzer sich mit den Dornen der benachbarten Areolen. Ein oder zwe nadelartig spitze, übereinander stehende Mitteldornen wer den über 7 cm lang und weisen anfangs nach oben, später nach außen. Diese sind an der Spitze braunschwarz, am Grund eher rötlich gefärbt. Die 2 cm langen Blüten bleiben of zwischen den Dornen an der Spitze stecken. Ihre cremewei ßen Kronblätter tragen außen einen dunklen Mittelstreifen.

Kultur: Diese Art braucht sehr sandigen Boden und weniger Wasser als die übrigen Vertreter der Gattung. Vermehrung durch Ableger.

80 ECHINOFOSSULOCACTUS

WIPPERMANNII (Mühlenpfordt) Britton und Rose
Tribus *Cacteae* – Subtribus *Echinocactinae*

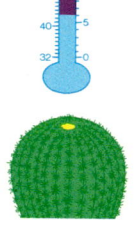

Herkunft: Der Staat Hidalgo in Mexiko.

Beschreibung: Der dunkelgrüne Sproß mit flacher und leich wolliger Spitze ist anfangs kugelig und wird später säulenför mig. Bei einer Dicke von 8 cm wächst er 15 cm hoch. Die Zah der schwach welligen Rippen schwankt zwischen 25 bei jün geren und 40 bei älteren Pflanzen. Die Areolen auf der scharfkantigen Rippen erscheinen anfangs weiß und wollig, später kahl und tragen 18 bis 22 weiße, am Grund manchma braune Randdornen. Der unterste dieser borstigen, schlan ken und weit ausgebreiteten Dornen wird bis 1,5 cm lang. Vor den meist vier aufrechten Mitteldornen sind die drei oberer flach, am Grund verdickt und zart längs und quer gestreift, de untere ist gerade und rund. Diese braunschwarz gefärbter Dornen werden 2 bis 6 cm lang. Die gelblichen Blüten mit rot braunem Mittelstreifen sind trichterförmig und ungefähr 1,5 cm lang. Es ist noch nicht geklärt, ob eine 1846 oder 1844 als *Echinofossulocactus spinosus* beschriebene Pflanze mit dieser Art identisch ist.

Kultur: Dieser Kaktus wird nur wenig in Kultur gehalten, da Arten mit eindrucksvollerer Form und schöner gefärbten Dornen bevorzugt werden. Vermehrung durch Samen.

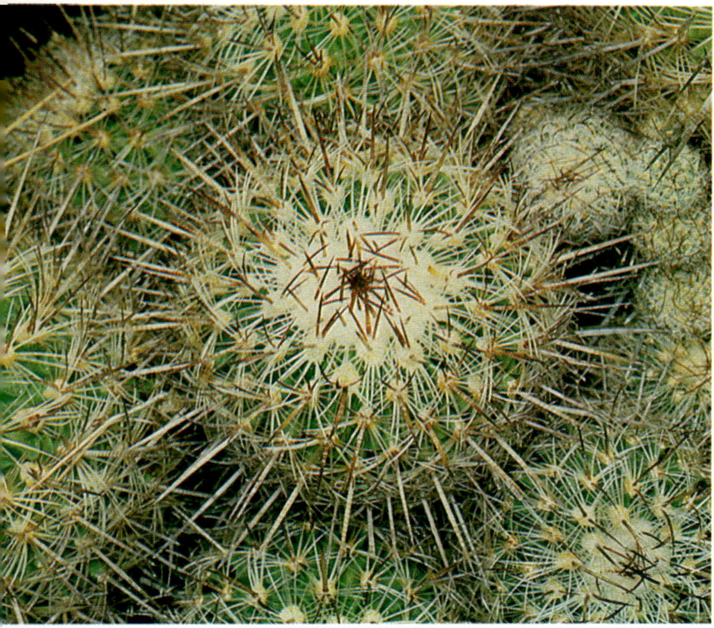

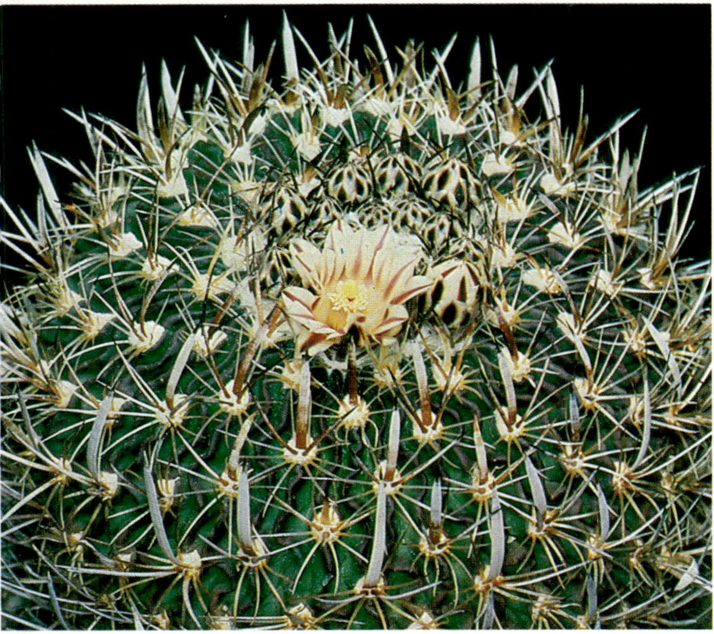

81 ECHINOMASTUS MACDOWELLII (Rebut)
Britton und Rose
Tribus *Cacteae* – Subtribus *Echinocactinae*

Name: Nach ihrem Aussehen erhielt die Pflanze ihren Namen nach dem griechischen *echinos,* Igel, und *mastos,* Brust.
Herkunft: Coahuila und Nuevo León in Mexiko.
Beschreibung: Obwohl die Art seit 1894 bekannt ist, wird sie wegen der Schwierigkeiten bei der Haltung nur wenig kultiviert. Die meisten käuflichen Exemplare sind gepfropft, obwohl aus der ganzen Gattung diese Art noch am besten auf eigener Wurzel wächst. Der flachkugelige Sproß mit gelbfilziger Spitze wird rund 7 cm hoch und 10 cm dick. Die rund 25 Rippen sind kaum sichtbar, da sie einmal in rautenförmige Warzen von 5 mm Größe aufgelöst sind und außerdem unter dem dichten Gewirr der Dornen fast völlig verborgen bleiben. Die Areolen sind weiß und wollig und tragen 20 bis 25 fast 3 cm lange weiße, schlanke Randdornen, die in alle Richtungen weisen und sich gegenseitig überkreuzen. Drei oder vier am Grund dickere und kräftigere Mitteldornen werden 2 bis 4,5 cm lang. Sie sind strohfarben, fast durchscheinend an der Spitze und dunkler am Grund. Die hell- bis dunkelroten Blüten, die in Kultur kaum jemals gebildet werden, sind trichterförmig und 4 cm lang.
Kultur: Vermehrung erfolgt durch Samen, doch ist es ratsam, die Sämlinge früh zu verpfropfen, um das Wachstum etwas zu beschleunigen. Benötigt nur wenig Wasser.

---

82 ECHINOPSIS CALORUBRA Cárdenas
Tribus *Cacteae* – Subtribus *Echinocereinae*

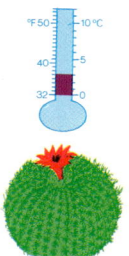

Name: Er leitet sich ab vom griechischen *echinos,* Igel, und *opsis,* Erscheinung, da die Pflanze wie ein zusammengerollter Igel aussieht.
Herkunft: Höhen von 1900 m in der Provinz Valle Grande im Departement Santa Cruz in Bolivien.
Beschreibung: Die Art wurde 1957 von dem bolivianischen Botaniker Martin Cárdenas beschrieben. Der hellgrüne, flachkugelige Sproß mit einer Dicke von 14 cm und einer Höhe von 6 bis 7 cm verfärbt sich unter dem Einfluß starker Sonnenbestrahlung oder von Kälte bronzefarben. Die 16 Rippen sind in längliche Warzen unterteilt, wobei die weißfilzigen Areolen im Abstand von 2 cm in den Vertiefungen zwischen den Warzen sitzen. Die 9 bis 13 geraden oder leicht gebogenen Randdornen sind von unterschiedlicher Länge. Der einzige Mitteldorn ist aufrecht und wird 2,5 cm lang. Alle Dornen sind gelblich und werden später grau, zum Teil mit braunen Spitzen. Die äußeren Kronblätter der 15 cm langen Blüten sind außen grün und auf der Innenseite rötlich. Die Farbe der inneren Kronblätter wechselt von leuchtendem Orange an der Spitze bis zu Rosarot am Grund. Backeberg stellte diese Art zu seiner Gattung *Pseudolobivia,* da diese aber wieder abgeschafft wurde, hat die Pflanze wieder ihren ursprünglichen Namen.
Kultur: Da alte Pflanzen sich reichlich verzweigen, erfolgt die Vermehrung über Ableger. Erträgt niedrige Temperaturen.

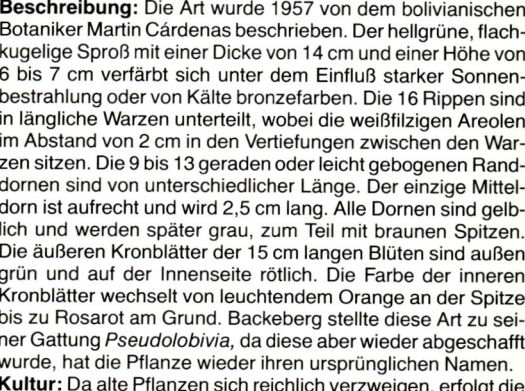

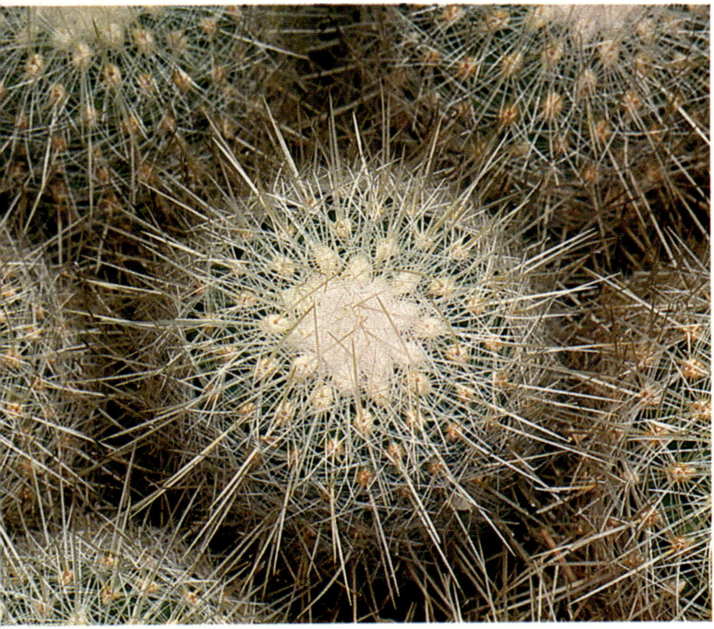

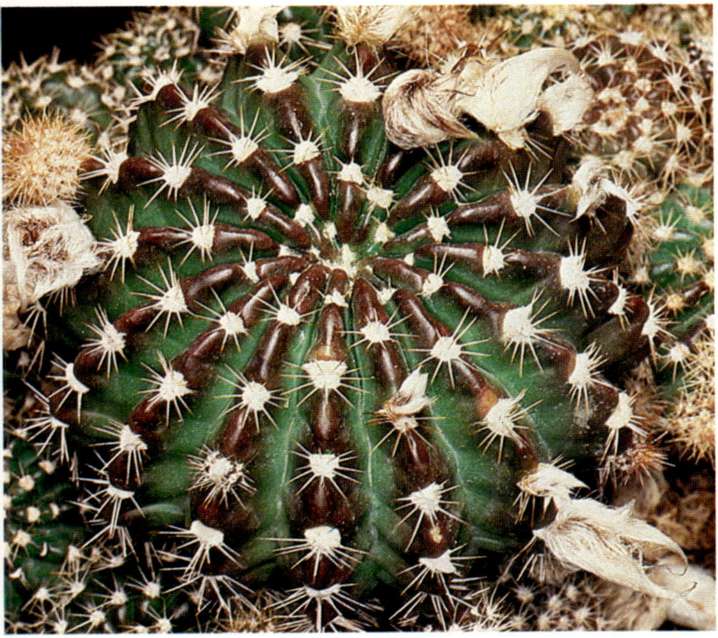

83 ECHINOPSIS HAMATACANTHA Backeberg
Tribus *Cacteae* – Subtribus *Echinocereinae*

Herkunft: Die Provinz Salta im Norden Argentiniens.
Beschreibung: Dieser Kaktus wurde erst vor nicht allzu langer Zeit in Europa eingeführt. Backeberg ordnete ihn anfangs in die Gattung *Echinopsis* und später in die von ihm neugeschaffene Gattung *Pseudolobivia* ein. Da diese neue Gattung nicht anerkannt wurde, steht die Pflanze jetzt wieder an ihrem ursprünglichen Platz. Der Sproß erscheint halbkugelig und ist stark abgeflacht. Bei einem Durchmesser von 15 cm wird er nur 7 cm hoch. Der leuchtendgrüne Sproß besitzt bis zu 27 Rippen. Diese sind am Grund ziemlich breit und gliedern sich in hohe Warzen mit spitzer Kante. In leichten Vertiefungen zwischen den Warzen liegen die großen, filzigen Areolen. Die Areolen tragen 8 bis 15 gelbliche oder hellbraune Dornen, die 4 mm bis 1 cm oder noch länger werden. Einer der Mitteldornen unterscheidet sich auffallend von den anderen. Seine Spitze weist nach oben und ist gebogen oder sogar hakenförmig. Die weißen, duftenden Blüten werden bis 20 cm lang. Die Frucht bleibt grün und wird 4 cm lang.
Kultur: Da die Pflanze sich am Grund stark verzweigt, ist die Vermehrung durch Ableger recht einfach durchzuführen. Die Pflanze ist wenig kältevertäglich.

84 ECHINOPSIS HAMMERSCHMIDII Cárdenas
Tribus *Cacteae* – Subtribus *Echinocereinae*

Herkunft: Das Departement Santa Cruz in Bolivien.
Beschreibung: Der Sproß ist glänzendgrün und anfangs kugelig. Mit zunehmendem Alter bekommt er eine etwas gestrecktere Form und wird bei einem Durchmesser von 9 cm bis zu 10 cm hoch. Er kann unverzweigt bleiben, doch meist bildet er am Grund zahlreiche Seitensprosse. Die 12 bis 15 Rippen besitzen eine scharfe Kante und verlaufen von der Spitze her zuerst glatt, dann gekerbt und schließlich deutlich warzig. Die Areolen tragen einen weißgrauen Filz. Auf ihnen sitzen acht oder neun Randdornen, die knapp 1 cm lang werden, sowie ein längerer Mitteldorn. Alle Dornen sind grau und am Grunde verdickt. Die Pflanze blüht weiß. Die kugeligen bis ovalen Früchte sind dunkelgrün und werden 2,5 cm lang. Die Pflanze ist erst vor wenigen Jahren in Europa eingeführt worden. Es liegen also noch keine Erfahrungen vor, ob die Pflanze bei Haltung außerhalb ihres natürlichen Verbreitungsgebietes im Aussehen von der obigen Beschreibung abweicht, was aber durchaus anzunehmen ist.
Kultur: Vermehrung entweder durch Ableger von älteren Pflanzen oder durch Samen.

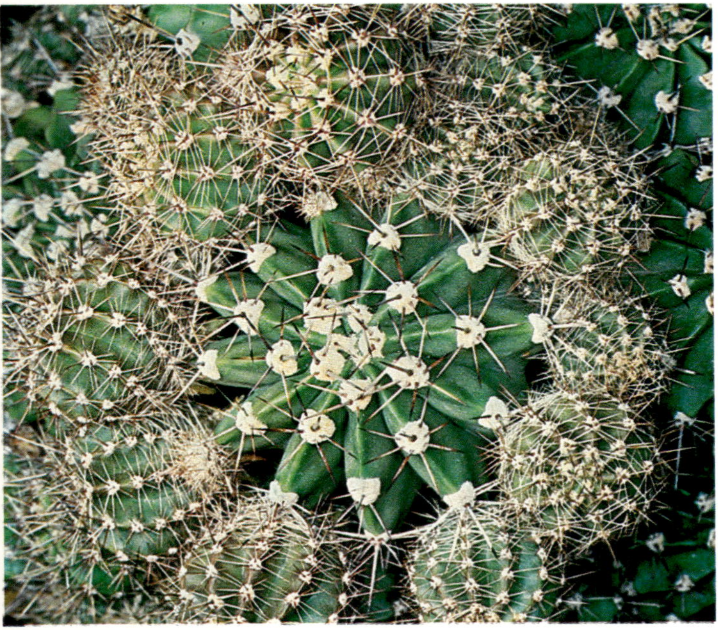

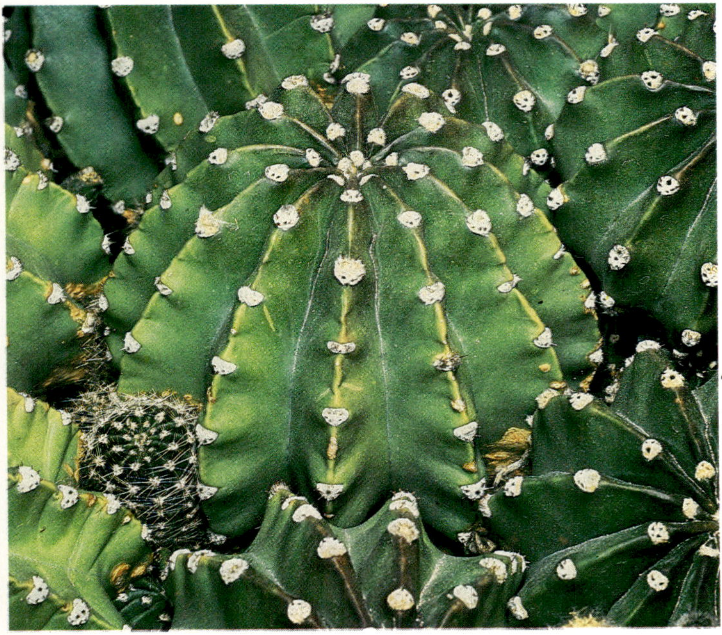

85 ECHINOPSIS-HYBRIDE ›Red Paramount‹

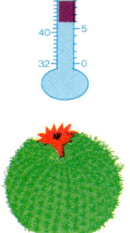

Beschreibung: Diese Hybride wird sehr geschätzt wegen ihrer zahlreichen leuchtend gefärbten Blüten. Der Sproß ist anfangs kugelig, streckt sich aber später etwas. Er erscheint dunkelgrün und im Sonnenlicht bronzefarben überhaucht. Die zahlreichen, sehr stark ausgeprägten Rippen tragen auffallende Areolen, die mit weißen Haaren und Dornen besetzt sind. Zur Sproßspitze hin sind sie spiralig angeordnet. Die äußeren Kronblätter sind von leicht rosa überlaufenem Weiß. Die inneren sind leuchtendrot gefärbt und stehen in lebhaftem Kontrast zu den gelben Staubblättern. Die Pflanze bildet zahlreiche Seitentriebe, welche meist niederliegend von der Mutterpflanze wegwachsen.

Kultur: Während der Ruheperiode im Winter sollten die Temperaturen nur wenig über dem Gefrierpunkt liegen. Im Sommer braucht die Pflanze einen sehr sonnigen Standort. Der Boden sollte zwar sehr gut durchlüftet sein, aber doch etwas feuchter gehalten werden als bei anderen Kakteen. Mit einem Anteil von einem Drittel gut verrottetem Laubkompost in der Erde und etwas Phosphatdüngung kann das Blühvermögen der Pflanze voll zur Entfaltung kommen. Die Vermehrung erfolgt durch Ableger.

86 ECHINOPSIS KERMESINA (Krainz) Krainz
Tribus *Cacteae* – Subtribus *Echinocereinae*

Herkunft: Ungewiß, wahrscheinlich Argentinien.

Beschreibung: Diese Art wird noch oft unter ihrem alten Namen *Pseudolobivia kermesina* geführt. Diese von Backeberg geschaffene Gattung wird heute nicht mehr anerkannt. Der dunkelgrüne, halbkugelige Sproß wird leicht bis über 15 cm breit. Die 15 bis 23 geraden Rippen sind durch Querfurchen in Warzen geteilt. In den Furchen sitzen runde, weißfilzige Areolen, die 11 bis 16 schlanke, pfriemförmige Dornen von rund 1 cm Länge tragen. Diese sind steif und spitz, anfangs gelb mit brauner Spitze und später grau. Die vier bis sechs Mitteldornen weisen nach außen und sind gerade oder leicht nach außen gebogen. Sie werden bis 2,5 cm lang und sind wie die Randdornen gefärbt, wobei sie anfangs vielleicht etwas dunkler sind. Die 18 cm langen Blüten besitzen eine lange, mit weißfilzigen Areolen bedeckte Röhre. Voll aufgeblüht spreizen die Kronblätter 9 cm. Diese sind breit mit stumpfer Spitze und zeigen Farbübergänge von Karmesinrosa bis Dunkelkarminrot. Die nicht duftenden Blüten sind von großer Schönheit, überdauern aber wie bei allen Arten dieser Gattung nur einen Tag.

Kultur: Die Pflanze erträgt niedrige Temperaturen und braucht im Sommer direkte Sonne und häufiges Gießen. Vermehrung durch Samen.

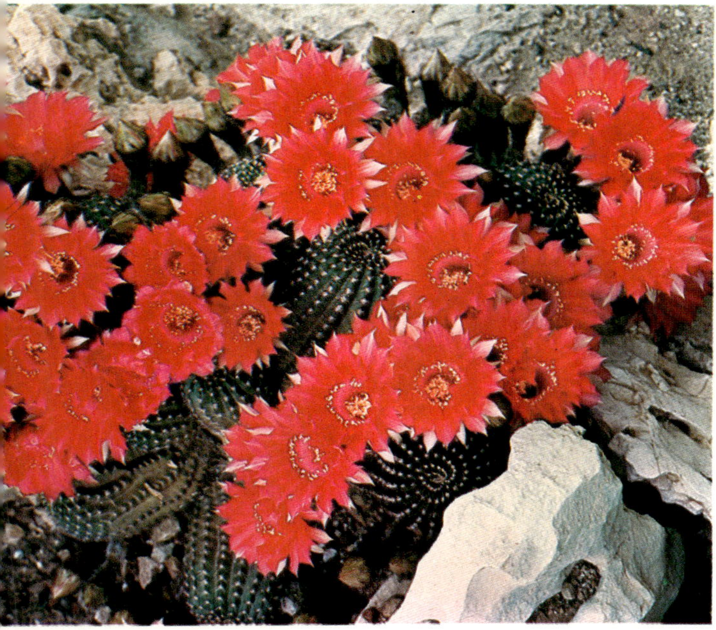

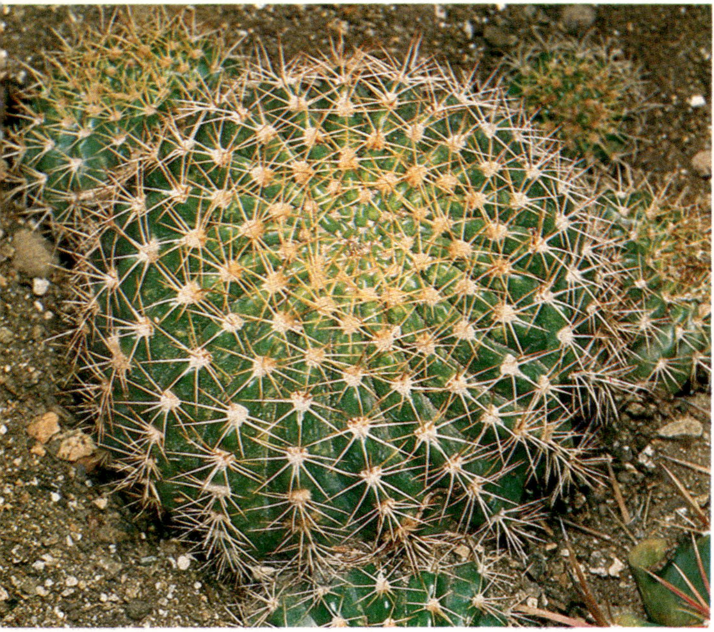

87 ECHINOPSIS LONGISPINA (Britton und Rose)
Backeberg
Tribus *Cacteae* – Subtribus *Echinocereinae*

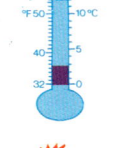

Herkunft: Zwischen La Quiaca und Tilcara in der Provinz Jujuy in Nord-Argentinien, nahe der Grenze zu Bolivien.
Beschreibung: Die Pflanze wurde 1917 bei La Quiaca in Felsspalten in 3450 m Höhe entdeckt. Der blaugrüne Sproß wächst anfangs kugelig, wird später länglich und dabei 25 cm hoch und 10 cm dick. Die 25 bis 50 Rippen sind zwischen den 2 cm hohen Warzen tief eingeschnitten. Jede Areole trägt 15 Dornen, wobei die Randdornen von den Mitteldornen kaum zu unterscheiden sind. Die Dornen sind schlank oder dick, kegelförmig mit verdicktem Grund und von sehr unterschiedlicher Länge. Die längsten werden über 8 cm lang. Sie sind biegsam und nach oben gebogen, am jüngeren Sproß sogar hakenförmig. Ihre Farbe reicht von Gelblich bis Braun. Die 10 cm langen Trichterblüten besitzen eine mit langen weißen Haaren besetzte, lange, gebogene Röhre. Die Kronblätter sind kurz und weiß. Die Varietät *nigra* hat einen 30 cm hohen Sproß mit 20 Rippen und 4 cm hohen Warzen, zuerst braune bis schwärzliche Dornen, die später grau werden, und Blüten mit noch größerer Röhre.
Kultur: Die Pflanze ist kälteverträglich, erträgt aber im Sommer nicht ganztägige Sonne, sondern braucht Halbschatten. Vermehrung durch Samen.

88 ECHINOPSIS MAMMILLOSA Gürke
Varietät **RITTERI** (Boedecker) Ritter
Tribus *Cacteae* – Subtribus *Echinocereinae*

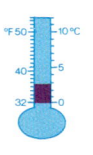

Herkunft: Das Departement Tarija in Süd-Bolivien.
Beschreibung: Diese Varietät wird oft mit der typischen Art verwechselt. Der glänzendgrüne Sproß ist eine abgeflachte Kugel von 12 cm Höhe und 10 bis 25 cm Breite. Die 18 bis 32 Rippen besitzen rundliche Warzen. Die in Vertiefungen zwischen den Warzen sitzenden Areolen tragen bei älteren Pflanzen 12 bis 15 Randdornen von 1 bis 2,5 cm Länge. Drei bis acht Mitteldornen sind dicker und zahlreicher als bei der Art und gelblich mit dunklen Spitzen. Die Blüten werden 13 bis 15 cm lang und erreichen 8 cm im Durchmesser. Sie entspringen an den Seiten des Sprosses und bilden eine lange, grüne Röhre mit wolligen Schuppen. Die weißen Kronblätter sind schwach rosa überhaucht. Andere Varietäten, die nach den bolivianischen Dörfern nahe ihren Fundorten benannt sind, besitzen noch mehr Dornen. Die von Ritter 1965 beschriebene Varietät *orozasana* hat eine mehr kugelige Form und blüht früh. Die Blüten besitzen eine längere Röhre mit brauner Behaarung und innere Kronblätter von rein weißer Farbe.
Kultur: Die Pflanze erträgt tiefere Temperaturen recht gut, braucht aber viel Sonne. Außerdem liebt sie sehr durchlässigen Boden und häufiges Gießen im Sommer. Vermehrung durch Samen oder Ableger.

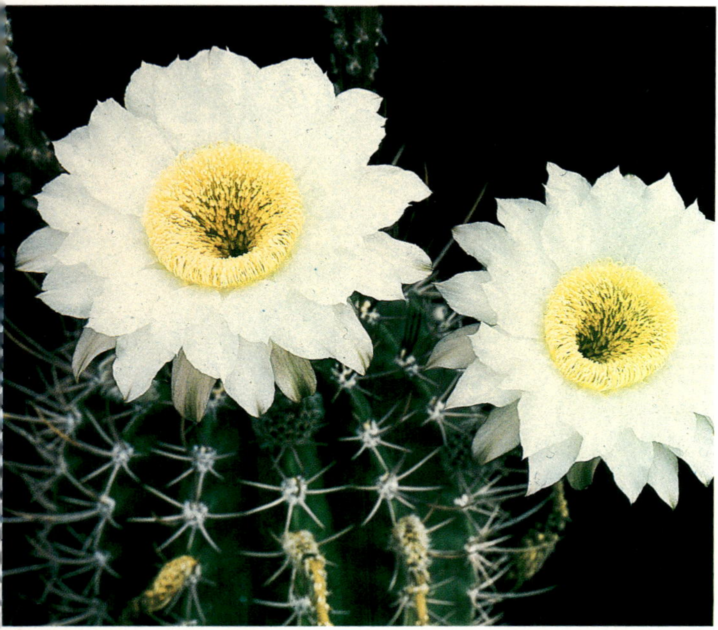

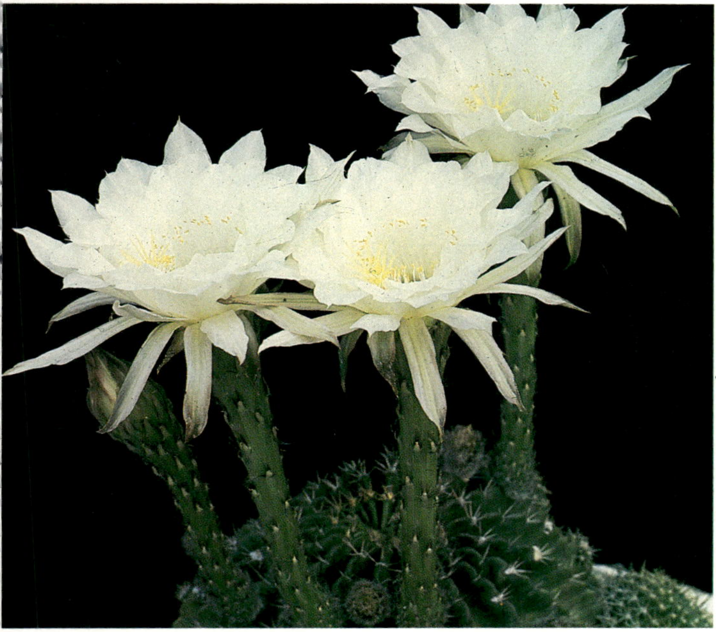

89 ECHINOPSIS MULTIPLEX (Pfeiffer) Zuccarini
Tribus *Cacteae* – Subtribus *Echinocereinae*

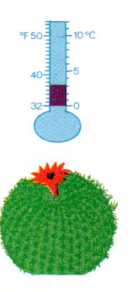

Herkunft: Südliches Brasilien.

Beschreibung: Die von Pfeiffer 1837 der Gattung *Cereus* zugestellte Art wurde 1839 von Zuccarini die jetzige Stellung zugewiesen. Pfeiffer erwähnte in seiner *Enumeratio Diagnostica Cactearum* auch eine Varietät *monstrosus.* Der Typus dieser Art wird wegen seiner duftenden Blüten recht häufig gehalten. Der Sproß bildet zahlreiche Seitensprosse am Grund, verzweigt sich aber auch am oberen Sproßteil. Anfangs kugelig, wird er später bis über 15 cm hoch. Er besitzt 12 bis 15 breite Rippen mit scharfer Kante und große, weißwollige Areolen. Diese tragen ungefähr zehn gelbbraune Randdornen von 2 cm Länge und zwei bis vier Mitteldornen von dunklerer Farbe und doppelter Länge. Die reichlich gebildeten Blüten werden mit ihrer schuppigen, graubehaarten Röhre 20 cm lang. Die zart rosaviolett gefärbten Kronblätter der eintägigen, duftenden Blüten geben diesen einen Durchmesser von 12 cm. Eine der vielen Varietäten und Formen dieser Art ist *floribunda,* die im Sommer mehr Blüten bildet. *Picta* besitzt gelbgefleckte Blüten. Cristaten wie die rechts außen abgebildete Form werden von Sammlern sehr geschätzt, da auch sie reichlich blühen.

Kultur: An geschütztem Standort erträgt diese Art tiefere Temperaturen. Vermehrung durch Ableger. Um mehr Blüten zu erhalten, sollte man die Seitentriebe von Zeit zu Zeit entfernen.

90 ENCEPHALOCARPUS STROBILIFORMIS
(Werdermann) Berger
Tribus *Cacteae* – Subtribus *Echinocactinae*

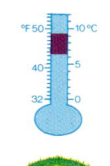

Name: Der Gattungsname wurde zusammengesetzt aus den griechischen Worten *en,* in, *kephale,* Kopf, und *karpos,* Frucht, da nach der Blüte die Früchte direkt an der Sproßspitze stehen. Der Artname bezieht sich auf die Form der Warzen, die dem Sproß das Aussehen eines Kiefernzapfens, *strobilus,* geben. Die Gattung umfaßt nur eine Art. Sie ist nahe verwandt mit der Gattung *Ariocarpus.*

Herkunft: Nuevo León und Tamaulipas in Mexiko.

Beschreibung: Die Pflanze besitzt eine große Rübenwurzel und einen kugeligen Sproß von 4 bis 6 cm Dicke. Die spiralig angeordneten, sich dachziegelartig überdeckenden flachen Warzen sind breit dreieckig und am Rücken gekielt. Am Grund sind sie wollig, ebenso wie die am Neuzuwachs auf der Innenseite der zugespitzten Warzen sitzenden kleinen Areolen. Die anfangs vorhandenen kleinen, kammförmig angeordneten Dornen verschwinden später mitsamt den Areolen, so daß alte Warzen kahle, abgestumpfte Spitzen besitzen. Die leuchtend purpurroten Blüten werden 3 cm lang mit grünlichen äußeren und gefransten oder gekräuselten inneren Kronblättern.

Kultur: Alte Pflanzen bilden am Grund Seitensprosse. Vermehrung durch Samen. Wenig kälteverträglich. Braucht besonders gut durchlüfteten Boden und verhaltenes Gießen.

91 EPIPHYLLUM X ACKERMANNII
Tribus *Cacteae* – Subtribus *Epiphyllinae*

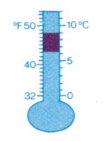

Name: Da bei dieser Gattung die Blüten auf den Trieben sitzen, welche wie Blätter aussehen, wurde der Name vom griechischen *epi,* auf, und *phyllon,* Blatt, hergeleitet. Link gab der Gattung 1931 den Namen *Phyllocactus,* welcher später zugunsten des gegenwärtigen, der von Adrian Hardy Haworth schon 1812 vergeben worden war, zurückgestellt wurde.

Herkunft: Diese gärtnerische Hybride hat ihre Ursprung wahrscheinlich in England.

Beschreibung: Haworth, dem von Ackermann (daher der Name) ein Exemplar aus Mexiko zugeschickt wurde, beschrieb sie als Art. Jedoch schon 1832 hatte sie P. C. Geel als Hybride von *Cereus* erkannt. Sie ist damit eine der ältesten bekannten Hybriden. Ein Elternteil der Pflanze ist vermutlich *Heliocereus speciosus.* Als Ergebnis weiterer Kreuzungen fallen verschiedene Exemplare oft recht unterschiedlich aus. Im allgemeinen ist der Sproß jedoch aufrecht und teilweise verholzt. Die zahlreichen flachen Zweige mit gezahntem Rand sind weich oder manchmal auch ziemlich steif und dreikantig bis fast rund. Die Areolen sitzen in den Einkerbungen des Randes und sind filzig, manchmal auch borstig und am Neutrieb sogar dornig. Die unregelmäßig gebaute, tags geöffnete Blüte besitzt große, scharlachrote Kronblätter.

Kultur: Die anspruchslose Pflanze dankt Halbschatten im Sommer und kühle, trockene Winterruhe mit reicher Blüte. Vermehrung ist einfach durch Stecklinge.

92 EPITHELANTHA MICROMERIS (Engelmann)
Weber ex Britton und Rose
Tribus *Cacteae* – Subtribus *Echinocactinae*

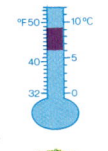

Name: Der Name komm vom griechischen *epi,* oben, *thele,* Zitze, und *anthos,* Blüte, da die Blüten auf der Spitze der Mamillen sitzen.

Herkunft: Westliches Texas bis südliches New Mexico sowie nördliches Mexiko.

Beschreibung: Diese Pflanze ist die einzige Art der von Weber 1898 vorgeschlagenen und von Britton und Rose 1922 aufgestellten Gattung. Die Pflanze besitzt faserige Wurzeln und einen flachkugeligen Sproß, der sich später verlängert und durch starke Verzweigung am Grund kleine Polster bildet. Der Sproß wird 8 cm hoch und 1 bis 6 cm dick. Wie die spiralig angeordneten Warzen sind auch die den ganzen Sproß bedeckenden weißen Dornen sehr klein. Der aus dem griechischen stammende Artname *micromeris* bedeutet »aus vielen kleinen Teilen zusammengesetzt«. Die nur 2 mm langen Dornen sind auf jungen Areolen zwar länger, brechen aber später ab. Aus den kleinen, weißen oder blaßrosa Blüten entwickeln sich lange, rosarote und eßbare Beeren. Die Varietät *greggii* ist kälteverträglicher, *densispina* und *rufispina* besitzen braune Dornen.

Kultur: Das Wachstum ist sehr langsam, und in Kultur verzweigt sich die Pflanze selten. Vermehrung deshalb durch Samen. Der Pflanzenerde sollte ungefähr 20% Kalk zugefügt werden.

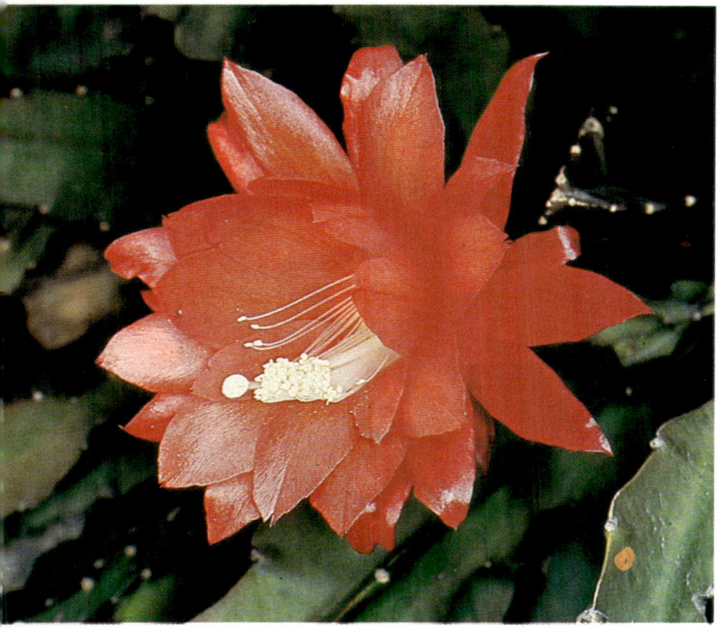

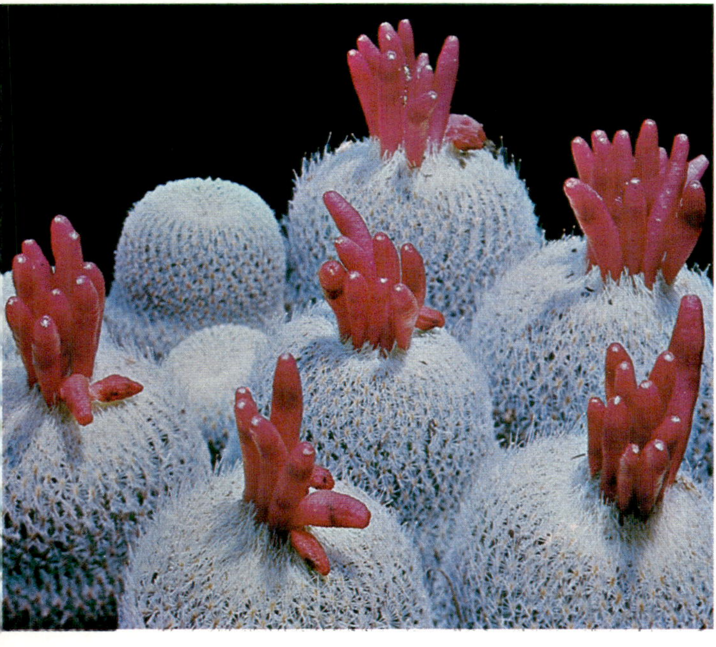

93 ERYTHRORHIPSALIS PILOCARPA
(Leofgren) Berger
Tribus *Cacteae* – Subtribus *Rhipsalidinae*

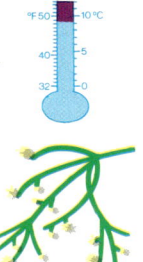

Name: Er kommt vom griechischen *erythros,* rot, und dem Gattungsnamen *Rhipsalis,* da die Frucht rot ist und die hängenden Zweige denen von *Rhipsalis* gleichen. Von dieser Gattung unterscheidet sich *Erythrorhipsalis* durch die borstige Blütenröhre, größere Früchte mit borstigen Areolen sowie durch den nicht freiliegenden Fruchtknoten.

Herkunft: Die Staaten São Paolo und Rio de Janeiro in Brasilien.

Beschreibung: Dieser Epiphyt bildet große Büschel, wobei sich die hängenden Zweige mehrfach wirtelig verzweigen. Die zarten Rippen auf den keineswegs runden Ästen und Zweigen sind nur durch die auf ihnen stehenden dornenlosen Areolen mit drei bis zehn Borsten zu erkennen. Jeder Sproß ist bis 12 cm lang und 5 mm dick und endet in einer Areole, aus der die Blüten entspringen. Noch bevor die sehr borstigen Knospen sich öffnen, ragen aus diesen oft die Griffel hervor. Die duftenden Blüten auf der nur 2 mm langen, mit borstigen Areolen besetzten Röhre erreichen bis 2,5 cm im Durchmesser. In der doppelten Reihe von Kronblättern sind die äußeren dreieckig und rosarot, die inneren öffnen sich weit und sind weiß mit rosaroter Spitze. Auch die kugeligen, weinroten Früchte von 12 mm Dicke tragen kleine, borstige Areolen.

Kultur: Die Pflanze braucht viel Licht, erträgt aber keine direkte Sonne. Vermehrung durch Sproßstecklinge.

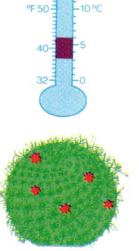

94 ESCOBARIA SNEEDII Britton und Rose
Tribus *Cacteae* – Subtribus *Cactinae*

Name: Die Gattung ist nach zwei mexikanischen Naturwissenschaftlern, den Brüdern Escobár, benannt und gleicht stark der Gattung *Coryphantha,* von der auch tatsächlich mehrere Arten zu *Escobaria* umgestellt wurden. Bei beiden Gattungen gibt es eine schmale Furche, die von den Areolen über die Oberseite der Warzen führt, doch bei *Escobaria* sind die Blüten kleiner, und Früchte und Samen sind unterschiedlich.

Herkunft: Die Pflanze wurde 1920 von J. R. Sneed in den Franklin-Bergen zwischen El Paso in Texas und Las Cruces in Mexiko entdeckt.

Beschreibung: Die Pflanze bildet dichte Kissen aus bis zu 50 länglichen Sprossen von 6 cm Höhe und 1 bis 2 cm Dicke. Die zahlreichen winzigen, rundlichen Warzen von nur 3 mm Höhe sind fast völlig verborgen unter den 5 mm langen Dornen, die in Büscheln zu 20 auf jeder Areole stehen und sich gegenseitig überschneiden. Sie sind weißlich bis auf die längsten Dornen an der Spitze, die rötlich sind oder braune Spitzen haben. Die rosaroten oder blaßgelben Blüten von 1 cm Länge stehen nahe der Spitze in der Furche einer Warze.

Kultur: Diese eigenartige kleine Pflanze ist durch Ableger leicht zu vermehren. Sie ist jedoch nicht sehr verbreitet und scheint selbst am Standort selten zu sein. Sie braucht viel Sonne und strenge Winterruhe.

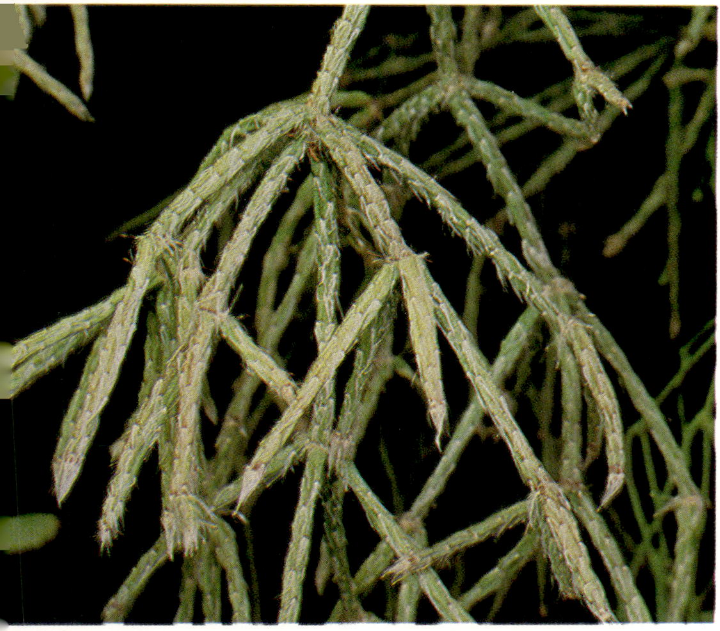

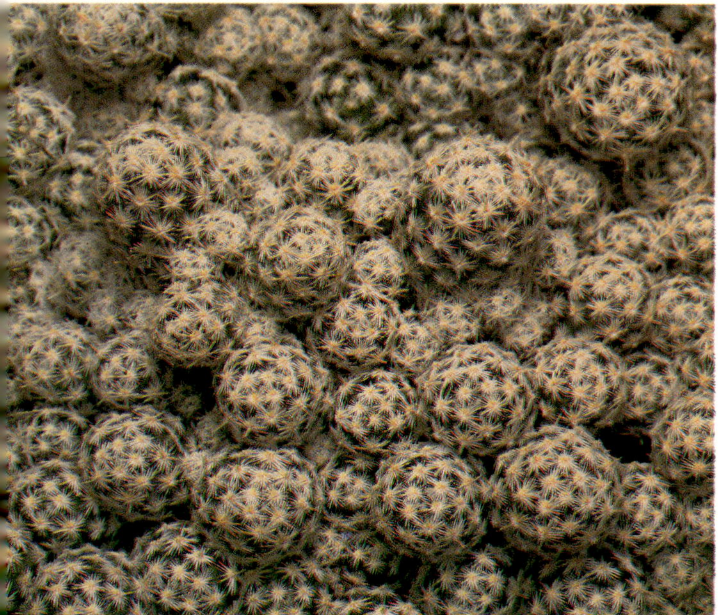

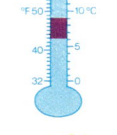

95 ESCOBARIA STROBILIFORMIS (Poselger)
Boedecker
Tribus *Cacteae* – Subtribus *Cactinae*

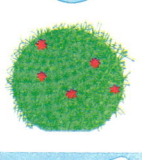

Herkunft: Südwestliches Texas und südliches New Mexico sowie angrenzende Gebiete in Mexiko.
Beschreibung: Poselger beschrieb diese Pflanze 1853 als *Echinocactus strobiliformis*. Die zum Teil noch gebrauchte Bezeichnung *Escobaria tuberculosa* wurde vom jetzigen Namen verdrängt. Nicht verwechseln darf man den Namen mit *Encephalocarpus strobiliformis*. Bei beiden Pflanzen bezeichnet der Artname die Ähnlichkeit mit einem Kiefernzapfen, welche durch die nach oben gebogenen Warzen hervorgerufen wird. Der längliche Sproß wird bei einer Stärke von 6 cm 18 cm hoch. Durch zahlreiche grundständige Seitentriebe bildet er Kissen. Die am Grund trapezförmigen Warzen sind spiralig angeordnet und werden, nach oben gebogen, 6 mm hoch. Die schmale, filzige Furche auf der Oberseite der Warzen ist die Verlängerung der auf der Spitze sitzenden Areole, die 20 bis 30 nadelförmige weiße Randdornen von 4 bis 15 mm Länge trägt. Von den fünf bis neun braunen oder mit schwärzlicher Spitze versehenen Mitteldornen, die etwas dicker und länger sind, ist die unterste oft etwas zurückgekrümmt. Die 2,5 cm breiten Blüten besitzen lilafarbene äußere und rosafarbene innere Kronblätter. Die Art ist sehr variabel und besitzt zahlreiche Varietäten.
Kultur: Die Pflanze ist wenig kälteverträglich. Vermehrung durch Ableger.

96 ESPOSTOA GUENTHERI (Kupper) Buxbaum
Tribus *Cacteae* – Subtribus *Cereinae*

Name: Der Name erinnert an Nicolas Esposto, einen peruanischen Botaniker an der Nationalen Schule für Landwirtschaft in Lima.
Herkunft: Tal des Rio Grande de Lipex in den Anden des südlichen Bolivien nahe der chilenischen Grenze.
Beschreibung: Der aufrechte Sproß wird bei einer Dicke von 8 bis 10 cm 2 m hoch und bildet, sich am Grund verzweigend dichte Gruppen. Seine 12 bis 17 rundlichen Rippen sind oberhalb der kleinen, runden Areolen flach quergekerbt. Nahe der Sproßspitze sind die Areolen größer und enger gestellt und dicht von einem cremefarbenen Filz bedeckt. Bei jungen Pflanzen sind die rund 15 Dornen 5 bis 15 mm lang, wobei ein dicker Mitteldorn länger ist. Alle Dornen sind gelb. Die abwärts weisenden Randdornen wachsen schlanker und weicher als die aufwärts zeigenden. Auf der blütentragenden Seite bildet sich an den oberen 50 cm des Sprosses ein Cephalium aus dichtem, 4 mm langem gelbweißem Flaum und 20 bis 25 glänzenden, gelbbraunen Borsten auf jeder Areole. Die 8 cm langen und 3 cm breiten Blüten mit einer rosarot behaarten, einseitig flachen Röhre und cremefarbenen bis blaßgelben Kronblättern öffnen sich nachts.
Kultur: Vermehrung durch Stecklinge.

97 ESPOSTOA LANATA (von Humboldt, Bonpland und Kunth) Britton und Rose
Tribus *Cacteae* – Subtribus *Cereinae*

Herkunft: Nördliches Peru. In der ersten Beschreibung der Pflanze im Jahre 1823 wurde als Herkunft noch Ecuador genannt. Nach dem heutigen Grenzverlauf gehört die Gegend jedoch zu Peru.
Beschreibung: Diese baumähnliche Art besitzt einen verzweigten grünen Stamm von bis zu 4 m Höhe. Die Äste entspringen im oberen Stammteil und werden 4 bis 6 cm, bei alten Exemplaren bis 10 cm dick. Sie wachsen anfangs waagrecht und biegen sich später nach oben. Auf den 20 bis 30 flachen, abgerundeten Rippen sitzen dicht gedrängt weiße, runde Areolen mit zahlreichen kurzen, spitzen, gelblichen Randdornen, welche oft rotbraune Spitzen aufweisen. Meist zwei kräftige gelbe Mitteldornen mit rötlichen Spitzen und 5 bis 8 cm Länge weisen nach unten. An den Sproßspitzen sind die Dornen fast völlig durch lange, weiße, seidige Haare verdeckt. Die Blütenregion am oberen Teil der Sprosse trägt ein seitliches Cephalium, das den Sproß verdickt, obwohl es am Grund eingesunken ist. Es ist weiß und haarig, und aus ihm entspringen die 5 cm langen, nachtblühenden Blüten. Der Varietät *sericata* fehlen die langen Mitteldornen.
Kultur: Der Kaktus wächst langsam, erträgt sowohl Halbschatten wie volle Sonne und braucht im Winter Wärme. Vermehrung durch Stecklinge.

98 ESPOSTOA MELANOSTELE (Vaupel) Borg
Tribus *Cacteae* – Subtribus *Cereinae*

Herkunft: Peruanische Pazifikküste, vom Rio Sana im Norden bis Pico im Süden (ungefähr zwischen dem 7. bis 16. südlichen Breitengrad) in Höhen zwischen 800 und 2400 m.
Beschreibung: Die Pflanze war früher unter dem Namen *Pseudoespostoa melanostele* Backeberg bekannt, diese Gattung wird jedoch heute nicht mehr anerkannt. Der Stamm wird bis 2 m hoch und bildet am Grund bis 10 cm dicke Seitentriebe. Rund 25 flache, warzige Rippen tragen engstehende Areolen, die anfangs sehr dicht behaart sind. Später wird diese Behaarung lichter und weicher. Die Randdornen sind kaum von den Mitteldornen zu unterscheiden. Die in großer Zahl vorhandenen Dornen sind alle gelblich, schlank, borstenähnlich und nicht länger als 3 mm. Dazwischen stehen einzelne dickere, goldgelbe Dornen von 4 cm Länge. Alle Dornen werden später schwärzlich, daher der Artname *melanostele,* schwarze Säule. Das seitliche Cephalium in der Blütenzone wird aus bräunlichweißem Flaum gebildet und trägt keine Borsten. Die darin entspringenden weißen Blüten sind über 5 cm lang und sitzen auf einer leicht behaarten Röhre. Entsprechend dem riesigen Verbreitungsgebiet ist die Art sehr formenreich. Einige Formen besitzen mehr Haare oder kürzere Dornen.
Kultur: Braucht im Winter höhere Temperaturen. Vermehrung durch Stecklinge.

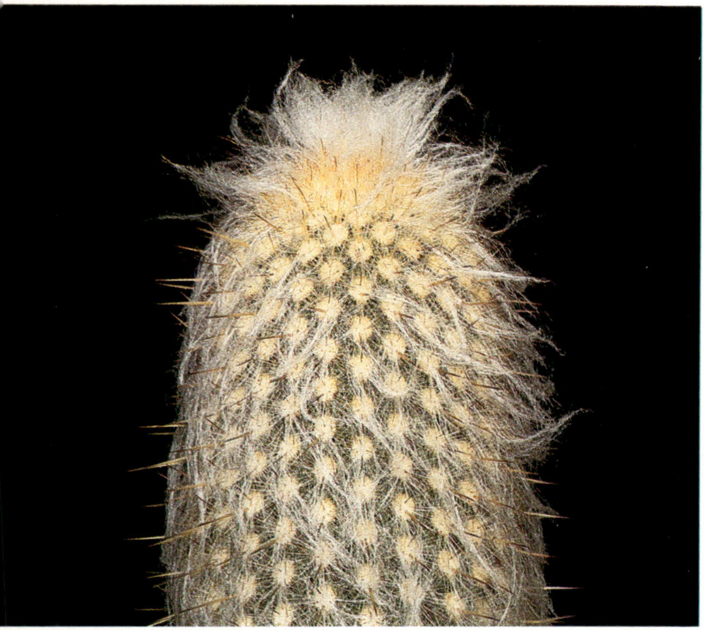

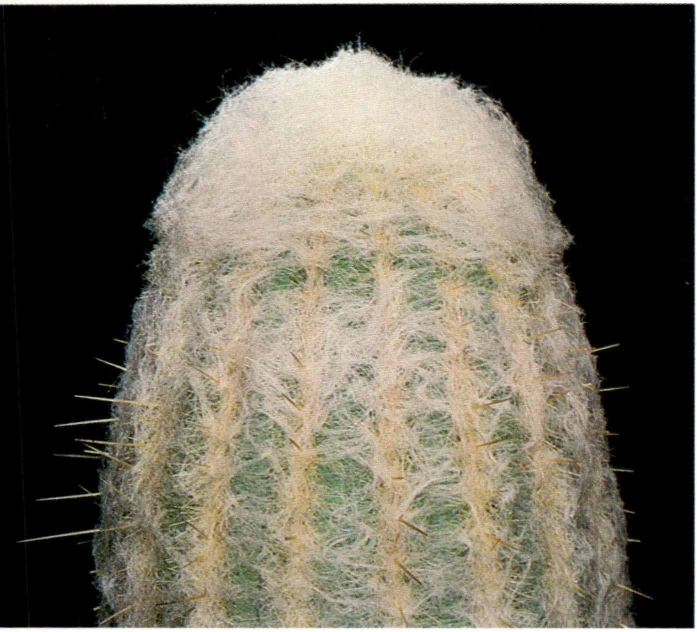

99 ESPOSTOA RITTERI Buining
Tribus *Cacteae* – Subtribus *Cereinae*

Herkunft: Entlang des Rio Marañón im Norden Perus.
Beschreibung: Dieser reich verzweigte Kaktus von baum
ähnlichem Aussehen wird bis 4 m hoch. Die dunkelgrüne
Verzweigungen werden 7 cm dick. Jeder Sproß besitzt 18 bi
22 Rippen, die durch Querfurchen warzig erscheinen. Auf die
sen dichtstehenden Warzen befinden sich die großen, weißfi
zigen Areolen. Diese tragen, an der Sproßspitze dichter al
weiter unten, zarte, weiße Haare von 2 bis 3 cm Länge. Run
25 schlanke, kurze Randdornen sind meist rotbraun, manch
mal aber auch gelblich oder weißlich. Der einzelne Mitteldor
wird 7 mm bis 2 cm lang und weist nach außen oder schrä
nach unten. Am jungen Sproß ist er schwarzbraun oder röt
lich, am älteren grau bis weiß. An kleinen Sämlingen erschein
er schlank und rotbraun. Das lange Cephalium bildet sich seit
lich unterhalb der Sproßspitze am blütentragenden Sproßtei
Es besteht aus einem gelblichen Pelz von wolligen Haarer
aus welchem sich die Blüten erheben. Diese werden run
8 cm lang und besitzen eine mit langen, weißen Haaren be
deckte Röhre. Die rote, kugelige Frucht trägt einige klein
Schuppen mit spärlichen weißen Borsten.
Kultur: In Kultur werden meist aus Samen gezogene Pflan
zen gehalten, welche zwar kaum zur Blüte gelangen, aber An
sätze zur Bildung eines Cephaliums zeigen.

---

100 ESPOSTOA ULEI (Gürke) Buxbaum
Tribus *Cacteae* – Subtribus *Cereinae*

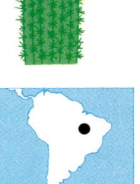

Herkunft: Die Berge des Distrikts Chique-Chique im Norde
des Staates Bahia in Brasilien.
Beschreibung: Als Britton und Rose diese Art 1917 entdeck
ten, schufen sie für diese die neue Gattung *Facheiroa*. Fa
cheiroa ist das brasilianische Wort für Kaktus. Wie viele Gat
tungen mit nur einer Art wurde auch diese einer größeren Gat
tung angegliedert. Ihren jetzigen Namen erhielt die Pflanz
von Gürke zu Ehren des deutschen Botanikers Oskar Ule. Di
fast baumartige Pflanze besitzt einen anfangs hellgrüner
Stamm von 1,5 bis 5 m Höhe und 12 cm Dicke, der im Alte
graugrün wird. 15 bis 20 warzige Rippen erheben sich 1 cm
hoch und tragen auf filzigen Areolen 15 bis 20 braune Rand
dornen von 1 bis 1,5 cm Länge und drei bis vier Mitteldorne
von fast doppelter Länge und derselben Farbe. Nahe de
Sproßspitze sitzt seitlich das dornenlose, 20 cm lange Cepha
lium, welches aus einem Pelz von 4,5 cm langen braune
oder rötlichen Haaren besteht. Die 4 cm langen und 2 cm brei
ten weißen Blüten stehen in der Mitte des Cephaliums. Ihr
Blütenröhren sind mit kleinen Schuppen und 1 cm langen
braunen Haaren bedeckt. Die Frucht ist birnenförmig.
Kultur: Diese Art wird nur überaus selten kultiviert. Vermeh
rung durch Samen oder Stecklinge.

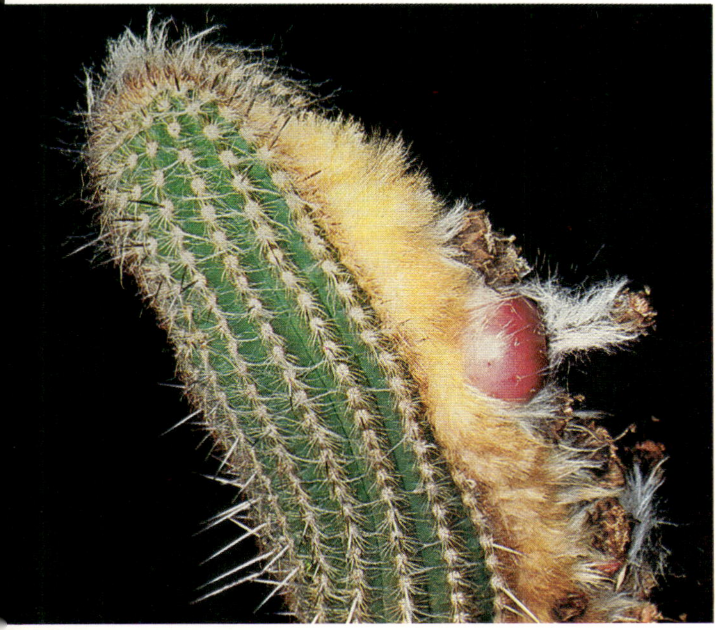

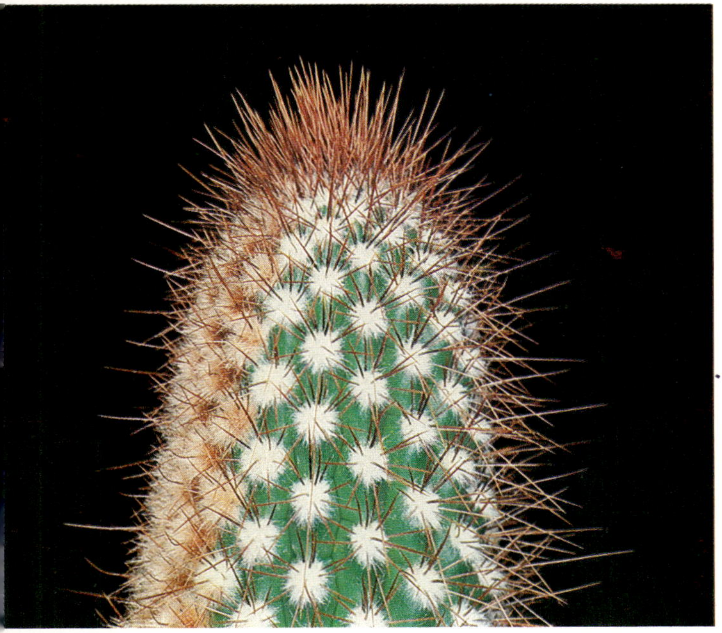

101 EULYCHNIA SPINIBARBIS (Otto)
Britton und Rose
Tribus *Cacteae* – Subtribus *Cereinae*

Name: Diese Gattung wurde 1860 von Philippi begründet und nach dem griechischen Wort *lychnia,* Leuchter, und *eu,* schön, benannt, da fast alle Arten dieser Gattung einen aufrechten Stamm mit leuchterartigen Verzweigungen besitzen.

Herkunft: Mittleres Chile bei Coquimbo am Pazifik.

Beschreibung: Die Art wurde 1837 von C. Otto als Art der Gattung *Cereus* beschrieben. Die baumartig starkverzweigte Pflanze wird bis 4 m hoch, aber auch in ihrer Heimat erreicht sie oft nur eine Höhe von 2 m. Der Stamm wird 7,5 cm dick und trägt auf 12 oder 13 abgerundeten Rippen große, schwach filzige Areolen. Auf ihnen stehen rund 20 spitze, hellbraune bis weißliche Dornen mit brauner Spitze. Die 15 cm langen Mitteldornen sind leicht von den übrigen zu unterscheiden, da diese meist nach unten weisen und bei unterschiedlicher Länge höchstens 1,8 cm lang werden. Die Blüten öffnen sich weit und werden 3 bis 6 cm lang und ebenso breit. Ihre kurze Röhre trägt kleine Schuppen mit braunen, wolligen Haaren, die aus ihren Achseln entspringen. Die spitzen inneren Kronblätter sind weiß oder rosa gefärbt.

Kultur: Diese Art wird sehr selten angebaut. Sie braucht viel Sonne und hohe Luftfeuchte. Vermehrung durch Stecklinge.

102 FEROCACTUS ACANTHODES (Lemaire)
Britton und Rose
Tribus *Cacteae* – Subtribus *Echinocactinae*

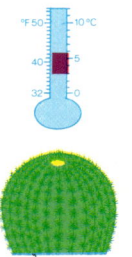

Name: Der Gattungsname ist vom lateinischen *ferus,* wild abgeleitet, da die Arten sehr kräftige Dornen besitzen.

Herkunft: Die Wüsten Kaliforniens im südlichen Nevada, südwestlichen Arizona und nördlichen Niederkalifornien.

Beschreibung: Diese meist unverzweigte Pflanze wächst anfangs kugelig und bildet später eine bis 3 m hohe Säule mit bis zu 27 Rippen, auf denen große, dichtstehende gelbliche Areolen sitzen, die anfangs noch filzig sind. Die Dornen sind weiß, rosa oder rot. Die manchmal borstenähnlichen 13 Randdornen werden 4 cm lang, sind gefleckt oder gestreift, spitz und schlank. Von den rund 10 cm langen vier Mitteldornen sind der obere und untere abgeflacht, schlank und mehr oder weniger gebogen, aber niemals hakenförmig. Die becherförmigen gelben oder leuchtendorangefarbenen Blüten entspringen dem oberen Teil der jungen Areolen an der Spitze. Einschließlich ihrer purpurn beschuppten Röhre werden sie 4 bis 6 cm lang und etwa genauso breit. Die Varietät *lecontei* ist kleiner und schlanker, ihre Verbreitung reicht bis in den mexikanischen Staat Sonora.

Kultur: In Kultur ist der Kaktus kleiner, aber genauso dornig und farbenprächtig. Er braucht volle Sonne, nicht zu kühle Winterruhe und nährstoffreichen, aber durchlässigen Boden. Vermehrung durch Samen.

103 FEROCACTUS COLORATUS Gates
Tribus *Cacteae* – Subtribus *Echinocactinae*

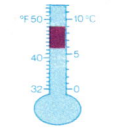

Herkunft: Niederkalifornien in Mexiko.
Beschreibung: Der kugelige Sproß dieser Art wird später länglich und erreicht in seiner Heimat bei einer Dicke von 30 cm eine Höhe von 1 m. In Kultur bleibt er deutlich kleiner. Auf den 13 bis 20 breiten und stumpfen Rippen sitzen große, längliche Areolen, die im jüngeren Teil durch dicken, weißen Filz noch größer erscheinen. Dieser verschwindet mit zunehmendem Alter völlig. Die Areolen tragen 10 bis 14 weiße und schlanke Randdornen von borstenähnlichem Aussehen, die gerade oder leicht gebogen bis gedreht seitlich ausgebreitet sind, so daß sie sich gegenseitig überschneiden. Die sieben bis neun und bei großen Exemplaren noch zahlreicheren, bis 5 cm langen Mitteldornen sind dick und gerade, flach und quer gestreift. Der unterste ist hakenförmig und breiter als die übrigen. Sie sind in der Jugend rot und werden später braun bis braunrot. Die strohfarbenen Blüten machen durch einen breiten roten bis orangefarbenen Mittelstreif ebenfalls einen roten Gesamteindruck. Die Frucht ist gelb.
Kultur: Diese Pflanze wurde noch nicht so lange eingeführt, so daß sie im Handel noch kaum angeboten wird. Sie braucht viel Sonne und ungestörte Winterruhe bei nicht zu tiefen Temperaturen. Vermehrung durch Samen. Das Wachstum ist sehr langsam.

---

104 FEROCACTUS EMORYI (Engelmann) Orcutt
Tribus *Cacteae* – Subtribus *Echinocactinae*

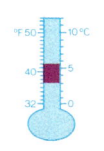

Herkunft: Südliches Arizona bis Sonora in Mexiko.
Beschreibung: Diese formenreiche Art ist auch noch unter dem Namen *Ferocactus covillei* bekannt. Britton und Rose nannten sie so nach ihrem Entdecker F. V. Coville. Am Standort wird der unverzweigte, anfangs kugelige Sproß zu einer Säule von 1,5 m bis über 2 m Höhe. Die mehr oder weniger stark ausgebildeten Warzen an der Spitze verschmelzen erst weiter unten zu 22 bis 32 schlanken Rippen, was eine Eigenart dieser Gattung ist. Die in großen Abständen sitzenden, anfangs weiß- oder braunfilzigen Areolen rücken bei älteren Exemplaren dichter zusammen und werden kahl. Die fünf bis acht pfriemförmigen, etwas gebogenen Randdornen werden 3 bis 6 cm lang. Der immer einzeln stehende Mitteldorn ist sehr unterschiedlich geformt, entweder gerade, gebogen oder sogar hakenförmig. Er ist außerdem mehr oder weniger abgeflacht und 3 bis 8 cm lang. Alle Dornen sind rot bis weiß gefärbt und geringelt. Bei den 6 cm langen Blüten mit kurzer Röhre sind die Kronblätter rot mit gelben Streifen oder völlig gelb. In Mexiko wird der Kaktus in Scheiben geschnitten und kandiert gegessen.
Kultur: Braucht viel Sonne und frostfreies Winterquartier. Vermehrung durch Samen, dadurch vielfältiges Erscheinungsbild.

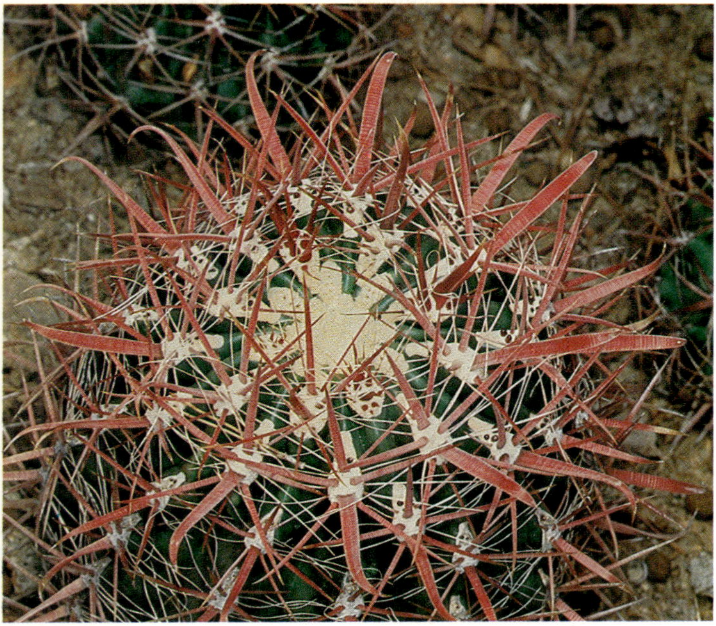
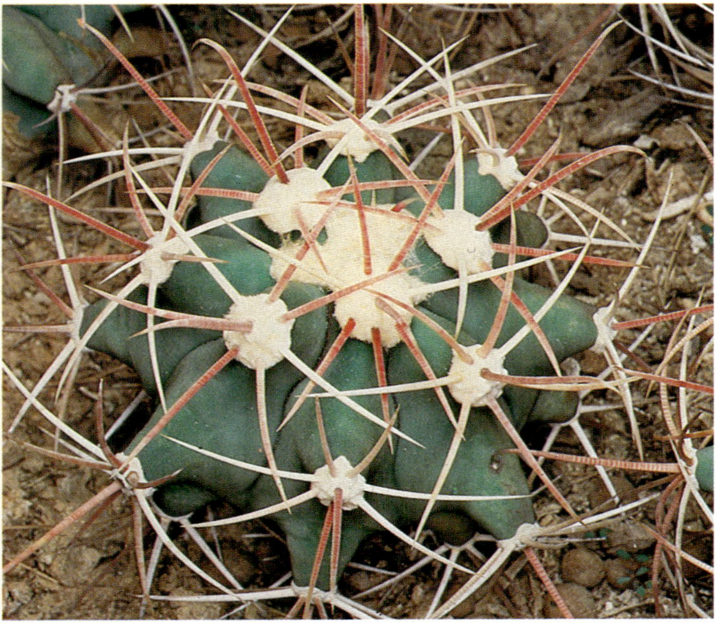

105 FEROCACTUS FLAVOVIRENS (Scheidweiler)
Britton und Rose
Tribus *Cacteae* – Subtribus *Echinocactinae*

Herkunft: Nahe Tehuacán im Staat Puebla im südlichen Zentral-Mexiko.

Beschreibung: Der anfangs kugelige und unverzweigte Sproß wird später länglich und bildet mit zahlreichen, an der Spitze eingesenkten Trieben von 30 bis 40 cm Höhe und 10 bis 20 cm Dicke große Horste. Die meist 13 Rippen von ungefähr 2 cm Höhe sind scharfkantig und tragen in leichten Eintiefungen filzige, ovale Areolen, die später verkahlen. 14 schlanke, bis 2 cm lange Randdornen weisen strahlenförmig nach außen, während die vier Mitteldornen, von denen der unterste der längste ist, 5 bis 8 cm lang werden. Dieser zeigt anfangs nach oben, später nach unten. Die später hellbraun und schließlich grau werdenden Dornen sind anfangs alle rötlich. Manche werde sogar gelblich. Die 4 cm langen, trichterförmigen Blüten besitzen eine schuppige Röhre und rote, lanzettliche Kronblätter.

Kultur: Obwohl diese Pflanze in der Haltung keine Schwierigkeiten bereitet, wird sie kaum kultiviert, da sie nicht besonders attraktiv wirkt. Vermehrung durch Samen oder Ableger.

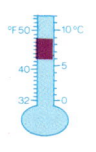

106 FEROCACTUS GATESII Lindsay
Tribus *Cacteae* – Subtribus *Echinocactinae*

Herkunft: Niederkalifornien, Mexiko.

Beschreibung: Auch diese in der Jugend noch kugelförmige Pflanze wird mit zunehmendem Alter säulenförmig und erreicht eine Höhe von fast 1,5 m bei einem Durchmesser von 30 cm. Der Sproß ist gegliedert in 30 bis 32 hohe und etwas unförmige Rippen. Auf diesen sitzen lange Areolen, die von hellbraunem Filz bedeckt sind, der mit zunehmendem Alter verschwindet. Aus den Areolen wachsen 16 Randdornen. Die vier Mitteldornen bilden ein Kreuz und werden seitlich abgeflacht bis 3 mm breit. Der unterste, welcher auch der längste ist, wird 7 cm lang und ist gerade, nicht hakenförmig. Die Mitteldornen und einige der Seitendornen sind geringelt, die übrigen Seitendornen sind schlank und borstenähnlich. Die roten Blüten werden 6 cm lang und ebenso breit, wenn sie geöffnet sind.

Kultur: Wie alle Kakteen Niederkaliforniens muß auch diese Art während der Ruheperiode sehr trocken gehalten werden. Im Sommer braucht sie pralle Sonne und hohe Temperaturen. Vermehrung durch Samen.

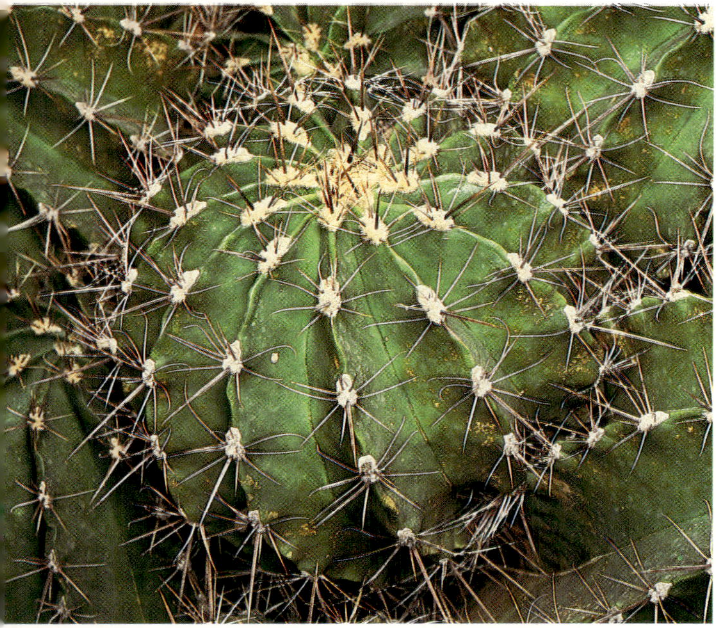

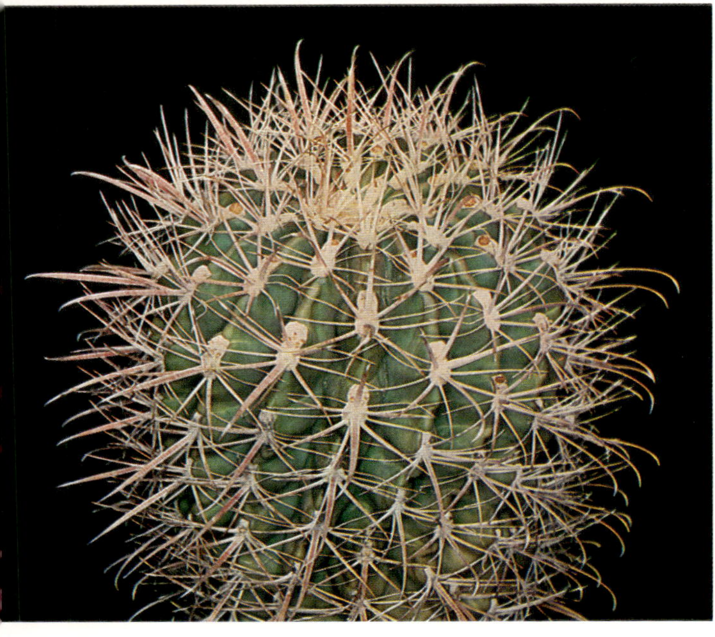

107 FEROCACTUS GRACILIS Gates
Tribus *Cacteae* – Subtribus *Echinocactinae*

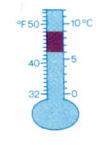

Herkunft: Nahe San Fernando im nördlichen Niederkalifornien in Mexiko.

Beschreibung: Der Artname bezieht sich zweifellos auf die zierliche Gestalt der Pflanze. Am natürlichen Standort wird sie bei einer Stärke von nicht mehr als 30 cm fast 3 m hoch. Im Jugendstadium ist sie jedoch kugelig und keineswegs schlank. Aus den anfangs rund 12 Rippen werden mit zunehmendem Alter bis zu 24. Die großen, elliptischen Areolen sind nahe der Spitze filzig und verkahlen am alten Sproßteil. Die fünf weißen, schlanken Randdornen von 2,5 bis 4 cm Länge weisen in alle Richtungen und überkreuzen sich mit denen von benachbarten Rippen. Die 7 bis 13 Mitteldornen sind kräftig, geringelt und von roter Farbe, an älteren Pflanzen werden sie schwarz. Sie sind konisch geformt bis auf den obersten, der beidseitig abgeflacht, und den untersten, welcher sehr breit und hakenförmig ist. Die strohfarbenen Kronblätter der 4 cm langen Blüten besitzen eine rotbraune Mittellinie. Die Frucht ist länglich und gelb.

Beschreibung: Die Pflanze braucht volle Sonne und einen Boden, der zwar reich an Nährsalzen, aber nicht zu reich an Humus ist. Der Nährsalzgehalt verstärkt die Farben der Dornen. Vermehrung durch Samen.

---

108 FEROCACTUS HAMATACANTHUS
(Muehlenpfordt) Britton und Rose
Tribus *Cacteae* – Subtribus *Echinocactinae*

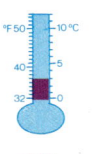

Herkunft: Texas, New Mexico und nördliches Mexiko.

Beschreibung: Der anfangs kugelige Sproß streckt sich später etwas und wird bis 60 cm hoch. Die Warzen auf den 13 Rippen sind bei alten Pflanzen flach, breit und durch Querfurchen getrennt. Die großen Areolen sitzen in Abständen von 3 cm. Blütentragende Areolen nahe der Sproßspitze besitzen nektarabsondernde Drüsendornen, die anfangs weich sind und später dornig werden. Die 8 bis 12 Randdornen werden 1 bis 7 cm lang und sind manchmal abgeflacht. Von den ein bis vier geraden Mitteldornen ist der unterste bis 12 cm lang, manchmal leicht flach und hakenförmig. Der lateinisch-griechische Artname bedeutet hakendornig. Alle Dornen sind braunrot, später grau. Die gelben, 8 cm langen Blüten sind innen oft rot. Die braune bis graubraune, eßbare Frucht wird 2 bis 5 cm lang und besitzt wenige Schuppen. Sie entläßt die Samen aus einem Spalt an der Unterseite. Die Varietät *sinuatus* besitzt höhere Rippen und reingelbe Blüten.

Kultur: Die leicht zu haltende Pflanze blüht schon früh, muß allerdings vor zu großer Kälte geschützt werden. Nach Verletzungen verzweigt sich der Sproß. Vermehrung durch Samen.

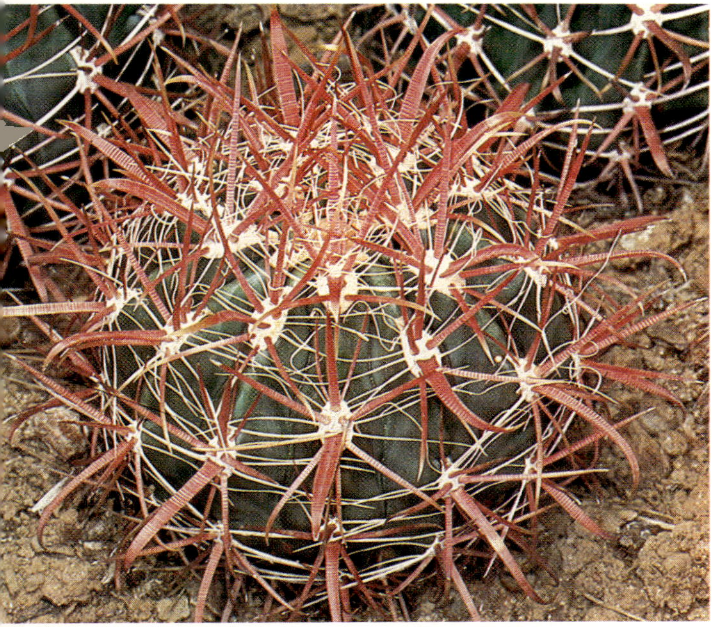

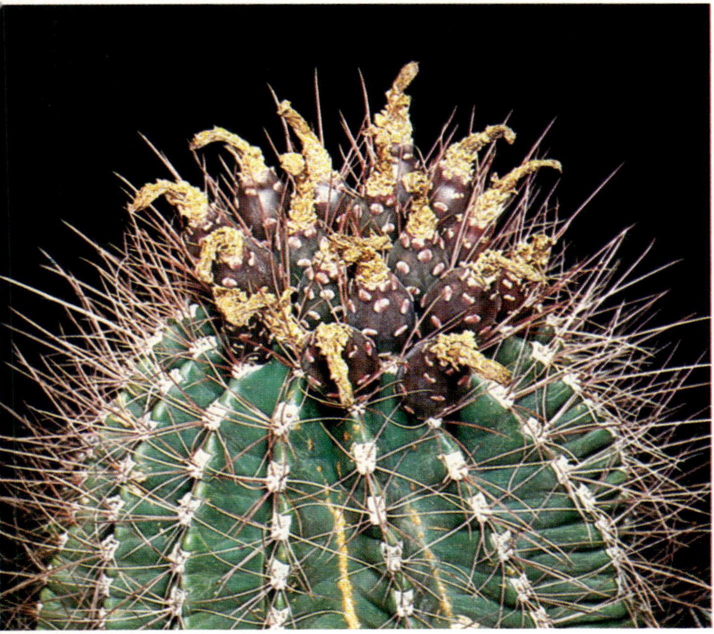

109 FEROCACTUS HERRERAE Ortega
Tribus *Cacteae* – Subtribus *Echinocactinae*

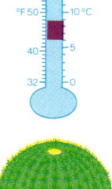

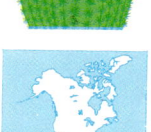

Herkunft: Die westliche Sierra Madre in den mexikanischen Staaten Durango, Sinaloa und Sonora.

Beschreibung: Wie viele andere Angehörige dieser Gattung ist auch diese Art in der Jugend kugelförmig und wächst erst später in die Höhe. Sie wird am Standort bis 2 m hoch, eine Höhe, die sie in Kultur nicht erreicht. 13 bis 14 warzige Rippen tragen weiße bis hellgraue Areolen, welche bei älteren Pflanzen bis 2 cm lang werden. Von den acht Randdornen sind zwei weiß gefärbt, während die anderen mehr oder weniger rot gestreift erscheinen. Der einzelne Mitteldorn ist anfangs hakenförmig und wird erst später gerade. Ferner stehen am Rand jeder Areole acht schlanke, gedrehte Borsten von ungefähr 3 cm Länge. Die trichterförmigen Blüten sind 7 cm lang und, wenn sie voll aufgeblüht sind, auch ebenso breit. Die Kronblätter sind rötlich mit gelbem Rand.

Kultur: Auch diese Art ist noch nicht sehr lange in Europa eingeführt und deshalb auch noch selten in Kultur. Im Sommer braucht sie viel Sonne, im Winter muß sie sehr trocken an einem nicht zu kalten Platz gehalten werden. Vermehrung durch Samen.

---

110 FEROCACTUS LATISPINUS (Haworth)
Britton und Rose
Tribus *Cacteae* – Subtribus *Echinocactinae*

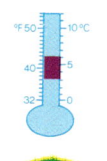

Herkunft: Mittleres und östliches Mexiko.

Beschreibung: Diese weitverbreitete Art wurde 1824 erstmalig von Haworth beschrieben. Der graugrüne, kugelige oder etwas flache Sproß, der nur selten in die Höhe wächst, wird 40 cm hoch und breit. Die 8 bis 14 Rippen bei jungen Pflanzen vermehren sich bei älteren auf über 21. Sie werden 1 bis 2 cm hoch und teilen sich in flache, runde, voneinander 3 bis 4 cm entfernte Warzen, auf denen die großen, anfangs weißfilzigen und später kahlen Areolen sitzen. Sechs bis zehn schlanke Randdornen von 2 bis 2,5 cm Länge sind weiß oder rot geringelt, während vier oder mehr dickere Mitteldornen leuchtendgelb bis rot gefärbt sind. Sie wachsen gerade und weisen über 3 cm lang nach außen. Der unterste, nach unten zeigende ist flach und an der Spitze gebogen bis hakenförmig. Die becherförmigen Blüten bestehen aus einer mit langen Schuppen bedeckten Röhre und spitzen Kronblättern in Farben von Weiß über Blutrot bis Violett. Die 4 cm lange Frucht enthält winzige Samen.

Kultur: Im Handel befinden sich verschiedene Formen. Durch die einfache, aber langsame Vermehrung durch Samen fallen Stärke und Farbe der Dornen bei den einzelnen Exemplaren sehr unterschiedlich aus.

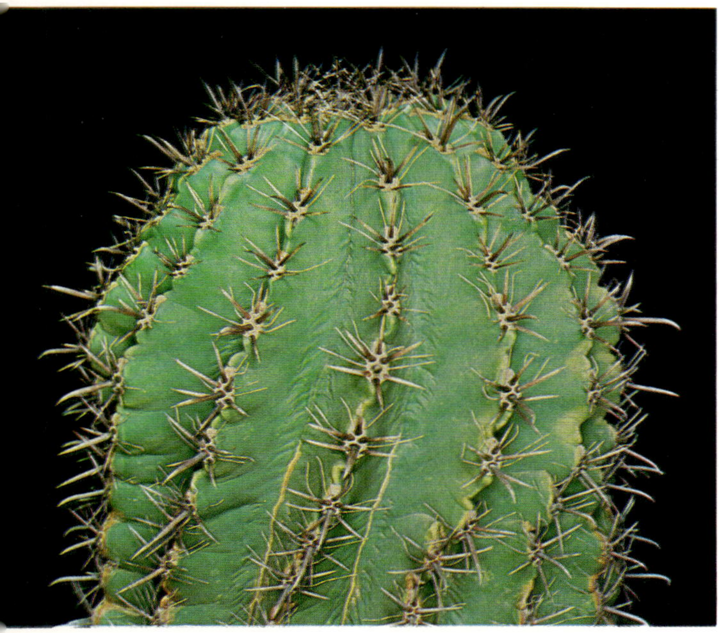

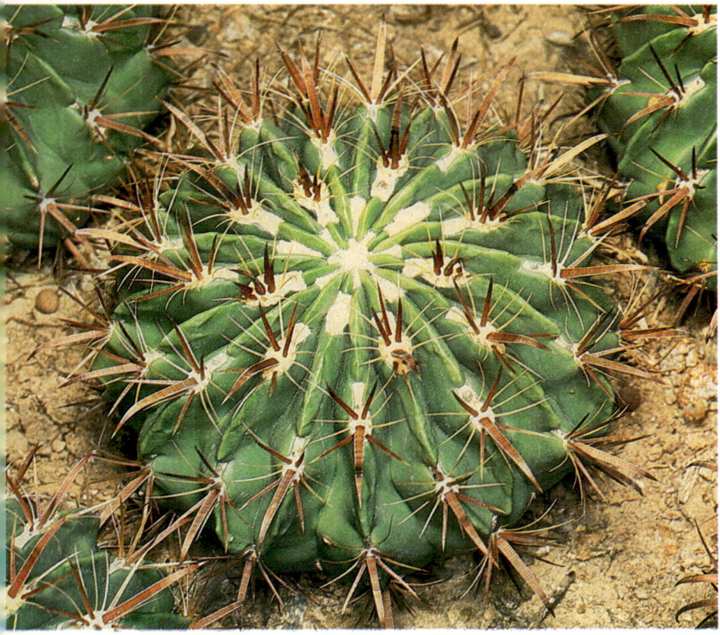

111 FEROCACTUS ROBUSTUS (Pfeiffer)
Britton und Rose
Tribus *Cacteae* – Subtribus *Echinocactinae*

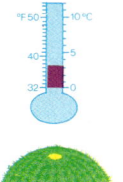

Herkunft: Tal von Tehuacán im Staat Puebla im südlicher Zentral-Mexiko.
Beschreibung: Die Pflanze verzweigt sich sehr stark am Grund und bildet aus Hunderten von Sprossen Dickichte von 1 m Höhe und fast 3 m Durchmesser. Jeder einzelne Sproß wird 20 cm dick. Die acht anfangs deutlich ausgeprägten Rippen werden im Alter flach. Ihre Kanten sind leicht wellig. Die zuerst braunen Areolen werden später grau. Anzahl und Farbe der Dornen sind sehr unterschiedlich. Von den meist 14 Runddornen sind die sich oft mit den benachbarten überschneidenden oberen borstig, während die hellen unteren nach unten weisen. Von den durchschnittlich vier Mitteldornen, die 6 cm lang und meist flach sind, erscheinen die oberen rot bis braun, die unteren dagegen dunkler. Die Röhre der 4 cm langen und breiten gelben Blüte ist oben mit rundlichen Schuppen besetzt. Die inneren Kronblätter sind schlank lanzettlich. Die ebenfalls schuppige Frucht wird 2,5 cm lang.
Kultur: Die Pflanze läßt sich leicht durch Stecklinge und Ableger vermehren. Auch die Vermehrung durch Samen ist wegen des raschen Wachstums der Sämlinge empfehlenswert. Obwohl sie im Topf schwächer wächst als in der Natur, braucht sie doch viel Platz.

---

112 FEROCACTUS STAINESII (Andot)
Britton und Rose
Varietät **PRINGLEI** (Coulter) Backeberg
Tribus *Cacteae* – Subtribus *Echinocactinae*

Herkunft: Nördliches Zentral-Mexiko. Die Art findet man in San Luis Potosí, die Varietät in Coahuila und Zacatecas.
Beschreibung: Backeberg machte aus der Art *Ferocactus pringlei* eine Varietät von *Ferocactus stainesii*. Frühere Autoren hatten wie Britton und Rose die beiden als getrennte Arten angesehen. Die Art wird fast 1,5 m hoch und rund 60 cm dick. Der langsam wachsende Sproß ist anfangs kugelig, wird später höher und verzweigt sich am Grund. Die hohen rund 18 Rippen sind zwischen den im Abstand von 4 cm stehenden Warzen etwas vertieft. Auf ihnen sitzen die 1 cm breiten Areolen mit kurzem gelbem Flaum, der später grau wird. Fünf oder mehr Randdornen sind 2 cm lang, gebogen und von weißen Borsten umgeben. Vier kreuzweise stehende Mitteldornen sind etwas flach und länger, der oberste ist gebogen. Alle Dornen sind rot und werden über gelb später grau. Die orangefarbenen, becherförmigen Blüten werden 4 cm lang. Die seltene Varietät *pringlei* besitzt neun Randdornen und lange, strohfarbene Borsten. Die außen roten Blüten sind innen gelb. Die sich öffnende gelbe Frucht wird 4 cm lang.
Kultur: Vermehrung durch Samen.

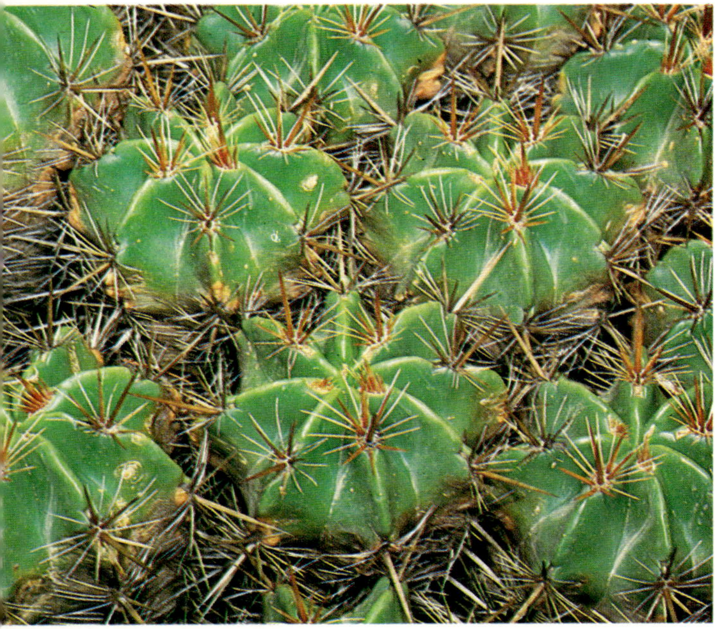

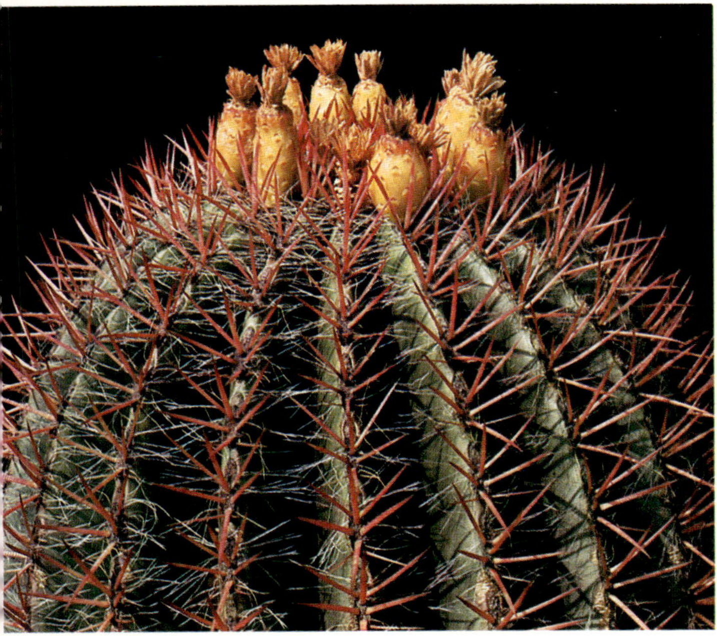

113 FEROCACTUS WISLIZENI (Engelmann)
Britton und Rose
Tribus *Cacteae* – Subtribus *Echinocactinae*

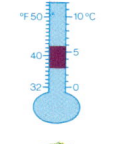

Herkunft: Diese Art besitzt ein riesiges Verbreitungsgebiet: von El Paso, Texas, über New Mexico bis Maricopa und Pima in Arizona und von Chihuahua und Sonora entlang des Kaliforniens Golfs bis Sinaloa in Mexiko.

Beschreibung: Der anfangs kugelige Sproß wird später bis 2 m hoch, aber verzweigt sich nur, wenn seine Sproßspitze beschädigt wird. An alten Pflanzen kann man bis 25 rund 3 cm hohe Rippen zählen, welche leicht eingesunkene, braunfilzige Areolen von 2 cm Länge tragen. Mit Ausnahme der blütentragenden Areolen an der Spitze sitzen sie ungewöhnlich weit auseinander. Die meist erst an älteren Pflanzen erscheinenden 5 cm langen Randdornen sind schlank und borstenähnlich. Mehrere kräftige, pfriemförmige Mitteldornen sind geringelt in Farben von Weiß bis Rot. Ein viel dickerer und flacher Mitteldorn wird bis 15 cm lang und bildet eine Hakenspitze. Die äußeren Kronblätter der 5 bis 6 cm langen Blüten mit kurzer Röhre sind grün, die inneren wechseln von Orangegelb bis Rot. Die gelbe Frucht wird rund 5 cm lang.

Kultur: Obwohl die Pflanze nicht besonders rasch wächst, kann sie auch in Kultur eine beträchtliche Größe erreichen. Sie braucht direkte Sonneneinstrahlung. Die Vermehrung erfolgt durch Samen.

114 FRAILEA CASTANEA Backeberg
Tribus *Cacteae* – Subtribus *Echinocactinae*

Name: Diese Gattung wurde nach dem 1850 geborenen Spanier Manuel Fraile benannt, der die Kakteensammlung des Landwirtschaftsministeriums der Vereinigten Staaten unter sich hatte.

Herkunft: Südliches Brasilien bis nördliches Uruguay.

Beschreibung: Diese Art, die noch unter ihrem Synonym *Frailea asterioides* bekannt ist, trägt ihren Artnamen nach ihrer meist braunen Farbe, die allerdings auch in Blau- bis Graugrün wechseln kann. Der flachkugelige Sproß trägt 10 bis 15 sehr flache Rippen, die durch eine schmale Furche getrennt sind. Auf den Rippen sitzen in dichtem Abstand die Areolen, welche einen kaum sichtbaren, meist nicht weißen Filz tragen. Am unteren Teil der Areolen sitzen dicht gedrängt 7 bis 11 winzige, anfangs rötliche, später schwarze Dornen. Die gelben Blüten werden 4 cm lang und breit. Der untere Teil der Röhre trägt reichlich braune Wollhaare und Dornen. Bei allen Arten dieser Gattung öffnen sich die Blüten nur bei starker Sonneneinstrahlung. Samen entstehen auch durch Selbstbefruchtung. Diese an *Astrophytum* erinnernde Art ist in Farbe und Dornenausbildung sehr variabel und manchmal auch leicht warzig.

Kultur: Obwohl sie auch gut allein wächst, wird sie oft gepfropft. Braucht im Sommer Schatten. Vermehrung durch Samen.

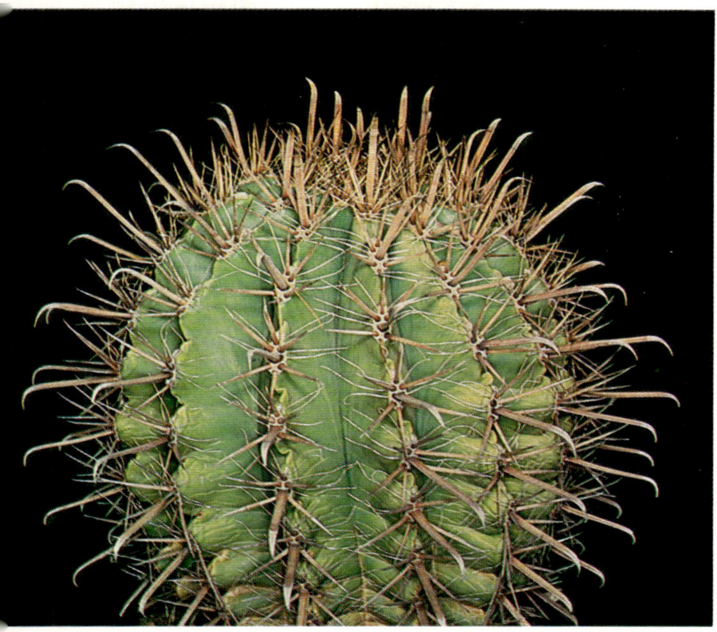

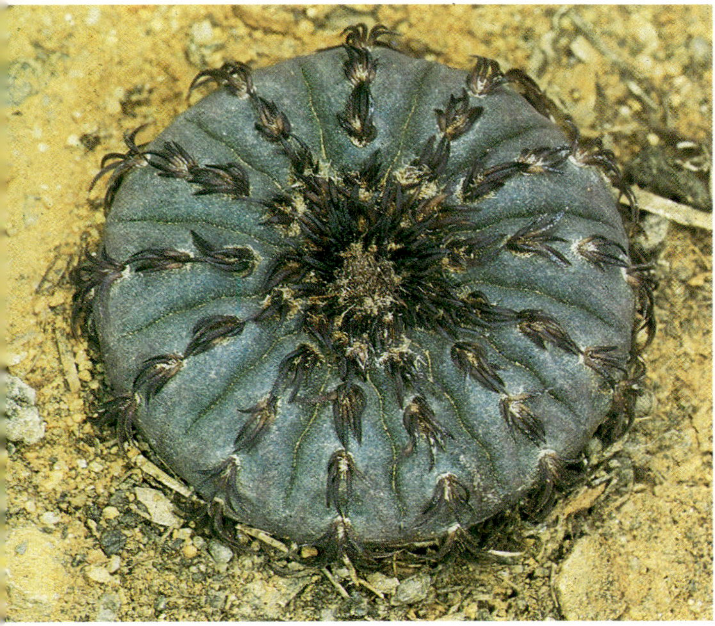

115 FRAILEA GRAHLIANA (Haage)

Britton und Rose
Tribus *Cacteae* – Subtribus *Echinocactinae*

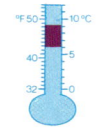

Herkunft: Bei Paraguarí im Süden Paraguays und in den Provinzen Misiones und Entre Rios in Argentinien.

Beschreibung: Der grünlichbraune Sproß dieser flachkugeligen Pflanze mit vertiefter Spitze wird 3 bis 4 cm dick und bildet am Grund zahlreiche Seitensprosse. Rundliche Warzen von 2 mm Höhe gliedern die nur wenig erhabenen 13 Rippen. Jede Warze trägt eine runde bis ovale Areole mit 9 bis 11 pfriemförmigen, gelben Dornen, die leicht nach außen gebogen knapp 5 mm lang werden. Die rund 4 cm lang und breit werdenden Blüten besitzen gelbe Kronblätter. Die ebenfalls gelbliche Frucht wird weniger als 1 cm dick und trägt rotbraune Schuppen sowie gelbe Haare und winzige gelbe Borsten. Es scheint, daß bei dieser Art gelegentlich noch kleinere Früchte direkt aus den Knospen unter Umgehung von Blüte und Bestäubung gebildet werden. Die von Yoshio Ito beschriebene Varietät *rubrispina* trägt rotbraune Dornen und ist wahrscheinlich eine japanische Züchtung.

Kultur: Vermehrung erfolgt durch Samen oder durch Ableger, wenn verzweigte Exemplare verfügbar sind. Die Pflanze ist wenig kälteverträglich und braucht im Sommer zumindest zeitweise Schatten.

116 GYMNOCALYCIUM BRUCHII (Spegazzini)

Backeberg
Tribus *Cacteae* – Subtribus *Echinocactinae*

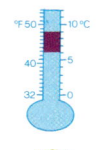

Name: Da die Blütenknospen dieser Gattung keinerlei Haare oder Borsten besitzen, wurde ihr Name aus dem griechischen *gymnos,* nackt, und *kalyx*, Kelch, gebildet. Die Gattung kommt nur in Südamerika vor.

Herkunft: Die Provinz Córdoba in Argentinien.

Beschreibung: Die sehr variable Art ist auch unter dem Synonym *Gymnocalycium lafaldense* bekannt. Mit zahlreicher Verzweigungen bildet sie 3,5 cm hohe und 6 cm breite Kissen. Die rund 12 flachen Rippen sind in rundliche Warzen unterteilt, welche nur ein schwach ausgebildetes oder gar kein »Kinn« unterhalb der Areolen besitzen (siehe unter 118). Die in engem Abstand sitzenden, eingesenkten und filzigen Areolen tragen 10 bis 15 schlanke, borstenähnliche Randdornen von weißer Farbe mit braunem Grund. Sie sind nach außen gebogen und werden 5 mm lang. Ein bis drei bräunliche Mittelddornen stehen aufrecht oder fehlen völlig. Die becher- bis trichterförmige Blüte von 3 bis 5 cm Länge besteht aus einer Röhre mit wenigen Schuppen und blassen bis leuchtendrosaroten Kronblättern mit gelegentlich einer dunkleren Mittellinie.

Kultur: Die Vermehrung durch Ableger ist vorzuziehen, da bei Vermehrung durch Samen die Pflanzen sehr unterschiedlich ausfallen.

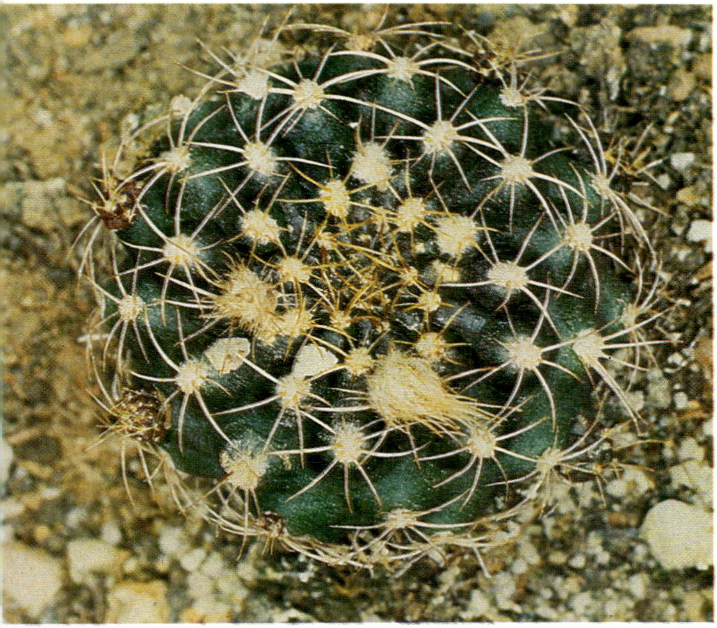

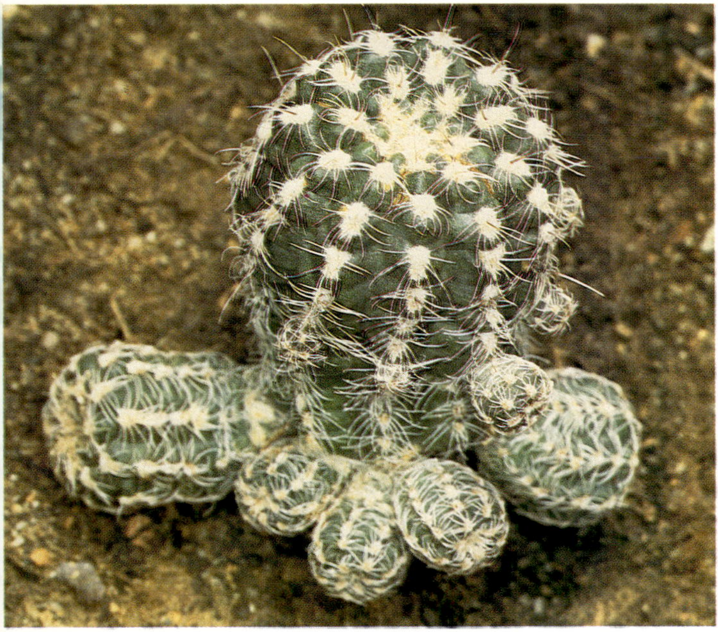

117 GYMNOCALYCIUM CALOCHLORUM
(Boedecker) Ito
Tribus *Cacteae* – Subtribus *Echinocactinae*

Herkunft: Argentinien
Beschreibung: Die 6 cm breite und 4 cm hohe Pflanze verzweigt sich sehr stark und besitzt einen flachkugeligen Körper. Jede Areole auf den rund 11 warzigen Rippen trägt bis zu neun gebogene Randdornen von 1 cm Länge, während Mitteldornen völlig fehlen. Die Blüten werden 6 cm lang, besitzen blaßrosa Kronblätter und entspringen von den jüngsten Areolen nahe der Sproßspitze. Sie öffnen sich nie vollständig. Die Art ist sehr veränderlich. Zu den wichtigsten beschriebenen Varietäten gehört *proliferum*. Diese unterscheidet sich von der Art durch den größeren und dunkelgrünen bis blaugrünen Körper sowie durch weitgeöffnete Blüten mit auswärts gebogenen bräunlichweißen, rosaroten oder weißen Kronblättern mit meist rosarotem Grund. Von Bedeutung ist auch *roseiacanthum,* eine Varietät mit blaugrünem Sproß, die nur halb so groß wird wie die Art, und runde, gelbe Areolen mit verdrehten, rosaroten Dornen sowie große weiße Blüten mit rotem Schlund besitzt. Diese Varietät kommt aus der Sierra de Córdoba.
Kultur: Die Pflanze kann leicht durch Ableger vermehrt werden. Sie ist zwar empfindlich gegenüber tiefen Temperaturen, liebt aber doch während der heißesten Jahreszeit etwas Schatten und einen etwas kühleren Standort.

118 GYMNOCALYCIUM DENUDATUM
(Link und Otto) Pfeiffer
Tribus *Cacteae* – Subtribus *Echinocactinae*
Spinnenkaktus

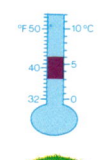

Herkunft: Ganz Paraguay und Uruguay und vom Süden Brasiliens bis Misiones im Norden Argentiniens.
Beschreibung: Der kugelige Sproß der Pflanze trägt fünf flache, breite Rippen und wird 10 cm dick. Die typische Art besitzt keine Warzen, die Mehrzahl der kultivierten Pflanzen sind jedoch Hybriden mit Warzenbildung. Wenn Warzen vorhanden sind, sitzen diese als runde Hügel zwischen der Querfurche über den Areolen und der nächsten oberhalb liegenden, eingetieften Areole. Die Querfurche ist eine Eigenart vieler Arten dieser Gattung. Karl Schumann beschrieb diese Sonderform von Warzen als »Kinn«. Die leicht wolligen Areolen besitzen nur fünf schlanke, gelbliche Randdornen von 1,5 cm Länge. Sie sind verdreht und weisen zur Seite oder nach unten. Auf der schlanken Röhre der 5 bis 7 cm langen Blüte laufen die zahlreichen weißen Kronblätter spitz zu. Die Varietät *roseiflorum* besitzt rosarote Blüten.
Kultur: Diese Art ist ebenso einfach zu halten wie die zahlreichen von ihr abstammenden natürlichen und künstlichen Hybriden. Sie erträgt zwar niedrige Temperaturen, nicht aber wirkliche Kälte. Vermehrung durch Ableger.

119 GYMNOCALYCIUM GIBBOSUM (Haworth)
Pfeiffer
Tribus *Cacteae* – Subtribus *Echinocactinae*

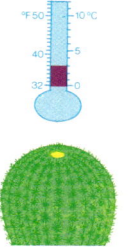

Herkunft: Südliches Argentinien zwischen Rio Negro und Chubut auf 40° bis 45° südlicher Breite.
Beschreibung: Diese Art wurde 1812 von Haworth als *Cactus* beschrieben und seither von vielen Autoren umbenannt, da sie zahlreiche Varietäten besitzt. Beim Typus wird der Sproß bis 60 cm hoch und 15 cm dick und ist blaugrün bis oliv-grün gefärbt. Er verzweigt sich selten. Die 12 bis 19 Rippen tragen besonders große Warzen mit ausgeprägtem »Kinn« und sind durch tiefe Querfalten getrennt. Die leicht eingesunkenen, grauen Areolen tragen sieben bis zehn schwach gebogene, abstehende Randdornen. Sie sind wie die ein bis drei Mitteldornen hellbraun mit rötlichem Grund. Bei sehr unterschiedlicher Länge werden die Dornen höchstens 3 cm lang. Die Kronblätter der 6 bis 7 cm langen Blüten sind weiß bis rosa. Einige Varietäten bilden reichlich Seitentriebe. Die Varietät *nobile* besitzt einen größeren, kugeligen Sproß mit mehr und längeren sich überkreuzenden Dornen, welche am Grund rot und sonst weiß gefärbt sind.
Kultur: Die Art erträgt zwar Kälte, aber keinen Frost. Da ihr natürlicher Standort die Pampa mit heißen Sommern ist, braucht sie viel Sonne. Vermehrung je nach Varietät durch Samen oder Ableger.

120 GYMNOCALYCIUM HORSTII Buining
Tribus *Cacteae* – Subtribus *Echinocactinae*

Herkunft: Die Sierra das Encantadas bei Cacapava do Sul im südbrasilianischen Staat Rio Grande do Sul.
Beschreibung: Der glänzend hellgrüne und kugelige Sproß dieser Pflanze wird 11 cm dick und verzweigt sich am Grund. Auf jeder der vier bis fünf abgerundeten und höchstens leicht warzigen Rippen sitzen nur drei große, filzige Areolen von ovalem Umfang. Von den rund fünf hellgelben, nach außen gebogenen Randdornen wächst einer bis 3 cm lang und weist nach unten. Die Blüte wird 11 cm lang und breit, besitzt eine mit kleinen rosaroten Schuppen besetzte Röhre und spitze Kronblätter in Farben von Lila bis Elfenbein mit einem rosaroten Mittelstreifen. Die äußeren Kronblätter sind dunkelrosa. Die eiförmige Frucht ist blaugrün, hat eine lange Reifezeit und entläßt ihre kleinen Samen aus einem seitlichen Schlitz. Die Art wurde zu Ehren ihres Entdeckers Leopold Horst benannt. Bei der Varietät *buenekeri* ist der Sproß dunkelgrün und die Blüte rosa bis rot.
Kultur: Die Pflanze braucht im Winter einen etwas wärmeren Platz und viel Sonne im Sommer. Vermehrung durch Ableger.

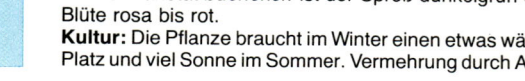

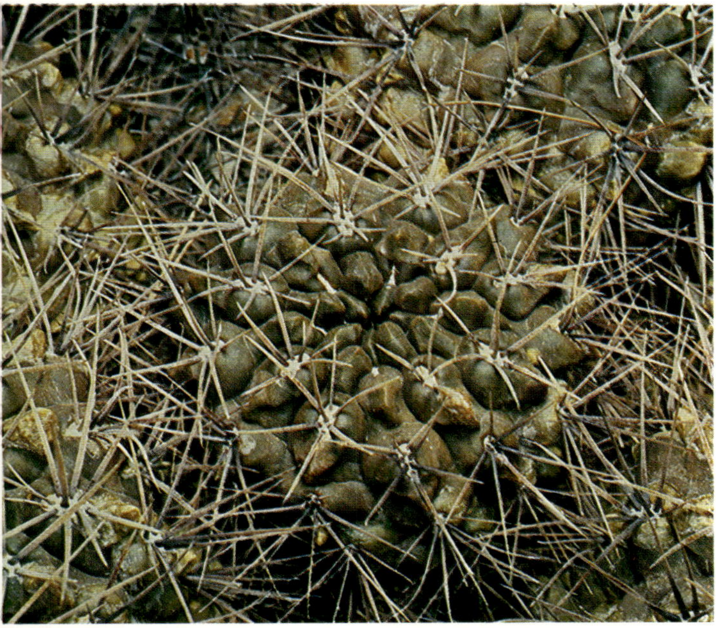

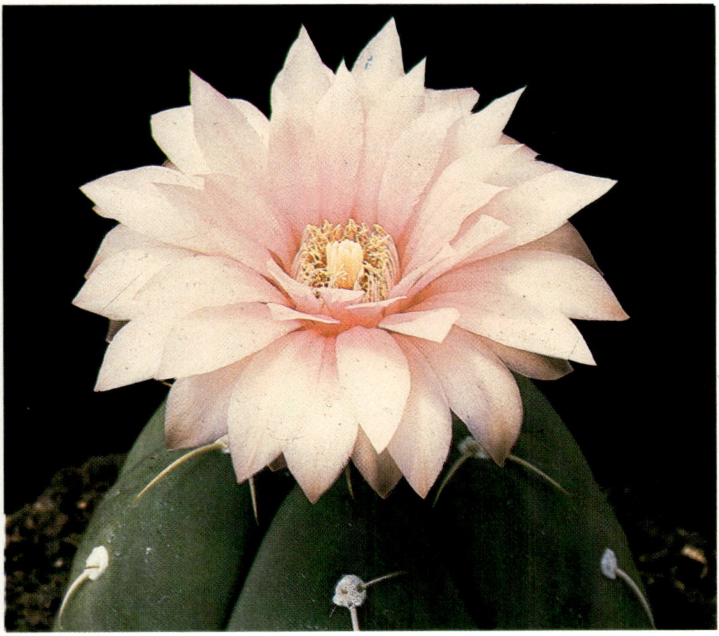

121 GYMNOCALYCIUM MIHANOVICHII
(Frič und Gürke) Britton und Rose
Tribus *Cacteae* – Subtribus *Echinocactinae*

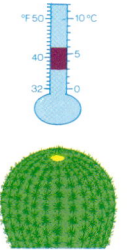

Herkunft: Der Chaco Boreal in Paraguay. Die typische Art wurde bei Bahia Negra an der Grenze zu Brasilien entdeckt.
Beschreibung: Diese Pflanze besitzt einen graugrünen oder rötlichen 6 cm dicken Sproß mit rund acht scharfkantigen Rippen. Durch die seitlichen Wülste der flachen Warzen sind die Rippen selbst wieder quer gerippt und besitzen mehr oder weniger deutliche helle und dunkle Querstreifen. Die kleinen, im Abstand von 1 cm sitzenden Areolen tragen nur fünf oder sechs bald abfallende gelbliche Randdornen. Diese werden knapp 1 cm lang. Die 4 bis 5 cm langen Blüten sind trichter- bis becherförmig mit schuppiger Röhre und entspringen nahe der Sproßspitze. Die äußeren Kronblätter sind gelbgrün mit rötlicher Spitze, die inneren gelb, grünlich oder weiß. Von den vielen Varietäten dieser Art besitzt *pirarettaense* rosarote Blüten. Ferner gibt es die chlorophyllfreie, leuchtendrote Mutation *var. friedrichii* und davon wieder eine weitere goldgelbe Mutante. Da beide kein Blattgrün besitzen, sind sie allein nicht lebensfähig und müssen auf eine grüne Unterlage, meist *Hylocereus,* gepfropft werden.
Kultur: Dieser Kaktus bevorzugt im Sommer Halbschatten. Vermehrung durch Samen oder Ableger.

122 GYMNOCALYCIUM NEOCUMINGII
(Backeberg) Hutchison
Tribus *Cacteae* – Subtribus *Echinocactinae*

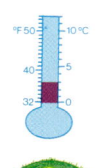

Herkunft: Die Anden in Bolivien und Peru.
Beschreibung: Die Klassifizierung dieser kleinen Pflanze war überraschend schwierig. Zuerst wurde sie 1843 als *Echinocactus* beschrieben, Britton und Rose stellten sie später zur Gattung *Lobivia* und Backeberg zu *Spegazzinia,* wobei sie den Artnamen *cumingii* beibehielten. Dieser wurde zu *neocumingii,* als Backeberg die Art zu *Weingartia* einordnete. Als diese Gattung abgeschafft wurde, erhielt sie ihren jetzigen Namen, doch wird sie auch noch häufig unter einem ihrer alten Namen angeführt. Der unverzweigte, kugelige Sproß wird 10 cm lang und 6 cm breit. Die rund 18 Rippen bestehen aus spiralig angeordneten Warzen. Diese sind am Grund quadratisch und an ihrer Spitze abgeflacht. Die weißlichen Areolen tragen 16 bis 20 Randdornen, von denen die oberen 1 cm lang und die unteren kürzer sind. Außerdem sind noch zwei bis zehn kräftige Mitteldornen vorhanden. Alle Dornen stehen strahlenförmig angeordnet und sind cremefarben mit dunkelgelber Spitze. In der Nähe der Sproßspitze sind sie dunkler. Die orangegelben, 3 cm langen Blüten stehen seitlich, manchmal entspringt mehr als eine aus einer Areole.
Kultur: Ist sehr kälteverträglich. Vermehrung durch Samen.

123 GYMNOCALYCIUM NEUMANNIANUM
(Backeberg) Hutchison
Tribus *Cacteae* – Subtribus *Echinocactinae*

Herkunft: Nördliches Argentinien.

Beschreibung: Die lange, rübenartige Pfahlwurzel dieser Pflanze verschmälert sich, bevor sie in den kugeligen Sproß von nur 7 cm Höhe und 5 cm Dicke einmündet. Zwischen den flachen Warzen befinden sich auf den rund 14 Rippen Querfurchen. Nahe der Sproßspitze sind die Warzen deutlicher ausgeprägt und im Umriß ungefähr sechseckig. Die auf ihnen sitzenden Areolen sind leicht eingetieft und recken meist sechs steife und spitze Randdornen von 1,5 cm Länge nach außen. Normalerweise wächst nur ein Mitteldorn, der über 2,5 cm lang werden kann. Sämtliche Dornen sind dunkelbraun oder rötlichschwarz. Die Blüten werden ungefähr 2,5 cm lang und breit mit gelben bis roten Kronblättern. Die Varietät *aurantium* wächst größer mit einem samtenen, dunkelolivgrünen Sproß. Ihre Areolen sind weißfilzig und tragen nur einen bis vier schwarze Dornen, während die Kronblätter außen rötlich und innen orange gefärbt sind.

Kultur: Für ihre Rübenwurzel benötigt diese Pflanze einen ungewöhnlich tiefen Topf und sehr durchlässige Erde, um Staunässe und dadurch bedingte Wurzelfäule zu vermeiden. Vermehrung durch Samen.

---

124 GYMNOCALYCIUM OENANTHEMUM
Backeberg
Tribus *Cacteae* – Subtribus *Echinocactinae*

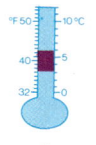

Herkunft: Argentinien.

Beschreibung: Diese Art verdankt ihren Namen den meist weinroten Blüten nach dem griechischen Wort *oinos,* Wein und *anthemon,* Blüte. Der grau- oder blaugrüne Sproß bildet eine Halbkugel von 10 cm Durchmesser. Die 10 oder 12 am Grund 2 cm breiten Rippen besitzen breite, kantige Warzen mit einem deutlich ausgeprägten Kinn unterhalb der ovalen, filzigen Areolen. Diese Areolen tragen nur fünf hellgraue Randdornen, von denen die beiden oberen kürzer sind als die drei unteren, welche auswärts gebogen bis 1,5 cm lang werden. Manchmal sind diese auch durchscheinend rot. Die großen, trichterförmigen Blüten werden bis 5 cm lang. Die Röhre ist von rosa gerandeten Schuppen bedeckt, während die Kronblätter typisch weinrot, manchmal allerdings auch lachsrot gefärbt sind. Die Frucht ist grün und eiförmig.

Kultur: Wie viele andere Arten dieser Gattung ist auch diese recht widerstandsfähig und braucht keine so strenge Winterruhe wie sonst üblich. Mit Ausnahme der jungen Pflanzen ist diese Art auch sehr kälteverträglich. Im Hochsommer braucht sie um die Mittagszeit leichten Schatten. Vermehrung durch Samen.

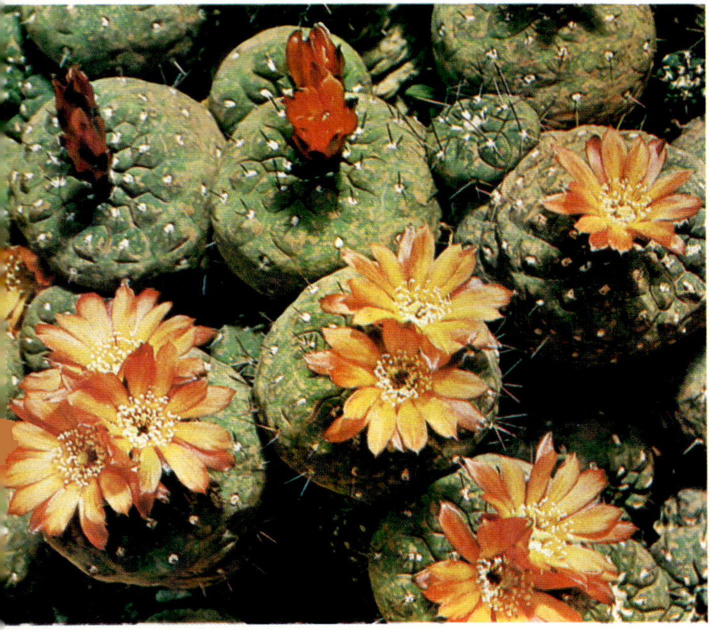

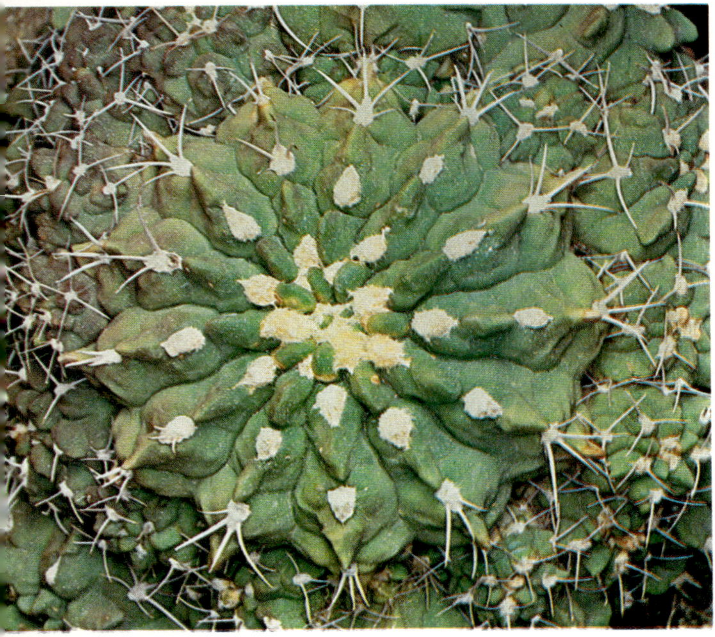

125 GYMNOCALYCIUM PILCOMAYOENSIS
Cárdenas
Tribus *Cacteae* – Subtribus *Echinocactinae*

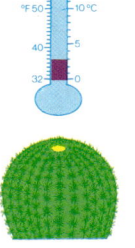

Herkunft: Der Distrikt Potosí in Bolivien.
Beschreibung: Dieser 1964 beschriebene Kaktus hat seinen
Artnamen vom Gebiet entlang des Rio Pilcomayo, wo er in einer Höhe von ca. 2400 m gefunden wurde. Man findet ihn gelegentlich auch noch unter der Bezeichnung *Weingartia pilcomayoensis,* aber diese Gattung, zu der er zuerst gestellt
wurde, ist jetzt vollständig abgeschafft worden. Sein Sproß ist
kugelig oder leicht länglich und wird bei einer Dicke von 12 cm
13 cm hoch. Seine Farbe liegt zwischen Bläulich- bis Rötlich
grün. Die rund 14 Rippen sind völlig aufgelöst in große, rundliche Warzen von 1 cm Höhe und 2 cm Breite. Auf ihrem oberen
Teil sitzen graue, 1 cm lange, runde bis längliche Areolen mit
12 bis 15 Randdornen, die 5 mm bis 2 cm weit nach außen ragen. In ihrer Mitte stehen ein bis vier Mitteldornen von 2 bis
3 cm Länge, welche im oberen Sproßteil nach oben weisen
Alle Dornen sind weißlich mit braunen oder grauen Spitzen
und nadelförmig mit verdicktem Grund. Die Blüten werden
4 cm lang und besitzen eine sehr kurze gelbgrüne Röhre, welche zwar schuppig, aber sonst kahl ist. Die Kronblätter sind
gelb.
Kultur: In trockener Winterruhe erträgt die Pflanze recht tiefe
Temperaturen. Im Sommer braucht sie volle Sonne.

126 GYMNOCALYCIUM RIOGRANDENSE
Cárdenas
Tribus *Cacteae* – Subtribus *Echinocactinae*

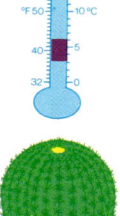
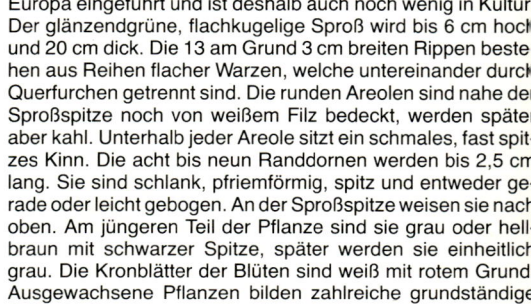

Herkunft: Entlang dem Rio Grande – daher der Artname –
zwischen der Cordillera de Cochabamba und der Ebene des
Rio Guarayos in Bolivien.
Beschreibung: Diese Pflanze wurde noch nicht so lange in
Europa eingeführt und ist deshalb auch noch wenig in Kultur
Der glänzendgrüne, flachkugelige Sproß wird bis 6 cm hoch
und 20 cm dick. Die 13 am Grund 3 cm breiten Rippen bestehen aus Reihen flacher Warzen, welche untereinander durch
Querfurchen getrennt sind. Die runden Areolen sind nahe der
Sproßspitze noch von weißem Filz bedeckt, werden später
aber kahl. Unterhalb jeder Areole sitzt ein schmales, fast spitzes Kinn. Die acht bis neun Randdornen werden bis 2,5 cm
lang. Sie sind schlank, pfriemförmig, spitz und entweder gerade oder leicht gebogen. An der Sproßspitze weisen sie nach
oben. Am jüngeren Teil der Pflanze sind sie grau oder hellbraun mit schwarzer Spitze, später werden sie einheitlich
grau. Die Kronblätter der Blüten sind weiß mit rotem Grund
Ausgewachsene Pflanzen bilden zahlreiche grundständige
Seitentriebe.
Kultur: Im Winter verlangt die Pflanze einen nicht zu kühler
Standort. Vermehrung meist durch Samen.

127 GYMNOCALYCIUM SAGLIONE
Britton und Rose
Tribus *Cacteae* – Subtribus *Echinocactinae*

Herkunft: Die Provinzen Salta, Tucumán und Catamarca im Norden Argentiniens.

Beschreibung: Der unverzweigte, kugelige, blaugrüne bis dunkelgrüne Sproß ist an der Spitze etwas abgeflacht und wird 30 cm dick. Je nach Größe besitzt die Pflanze 13 bis 2. Rippen, die in flache Warzen bis zu 4 cm Länge und durch da zwischen liegende Querfurchen unterteilt sind. Unter jede Areole sitzt ein kleines Kinn. Die Areolen selbst stehen in Ab ständen von 2 bis 4 cm und sind groß, elliptisch und anfang filzig. Sie besitzen acht bis zehn, bei alten Pflanzen bis 1. Randdornen, die 3 bis 4 cm lang werden und anfangs aufrech nach außen, später flacher und nach außen gebogen wach sen. Meist steht in jeder Areole nur ein Mitteldorn, mit zuneh mendem Alter können es jedoch auch mehr werden. Alle Dor nen sind rotbraun oder schwarz. Die 3,5 cm langen Blüten tra gen auf einer kurzen, schuppigen, trichterförmigen Röhre rein weiße oder rosa überhauchte Kronblätter. Die rötliche Fruch wird 2 cm dick.

Kultur: Die Pflanze ist sehr veränderlich, und da sie durch Samen vermehrt wird, nimmt der Formenreichtum noch zu Dieser ist an alten Pflanzen deutlicher als an jungen. Die Pflanze wächst rasch und braucht besonders im Somme Halbschatten.

128 GYMNOCALYCIUM SPEGAZZINI
Britton und Rose
Tribus *Cacteae* – Subtribus *Echinocactinae*

Herkunft: Die Hänge der Anden bei Cafayate in der Provin Salta in Argentinien.

Beschreibung: Die Art wurde 1905 von Spegazzini als *Echi nocactus loricatus* beschrieben. Das lateinische Wort *lorica tus* bedeutet »gepanzert«. Bei der Neuklassifizierung be nannten Britton und Rose die Pflanze nach Spegazzini. Der anfangs kugelige Sproß von graugrüner bis blaugrüner ode bräunlicher Farbe wird später länglich und dabei bis 20 cm hoch und 18 cm dick. Ältere Pflanzen verzweigen sich am Grund. Die 10 bis über 15 Rippen sind breit abgerundet und setzen sich aus flachen Warzen, die durch schmale Furchen getrennt sind, zusammen. Unter den großen elliptischen Areolen befindet sich jeweils ein kleines Kinn. An der Sproß spitze sind die Areolen von dichtem, gelblichem Flaum be deckt, der später grau wird und schließlich ganz verschwin det. Außer einem nach unten gebogenen Mitteldorn stehen auf jeder Areole fünf bis sieben dicke, anfangs dunkel-, späte hellbraune Randdornen, die 5,5 cm lang und ebenfalls nach unten gebogen sind. Ältere Pflanzen bilden oft zwei schlanke kurze obere Dornen. Die 7 cm langen Blüten sind weiß bis rosa mit purpurnem Auge. Die Art besitzt viele Varietäten.

Kultur: Vermehrung durch Samen und Ableger.

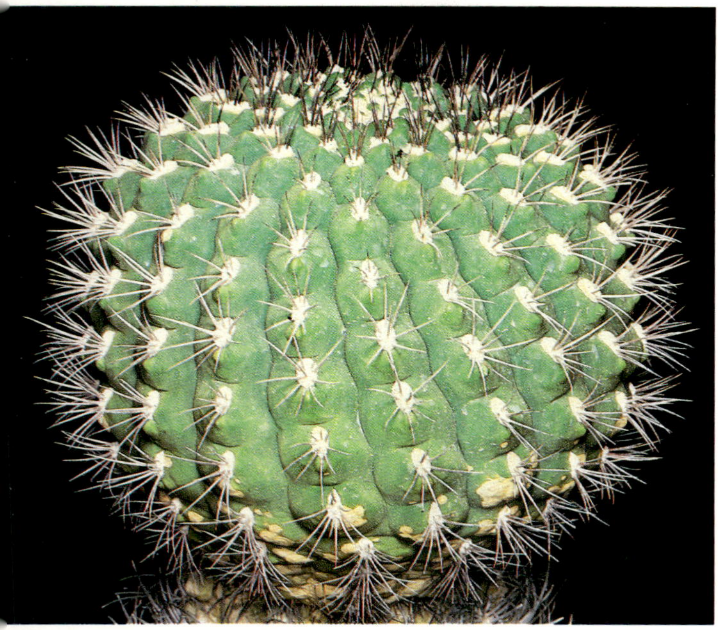

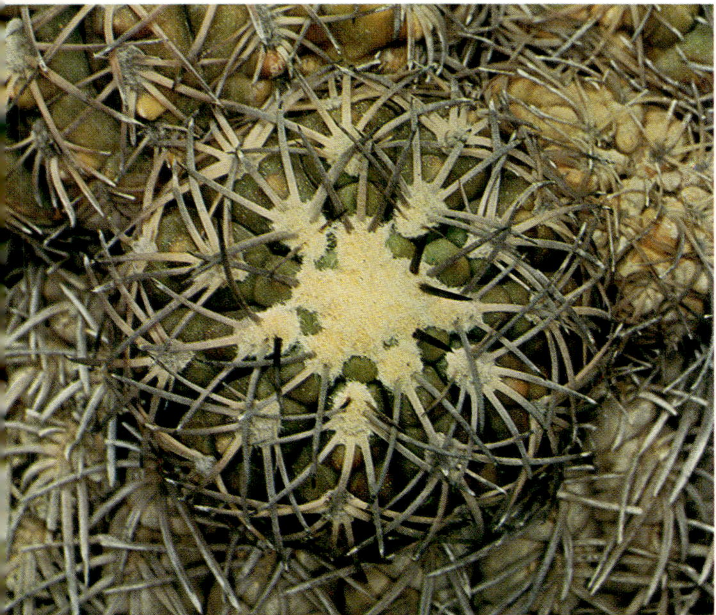

129 HAAGEOCEREUS MULTICOLORISPINUS

Buining
Tribus *Cacteae* – Subtribus *Cereinae*

Name: Backeberg benannte die Gattung nach F. A. Haage, einem damals großen Vermehrer von Kakteen, und stellte zu ihr einen großen Teil der von Britton und Rose eingerichteten Gattung *Binghamia,* die aber wieder aufgelöst worden war.

Herkunft: Die Sanddünen zwischen Nazca und dem Pazifik im Distrikt Ica im südlichen Zentral-Peru.

Beschreibung: Diese 1963 von Buining beschriebene Art besitzt einen schlanken, säulenartigen Sproß, der bis 1 m hoch und 3,5 cm dick wird. Er wächst aufrecht, verzweigt sich am Grund und ist in meist 15 Rippen mit runden Areolen gegliedert. Anfangs sind diese fast völlig ausgefüllt von 30 schlanken, borstenartigen, weißen Randdornen von knapp 5 mm Länge. Im Innern stehen vier bis acht Mitteldornen, die anfangs weiß mit schwarzer Spitze und dunklem Grund sind, später orangegelb bis rötlich werden und im Alter grau bis weiß erscheinen. Auf diese Vielfarbigkeit bezieht sich der Artname. Die nachts blühenden Blüten öffnen sich schon nachmittags und überdauern auch noch den nächsten Morgen. Sie sind 8 cm lang, besitzen eine rötliche Röhre und Kronblätter mit rotbrauner Außen- und weißer Innenseite. Die eiförmige Frucht ist karminrot.

Kultur: Diese Pflanze ist wärmebedürftig und verlangt sandigen Boden. Vermehrung durch Stecklinge.

130 HAAGEOCEREUS VERSICOLOR

(Werdermann und Backeberg) Backeberg
Tribus *Cacteae* – Subtribus *Cereinae*

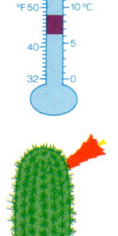

Herkunft: Das östliche Wüstengebiet in Nord-Peru, in Höhen nicht über 500 m.

Beschreibung: Der Sproß der Pflanze ist steif aufrecht und säulenartig schlank. Am natürlichen Standort wird er fast 1,5 m hoch und 5 cm dick. Er verzweigt sich am Grund sehr stark, so daß er im Freiland dickichtartige Kolonien bildet. Jeder Sproß hat 12, mit zunehmendem Alter auch mehr niedrige, stumpfe Rippen, auf denen ziemlich dicht die Areolen sitzen, die je 25 bis 30 schlanke, nadelartige Randdornen von 5 mm Länge und ein oder zwei 4 cm lange Mitteldornen tragen. Die Mitteldornen sind am Grund gelblich und an der Spitze dunkelrot. Es entsteht der Eindruck, daß sie in Farben von Gelb bis Rotbraun oder manchmal auch Purpur geringelt sind. Die schlanke Röhre der nachts geöffneten Blüte ist weiß behaart. Insgesamt ist die weiße Blüte 8 bis 10 cm lang und, voll geöffnet, 6 cm breit. Die Varietät *aureispinus* besitzt einheitlich goldfarbene Dornen, während die Varietät *fuscus* durch schlanke und dichtstehende rotbraune Randdornen gekennzeichnet ist. *Lasiacanthus* trägt nur borstenähnliche Randdornen und keine Mitteldornen.

Kultur: Entsprechend seiner Herkunft erträgt dieser Kaktus keine Kälte und braucht gut durchlüfteten Boden. Vermehrung durch Stecklinge.

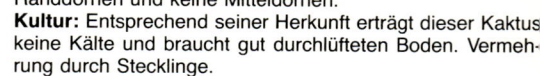

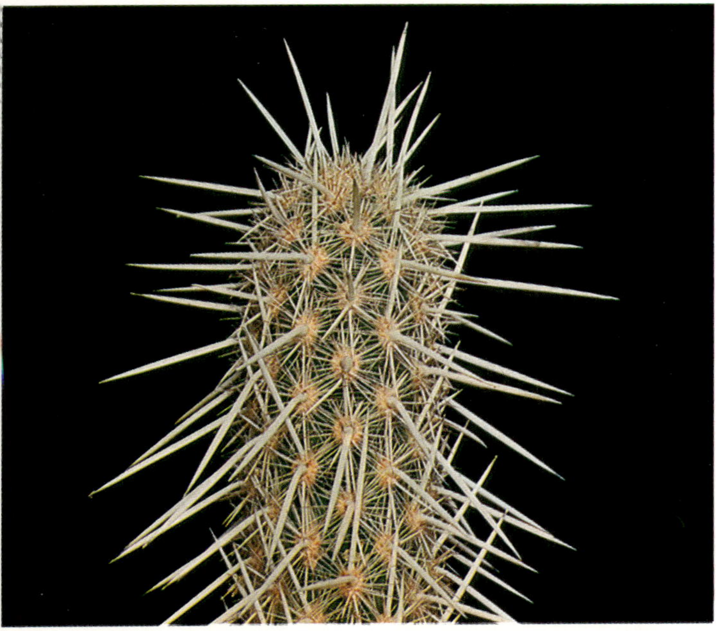

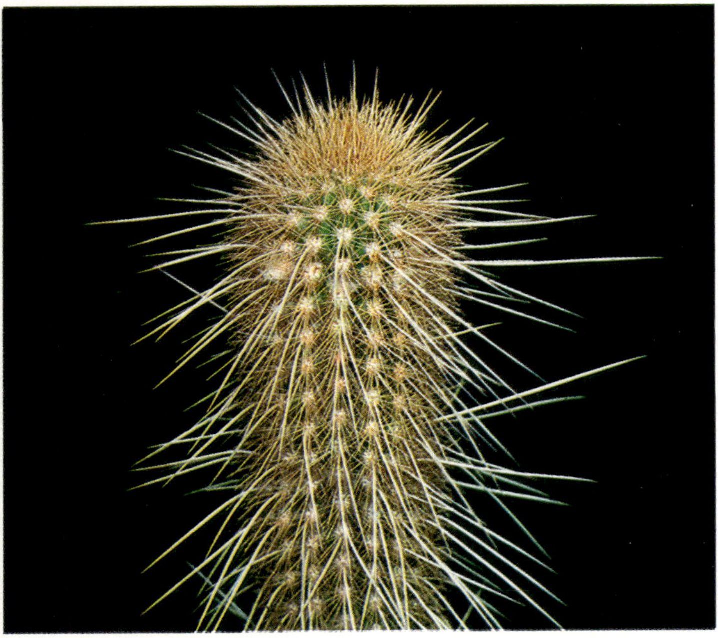

131 **HAMATOCACTUS UNCINATUS** (Galeotti)
Buxbaum
Tribus *Cacteae* – Subtribus *Echinocactinae*

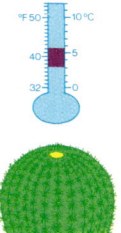

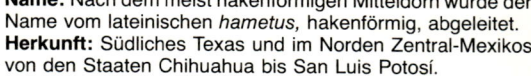

Name: Nach dem meist hakenförmigen Mitteldorn wurde der Name vom lateinischen *hametus,* hakenförmig, abgeleitet.
Herkunft: Südliches Texas und im Norden Zentral-Mexikos von den Staaten Chihuahua bis San Luis Potosí.
Beschreibung: Der längliche Sproß dieser Pflanze wird rund 8 cm hoch und 5 bis 7 cm dick und besitzt meist 13 tief eingeschnittene Rippen mit großen, durch Querfurchen getrennten Warzen. Auf ihnen sitzen ovale, filzige Areolen mit einem großen, flachen, gelben Drüsendorn, der von kurzen, gelben Haaren umgeben ist. Blütentragende Areolen haben auf der Oberseite eine schmale Furche von der Areole bis zum Grund der Warze, wo die Blüte entspringt. Die Drüsendornen befinden sich meist in dieser Furche und locken durch den abgesonderten Nektar Insekten an. Die sieben bis acht Randdornen von 2,5 bis 5 cm Länge wachsen im oberen Teil der Areole flach und strohfarben, im unteren rötlich, rund und hakenförmig. Von den ein bis vier Mitteldornen sind die oberen kräftig und 2,5 cm lang, während die unteren bis 10 cm lang werden und flach, strohfarben bis rötlich geringelt und an der Spitze hakig gebogen sind. Bei den 2,5 cm langen Blüten öffnen sich die aufrechten, braunvioletten Kronblätter selten. Die Varietät *wrightii* besitzt längere und rote Dornen.
Kultur: Vermehrung durch Samen. Blüht schon dreijährig. Braucht viel Sonne und im Winter ein wenig Wasser.

---

132 **HARRISIA ERIOPHORA** (Pfeiffer) Britton
Tribus *Cacteae* – Subtribus *Cereinae*

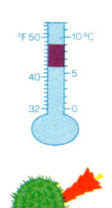

Name: Diese Gattung wurde William Harris, Direktor der Gärten und Grünanlagen in Jamaica, gewidmet.
Herkunft: Kuba und die angrenzende Isla de Pinos.
Beschreibung: Der Hauptsproß dieser sich reich verzweigenden Art wird bei einer Stärke von nur 4 cm bis zu 3 m hoch, bleibt aber aufrecht, da er verholzt, während die Seitentriebe mehr oder weniger herabhängen. Nahe der Triebspitzen besitzen die acht bis neun gerundeten Rippen leichte Erhebungen, auf denen die weißfilzigen Areolen sitzen. Die aus ihnen wachsenden sechs bis neun hellbraunen Dornen mit schwarzen Spitzen werden 4 cm lang. Die Knospen, die nahe den Triebspitzen im oberen Teil der Areole sitzen, sind von auffallender weißer und über 1 cm langer Wolle bedeckt. Diese verdeckt die Schuppen und Haare der Kronröhre fast völlig. Die Blüten sind insgesamt 12 bis 18 cm lang. Die äußeren Kronblätter sind von rosaroter bis rötlicher Farbe, während die inneren reinweiß gefärbt sind. Die Früchte sind gelb und kugelig. Sie erreichen einen Durchmesser von etwa 6 cm.
Kultur: Diese Pflanze braucht Wärme und viel direkte Sonneneinstrahlung. Da beides in Mitteleuropa nicht allzu reichlich vorhanden ist, sieht man bei uns kaum größere Exemplare. Die Vermehrung erfolgt durch Stecklinge.

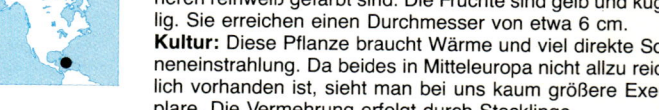

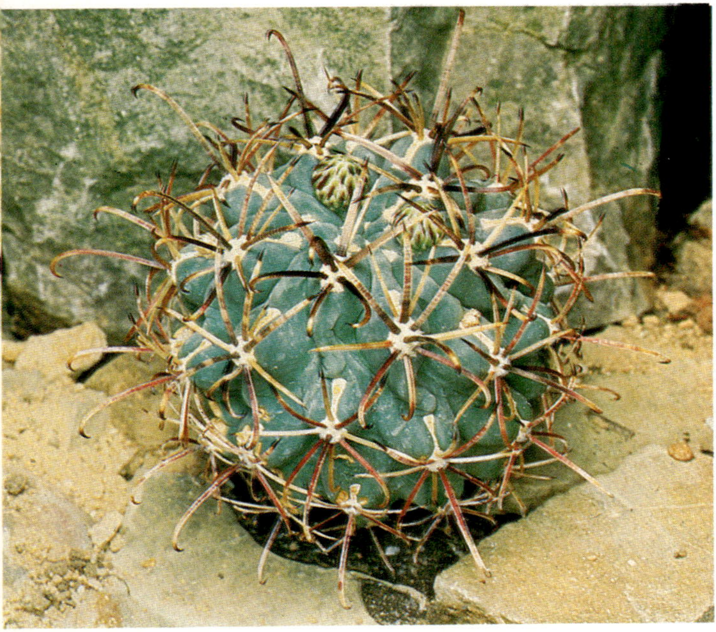

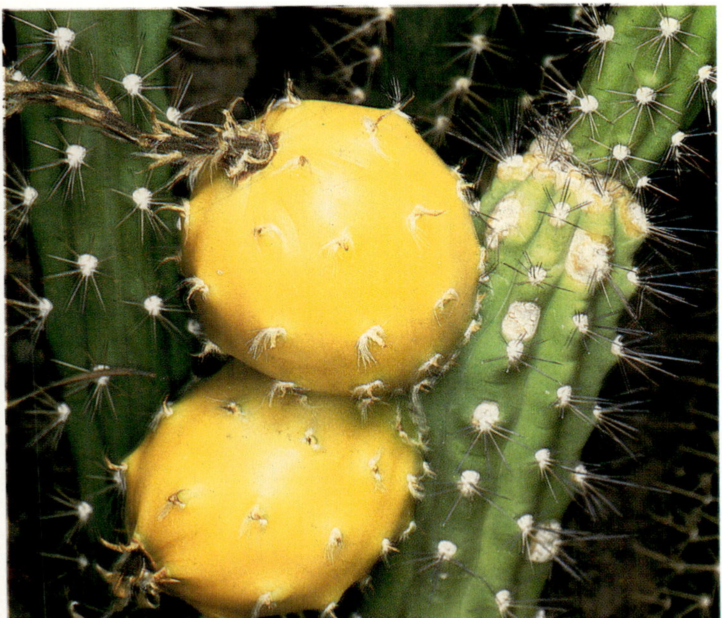

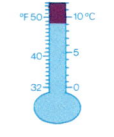

133 HATIORA SALICORNIOIDES (Haworth)
Britton und Rose
Tribus *Cacteae* – Subtribus *Rhipsalidinae*

Name: De Candolle trennte diese Art 1834 von *Rhipsalis* und benannte die neue Gattung nach Thomas Hariot, einem Mathematiker des sechzehnten Jahrhunderts. Britton und Rose fügten weitere Arten hinzu und betrachteten das Ganze als neue Gattung, der sie als Namen ein Anagramm des alten Namens gaben.
Herkunft: Die Staaten Rio de Janeiro und Minas Gerais in Brasilien.
Beschreibung: Dieser kleine epiphytische Kaktus mit seinem sich überaus reich verzweigenden Sproß wird rund 40 cm hoch. Die Glieder der mehrfach wirtelig verzweigten Äste sind anfangs plump tonnenförmig, entwickeln später aber einen schlanken, ungefähr 3 cm langen unteren Teil, der sich nur am Ansatz zum vorhergehenden Glied verdickt. Bei intensiver Sonnenbestrahlung ist dieser schlanke Teil beim Neuzuwachs kürzer, und die Zweige werden rötlich. Die wenigen Areolen bleiben in Kultur fast immer kahl. Nur an den Spitzen sind sie größer, filziger und tragen etwa 1 cm lange gelbe Blüten. Die kugelige Frucht ist durchscheinend weiß und am Ende rötlich. Diese Art kann man mit der ähnlichen *Hatiora bambusoides* verwechseln, doch diese hat weniger verschmälerte, keulenförmige Glieder und blüht orange.
Kultur: Die Pflanze braucht hellen Halbschatten, wenig Sonne und hohe Luftfeuchte. Vermehrung durch Stecklinge.

---

134 HELIABRAVOA CHENDE (Gosselin) Backeberg
Tribus *Cacteae* – Subtribus *Cereinae*

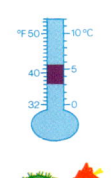

Name: Britton und Rose schufen 1909 zu Ehren von Charles Lemaire die Gattung *Lemaireocereus.* Obwohl sie immer noch zitiert wird, wurde diese Gattung wieder aufgelöst, und die Arten wurden wegen nicht übereinstimmender Merkmale auf verschiedene andere Gattungen aufgeteilt. Für diese Art nahm Backeberg die Gattung *Heliabravoa,* welche den Namen der mexikanischen Botanikerin Helia Bravo-Hollis trägt.
Herkunft: Die Staaten Puebla und Oaxaca in Mexiko.
Beschreibung: Diese große Pflanze wird bis 7 m hoch und bildet mit zahlreichen wiederholt verzweigten Ästen eine dichte Krone. Die Äste sind rund 10 cm dick und tragen sieben bis neun kantige Rippen, die später rund werden. Auf diesen sitzen in ziemlich großen Abständen die Areolen, aus denen sich zwei bis fünf schlanke Randdornen und ein bis zwei Mitteldornen erheben. Letztere fehlen jedoch häufig. Alle Dornen sind gelb oder braun und später grau. Die trichterförmigen Blüten werden 4 bis 5 cm lang. Auf der mit braunen Haaren bedeckten, schuppigen Röhre entfalten sich die rosaroten äußeren Kronblätter und die inneren weißen, welche eine blaßrosa Mittellinie besitzen. Die rote Frucht ist bedornt und trägt hellbraune Haare.
Kultur: In Südeuropa kann die Pflanze an geschützten Stellen ganzjährig im Freien bleiben. Vermehrung ist durch Samen möglich, aber einfacher durch Stecklinge.

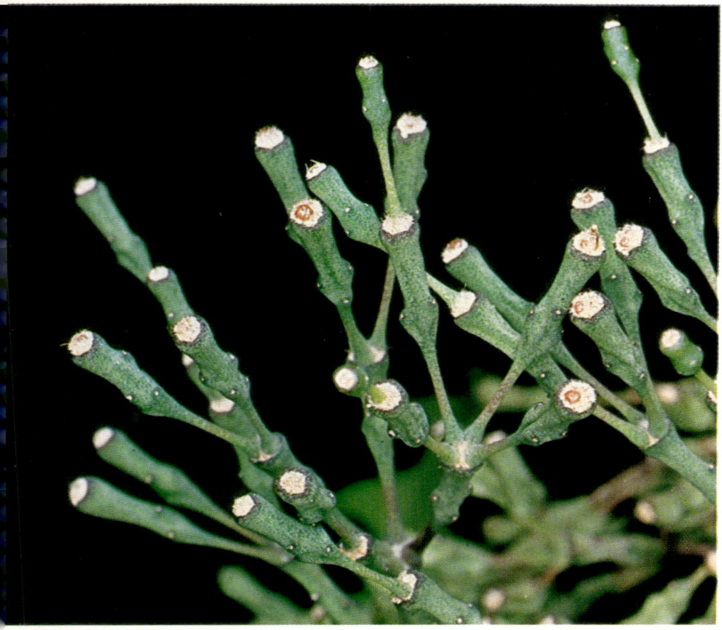

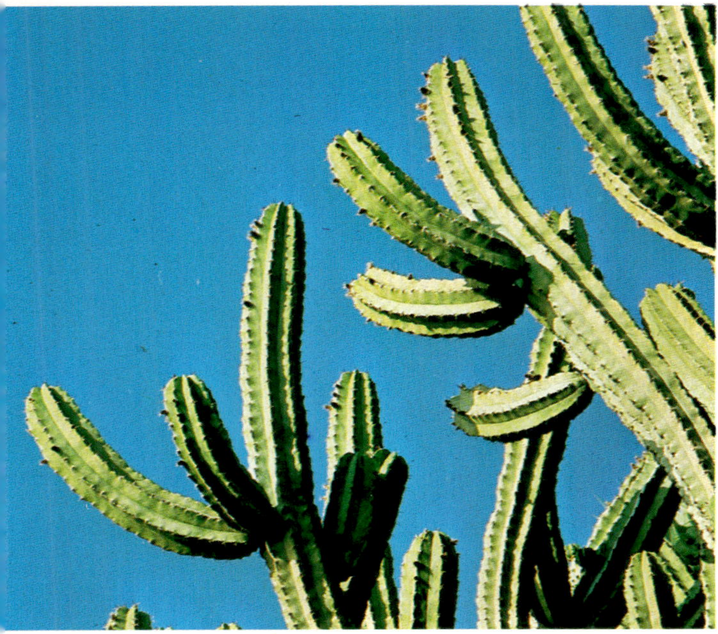

135 HELIOCEREUS SPECIOSUS (Cavanilles)

Britton und Rose
Tribus *Cacteae* – Subtribus *Cereinae*

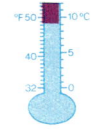

Name: Er stammt vom griechischen *helios,* Sonne, da die zweitägigen Blüten sich bei Sonnenaufgang öffnen.

Herkunft: Umgebung von Mexico-City in Mexiko.

Beschreibung: Diese Art wurde 1803 vom Direktor der Botanischen Gärten in Madrid, Antonio Cavanilles, als *Cereus* beschrieben. Britton und Rose übertrugen sie 1909 in ihre neu eingerichtete Gattung. Die reichverzweigte, strauchartige Pflanze wächst in ihrer Heimat als Epiphyt. Der Hauptsproß ist bis über 1 m lang, anfangs aufrecht, später anlehnend bis niederliegend. Der rötliche Neuzuwachs wird später dunkelgrün. Auf den drei bis fünf, meist aber vier deutlich ausgeprägten Rippen sitzen die großen, wolligen Areolen in Einkerbungen in Abständen von 1 bis 3 cm. Anfangs tragen die Areolen fünf bis acht steife und spitze Dornen, die mit zunehmendem Alter aber zahlreicher werden. Sie sind braun oder gelb und bis 1,5 cm lang. Die karminroten Blüten werden bis 15 cm lang, die Kronblätter allein 8 bis 10 cm. Griffel und Staubblätter hängen nach unten. Von dieser Art gibt es zahlreiche Varietäten mit unterschiedlichen Blütenfarben. Verschiedene Kreuzungen mit *Epiphyllum* ergeben wundervolle Blüten.

Kultur: Die Art braucht im Sommer Halbschatten und im Winter Temperaturen über 10° C. Ältere Pflanzen bilden reichliche, mehrere Tage überdauernde Blüten. Vermehrung durch Stecklinge.

---

136 HYLOCEREUS UNDATUS (Haworth)

Britton und Rose
Tribus *Cacteae* – Subtribus *Hylocereinae*

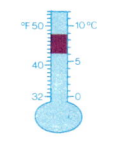

Name: Der Name wurde vom griechischen Wort *ýle,* Wald, abgeleitet.

Herkunft: Die Pflanze ist in allen tropischen Ländern in Kultur und eingebürgert, so daß die Heimat unbekannt ist.

Beschreibung: Die Art ist auch unter dem Namen *Cereus triangularis* bekannt, den de Candolle der von Linné als *Cactus triangularis* beschriebenen Art gab. Beide waren jedoch verschiedene Arten. Der von Haworth als *Cereus undatus* beschriebene Kaktus wurde in China kultiviert, die Herkunft war unbekannt. Britton und Rose schufen die Gattung *Hylocereus* für kultivierte Arten, die sie von der Linnéschen Art abtrennten, welche auf Jamaika heimisch, dorniger und selten kultiviert ist. Die kletternden oder hängenden Sprosse sind dicht verzweigt und werden 7 cm dick. Die Kanten der drei welligen und hohen, dünnen Rippen werden im Alter hornig. Die in großen Abständen stehenden Areolen tragen ein bis drei kurze Dornen. Die 30 cm langen nächtlichen Blüten besitzen grüngelbe, zurückgebogene äußere Kronblätter, während die inneren weiß und gerade sind. Die 10 cm lange, schuppige Frucht ist eßbar.

Kultur: Als Epyphyt braucht die Art einen geeigneten Halt, viel Platz und Wärme. Vermehrung durch Stecklinge, gelegentlich auch gepfropft.

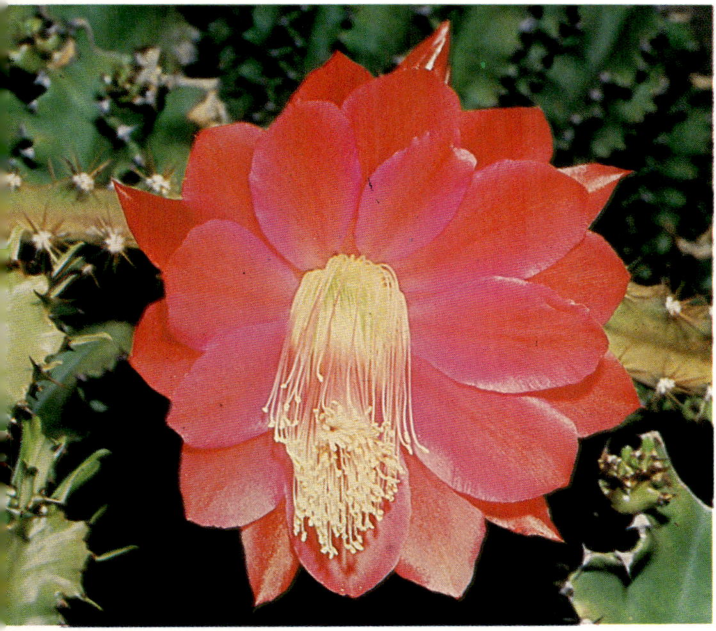
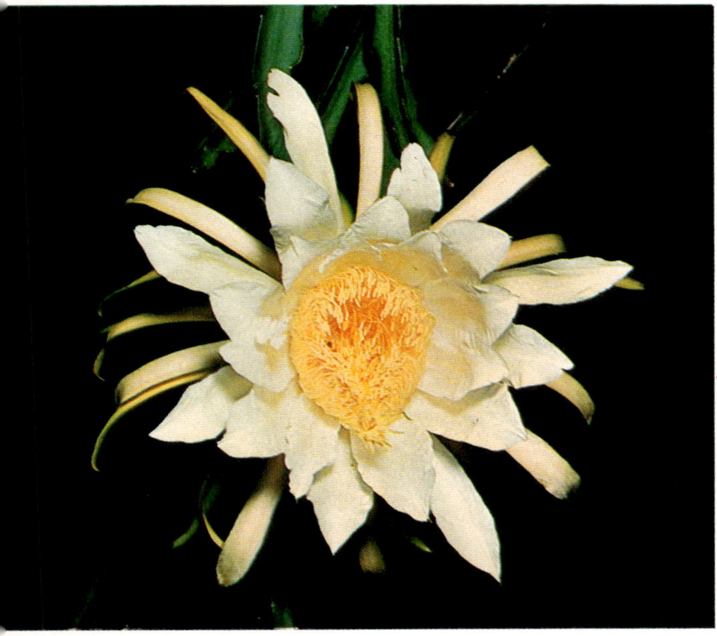

137 ISLAYA MINOR Backeberg
Tribus *Cacteae* – Subtribus *Echinocactinae*

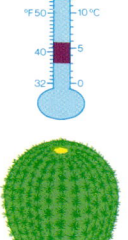

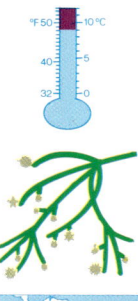

Name: Die Pflanze ist nach der kleinen peruanischen Stadt Islaya benannt, die an der Pazifikküste an den Ausläufern der Westlichen Kordilleren im Departement Arequipa liegt.
Herkunft: Der Fuß der Anden im Gebiet um die Stadt Mollendo im Departement Arequipa in Süd-Peru.
Beschreibung: Die Pflanze besitzt einen kugeligen, unverzweigten, an der Spitze vertieften Sproß von etwa 13 cm Höhe und 7 cm Dicke. Die rund 17 Rippen tragen eng aneinander sitzende Areolen, die besonders anfangs dicht mit weißgrauem Filz bedeckt sind. Aus ihnen ragen mindestens 20 schlanke und spitze 6 mm lange Randdornen sowie vier kreuzweise gestellte dicke Mitteldornen. Alle Dornen sind anfangs schwarz und werden später grau. Die Sproßspitze ist fast völlig von silbergrauem Filz bedeckt, aus dessen Mitte die Blüten entspringen. Diese werden ungefähr 2 cm breit und blühen goldgelb bis blaß grüngelb. Die roten, behaarten Früchte sind anfangs kugelig, werden aber in der Reife länglich. Die verwelkten Kronblätter und einige Borsten bleiben an der Spitze der Frucht hängen und fallen nicht ab.
Kultur: Das Wachstum ist sehr langsam, was für Kakteenfreunde und Vermehrer sehr unerfreulich ist, da die Vermehrung nur durch Samen möglich ist. Das Wachstum kann jedoch beschleunigt werden, indem man die Sämlinge so früh wie möglich auf kräftige Unterlagen pfropft.

---

138 LEPISMIUM CRUCIFORME (Vellozo) Miquel
Tribus *Cacteae* – Subtribus *Rhipsalidinae*

Name: Nach der Schuppe am Grund jeder Areole wurde diese Gattung nach dem griechischen *lepis*, Schuppe, benannt.
Herkunft: Südliches Brasilien, Argentinien und Paraguay.
Beschreibung: Seit der brasilianische Botaniker José Vellozo der Pflanze 1825 den Namen *Cactus cruciformis* gab, wurden Gattungs- und Artname mehrfach geändert. Manche dieser Namen werden heute noch zur Bezeichnung der zahlreichen Varietäten verwendet. Die Pflanze ist ein Epiphyt wächst aber gelegentlich auch als kriechende Pflanze in Felsritzen, wobei sie viele Luftwurzeln bildet. Die typische Art hängt meist 60 cm weit herab mit dreikantigen, leicht geflügelten und gekerbten Sprossen. In den Kerben sitzen weißfilzige, borstige Areolen, aus denen die weißen oder rosaroten becherförmigen Blüten entspringen. Nach dem Abfallen hinterlassen sie auf der Areole eine Narbe. Die Frucht ist purpurrot. Unter den Varietäten hat *anceps* mehr oder weniger flache Triebe mit blaßlila Blüten, *cavernosum* besitzt flache kaum verzweigte Sprosse mit stark wolligen, meist rötlicher Areolen, *myosurus* trägt rosarote bis rote Blüten.
Kultur: Die Pflanze braucht einen hellen Platz im Halbschatten, humosen Boden und Ruhe nach der Blüte. Vermehrung durch Stecklinge, die man in feuchter Torf-Sand-Mischung bewurzelt.

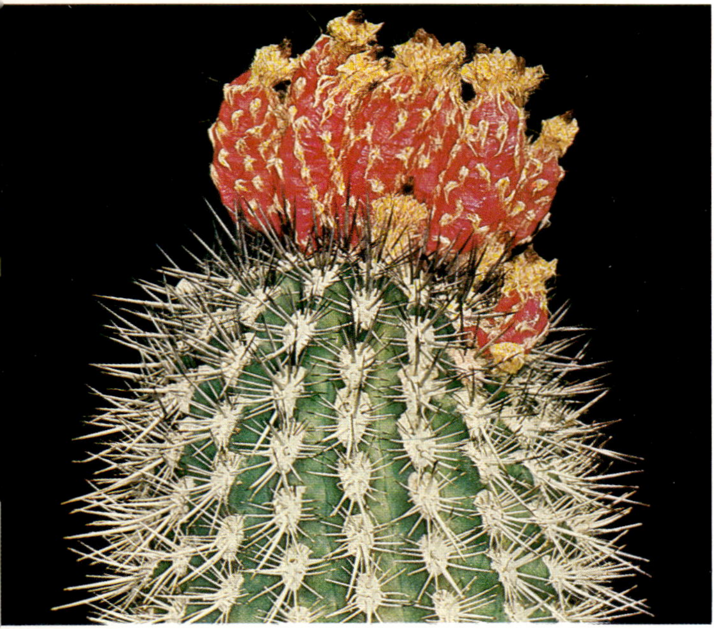

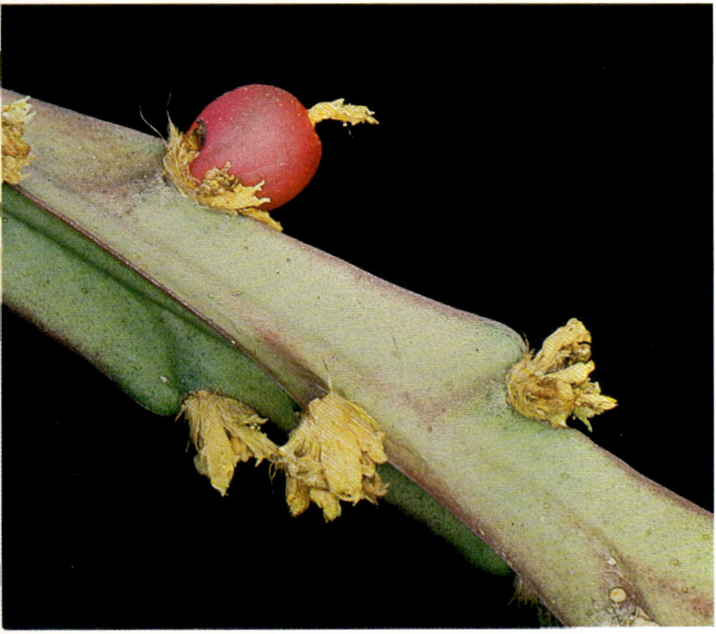

139 LEPISMIUM PARADOXUM Salm-Dyck
Tribus *Cacteae* – Subtribus *Rhipsalidinae*

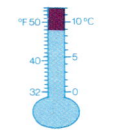

Herkunft: Der Staat São Paolo in Brasilien. Die Pflanze ist sogar in den Randgebieten der Stadt häufig zu finden.
Beschreibung: Die Art wurde 1937 unter diesem Namen von Salm-Dyck beschrieben, er änderte aber später den Namen in *Rhipsalis paradoxa.* Später ging man aufgrund näher bestimmter Unterscheidungsmerkmale wieder auf den alten Namen zurück. Am natürlichen Standort ist die Pflanze ein strauchartiger Epiphyt, der 1 bis 5 m lang von Bäumen herunterhängt. In Kultur bleibt die Pflanze viel kleiner. Die kurzen Seitenäste verzweigen sich wiederholt paarweise oder in Wirteln. Die 5 cm langen Glieder sind dreikantig und jeweils gegenüber den benachbarten um 180° versetzt, so daß sie wie die gegeneinander verdrehten Glieder einer Kette aussehen. Jede Rippe trägt an ihrem Ende eine Areole. Blütentragende Areolen sind wollig. Da der Fruchtknoten der Blüte in die Areole eingesenkt ist, bleibt dort nach Abfallen der Blüte eine Narbe zurück. Am jungen Trieb stehen die jungen Areolen in der Achsel einer kleinen, rundlichen Schuppe. Die einzeln stehenden Blüten sind weiß und werden bis 2 cm lang. Die Beeren sind rötlich.
Kultur: Die Vermehrung geschieht durch Stecklinge, welche in einer feuchten Mischung von Torf und Sand leicht wurzeln. Die Pflanze verlangt einen hellen Platz im Halbschatten und im Winter Wärme ohne ausgeprägte Ruheperiode.

140 LEUCHTENBERGIA PRINCIPIS Hooker
Tribus *Cacteae* – Subtribus *Echinocactinae*
Prismenkaktus

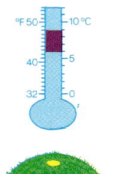

Name: Hooker benannte 1848 diesen Kaktus zu Ehren von Eugène de Beauharnais, den Herzog von Leuchtenberg.
Herkunft: Nord- und Zentral-Mexiko.
Beschreibung: Die Gattung umfaßt nur diese eine markante Pflanze. Sie besitzt eine lange Pfahlwurzel und einen säulenartigen Sproß, der im Alter am Grund kahl und korkig wird und sich dort gelegentlich auch verzweigt. Die langen, graugrünen Warzen sind scharf dreikantig, im oberen Teil etwas flacher und an den Kanten oft rötlich. Die am Grund wolligen Warzen wachsen mehr oder weniger leicht gebogen steil nach oben und haben das Aussehen einer kleinen Agave. Ältere Pflanzen werden bis 50 cm hoch, wobei 10 cm auf die Warzen entfallen. Die Dornen sind stumpf, schlank und weich. Ältere Pflanzen bilden an jeder Areole bis 14 Randdornen von 5 cm Länge und ein oder zwei etwas längere Mitteldornen. Junge Pflanzen besitzen meist nur drei bis vier Randdornen. Mit zunehmendem Alter fallen die jeweils unten stehenden Warzen ab. Die großen, trichterförmigen Blüten sind gelb mit rötlichen äußeren Kronblättern.
Kultur: Die Pflanze braucht einen hohen Blumentopf und viel Sonne. Vermehrung erfolgt durch Samen oder Ableger. Gelegentlich gelingt es auch, einzelne Warzen zur Bewurzelung zu bringen.

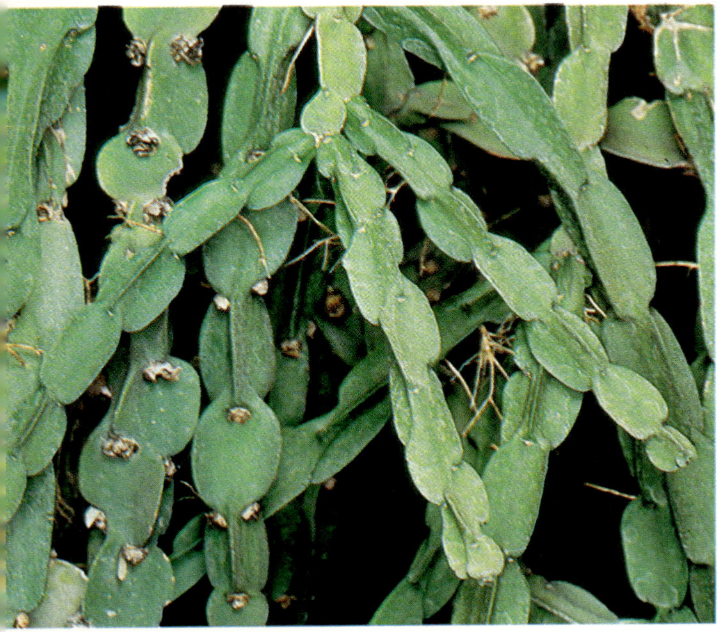

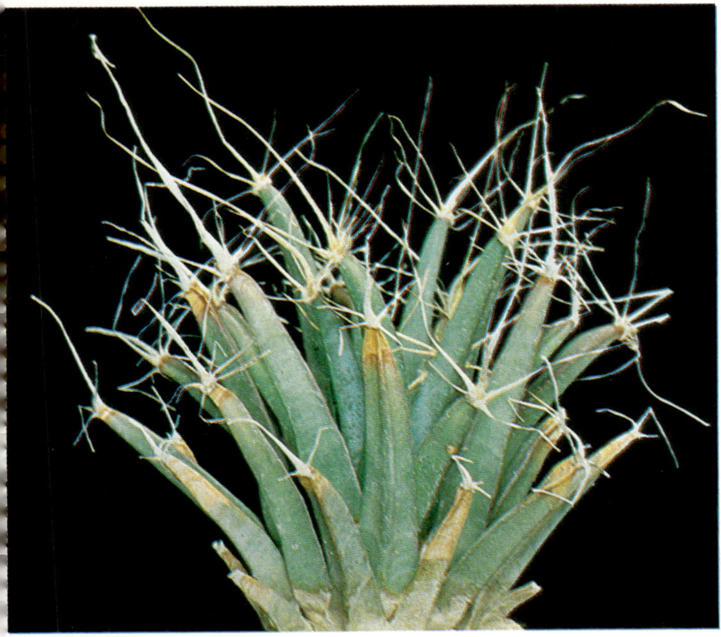

141 LOBIVIA ARGENTEA Backeberg
Tribus *Cacteae* – Subtribus *Echinocereinae*

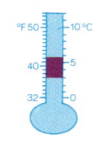

Name: Der Name ist ein Anagramm von Bolivia. Die Pflanze wächst nur in den Anden Perus, im bolivianischen Hochland und im nördlichen Argentinien. Britton und Rose stellten zu dieser von ihnen eingerichteten Gattung 20 Arten, die vorher als *Echinopsis* und *Echinocactus* klassifiziert waren. Heute gehören zu dieser Gattung über 70 Arten, und ständig kommen Neuentdeckungen dazu.

Herkunft: Das Departement Oruro in Bolivien.

Beschreibung: Diese Art verzweigt sich am Grund sehr stark und bildet mit ihren bis 10 cm hohen und 15 cm dicken Sprossen dichte Kolonien. Die hell- bis graugrünen Sprosse sind in 24 Rippen gegliedert, die sich bei älteren Pflanzen krümmen und verzweigen. Sie besitzen scharfe Kanten und sind in Warzen unterteilt. Die filzigen Areolen liegen in den Vertiefungen zwischen den Warzen. Sie sind oval und stehen etwas schräg, wenn sich die Rippen im älteren Teil verbreitern. Die 14 Randdornen werden 2 cm lang, der Mitteldorn erreicht eine Länge von 8 cm. Alle Dornen sind anfangs dunkel und werden später rosa bis weiß. Die inneren Kronblätter der trichterförmigen Blüte sind schmal und öffnen sich sehr weit. In der Farbe reichen sie von zart silbrigem Weiß bis zu Rosaviolett.

Kultur: Diese Art wird nur selten kultiviert. Vermehrung durch Ableger.

---

142 LOBIVIA AUREA (Britton und Rose) Backeberg
Tribus *Cacteae* – Subtribus *Echinocereinae*

Herkunft: Die Sierra de Córdoba in der gleichnamigen Provinz in Argentinien.

Beschreibung: Die dunkelgrüne Pflanze hat einen kugeligen bis länglichen Sproß, der bei einer Dicke von 4 bis 6 cm bis 10 cm hoch wird. Dieser bildet sowohl am Grund als auch weiter oben Verzweigungen. Die 14 bis 15 scharfkantigen Rippen sind durch tiefe Furchen getrennt. An jungen Pflanzen sind die Areolen braun. Auf ihnen sitzen rund 10 nach außen weisende, 1 cm lange Randdornen. Die ein bis vier Mitteldornen sind dicker, manchmal abgeflacht, rund 3 cm lang und braun mit gelben Spitzen. Die Knospen der fast 10 cm langen Blüten sind von langen, seidigen Haaren bedeckt und entspringen ungefähr auf halber Höhe des Sprosses. Die trichterförmige, schlanke Kronröhre ist leicht nach oben gebogen und grünlichweiß. Auf ihr sitzen grüne Schuppen mit rotem Grund. Diese sind mit schwarzem Flaum bedeckt. Voll geöffnet ist die Blüte 8 cm breit und von leuchtendem Gelb. Von den verschiedenen Varietäten hat *fallax* einen graugrünen Sproß, und all seine Dornen sind anfangs völlig schwarz. Seine ebenfalls leuchtendgelben Blüten verfärben sich vor dem Welken rosarot bis rot.

Kultur: Diese recht widerstandsfähige Pflanze bereitet in der Haltung keine Schwierigkeiten, braucht aber volle Sonne und trockenen Boden. Die Vermehrung erfolgt durch Stecklinge oder Ableger.

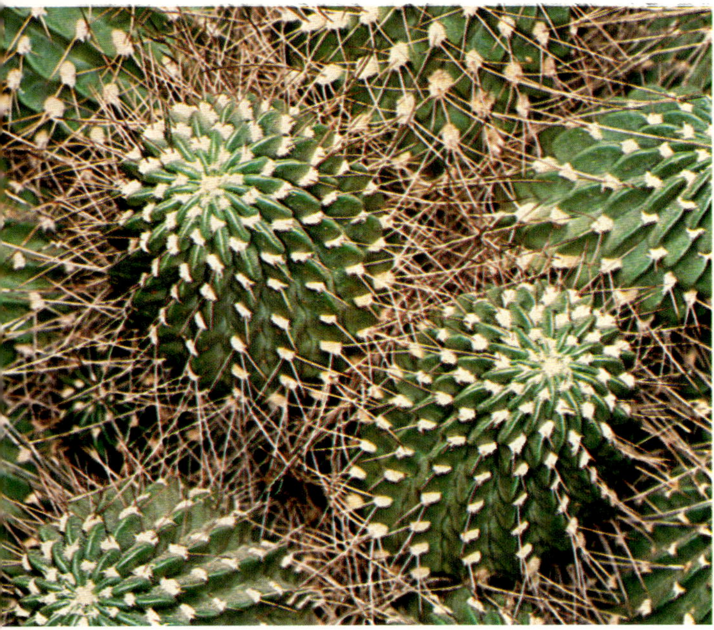

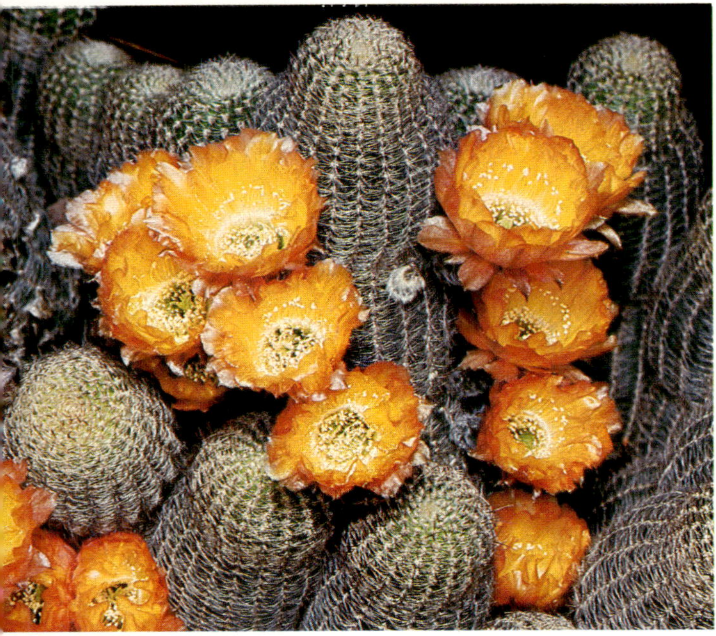

143 LOBIVIA BACKEBERGII (Werdermann)
Backeberg
Tribus *Cacteae* – Subtribus *Echinocereinae*

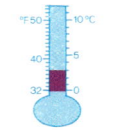

Herkunft: In Höhen von 3600 m bei La Paz in Bolivien.
Beschreibung: Diese kleine, kugelige Pflanze besitzt einen Durchmesser von 4,5 bis 5 cm. Mit zunehmendem Alter wird der Sproß länglich und bildet am Grund Seitensprosse. Die rund 15 Rippen verlaufen etwas geschwungen und sind durch leicht schräge Furchen unterteilt. Die Areolen sitzen in Vertiefungen der kantigen Rippen und sind voneinander bis über 1 cm entfernt. Sie sind anfangs wollig, und die aus ihnen wachsenden drei bis fünf Randdornen haben recht unterschiedliche Längen von 5 mm bis 5 cm. Die längsten wachsen mehr oder weniger schief und sind oft gebogen. Alle Dornen sind anfangs braun und werden später grau. Teilweise sind sie auch an der Spitze hakenförmig gekrümmt. Die rund 4,5 cm langen Blüten entspringen im oberen Teil des Sprosses. Ihre inneren Kronblätter sind karminrot und leicht bläulich überhaucht mit weißem Grund. Die schuppige, braune Röhre trägt weiße Haare.
Kultur: Diese Art ist ziemlich leicht zu halten, braucht jedoch eine Periode völliger Ruhe. Tiefere Temperaturen erträgt sie bei Trockenheit fast besser als hohe Temperaturen bei stechender Sonne. Im Hochsommer sollte man deshalb über die Mittagsstunden für leichten Schatten sorgen. Vermehrung durch Ableger.

144 LOBIVIA BOLIVIENSIS Britton und Rose
Tribus *Cacteae* – Subtribus *Echinocereinae*

Herkunft: Das bolivianische Hochland nahe Oruro in der Provinz gleichen Namens.
Beschreibung: Die Pflanze besitzt einen kugeligen Sproß von rund 10 cm Durchmesser. Mit zunehmendem Alter wird er länglich und verzweigt sich am Grund meist sechsfach. Alle Seitentriebe sind leicht länglich und etwas nach oben gebogen. Die rund 20 Rippen besitzen durch Vertiefungen zwischen den flachen, langgezogenen Warzen eine wellenförmig verlaufende Kante. Auf den Warzen sitzen in Abständen von 1 cm die Areolen. Jede Areole trägt sechs bis acht schlanke, spitze, biegsame Dornen von brauner Farbe, die bis zu 9 cm lang werden. Unterschiede zwischen Rand- und Mitteldornen sind mit dem Auge nicht wahrnehmbar. Die Blätter sind rot.
Kultur: Da die Pflanze bei uns in Kultur nicht gut gedeiht, findet man hier auch kaum Exemplare von ihr. Schwierigkeiten in der Haltung bereiten vor allem die von ihr gewünschten niedrigen Temperaturen in der Sommerzeit. Ableger von älteren Pflanzen sind an die hiesigen Bedingungen besser angepaßt als Sämlinge.

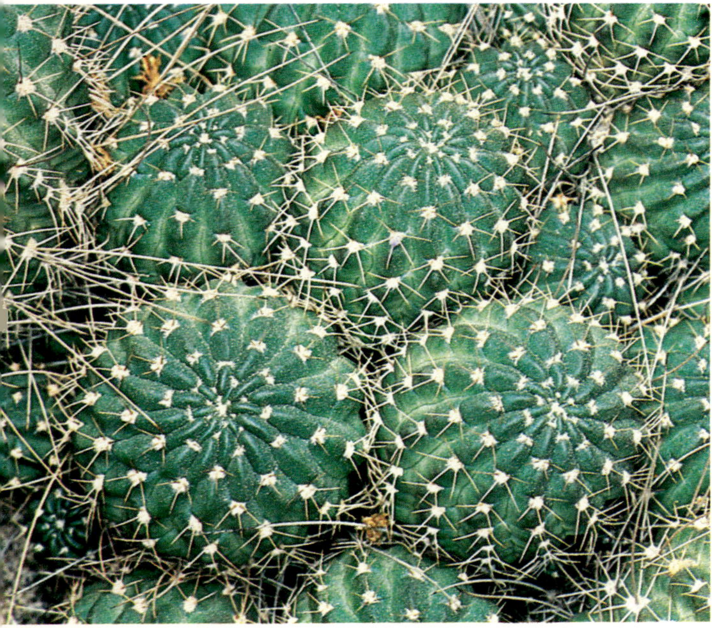

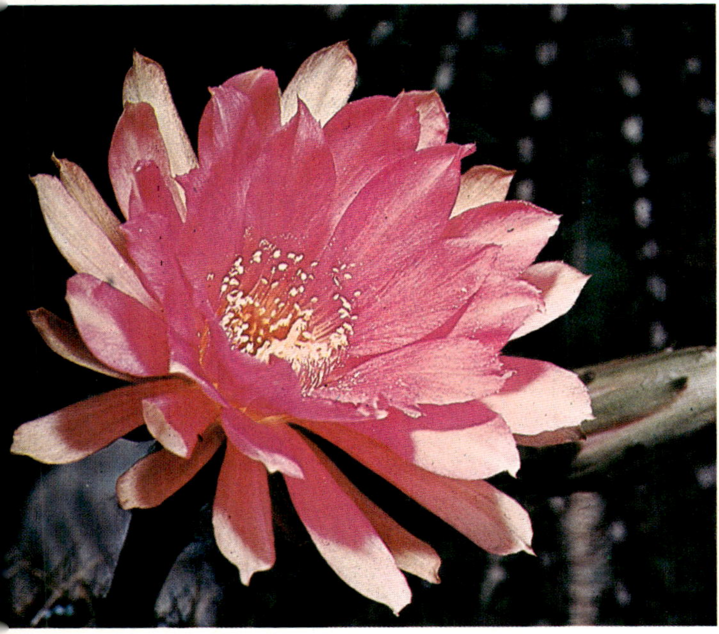

145 LOBIVIA CINNABARINA (Hooker)
Britton und Rose
Tribus *Cacteae* – Subtribus *Echinocereinae*

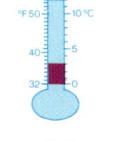

Herkunft: Höhen von 3400 m in den bolivianischen Anden bei Punata und Rio Chaparé im Departement Cochabamba.
Beschreibung: Der Artname, welchen Hooker zuerst einem *Echinocactus* gegeben hatte, leitet sich ab vom griechischen Wort *kinnábari,* das Zinnober bedeutet, eine Farbe, die im Altertum Drachenblut genannt wurde. Die Blüten der Pflanze sind natürlich rot. Der kugelige Sproß mit eingetiefter Spitze wird 15 cm dick. Er wird später länglich und bildet am Fuß Seitentriebe. Rund 20 spiralig angeordnete Rippen sind in Warzen gegliedert, zwischen denen die Areolen sitzen. Sie tragen 10 bis 14 rund 1 cm lange, strahlenförmig abstehende Randdornen und zwei bis fünf dickere und längere Mitteldornen. Alle sind leicht gebogen und anfangs braun, später grau. Die becherförmigen Blüten von 3 cm Länge und 4 cm Breite zeigen alle Töne von Karminrot und blühen zwei Tage lang. Die kurze Röhre ist grün und schuppig. Die Pflanze sorgte für einige Verwirrung, als sie nach ihrer Entdeckung verlorenging und bei der Wiederentdeckung Cárdenas eine Form mit kleineren Blüten fand. Backeberg nannte die von Cárdenas entdeckte Pflanze *Lobivia neocinnabarina.*
Kultur: Diese Art übersteht niedrige Temperaturen zwar sehr gut, leidet aber unter zu großer Sonnenhitze im Sommer. Vermehrung durch Samen oder Stecklinge.

146 LOBIVIA FAMATIMENSIS (Spegazzini)
Britton und Rose
Varietät **OLIGACANTHA** Ito
Tribus *Cacteae* – Subtribus *Echinocereinae*

Herkunft: Spegazzini klassifizierte diese Art 1921 als *Echinocactus.* Die Schreibweise ist wohl ein Irrtum, da die Art in der Sierra de Famatina in der Provinz Rioja in Argentinien und in der angrenzenden Provinz Jujuy entdeckt wurde.
Beschreibung: Diese veränderliche Art umfaßt viele Varietäten. Bei der typischen Art wird der längliche Sproß 4 cm hoch und 3 cm dick. Sie kann unverzweigt bleiben oder auch Seitensprosse bilden. Gepfropfte Pflanzen werden bis 15 cm hoch. 18 bis 24 flach warzige Rippen tragen dichtstehende Areolen, deren kurze, weißliche Dornen den ganzen Sproß bedecken. Die Blüten werden mit der schuppigen, wolligen Röhre 3 bis 4 cm lang. Die zahlreichen Kronblätter sind je nach Varietät cremefarben bis rot gefärbt. Die Varietät *oligacantha* besitzt nur wenige lange Dornen und ist Bestandteil einer von Yoshio Ito 1963 beschriebenen Gruppe. Weitere Varietäten sind *haematantha* mit blutroten Blüten, *albiflora* mit weißen Blüten und *densispina* mit borstenartigen Randdornen und sieben braunen Mitteldornen.
Kultur: Besonders gepfropft blüht diese Pflanze unermüdlich. Sie braucht im Winter etwas höhere Temperaturen und im Sommer leichten Schatten. Vemehrung durch Ableger oder Samen.

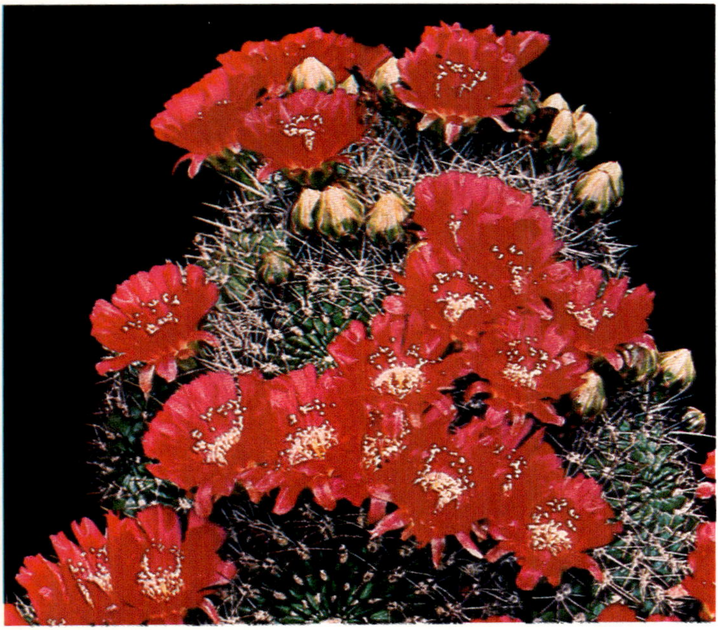

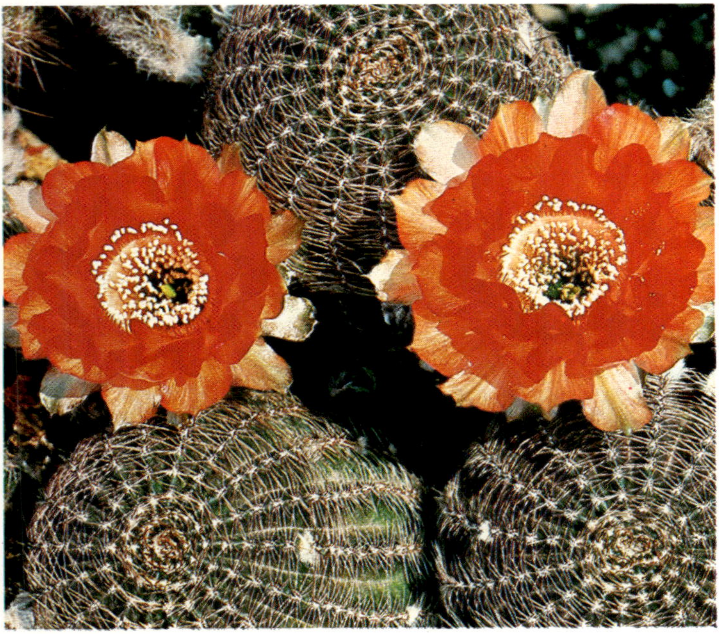

147 LOBIVIA MISTIENSIS (Werdermann und Backeberg) Backeberg
Tribus *Cacteae* – Subtribus *Echinocereinae*

Herkunft: Der Vulkan Misti im Departement Arequipa in Süd-Peru.

Beschreibung: Diese Pflanze besitzt eine kräftige Pfahlwurzel und einen blaugrünen, kugeligen, oben abgeflachten Sproß. Erst ziemlich alte Exemplare verzweigen sich. Die 25 bis 30 Rippen werden nur 5 mm hoch und sind in längliche Erhebungen aufgelöst. Ovale, weißfilzige Areolen sitzen in den schrägen Vertiefungen zwischen den Erhebungen. Rand- und Mitteldornen sind nicht klar unterschieden, meist stehen Dornen nur am Rand, einzelne gelegentlich aber auch in der Mitte. Die sieben bis acht oder auch mehr ausgebreiteten Dornen sind leicht nach oben gebogen. Sie werden bis 5 cm lang, wobei die unteren meist etwas kürzer bleiben. Alle Dornen sind anfangs schwärzlich oder braun bis rot gefärbt, später werden sie grau. Die Blüten werden 5 bis 6 cm lang und manchmal bis 8 cm breit. Die äußeren Kronblätter sind rotbraun, die inneren meist rosa, oft aber auch in Tönen von Orangegelb bis Rot. Alle Kronblätter sind schmal und oben zugespitzt.

Kultur: Dieser Kaktus verlangt eher saure als kalkhaltige Erde, da seine Heimat saures, vulkanisches Gestein ist. Ferner braucht er einen großen Topf für die rübenartige Wurzel. Vermehrung erfolgt meist durch Samen, da Ableger nur von sehr alten Pflanzen gebildet werden.

---

148 LOBIVIA PENTLANDII (Hocker) Britton und Rose
Tribus *Cacteae* –Subtribus *Echinocereinae*

Herkunft: Abhänge der Anden und die Hochebenen im südlichen Peru und nördlichen Bolivien.

Beschreibung: Der längliche, dunkelgrüne Sproß dieser Pflanze verzweigt sich am Grund stark und bildet so kleine Kissen. Jeder Sproß besitzt 15 kantige Rippen, in deren schrägen Furchen die ziemlich großen, weißen Areolen sitzen. Mit zunehmendem Alter werden diese braun. Die 7 bis 12 Randdornen mit deutlich unterschiedlicher Länge von 1 bis 3 cm sind flach ausgebreitet, mehr oder weniger gebogen und gelblichbraun. Meist ist nur ein einzelner Mitteldorn vorhanden, bei älteren Pflanzen können es allerdings auch mehr sein. Dieser steht gerade nach außen oder ist nach oben gebogen. Er wird bis 3 cm lang. Die seitlich sitzenden Blüten werden rund 5 cm lang. Ihre trichterförmige Röhre trägt kurze, dreieckige Schuppen mit Haaren und Dornen. Die mehr oder weniger aufrechten Kronblätter sind der Spitze zu rotorange, zum Grund hin fast rosarot gefärbt. Diese sehr variable Pflanze stellte 1846 Salm-Dyck zu *Echinopsis*, und später wurden ihr noch zahlreiche Varietäten zugeordnet. Von diesen sind heute nur noch wenige anerkannt. *Albiflora* besitzt weiße, *forbesii* dunkelrote und *ochroleuca* gelbe Blüten.

Kultur: Die Vermehrung erfolgt am günstigsten durch einen der zahlreichen Seitensprosse älterer Pflanzen.

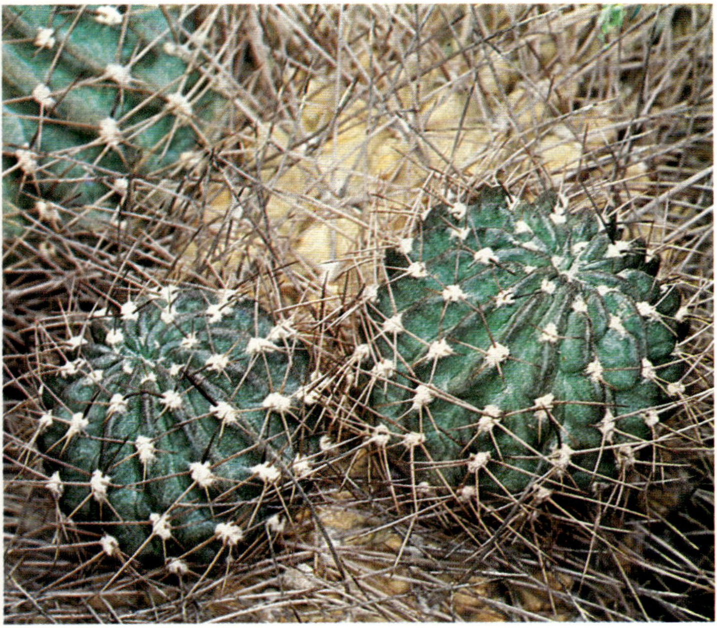

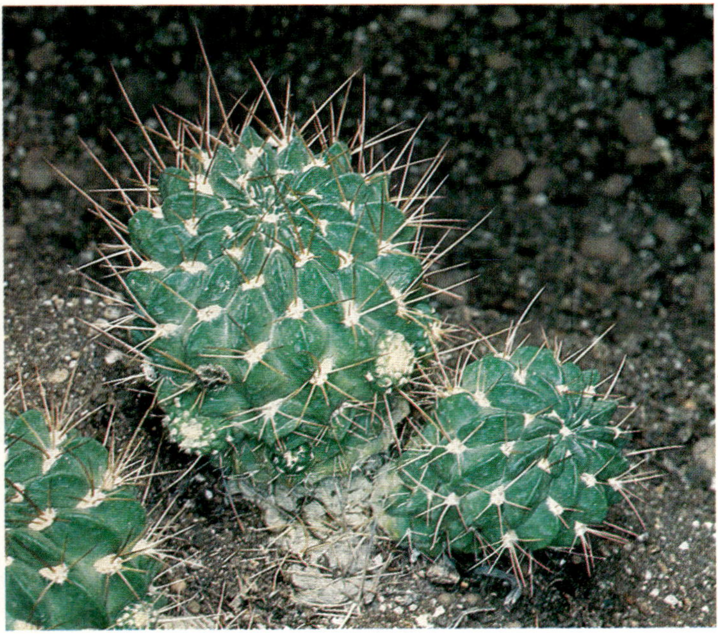

149 LOBIVIA REBUTIOIDES Backeberg
Varietät **KRAUSSIANA** Backeberg
Tribus *Cacteae* – Subtribus *Echinocereinae*

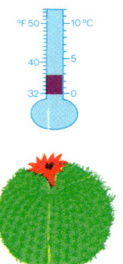

Herkunft: Nördliches Argentinien.
Beschreibung: Der kugelige Sproß dieser kleinen Pflanze wird nur 2 cm groß, da er sich aber reichlich verzweigt, bildet er kissenartige Kolonien. Er ist immer blaugrün und verfärbt sich nie wie andere Arten unter Einfluß von Kälte oder Sonne dunkel oder bronzefarben. Seine rübenförmige Wurzel erinnert an eine Karotte. Die rund 12 schlanken Rippen bilden kaum sichtbare Warzen. Auf den weißen Areolen sitzen neun oder mehr äußerst kurze weißliche und schlanke Randdornen und ein bis zwei ziemlich lange, dunklere Mitteldornen, die kräftiger und am Grund leicht verdickt sind. Die Blüten werden etwa 4 cm lang und breit. Ihre Kronblätter sind leuchtendrot mit grünlichem Grund. Die Varietät *kraussiana* besitzt strahlendgelbe Blüten, die bei voll geöffneten Kronblättern flach ausgebreitet einen Durchmesser von 10 cm haben. Die Blüten der Varietät *sublimiflora* sind größer als die des Typs und lachsfarben mit karminrotem Schimmer und rosarotem Grund. Die Blüten der Varietät *citriniflora* sind gelb.
Kultur: Diese Art ist noch nicht so lange in Europa eingeführt und deshalb auch kaum im Handel. Bei trockener Haltung ist sie sehr kälteverträglich. Sie braucht viel Sonne. Vermehrung durch Stecklinge.

---

150 LOBIVIA ROSSII (Boedecker) Boedecker und Backeberg
Tribus *Cacteae* – Subtribus *Echinocereinae*

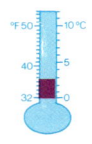

Herkunft: Bolivien.
Beschreibung: Boedecker beschrieb diese Art ursprünglich als *Echinopsis,* stellte sie später aber zur jetzigen Gattung. Die anfangs kugelige Pflanze wird später länglich und bildet am Grund zahlreiche Seitentriebe von bis über 7 cm Dicke. Die 18 Rippen sind in hohe, scheibenartige Warzen aufgelöst. Schräg sitzende Areolen tragen vier bis sechs spitze Randdornen, von denen die unteren kürzer sind als die oberen, welche 6 cm lang werden. Alle Dornen sind rötlich oder grau mit dunkler Spitze. Mitteldornen fehlen. Die Kronblätter der 4 cm langen Blüten sind orange mit grünem Grund. Diese sehr variable Art besitzt zahlreiche Varietäten von unterschiedlicher Blütenfarbe. Die Varietät *boedekeriana* hat rote Blüten auf hellgelbem Grund, *walterspielii* (von Boedecker wurde als eigene Art angesehen) besitzt blutrote Blüten mit größeren Kronblättern, *carminata* hat ebenfalls blutrote Blüten, aber Dornen, die sich gegenseitig überschneiden. Die Blüten von *salmonea* sind lachsfarben.
Kultur: Die Art ist ziemlich selten. Wie die meisten Arten der Gattung ist sie sehr kälteverträglich, verlangt aber im Sommer Halbschatten. Vermehrung durch Samen. Die Varietäten erhält man besser durch Nachzucht aus Stecklingen oder Ablegern.

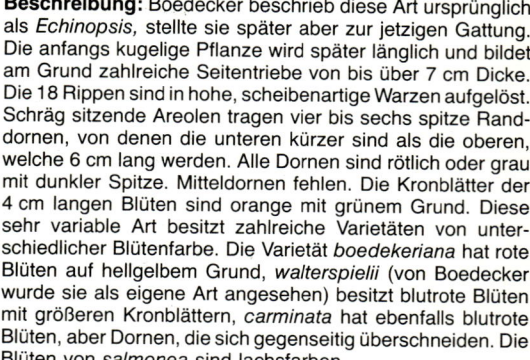

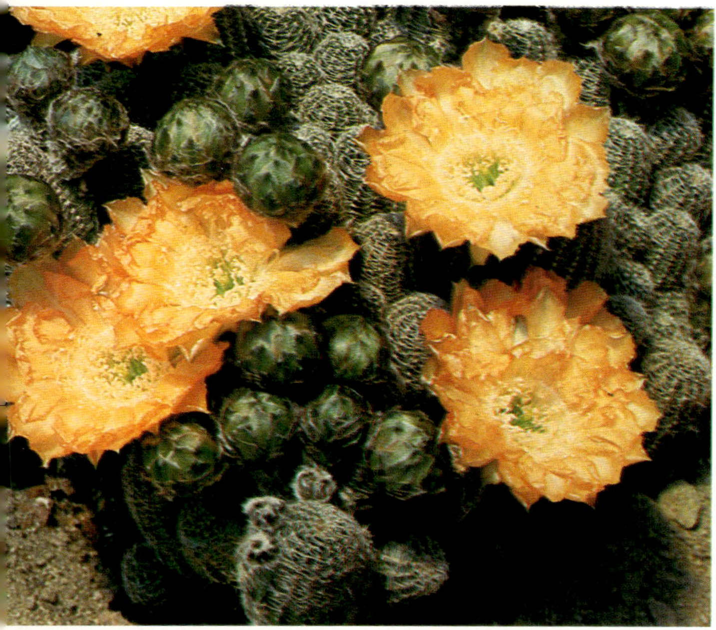

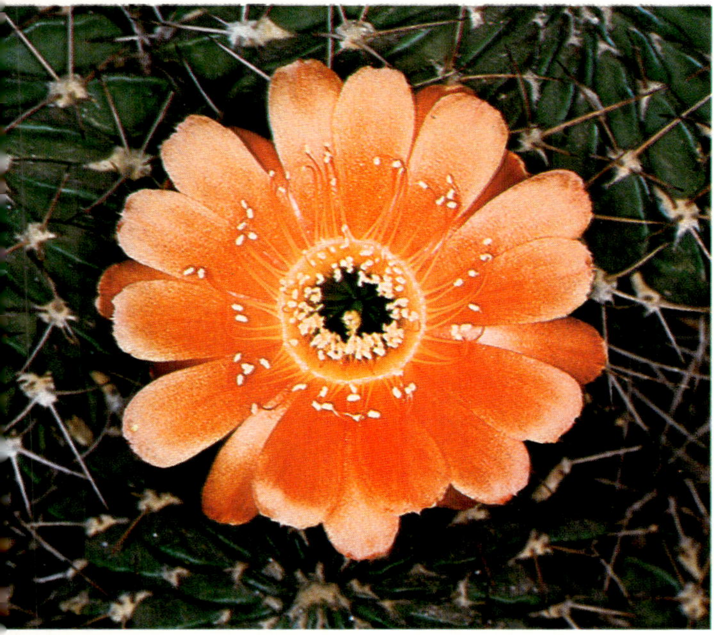

151 LOBIVIA SHAFERI Britton und Rose
Tribus *Cacteae* – Subtribus *Echinocereinae*

Herkunft: Diese Pflanze wurde 1916 von G. A. Shafer, nach dem sie auch benannt ist, in der Sierra de Ambata bei Andalgalá in der argentinischen Provinz Catamarca entdeckt.

Beschreibung: Der Sproß ist anfangs kugelig, wächst aber später in die Länge und erreicht bei einem Durchmesser von 2,5 bis 4 cm eine Höhe von 7 bis 15 cm. Er ist dicht mit Dornen bedeckt. Er verzweigt sich unregelmäßig und bildet dabei am Grund ebenfalls längliche Seitentriebe. Die rund zehn flachen Rippen tragen in dichtem Abstand sitzende Areolen, von denen wiederum jede 10 bis 12 nadelartig spitze Randdornen trägt. Diese sind weiß oder braun gefärbt und werden ungefähr 1 cm lang. Von den Mitteldornen ist einer länger als die anderen und wird bis 3 cm lang. Die trichterförmigen Blüten entspringen seitlich aus behaarten Knospen. Sie werden 4 bis 6 cm lang. Ihre lange Röhre ist mit schmalen Schuppen bedeckt, die an ihrem Grund lange weiße Haare tragen. Die kurzen Kronblätter sind blaßgelb bis sattgelb gefärbt.

Kultur: Diese Pflanze bekommt man nur selten angeboten und sie ist auch schwierig zu halten, da sie bei starker sommerlicher Sonneneinstrahlung leicht vertrocknet. Ableger von bereits akklimatisierten Pflanzen haben bessere Überlebenschancen als Pflänzchen, die aus Samen gezogen werden.

---

152 LOPHOCEREUS SCHOTTII (Berger)
Britton und Rose
Tribus *Cacteae* – Subtribus *Cereinae*

Name: Der Name geht zurück auf griechisch *lophos,* Schopf, da in dieser Gattung die Pflanzen eine reich bedornte und borstige Sproßspitze besitzen.

Herkunft: Südliches Arizona und die mexikanischen Staaten Sonora und Niederkalifornien (Baja California).

Beschreibung: Die Pflanze verzweigt sich und bildet Dickichte aus Stämmen, die 5 bis 7 m hoch und 6 bis 10 cm dick werden. Fünf bis neun Rippen tragen wollige, weißliche Areolen, auf denen rund fünf dunkle, 1 cm lange Randdornen sitzen, die im Alter grau werden. Später wächst noch ein einzelner Mitteldorn. Vor der Blüte bilden die Sprosse im oberen Teil größere Areolen, auf denen bürstenähnlich 20 spitze, graubraune Borsten stehen. Die 4 cm langen, nächtlich blühenden Blüten sind weiß oder rötlich und stehen zu mehreren von einer Areole inmitten der Borsten waaagrecht ab. Durch ungeregelte Seitentriebbildung kommt es bei dieser Art zu monströsen Formen. Die Varietät *mieckleyanus* (rechts) ist eine solche Form mit unterschiedlichen, unregelmäßigen, dornenlosen Rippen, die die höchsten Borsten tragen. Die Blüten dieser in Niederkalifornien beheimateten Varietät sind rosa.

Kultur: Größere Sproßkolonien überleben auch längste Dürreperioden. Vermehrung durch Stecklinge, doch das Wachstum ist langsam.

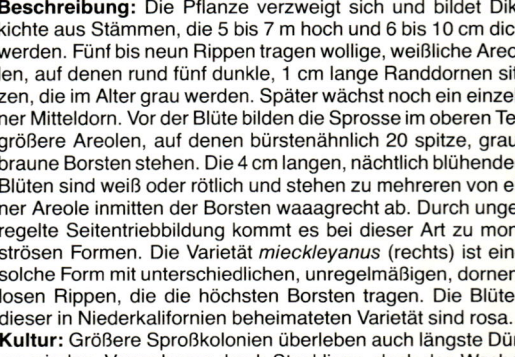

153 LOPHOPHORA LUTEA (Rouhier) Backeberg
Tribus *Cacteae* – Subtribus *Echinocactinae*

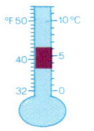

Name: Dieser leitet sich ab vom griechischen Wort *lophos*, Schopf, und *phoreo,* ich trage, da die Areolen statt Dornen einen wolligen Schopf tragen. Lemaire stellte die Art zu der von ihm geschaffenen Gattung *Anhalonium,* welche heute nicht mehr anerkannt wird.

Herkunft: Mexiko.

Beschreibung: Lange kannte man in dieser Gattung nur die Art *Lophophora williamsii,* heute gehören zu ihr zwei weitere Arten sowie mehrere Varietäten von *L. williamsii.* Eine genaue Klassifizierung konnte noch nicht vorgenommen werden: Erstens sind die Pflanzen nicht häufig und dabei noch über ein riesiges Gebiet verteilt, dann gibt es strenge Einschränkungen über den Besitz und den Handel mit ihnen, und drittens können genauere Forschungen nur mit aus Samen gezogenen Pflanzen durchgeführt werden, welche dann zwangsweise eine größere Variabilität aufweisen. Kennzeichen wie »verzweigt« oder »unverzweigt« sagen zum Beispiel wenig aus, da manche Pflanzen sehr früh, andere erst in hohem Alter Seitentriebe bilden. Diese Art, auch als *Lophophora ziegleri* bekannt, ist *L. williamsii* sehr ähnlich. Sie besitzt schwach warzige, durch gewundene Furchen getrennte Rippen, gelblichen Flaum und größere, blaßgelbe Blüten.

Kultur: Die Pflanze erträgt keinen Frost und braucht im Sommer volle Sonne. Wie die anderen Arten der Gattung wächst sie sehr langsam.

---

154 LOPHOPHORA WILLIAMSII (Lemaire ex Salm-Dyck) Coulter
Tribus *Cacteae* – Subtribus *Echinocactinae*
Rauschgiftkaktus (getrocknet als meskalinhaltiger Peyotl, der Trancezustände hervorruft)

Herkunft: Südliches Texas und New Mexico in den USA bis Zentral-Mexiko.

Beschreibung: Wie alle Arten dieser Gattung besitzt auch diese eine dicke Rübenwurzel. Der graugrüne Sproß ist rund, weich, fleischig und wird mit seiner eingesenkten Spitze nur 5 bis 10 cm hoch. Er ist je nach Varietät mehr oder weniger verzweigt. Rundliche, nur sehr schwach ausgeprägte Warzen sitzen auf acht bis zehn flachen Rippen. Nur junge Pflanzen tragen winzige Dornen auf den Areolen. Später sind sie besonders an der Sproßspitze von wolligem Flaum bedeckt. Nahe der Sproßspitze erscheinen kleine, rosarote Blüten mit nur wenigen Kronblättern und einer trichterförmigen Röhre. Von den verschiedenen Varietäten ist *caespitosa* eine Zuchtform, die, sich reichlich verzweigend, kleine Kissen bildet. *Decipiens* ist kleiner, und ihre Rippen sind im Alter in kegelförmige Warzen gegliedert. *Pentagona* besitzt nur fünf Rippen, *texana* dagegen bis 14. Eine rosaviolett blühende Art bekam den Namen *Lophophora jourdaniana.*

Kultur: Verzweigte Pflanzen vermehrt man durch Ableger, andere mit Samen. Trocken gehalten erträgt die Art Kälte, aber keinen Frost.

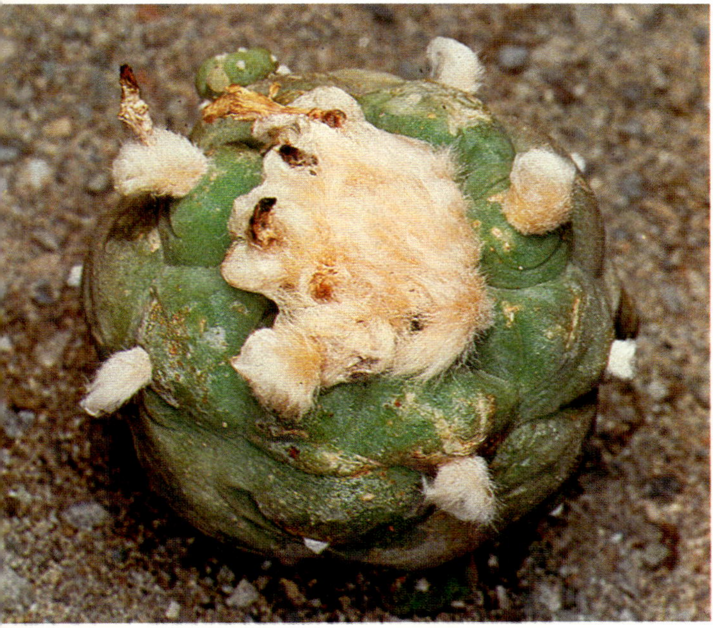
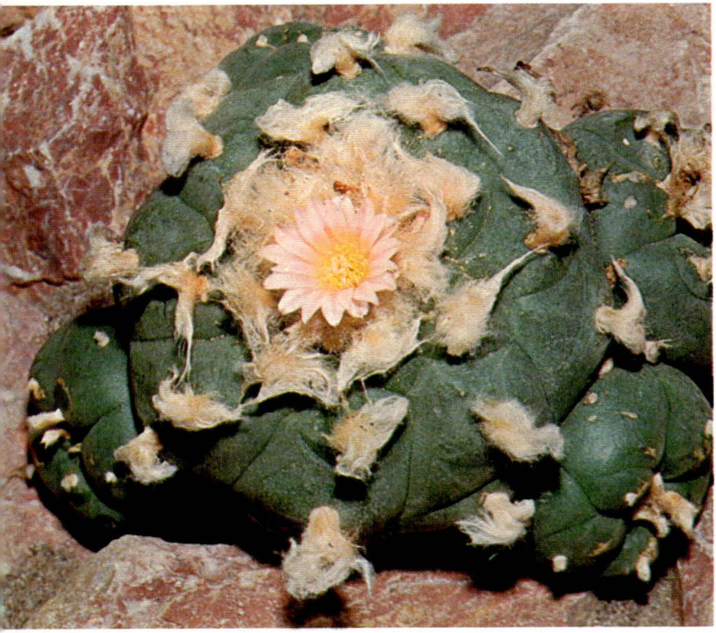

155 LOXANTHOCEREUS AUREISPINUS (Ritter)
Buxbaum
Tribus *Cacteae* – Subtribus *Cereinae*

Name: Backeberg bildete den Namen dieser Gattung aus dem griechischen *loxos,* schräg, und *anthos,* Blüte, da die Blüten etwas unsymmetrisch gebaut sind. Er stellte zu dieser Gattung mehrere peruanische Kakteen, die jedoch später von einigen Autoren *Borzicactus* zugegliedert wurden. Für diese bolivianische Art, von Backeberg ursprünglich *Winterocereus* genannt, blieb der Name jedoch erhalten.

Herkunft: Bolivien, vom Rio Wapacani bis nördlich Santa Cruz.

Beschreibung: Die mit schlankem Sproß hängend wachsende Pflanze wird 1,5 m lang und 2,5 cm dick und verzweigt sich am Grund. Die rund 16 Rippen sind zwischen den runden, braunfilzigen Areolen vertieft. Jede Areole trägt ungefähr 30 schlanke, goldfarbene Randdornen und 20 längere und kräftigere gelbe Mitteldornen. Alle Dornen sind weich und verdecken den Sproß fast vollständig. Die mehrtägig und auch nachts geöffneten Blüten stehen seitlich am Sproß. Sie werden 5 cm breit und sind leicht gebogen. Die äußeren orangeroten Kronblätter sind breit und lang, die inneren dagegen bleiben viel kürzer, sind weiß bis rosa und umhüllen den unteren Teil der Staubfäden becherartig.

Kultur: Diese Pflanze ist immer noch recht selten. Es ist ratsam, sie vor Kälte zu schützen, obwohl sie diese angeblich recht gut erträgt.

---

156 MACHAEROCEREUS ERUCA (Brandegee)
Britton und Rose
Tribus *Cacteae* – Subtribus *Cereinae*

Name: Dieser kommt vom griechischen *macaera,* Dolch, da der längste Mitteldorn messerartig aussieht. Der lateinische Artname *eruca,* Raupe, bezieht sich auf den kriechenden Wuchs .

Herkunft: Die Insel Magdalena und der Llano de la Magdalena in Niederkalifornien.

Beschreibung: Außer den leicht aufsteigenden Sproßspitzen ist die ganze Pflanze niederliegend. Sie wird 3 m lang und bewurzelt sich auf der Unterseite. Sie verzweigt sich auch und bedeckt so allmählich größere Flächen. Manchmal trennen sich Teile vom Muttersproß ab und bilden eigene Kolonien. Auf den rund 12 Rippen sitzen große Areolen in Abständen von 2 cm. Sie tragen 20 weiße bis graue Dornen von unterschiedlicher Länge. Die äußeren sind kurz und pfriemförmig, die inneren sind größer und flach. Ein etwa in der Mitte sitzender Dorn wird mit 3,5 cm viel länger als die übrigen. Die Blüten werden 20 bis 22 cm lang, wobei 10 cm auf die Röhre entfallen, die im unteren Teil filzig und dornig geschuppt ist. Die Kronblätter sind cremefarben mit manchmal rosarotem Grund. Die Dornen der scharlachroten Frucht fallen bei der Reife ab.

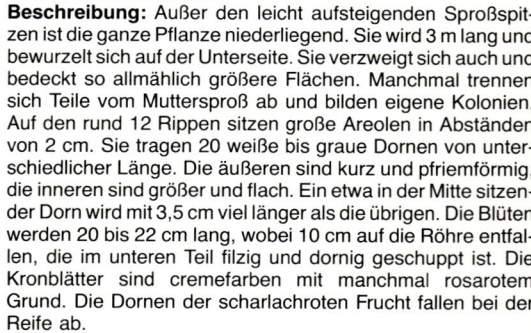

Kultur: Diese nur wenig kultivierte Pflanze braucht sehr sandigen Boden und sollte schräg eingepflanzt werden, damit sie kriechen kann. Vermehrung durch Stecklinge.

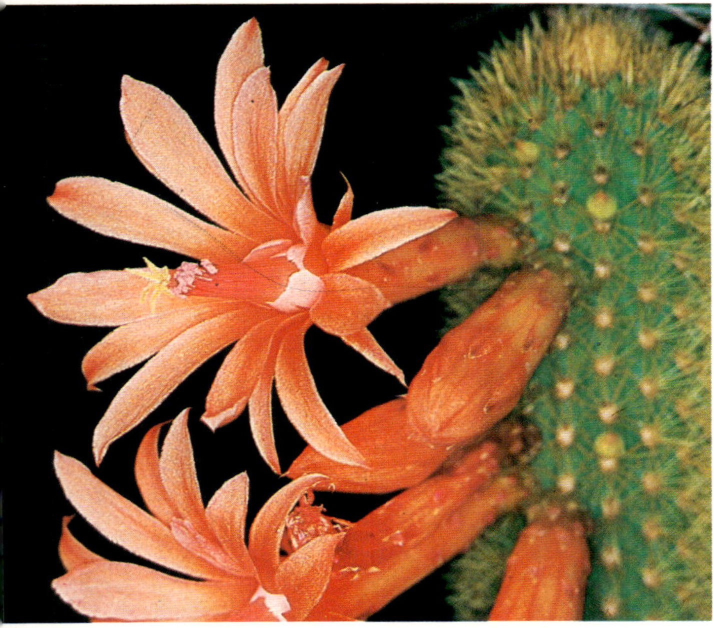

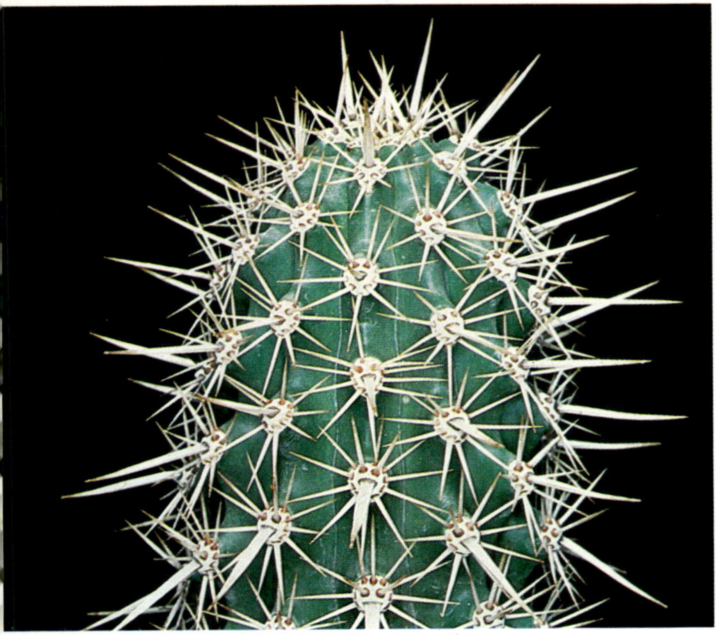

157 MACHAEROCEREUS GUMMOSUS

(Engelmann) Britton und Rose
Tribus *Cacteae* – Subtribus *Cereinae*

Herkunft: Niederkalifornien und die Küste von Sonora, Mexiko, sowie die benachbarten Inseln.
Beschreibung: Der Sproß ist anfangs aufrecht und bei einer Stärke von 4 bis 6 cm 1 m hoch. Er bildet am Grund aufsteigende Seitentriebe, die sich weiter verzweigen, bis die ganze Pflanze ein Gestrüpp von 6 bis 7 m Durchmesser bildet. Auf den acht niedrigen und stumpfen Rippen sitzen die Areolen in Abständen von 2 cm. Auf ihnen stehen acht bis elf 1 cm lange Randdornen und sechs flache, dicke Mitteldornen. Von diesen ist einer der unteren breiter als die anderen und bis 4 cm lang. Er weist anfangs nach außen, später nach unten. Die an der Sproßspitze noch schwärzlichen Dornen werden später blasser und weißlich. Die 10 bis 14 cm langen, purpurroten Blüten sitzen auf einer langen, schlanken Röhre, deren unterer Teil wollige, dornige Schuppen trägt. Die Dornen der kugeligen, scharlachroten Frucht fallen bei der Reife ab. Ihr saures, rötliches Fruchtfleisch ist eßbar und wird in Mexiko *pitahaya agria* genannt. Der Saft des Sprosses ist giftig und wird zum Fischfang verwendet. Dem Menschen scheint er allerdings nicht zu schaden.
Kultur: Dieser Kaktus wird nur selten kultiviert. Er braucht wenig Wasser und ist durch Stecklinge leicht zu vermehren.

---

158 MAMMILLARIA ALBICANS (Britton und Rose)

Berger
Tribus *Cacteae* – Subtribus *Cactinae*

Name: Der Name dieser von Haworth 1812 eingerichteten Gattung leitet sich vom lateinischen *mamilla* (auch *mammilla*), Brust, ab und nimmt Bezug auf die Form der Warzen.
Herkunft: Niederkalifornien und die Inseln Santa Cruz, San Diego und der südliche Golf von Kalifornien.
Beschreibung: Diese Art wurde erst kürzlich beschrieben und umfaßt wahrscheinlich verschiedene Varietäten und sogar Arten. Craig stellt auch die auf der nahegelegenen Insel San José gefundene *Mammillaria slevinii* zu dieser Art. Die anfangs kugelige Pflanze wird später 20 cm hoch und 6 cm dick. Sie verzweigt sich reichlich. Die kugelförmigen Mamillen tragen auf ihrer Spitze Areolen, die anfangs stark weiß wollig, später aber kahl sind. Auf ihnen stehen fast kammförmig zahlreiche strahlenartig ausgebreitete, schlanke, weiße Randdornen, die sich mit Randdornen benachbarter Areolen überkreuzen. Mehrere schlanke, steife Randdornen stehen gerade nach außen. Sie sind meist braun, in der Mitte oft schwärzlich oder auch heller mit dunkler Spitze. Die keulenförmige rote Frucht wird 1 bis 2 cm lang. *Mammillaria slevinii* ist kleiner, unverzweigt und trägt weiße bis rosarote Blüten.
Kultur: Diese Pflanze, die noch unter verschiedenen Namen verkauft wird, erträgt nur wenig Kälte. Vermehrung durch Samen oder Ableger.

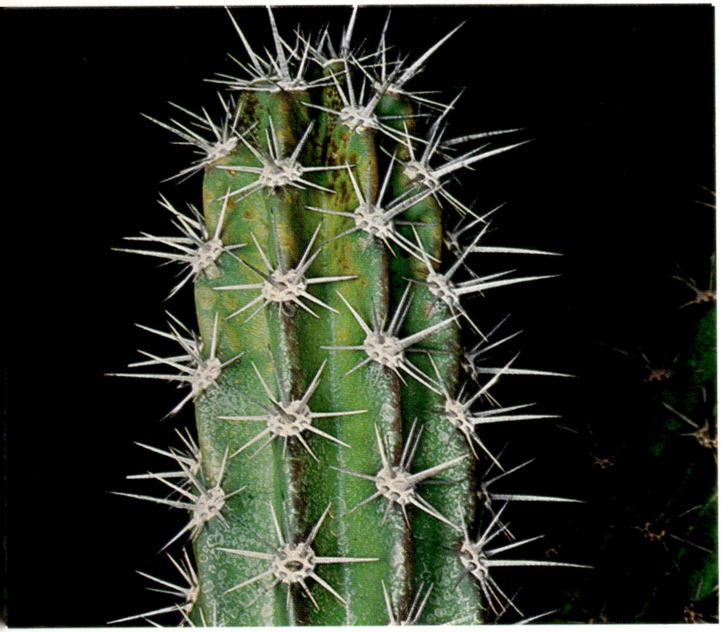

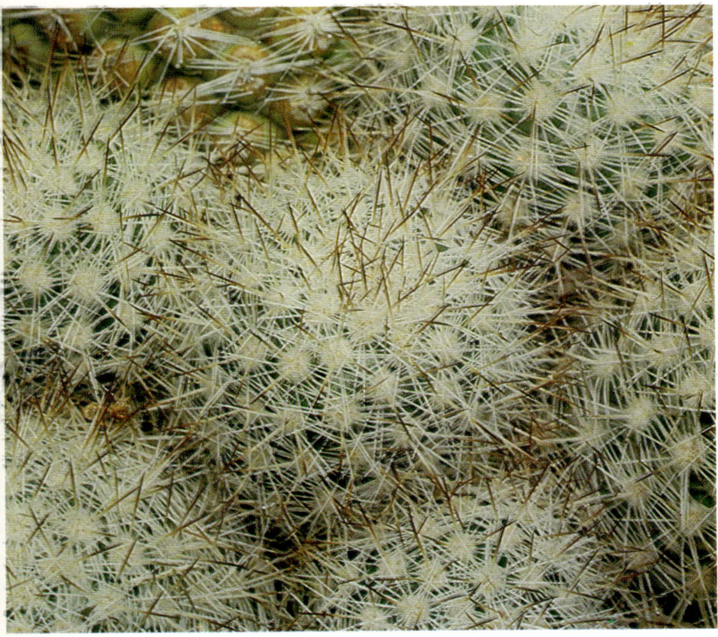

159 MAMMILLARIA BOCASANA Poselger
Tribus *Cacteae* – Subtribus *Cactinae*

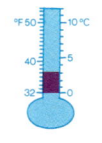

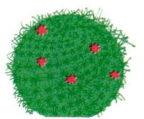

Herkunft: Der Staat San Luis Potosí und angrenzende Gebiete im Norden Zentral-Mexikos. Der Artname bezeichnet das Gebiet seiner Entdeckung, die Sierra de Bocas.
Beschreibung: Seit Poselger diese Pflanze 1853 beschrieb, ist sie wegen ihrer Unempfindlichkeit und leichten Vermehrbarkeit durch Ableger zu einer der am häufigsten kultivierten Kakteen geworden. Der kugelige Sproß ist hell- bis dunkelblaugrün und wird 4 bis 5 cm dick. Durch starke Verzweigung bildet er große Gruppen. Die schlanken Mamillen werden ungefähr 5 mm hoch und sind spiralig angeordnet. An ihrem Grund stehen manchmal sehr feine, weiße Haare. Auf der runden oder leicht ovalen Areolen stehen bis zu 30 Randdornen von 2 cm Länge. Sie sind als seidig weiße, borstige Haare oft etwas unregelmäßig angeordnet. Meist steht in ihrer Mitte nur ein einzelner Mitteldorn, bei älteren Exemplaren können es jedoch bis drei sein. Diese werden 5 bis 8 mm lang, sind gelb oder gelblich braun, und mindestens einer von ihnen, meist der unterste, ist hakenförmig gebogen. Die Pflanze blüht leicht und reichlich, doch sind ihre Blüten klein. Die inneren Kronblätter sind cremegelb mit rötlichem Mittelstreif. Die Frucht ist rot und lang.
Kultur: Wenn sie völlig trocken gehalten wird, ist die Pflanze gut kälteverträglich. Sie braucht viel Sonne. Vermehrung durch Ableger.

---

160 MAMMILLARIA BOMBYCINA Quehl
Tribus *Cacteae* – Subtribus *Cactinae*

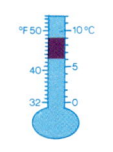

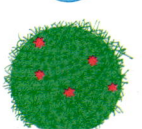

Herkunft: Die Staaten San Luis Potosí und Coahuila im Norden Mexikos.
Beschreibung: Der lateinische Artname *bombycina,* seidig, bezieht sich auf den dichten, weißen Flaum, der die jungen Areolen an der Sproßspitze bedeckt. Der 15 bis 20 cm hohe und 5 bis 6 cm breite Sproß ist anfangs unverzweigt und bildet später ein dichtes Polster. Die spiralig angeordneten Mamillen sind kegel- bis walzenförmig mit stark wolligem, gelegentlich auch ein bis zwei Borsten bildendem Grund. Anfangs tragen die jungen Areolen ebenfalls dichte Wolle, die sie aber bald wieder verlieren. 30 bis 40 schlanke, aber steife Seitendornen werden 2 mm bis 1 cm lang und stehen flach nach allen Seiten ab. Mitteldornen werden zwei bis vier gebildet. Sind vier Dornen vorhanden, so stehen sie sich kreuzweise gegenüber, wobei die drei oberen 1 cm lang werden. Der untere wird 2 cm lang, ist dicker, deutlich hakenförmig und weist nach unten. Am Grund sind die Mitteldornen wie die Randdornen weiß gefärbt, im oberen Teil sind sie jedoch rotbraun. Die kleinen Blüten werden nur 1,5 cm lang und breit. Ihre schlanken, lanzettlichen Kronblätter sind hell karminrot. Die Varietät *flavispina* trägt gelbe Mitteldornen.
Kultur: Diese Art ist etwas wärmebedürftiger. Vermehrung durch Ableger.

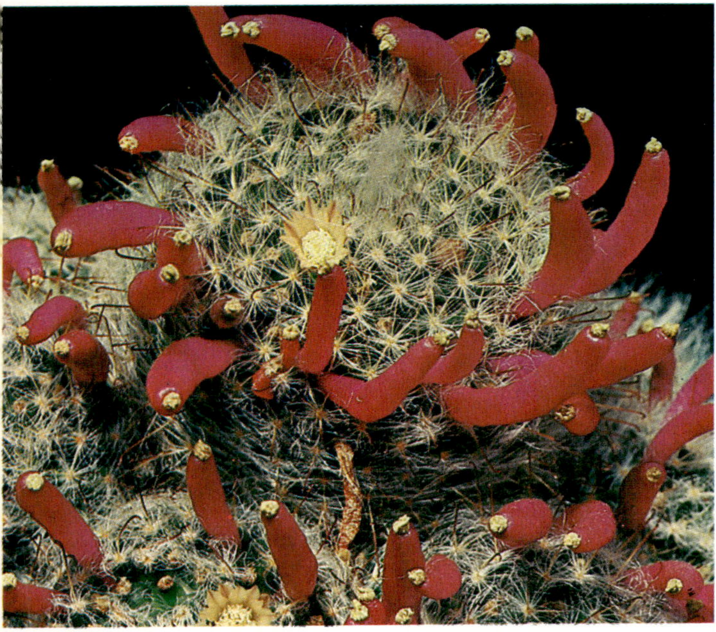

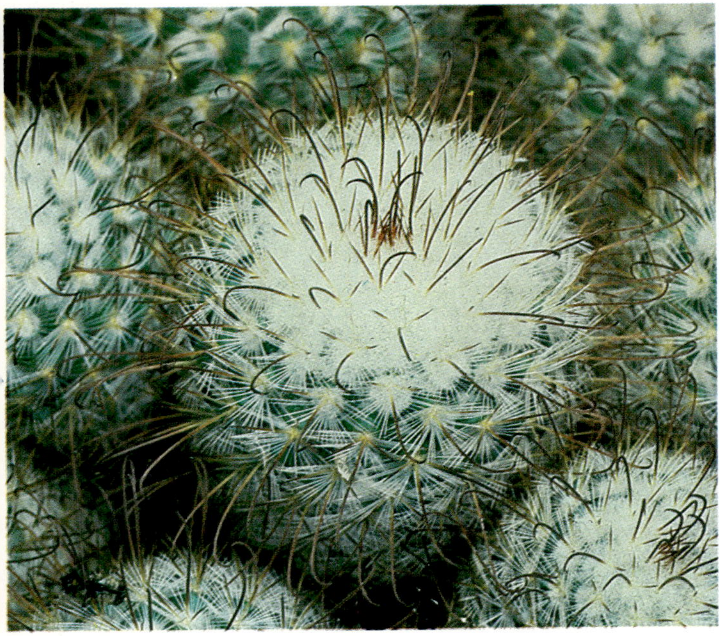

161 MAMMILLARIA CANDIDA Scheidweiler
Tribus *Cacteae* – Subtribus *Cactinae*

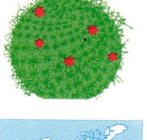

Herkunft: Der mexikanische Staat San Luis Potosí
Beschreibung: Diese Art ist erst kürzlich von Buxbaum in die von ihm neu eingerichtete Gattung *Mammilloydia* eingegliedert worden. Da diese Gattung aber nicht allgemein anerkannt wurde, wird hier die Art unter der alten, bereits 1838 begründeten Gattung aufgeführt. Der anfangs kugelige, später längliche Sproß wird 8 bis 10 cm hoch und 5,5 bis 7 cm breit. Er ist blaugrün und an der Spitze abgeflacht. Ältere Pflanzen verzweigen sich am Grund und bilden dichte Polster. Die walzenförmigen Mamillen werden 1 cm lang und verlaufen in spiraligen Reihen. An den Axillen entspringen vier bis sieben weiße Borsten. Auf den weißfilzigen Areolen sitzen 40 bis 50 borstige weiße Randdornen, die bei 5 bis 9 mm Länge so dicht mit Dornen benachbarter Areolen verflochten sind, daß man den Sproß selbst kaum noch sieht. Die abstehenden 8 bis 12 Mitteldornen sind etwas kräftiger, 4 bis 7 mm lang und weiß mit brauner Spitze. Die nahe der Sproßspitze entspringenden Blüten werden 2 cm lang, 1,5 cm breit und besitzen weißliche Kronblätter mit rosa Mittelstreif. Die keulenförmige Frucht ist karminrot.
Kultur: Im Sommer braucht die Pflanze um die Mittagszeit Halbschatten. Vermehrung durch Samen oder Ableger.

---

162 MAMMILLARIA CAPUT-MEDUSAE Otto
Tribus *Cacteae* – Subtribus *Cactinae*

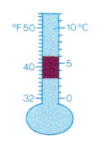

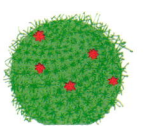

Herkunft: Nahe Metztitlán im Nordosten des Staates Hidalgo in Mexiko.
Beschreibung: Lange Zeit hielt man diese Art für eine Varietät von *Mammillaria sempervivi* und ihren Namen für ein Synonym dieser Art. Otto hatte sie 1837 beschrieben, aber alle späteren Autoren erkannten sie nicht als eigene Art an, bis sie Backeberg 1966 als eigene Art bestätigte. Die Art ist meist unverzweigt, bildet aber gelegentlich doch Seitentriebe. Sproß und Größe sind *Mammillariae sempervivi* sehr ähnlich, aber die Mamillen unterscheiden sich dadurch, daß sie kegelförmig und am Grund vierkantig sind. Die weißen, borstenartigen, 2 bis 3 cm langen Randdornen sind nur an jungen Areolen zu sehen, da sie bald abfallen. Die vier Mitteldornen sind anfangs weiß bis rosa und werden später grau. Sie werden 5 mm lang und stehen sich kreuzweise gegenüber. Die Blüten sind ungefähr 2 cm lang mit rosaroten Kronblättern, die auf der Außenseite einen roten Mittelstreif tragen.
Kultur: Bei zu starker Sonneneinstrahlung verfärbt sich dieser Kaktus rötlich. Er braucht deshalb im Sommer über die Mittagszeit Halbschatten. Vermehrung durch Samen.

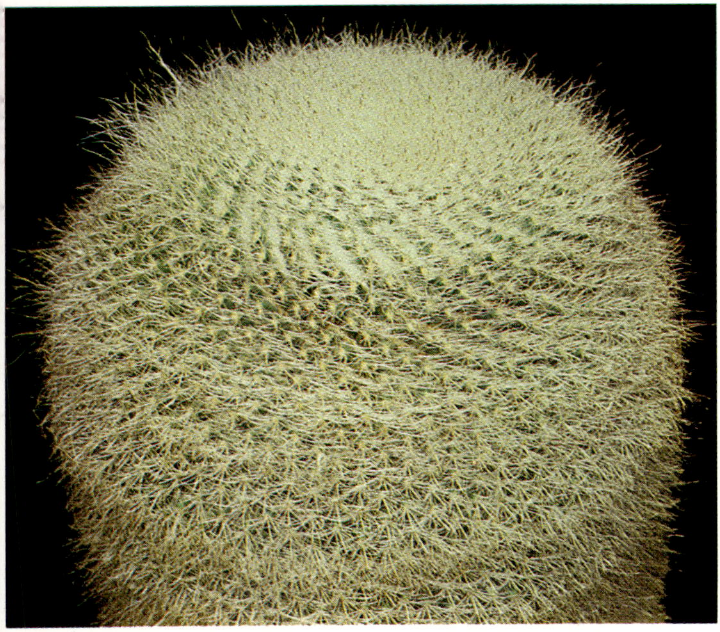

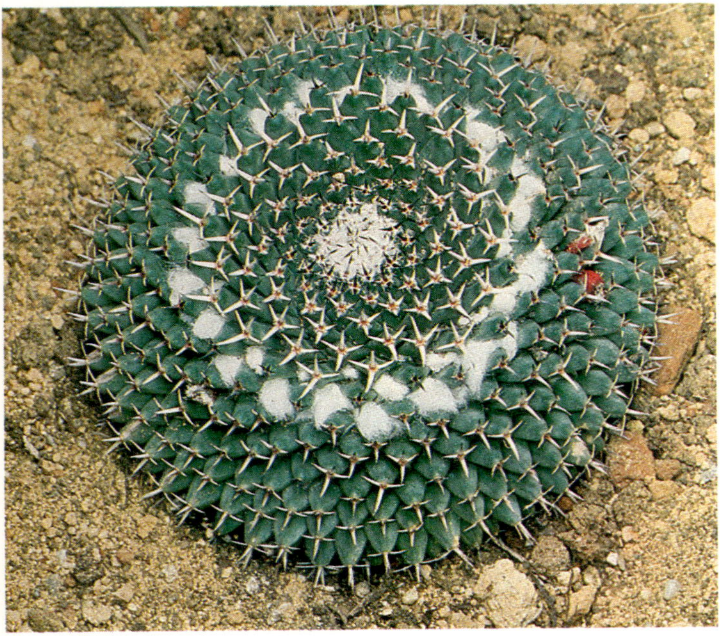

163 MAMMILLARIA CARNEA Zuccarini
Tribus *Cacteae* – Subtribus *Cactinae*

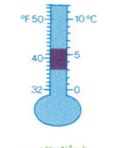

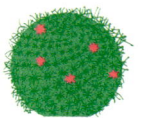

Herkunft: Die mexikanischen Staaten Hidalgo, Guerrero, Puebla und Oaxaca.

Beschreibung: Der grüne Sproß dieser rund 12 cm hohen und 8 cm dicken Pflanze ist anfangs kugelig, streckt sich später und bildet am Grund Verzweigungen. Die vierkantigen Mamillen werden 1 cm hoch und sind in 8 bis 13 Spiralen angeordnet. Am Grund sind sie anfangs gelb und wollig, werden aber später kahl wie die jungen Areolen, deren weißer Filz ebenfalls bald abfällt. Diese tragen keine Randdornen, höchstens noch ein paar Borsten. Die vier Mitteldornen sind steif, spitz und gerade oder leicht nach unten gebogen, besonders der unterste Dorn, welcher 1,5 bis 4 cm lang wird. Die Länge der übrigen schwankt zwischen 5 mm und 2 cm. Alle Dornen sind anfangs rötlich, später fleischfarben mit schwarzer Spitze. Ringförmig um die Sproßspitze entspringen die kleinen Blüten aus den Axillen. Die Kronblätter sind rosa mit dunkleren Spitzen. Die Art besitzt mehrere Varietäten. Bei *cirrosa* sind die Dornen an der Sproßspitze korkzieherartig gedreht, *longispina* besitzt längere Dornen, und *subtetragona* hat runde Mamillen mit braunen Dornen oder weißliche Dornen mit braunem Grund und brauner Spitze.

Kultur: Vermehrung durch Samen. Bei Vermehrung von Varietäten sollte man Ableger verwenden.

---

164 MAMMILLARIA CELSIANA Lemaire
Tribus *Cacteae* – Subtribus *Cactinae*

Herkunft: Mexiko, vom Staat San Luis Potosí südwärts bis Oaxaca.

Beschreibung: Der blaugrüne Sproß ist anfangs kugelig, verlängert sich später und wird 12 cm hoch und 8 cm dick. Ältere Pflanzen verzweigen sich am Grund. Die 6 mm hohen, kegelförmigen Mamillen sind in zahlreichen Spiralen angeordnet. Die Axillen bilden weißen Flaum, der an der Sproßspitze dichter und deutlich sichtbar ist. Die kleinen, runden, filzigen Areolen tragen 20 bis 30 schlanke, spitze und weiße Randdornen von 7 mm Länge. Die vier bis sechs Mitteldornen werden 7 mm bis 1,5 cm lang bis auf den untersten, der 3 cm Länge erreicht. Sie sind steif, sehr spitz und blaß- bis dunkelgelb mit braunen Spitzen. 1 cm lange Blüten entspringen in einem weiten Kreis um den Scheitel aus den Axillen. Ihre äußeren Kronblätter sind meist rötlich. Die inneren sind lanzettlich und scharlach- bis karminrot. An der Spitze der roten, ovalen Frucht hängen noch lange die vertrockneten Blütenreste. Die Art wurde erstmalig 1839 beschrieben.

Kultur: Dieser Kaktus bringt bei der Haltung keinerlei Schwierigkeiten. Während der heißen Mittagsstunden im Sommer liebt er leichten Halbschatten. Die Vermehrung erfolgt durch Samen oder Ableger von älteren Pflanzen.

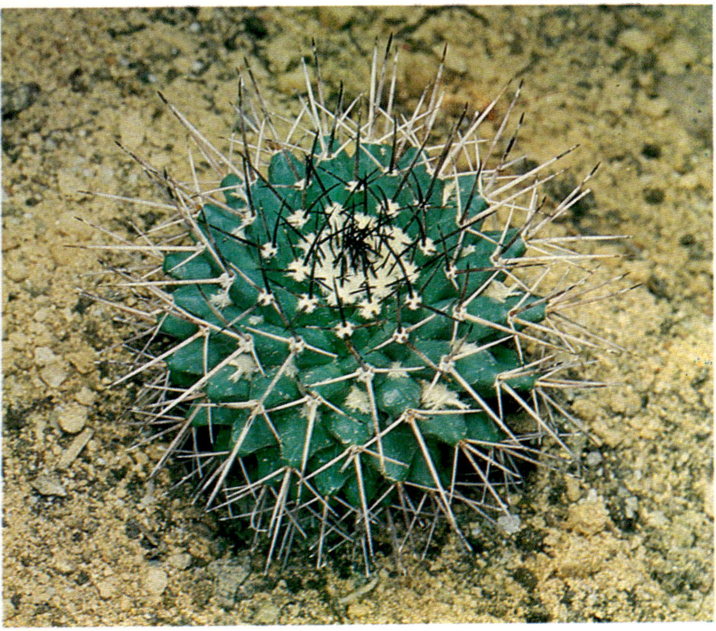

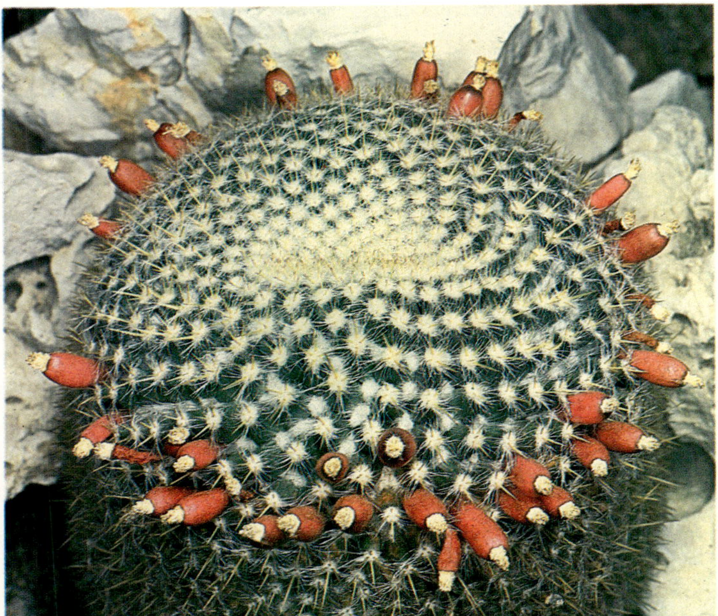

165 MAMMILLARIA COMPRESSA de Candolle
Tribus *Cacteae* – Subtribus *Cactinae*

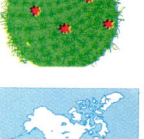

Herkunft: Von San Luis Potosí südwärts bis Querétaro und Ixmiquilpán in Zentral-Mexiko.

Beschreibung: Diese Pflanze ist auch unter ihrem alten Namen *Mammillaria angularis* bekannt. Sie ist sehr variabel, und viele ihrer Varietäten sind bereits klassifiziert.

Die typische Art hat einen kugeligen Sproß und bildet mit zahlreichen Tochterpflanzen halbkugelförmige Kissen. Später wird die Pflanze länglich und bis 20 cm hoch. Die kurzen, dikken Mamillen sind etwas kantig und erscheinen seitlich zusammengedrückt. Aus den Axillen entspringen reichlich weißer, wolliger Flaum und silbrige Borsten. Die Areolen tragen anfangs ebenfalls Wolle, werden aber später kahl. Vier bis sechs Randdornen sind erst rötlich und werden mit zunehmendem Alter weiß und schließlich grau mit braunen Spitzen. Der unterste wird bis 7 cm lang und weist schräg nach unten. Die nicht allzu reichlich gebildeten Blüten leuchten rosaviolett oder purpurn mit etwas hellerem Rand. Hellrote Früchte von 2 cm Länge enthalten bräunliche Samen. Die Varietät *fulvispina* hat nur schwach wollige Axillen und trägt fünf gelbbraune Dornen. *Longispina* ist kräftiger, höher, sehr wollig mit langen Borsten und besitzt sieben lange, weiße Dornen.

Kultur: Die Vermehrung erfolgt am einfachsten mit Ablegern. Die Pflanze wächst sowohl in voller Sonne wie im Halbschatten.

---

166 MAMMILLARIA ELONGATA de Candolle
Tribus *Cacteae* – Subtribus *Cactinae*

Herkunft: Der Staat Hidalgo in Mexiko.

Beschreibung: Der Name dieser Pflanze wechselte mehrere Male seit ihrer Beschreibung 1828 durch de Candolle. Zuletzt stellte sie Buxbaum zu seiner neuen Gattung *Leptocladodia,* aber ihr alter Name hat sich gehalten. Ihre schlanken, walzenförmigen Sprosse erreichen bei einer Dicke von 1,5 bis 3,5 cm eine Länge von 6 bis 7 cm. Sie bilden dichte Kissen von aufrechten und halb niederliegenden Sprossen. Die schlanken, kegelförmigen Mamillen sind am Grund kahl oder leicht wollig. Ihre kleinen, runden Areolen tragen 20 kurze, sternförmig angeordnete Randdornen in verschiedenen Gelbtönen. Mittel.dornen fehlen meist, obwohl einige Varietäten ein bis drei von 1 cm Länge und darüber besitzen. Von der Art gibt es viele Zuchtformen. *Obscurior* hat schlanke Sprosse, und die am Grund dunklen Dornen bilden um die Areole einen braunen Kreis. *Stella-aurata* besitzt einen schlanken Mitteldorn, und alle Dornen sind gelb mit dunkler Spitze. *Subcrocea* trägt blaßgelbe Dornen mit braunen oder roten Spitzen, und *tenuis* hat sehr dünne, aber aufrechte Sprosse.

Kultur: Diese Pflanze wird häufig gehalten, da sie klein bleibt, leicht zu halten ist und sich auch leicht durch Ableger vermehren läßt. Außerdem wächst diese Art rasch. Da sie anfällig gegenüber Wurzelfäule ist, sollte sie während der Winterruhe völlig trocken gehalten werden.

167 MAMMILLARIA FRAILEANA (Britton und Rose)
Boedecker
Tribus *Cacteae* – Subtribus *Cactinae*

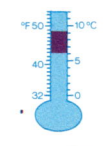

Herkunft: Diese Pflanze wurde 1909 von J. N. Rose auf den kleinen Inseln Pichilinque, Cerralbo und Santa Catalina im Golf von Kalifornien entdeckt.

Beschreibung: Der Sproß dieser Pflanze ist walzenförmig und wird nur 10 bis 15 cm hoch. Ältere Pflanzen bilden am Grund Seitensprosse. Die stumpf kegelförmigen Mamillen sind nur wenig erhaben. Ihre Axillen sind kahl oder tragen höchstens wenige Borsten. Auf den Areolen stehen 10 bis 12 Randdornen von 1 cm Länge. Sie sind nadelförmig schlank, strahlenförmig ausgebreitet und anfangs rotbraun, später weiß werdend. Drei oder vier dickere Randdornen werden ebenfalls 1 cm lang und sind erst braun, werden im Alter aber heller. Einer der Mitteldornen ist hakenförmig. Wenn sie voll geöffnet sind, werden die Blüten über 3 cm breit. Die Kronblätter sind orange mit dunklerem Grund. Die Samen in der keulenförmigen, rosa-violett bis rot gefärbten Frucht sind schwarz.

Kultur: Diese Pflanze wird nur sehr selten kultiviert, da sie im Winter höhere Temperaturen und ganzjährig höhere Luftfeuchte braucht. Trotzdem muß der Boden während der Ruheperiode gut durchlüftet und trocken sein, und auch sonst darf nur sehr vorsichtig gegossen werden. Vermehrung durch Ableger.

168 MAMMILLARIA GRACILIS Pfeiffer
Tribus *Cacteae* – Subtribus *Cactinae*

Herkunft: Der mexikanische Staat Hidalgo.

Beschreibung: Diese kleine Pflanze wird häufig kultiviert. Der schlanke, walzenförmige Sproß wird 10 cm hoch. Er verzweigt sich reichlich am Grund wie auch am Sproß, wobei neue Triebe oft niederliegend bis aufsteigend sind. Die am Grund leicht wolligen Mamillen von rund 5 mm Länge und 4 mm Breite tragen auf ihren Areolen 12 bis 14 borstenartige Randdornen von 5 bis 9 mm Länge. Sie sind anfangs cremefarben, später weiß und sternförmig angeordnet. Drei bis fünf Mitteldornen werden bis 1,5 cm lang und sind hell- bis dunkelbraun gefärbt. Die Kronblätter der 1,7 cm langen und 1,3 cm breiten Blüten sind blaßgelb bis weißlich. Die 1 cm lange Frucht ist leuchtend orange. Junge Triebe besitzen kürzere Mamillen und fest mit der Außenhaut verbundene Randdornen, aber keine Mitteldornen. Solche Triebe schnüren sich oft selbst von der Mutterpflanze ab und fallen zu Boden. Die sehr verbreitete Varietät *fragilis* wird oft als eigene Art angesehen. Sie ist kleiner und trägt weiße Mitteldornen mit dunkler Spitze. *Pulchella* ist schlanker mit weniger, teilweise braunen Randdornen und ohne Mitteldornen.

Kultur: Die Haltung ist problemlos. Durch Ableger vermehrte Pflanzen blühen erst im vierten Jahr. Bei trockener Haltung mäßig kälteverträglich.

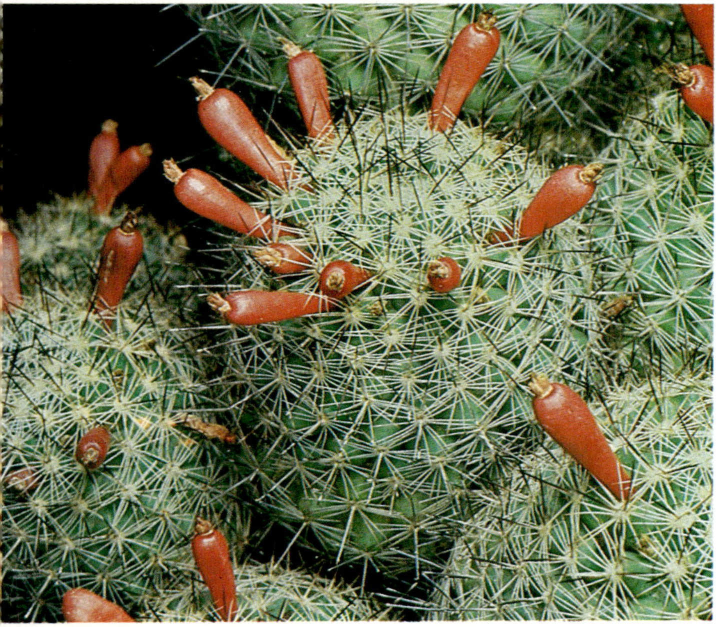

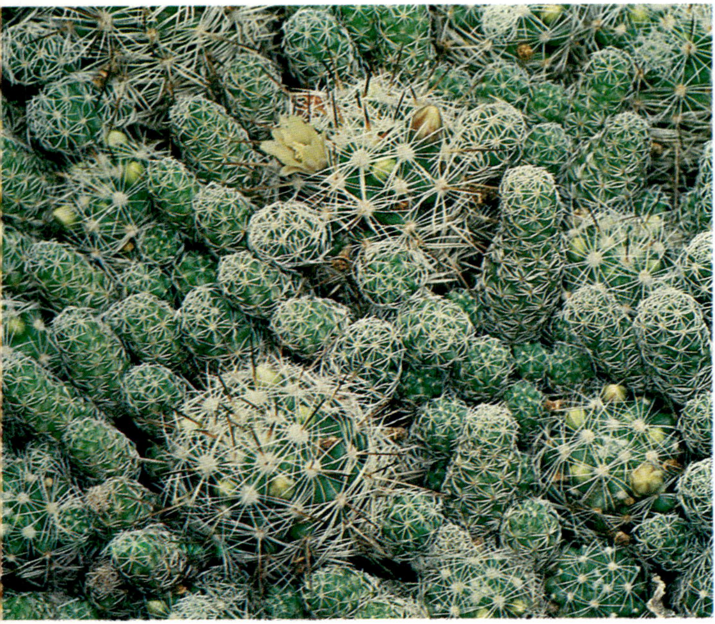

169 MAMMILLARIA GUELDEMANNIANA
Backeberg
Tribus *Cacteae* – Subtribus *Cactinae*

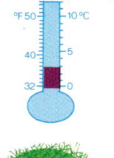

Herkunft: Bei Alamos im Staat Sonora in Mexiko.
Beschreibung: Der hellgraugrüne Sproß dieser Pflanze ist anfangs kugelig, streckt sich später und wird bis 10 cm hoch und 5 cm dick. Durch Bildung zahlreicher grundständiger Seitentriebe entwickelt sie sich zu einem halbkugeligen Kissen. Die ziemlich weichen und fleischigen Mamillen sind an der Spitze abgerundet und am Grund breit viereckig und kahl. Die Areolen tragen etwa 20 schlanke, weißliche Randdornen von rund 5 mm Länge und einen nur 2 mm langen Mitteldorn. Dieser ist pfriemförmig oder manchmal hakenförmig und ziemlich dunkel gefärbt. Der Durchmesser der kleinen, becherförmigen Blüten beträgt 1 cm. Ihre Kronblätter sind weiß mit rosarotem Rand und karminrotem Grund. Die Varietät *guirocombensis* wurde in einem viel größeren Gebiet gefunden als die typische Art und zwar im südlichen Sonora, der Nordostecke von Sinaloa und im Südwesten von Chihuahua, in größeren Höhen an den Ausläufern der westlichen Sierra Madre. Sie besitzt ein bis drei rotbraune Mitteldornen von fast 1 cm Länge, wovon einer hakenförmig ist, größere und sich weiter öffnende Blüten sowie scharlachrote Früchte mit schwarzen Samen.
Kultur: Die Varietät trifft man häufiger als den Typus. Bei trokkener Haltung ist sie mäßig kälteverträglich. Vermehrung durch Samen oder Ableger.

170 MAMMILLARIA KEWENSIS Salm-Dyck
Tribus *Cacteae* – Subtribus *Cactinae*

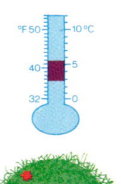

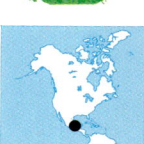

Herkunft: Das erste bekannte Exemplar wurde ohne Herkunftsangabe an die Kew Gardens in England geschickt, und Salm-Dyck beschrieb eine Pflanze, die er aus Samen gezogen hatte. Heute weiß man, daß sie vom Hochland Zentral-Mexikos stammt.
Beschreibung: Der anfangs kugelige, später längliche Sproß wird rund 12 cm hoch und 9 cm dick. Die kurzen, breit kegelförmigen Mamillen tragen an ihrem Grund dauerhaften weißen Flaum. Die Areolen an der Spitze sind anfangs ebenfalls wollig, werden aber später kahl. Die vier bis sechs gebogenen Randdornen sind sternförmig angeordnet, wobei die oberen 12 mm lang werden und der dicke untere Dorn bis 3 cm lang wird. Im Laufe der Entwicklung wechselt ihre Farbe von Rötlich über Schwarzbraun bis Grau. Die trichterförmigen Blüten sind ungefähr 1,5 cm lang und besitzen zugespitzte Kronblätter von dunklem Purpur mit dunklerem Grund. Die 2 cm lange, grünliche Frucht wird manchmal auch rosa und enthält braune Samen. Die Varietät *albispina,* unter Gärtnern auch als *spectabilis* bekannt, besitzt weiße Dornen.
Kultur: Diese langsam wachsende Pflanze erträgt zwar niedrige Temperaturen, aber keinen Frost. Wie alle weniger dicht bedornten Arten muß auch diese nach der Winterruhe erst langsam an die Sonne gewöhnt werden, um Sonnenbrand zu vermeiden. Vermehrung durch Samen.

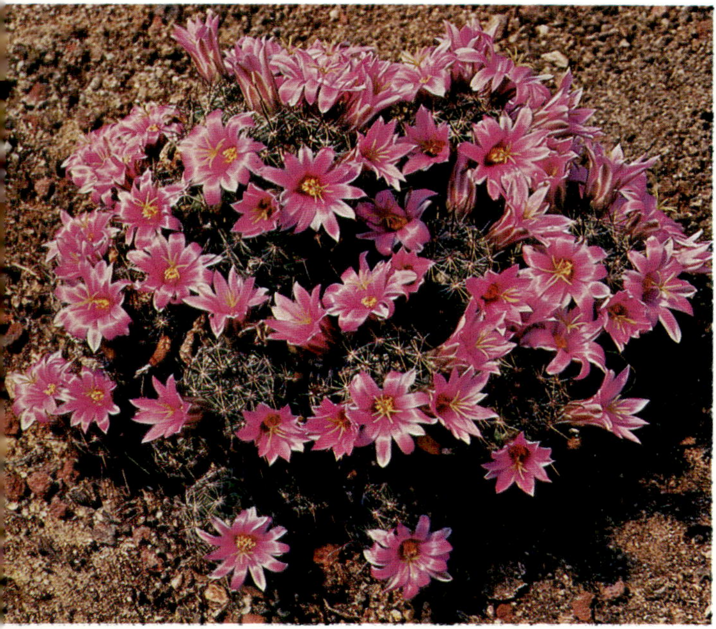

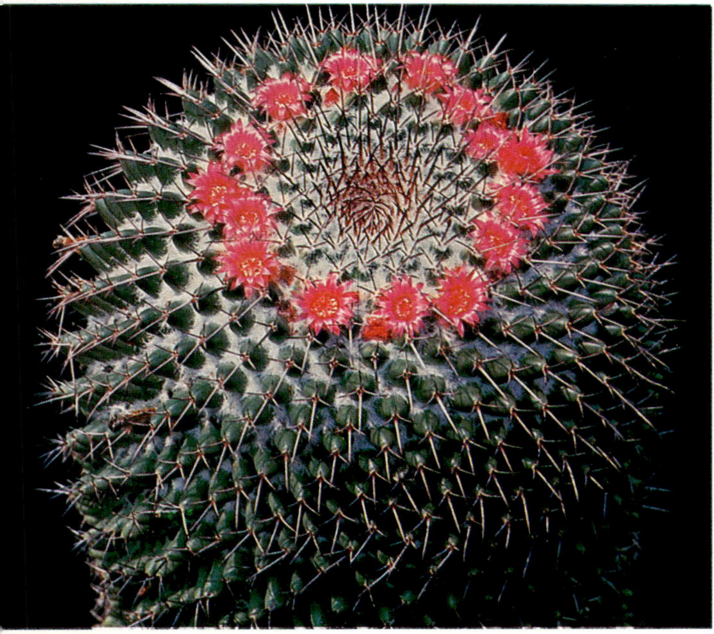

171 MAMMILLARIA LENTA Brandegee
Tribus *Cacteae* – Subtribus *Cactinae*

Herkunft: Nahe Viesca und Torreón im Südwesten des Staates Coahuila in Mexiko.

Beschreibung: Diese Pflanze, die sich am Grund verzweigt und so dichte Kissen bildet, ist insofern eine Besonderheit, da sie sich auch an der Sproßspitze verzweigt. Diese gabelt sich. Der hellgrüne bis gelbliche Sproß wird 3 bis 5 cm dick und bildet im allgemeinen eine Halbkugel, da er breiter als hoch wird. Die kegelförmigen Mamillen sind schlank und in Spiralen angeordnet. Die Axillen sind wollig und tragen gelegentlich auch eine Borste. Nur in der Nähe der Sproßspitze sind die weißen Areolen filzig. Ihre 30 bis 40 weißen und borstigen Randdornen werden 2 bis 5 mm lang und sind in mehreren konzentrischen Kreisen angelegt. Sie sind schlank und zart, manchmal fast durchscheinend, und da sie sich mehr oder weniger überlappen, verdecken sie den Sproß fast vollständig. Mitteldornen sind nicht vorhanden. Die weißlichen Blüten besitzen zugespitzte Kronblätter und reifen zu roten Beeren von 1 cm Länge.

Kultur: Da diese Art außergewöhnlich langsam wächst, vermehrt man sie am besten durch Ableger. Die Pflanze liebt Halbschatten und im Winter etwas höhere Temperaturen als andere Arten. Durch gelegentliches Besprühen bleibt die zarte Schönheit der Dornen besser erhalten.

172 MAMMILLARIA MARNIERIANA Backeberg
Tribus *Cacteae* – Subtribus *Cactinae*

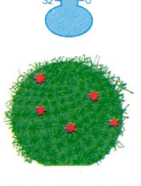

Herkunft: Die Berge um Santa Ana im Staat Sonora in Mexiko.

Beschreibung: Diese Art widmete Backeberg Julien Marnier-Lapostolle, der bei seiner Villa »Les Cèdres« bei Cap Ferrat in Frankreich einen großartigen privaten botanischen Garten mit dem Schwerpunkt Kakteen geschaffen hat. Der anfangs unverzweigte, längliche Sproß verzweigt sich später stark am Grund. Er wird rund 10 cm hoch, 6,5 cm dick und besitzt eine abgeflachte Spitze. Die kleinen, kegelförmigen Mamillen sitzen sehr dicht und verlaufen in engen Spiralen. Die Axillen sind kahl. Die Areolen tragen rund 30 Randdornen vor 8 mm Länge, welche schlank und gerade, nie hakenförmig sind. Der einzelne, ziemlich dicke Mitteldorn wird 2 mm lang. Alle Dornen sind weiß und höchstens am Grund etwas bräunlich. Die becherförmigen Blüten werden für die Gattung recht groß und sind 1,5 cm lang und 3,5 cm breit. Die spitzen, leicht nach außen gebogenen Kronblätter sind rosa, karminrot oder purpurn.

Kultur: Diese Art wurde noch nicht so lange in Europa eingeführt und ist deshalb selbst in Kakteengärtnereien noch kaum zu finden. Auch diese Pflanze hat im Winter ein etwas höheres Wärmebedürfnis. Im Sommer verlangt sie volle Sonneneinstrahlung. Die Vermehrung erfolgt durch Samen.

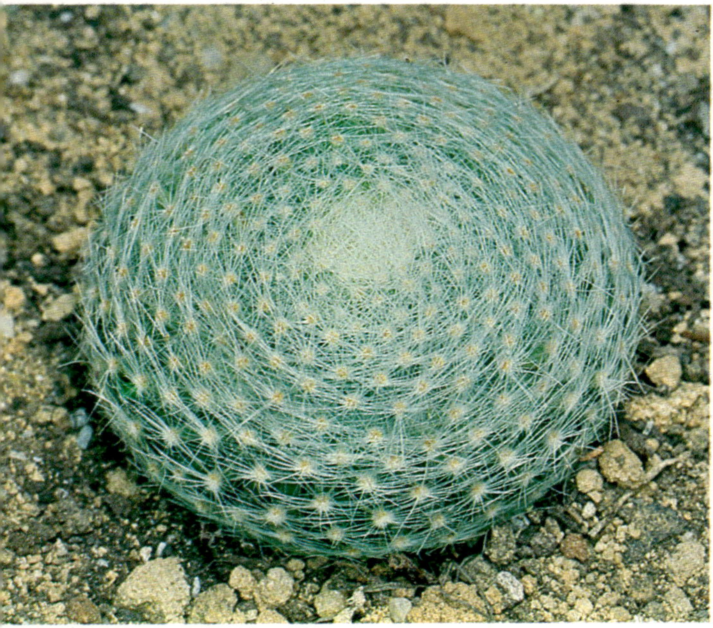

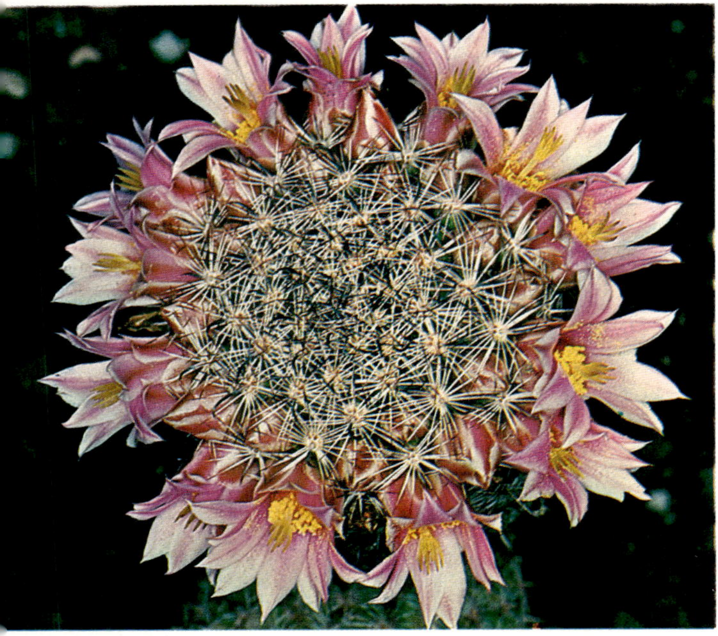

173 MAMMILLARIA MAZATLANENSIS Schumann
Tribus *Cacteae* – Subtribus *Cactinae*

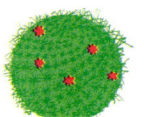

Herkunft: Die Küste um die Stadt Mazatlán im Staat Sinaloa im Westen Mexikos.

Beschreibung: Dieser Kaktus wurde 1901 beschrieben. Er wächst auf den Hügeln nahe der Küste und bildet mit seinen kleinen, länglichen Sprossen von höchstens 12 cm Höhe und 4 cm Dicke große Polster. Die Mamillen des graugrünen Sprosses sind in weiten Spiralen angeordnet. Diese Mamillen stehen auf breiter Basis und werden 3 bis 5 mm lang. Die Axillen am Grund der Mamillen sind kahl oder leicht filzig mit einigen wenigen Borsten. Die runden Areolen tragen dünne Wolle und bei ausgewachsenen Pflanzen 13 bis 15 Randdornen. Diese sind weiß, steif, nadelförmig und wachsen zu einer Länge von 5 mm bis 1 cm. Drei oder vier, bei älteren Pflanzen bis sechs Mitteldornen sind länger und kräftiger ausgebildet als die Randdornen. Einer davon ist meist hakenförmig. Sie stehen steif nach außen und an der Sproßspitze dunkler mit weißem Grund. Blüten entspringen im oberen Teil des Sprosses aus Axillen älterer Mamillen. Sie werden rund 4 cm lang und besitzen längliche Kronblätter in verschiedenen Tönen von Karminrot. Die rötliche bis braune Frucht ist keulenförmig und wird 2 cm lang.

Kultur: Anders als die aus Wüsten stammenden Arten braucht dieser Kaktus im Winter höhere Temperaturen und auch höhere Luftfeuchte, was durch gelegentliches Besprühen ausgeglichen werden kann. Vermehrung durch Ableger.

174 MAMMILLARIA MICROCARPA Engelmann
Tribus *Cacteae* – Subtribus *Cactinae*

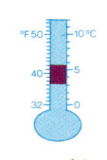

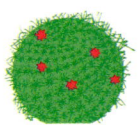

Herkunft: Westliches Texas, südliches Neu-Mexiko und Arizona, bis zu den Staaten Chihuahua und Sonora in Mexiko.

Beschreibung: Dieser Kaktus wird in Kultur höchstens 10 cm hoch, während er in seiner Heimat bis 16 cm Höhe erreicht. Der dunkelgraugrüne Sproß wird höchstens 6 cm dick und bleibt meist unverzweigt. Gelegentlich bildet er aber doch Seitentriebe. Die Mamillen sind am Grund rund oder leicht oval und die Axillen tragen weder Haare noch Borsten. Der Sproß ist völlig verdeckt von sich gegenseitig überschneidenden Randdornen von 5 mm bis 1 cm Länge. Auf jeder Areole sitzen 20 bis 30 dieser schlanken Dornen, die entweder weiß oder gelb mit brauner Spitze im Gegensatz zu den anfangs roten, später schwarzbraunen Mitteldornen stehen. Meist gibt es von ihnen nur einen einzelnen, oft aber auch drei bis vier, von denen die oberen dicht beieinander stehen und der untere hakenförmig ist. Sie werden fast 2 cm lang. Die 4 cm großen Blüten sind rosa mit dunkler Mittellinie.

Ein oder zwei in Arizona vorkommende Varietäten tragen Mitteldornen, die entweder goldgelb oder braun und hakenförmig sind.

Kultur: Da die Vermehrung durch Samen sehr lange dauert, wird diese Art oft auf stärker wachsende Unterlagen gepfropft. Dadurch steigt auch die Blühfreudigkeit.

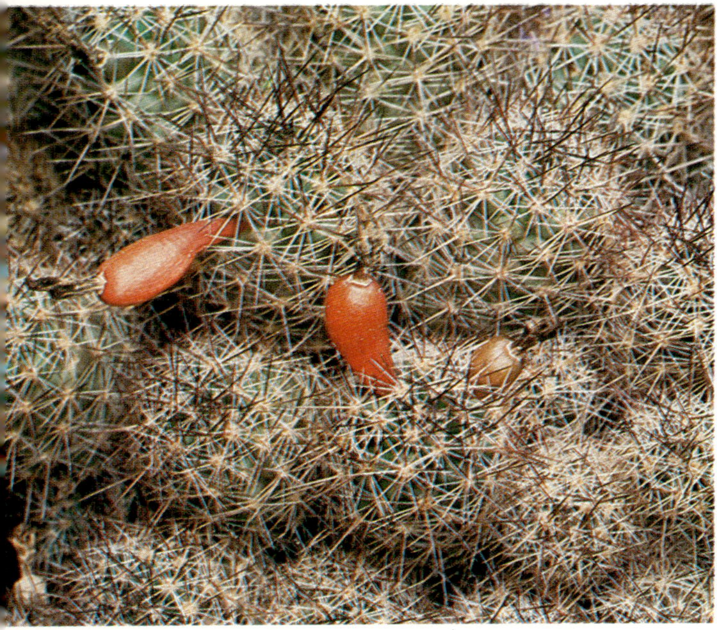

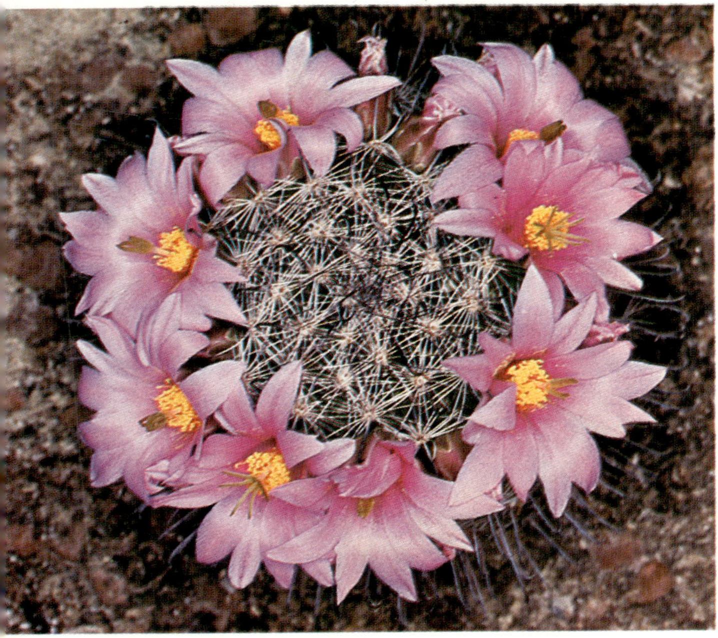

175 MAMMILLARIA OCCIDENTALIS
(Britton und Rose) Boedecker
Tribus *Cacteae* – Subtribus *Cactinae*

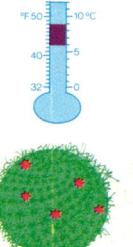

Herkunft: Mexiko. Die Pflanze wurde an der Pazifikküste nahe Manzanillo im Staat Colima entdeckt. Später wurde sie auch weiter nördlich an der Küste von Nayarit und Sinaloa gefunden.
Beschreibung: Diese Art verzweigt sich sowohl am Grund als auch am Sproß sehr reichlich. Dieser ist schlank säulenförmig und wird bis 15 cm hoch und 2 bis 3 cm dick. In der Axillen der kegelförmigen Mamillen, die von zahlreichen Dornen völlig verdeckt sind, wachsen manchmal ein paar Borsten, aber nie Wolle. Die 12 bis 18 Randdornen von 3 bis 8 mm Länge sind flach nach allen Richtungen ausgebreitet und überkreuzen sich mit Dornen benachbarter Areolen. Sie sind schlank, nadelförmig und weiß bis gelblich mit brauner Spitze. Vier bis fünf rotbraune, steife Mitteldornen werden 5 mm bis 1 cm lang. Sie sind nadelförmig, und einer, meist der unterste, wächst hakenförmig. Die schwach duftenden Blüten werden 1 cm lang. Ihre Kronblätter sind ziemlich dunkelkarminrot bis violett und nach unten eingerollt. Die Varietät *monocentra* trägt nur einen rotbraunen Mitteldorn von 7 mm Länge. Er ist gerade, gebogen oder hakenförmig.
Kultur: Am natürlichen Standort wächst diese Pflanze zwischen Felsen in praller Sonne. Sie braucht also besonders groben und durchlässigen Boden. Vermehrung durch Ableger.

176 MAMMILLARIA PLUMOSA Weber
Tribus *Cacteae* – Subtribus *Cactinae*
Flaumfederkaktus

Herkunft: Der Staat Coahuila im Norden Mexikos.
Beschreibung: Diese kleine Pflanze verzweigt sich sehr stark und bedeckt in ihrer Heimat als kleine Kissen die Kalkfelsen und steinigen Hänge ihres Standortes. Der blaßgrüne, kugelige Sproß wird 7 cm dick und trägt weiche, walzenförmige Mamillen, die in zahlreichen Spiralen angelegt sind. Die Axillen tragen weiße Wolle, die kleinen runden Areolen bis zu 40 weiße Randdornen, welche 3 bis 7 mm lang werden und federartig weich den ganzen Sproß umhüllen. Da die Dornen gebogen und ineinander verflochten sind, erscheinen vor allem kleine Sprosse wie Federbälle. Mitteldornen fehlen. Die kleinen Blüten werden kaum mehr als 1 cm lang und breit. Sie sind weiß mit grünem Grund und zeigen eine ziemlich schmale, manchmal kaum sichtbare rote oder braune Mittellinie auf den Kronblättern. Die Pflanze blüht weder regelmäßig noch reichlich, doch sie wird ja auch hauptsächlich wegen ihres federig-flauschigen Aussehens gehalten. Diese Art wird häufig mit *Mammillaria lasiacantha* verwechselt, die noch mehr borstenartige Dornen besitzt, aber kahle Axillen und eine mehr graue Oberfläche hat.
Kultur: Sie braucht viel Sonne, gut durchlüfteten Boden und völlige Trockenheit von November bis April. Vermehrung durch Ableger.

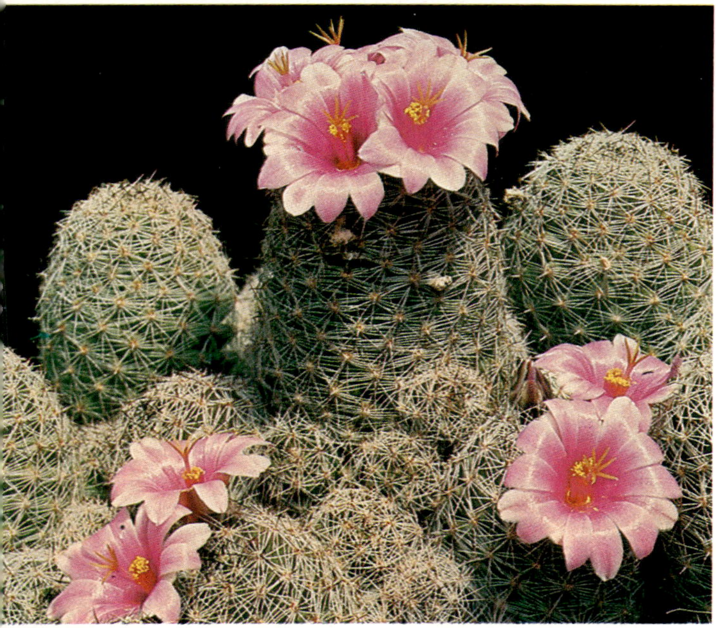

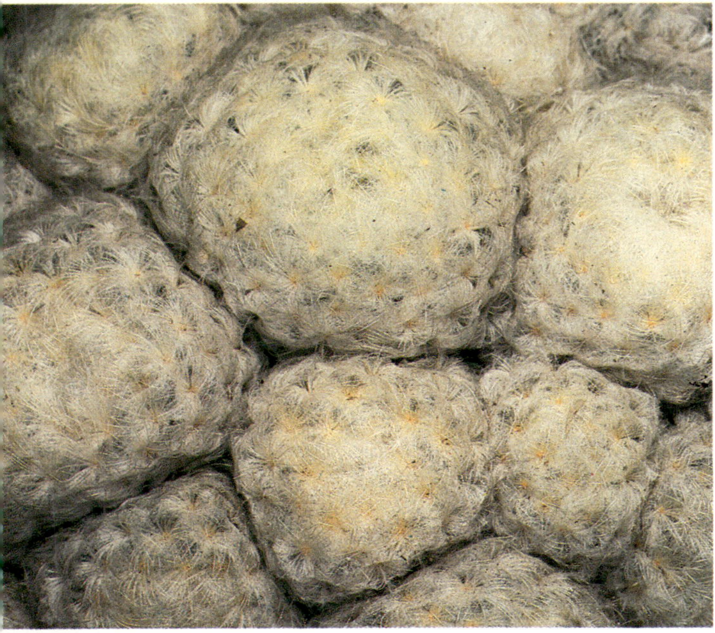

177 MAMMILLARIA PROLIFERA Haworth
Tribus *Cacteae* – Subtribus *Cactinae*
Korallenkaktus

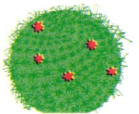

Herkunft: Kuba und Haiti.
Beschreibung: Müller nannte diese Pflanze 1768 *Cactus proliferus,* und 1812 stellte sie Haworth zu seiner neuen Gattung *Mammillaria.* Die kugelige bis längliche Pflanze wird nur 6 cm hoch und 4 cm breit. Dabei bildet sie durch zahlreiche Verzweigungen Polster bis zu 60 cm Durchmesser. Die kegelförmigen Mamillen sind weich, knapp über 5 mm lang und in wenigen Spiralen angeordnet. Borstenartige Haare von den Axillen überragen die Mamillen. In der Nähe der Sproßspitze sind die Areolen leicht wollig. Sie tragen zahlreiche weiße, borstenartige Randdornen von 5 mm bis 1 cm Länge sowie fünf bis zehn strahlenförmig abstehende, schlanke Mitteldornen, die rund 8 cm lang werden und mit dunkler Spitze gelb gefärbt sind. Blüten entspringen rund um die Sproßspitze aus den Axillen älterer Mamillen. Sie werden rund 1,5 cm lang und tragen ziemlich große, aufrechte innere Kronblätter von blaßgelber Farbe mit dunkler Mittellinie. Die welken Blütenreste hängen noch lange an der 1 cm langen Frucht. Von der korallenroten Farbe der Frucht hat dieser Kaktus seinen deutschen Namen. Die oft für eine eigene Art gehaltene Varietät *multiceps* besitzt einen schlankeren Sproß und stammt aus Süd-Texas und dem nördlichen Mexiko.
Kultur: Diese Pflanze läßt sich sehr leicht durch eine der zahlreichen Tochterpflanzen vermehren.

178 MAMMILLARIA PSEUDOPERBELLA Quehl
Tribus *Cacteae* – Subtribus *Cactinae*

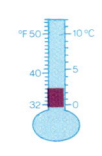

Herkunft: Die von Quehl 1909 beschriebene Art ist in Mexiko weit verbreitet, vom Staat Querétaro über Zentral-Mexiko bis zum Staat Oaxaca an der Pazifikküste.
Beschreibung: Der meist unverzweigte Sproß dieser Pflanze bildet nur selten am Grund einige Verzweigungen. Er ist anfangs kugelig, streckt sich später und besitzt eine flache, völlig weiß erscheinende Sproßspitze. Er wird bis 15 cm dick und verkorkt im Alter von unten her. Die kurzen, kegelförmigen Mamillen sind in zahlreichen, sehr engen Spiralen angelegt. Ihre Axillen sind ziemlich wollig, und die Areolen tragen 20 bis 30 Randdornen von 3 mm Länge, welche, schlank und seidig weiß, kammartig nach beiden Seiten abstehen. Von den zwei Mitteldornen wächst der obere 5 mm aufrecht nach außen, während der untere kürzer bleibt. Beide sind bräunlich mit dunklerer Spitze. Aus den kleinen, karminroten Blüten entwickeln sich hellrote, keulenförmige Früchte.
Kultur: Die Pflanze bietet in der Haltung keine Schwierigkeiten. Zu tiefe Temperaturen nimmt sie übel, aber bei trockener Haltung ist sie doch recht kälteverträglich. Die Vermehrung erfolgt durch Samen. Manchmal verzweigen sich ältere Pflanzen an der Spitze gabelförmig. Man sollte keinen der beiden Sproßspitzen als Steckling entfernen, da dies für die Pflanze meist tödlich endet.

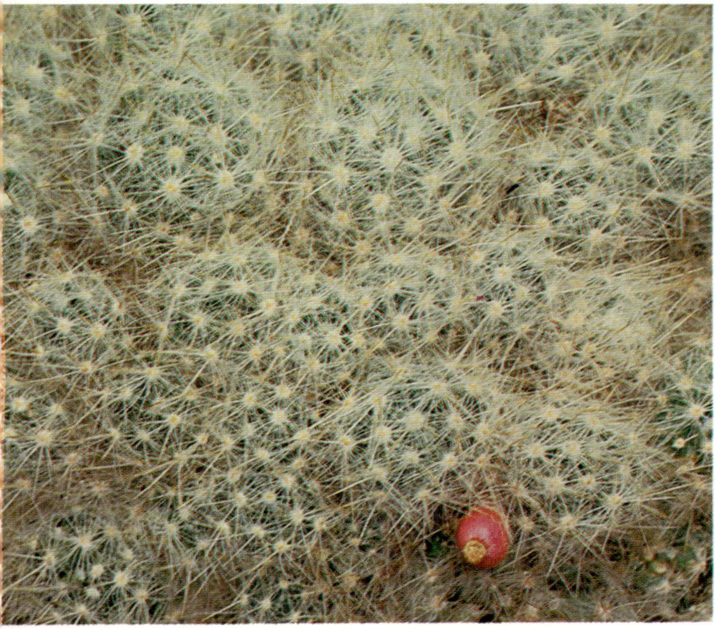

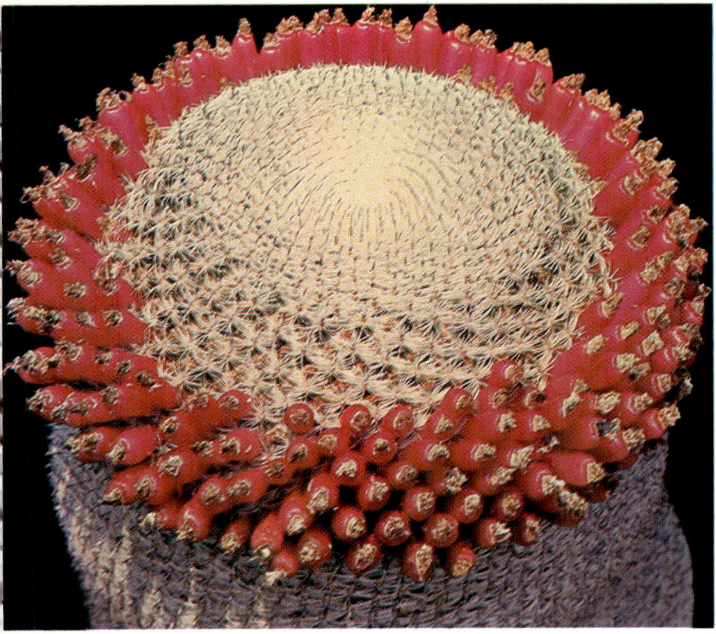

179 MAMMILLARIA SCHIEDEANA Ehrenberg
Tribus *Cacteae* – Subtribus *Cactinae*

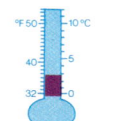

Herkunft: Zentral-Mexiko.

Beschreibung: Ehrenberg klassifizierte diese Pflanze 1838. Sie ist kugelig mit leicht abgeflachter Spitze und wird 4 bis 5,5 cm dick. Sie bildet am Grund viele Seitentriebe und bildet so dichte Polster. Die ziemlich weichen Mamillen sind kegel- bis walzenförmig, werden rund 1 cm lang und sind in flachen Spiralen angelegt. Aus den Axillen entspringen borstige Haare. Die zahlreichen, sehr schlanken Randdornen von 2 bis 5 mm Länge sind auf den Areolen in dichtstehenden, konzentrischen Kreisen angeordnet. Zwischen ihnen wachsen borstenartige Haare mit gelbem Grund. Diese überkreuzen sich mit den Haaren der seitlich benachbarten Areolen und markieren so girlandenartig die Spiralen. Mitteldornen sind nicht vorhanden. Die 2 cm langen Blüten tragen weiße oder cremefarbene, an der Spitze gekerbte innere Kronblätter. Die länglichen Beeren sind rot. Von dieser Art gibt es zahlreiche Formen mit völlig weißen oder gelben Dornen und Borsten oder solchen, die nur an der Spitze gelb sind.

Kultur: Bei dieser Pflanze können entweder nur Faserwurzeln oder auch eine rübenförmige Wurzel vorhanden sein. Letzterer muß beim Umtopfen genügend Platz gewährt werden. In milderem Klima ist diese Pflanze winterhart, muß aber von stärkeren Frösten geschützt werden. Stecklinge bewurzeln sich nur schlecht, deshalb erfolgt die Vermehrung durch Samen oder durch Pfropfung.

180 MAMMILLARIA SEMPERVIVI de Candolle
Tribus *Cacteae* – Subtribus *Cactinae*

Herkunft: Die Staaten Hidalgo und Vera Cruz in Zentral-Mexiko.

Beschreibung: Als de Candolle 1828 dieser Pflanze mit ihren ziemlich langen und deutlich sichtbaren, in engen Spiralen angeordneten Mamillen ihren Namen gab, erinnerte sie ihn an die in den Alpen vorkommende und auch in Steingärten gepflanzte *Sempervivum,* die Hauswurz. Die Pflanze verzweigt sich nur zögernd mit zunehmendem Alter. Sie ist kugelig mit flacher Spitze und wird 6 cm hoch und 7 cm breit. Die pyramidenförmigen, leicht kantigen Mamillen werden 1 cm lang, und ihre Mamillen sind besonders im Bereich der Blüten wollig. Die kleinen, filzigen Areolen werden später kahl. Drei bis sieben nur 3 mm lange Randdornen fallen bald ab, von den beiden steifen, leicht gebogenen Mitteldornen wird der etwas längere 5 mm lang. Beide sind pfriemlich und anfangs rotbraun, später weiß. Die äußeren Kronblätter der aus älteren Axillen entspringenden Blüten sind meist grünlich, während die inneren weiß gefärbt sind und einen roten Mittelstreif besitzen. Gelegentlich sind die Blüten auch gelblich oder rosa.

Vermehrung: Diese Art braucht ein warmes Winterquartier und Sonnenschutz im Sommer. Vermehrung durch Samen oder Ableger.

181 MAMMILLARIA SPHACELATA von Martius
Tribus *Cacteae* – Subtribus *Cactinae*

Herkunft: Die Gebirgsgegenden im Süden Mexikos in den Staaten Oaxaca und Puebla, nahe Tehuacán.

Beschreibung: Nach Buxbaum gehört diese Art nicht mehr zu *Mammillaria,* sondern zu der von ihm neu geschaffenen Gattung *Leptocladodia* (»schlanker Sproß«). Da der alte Name aber noch allgemein gebräuchlich ist und auch in vielen Texten gebraucht wird, ist hier noch der alte Name aufgeführt. Der von Martius 1832 verliehene Artname leitet sich ab vom griechischen *sphakelos,* trocken oder gedörrt, und bezieht sich auf das Aussehen älterer Pflanzen. Diese hängen über, und ihr graugrüner Sproß ist von weißen Dornen bedeckt. Der säulenartige Sproß wird 20 cm hoch, aber nur 3 cm dick. Er ist oft etwas gedreht und bildet mit seinen zahlreichen Verzweigungen dichte Kolonien. Am Grund der kleinen, kegelförmigen Mamillen sitzen wollige, borstige Axillen. Die Areolen tragen 10 bis 15 schlanke Randdornen. Diese sind weiß mit roter Spitze, werden aber später bräunlich. Meist ist nur ein Mitteldorn vorhanden, es können aber auch zwei oder drei sein, die alle im Aussehen den Randdornen gleichen. Die Blüten sind mehr oder weniger dunkelrot.

Kultur: Dieser Kaktus wächst sehr langsam und ist äußerst anfällig gegenüber Wurzelfäulen. Deshalb sollte nur sehr vorsichtig gegossen werden. Er ist recht kälteverträglich, mag jedoch keinen Frost. Vermehrung durch Ableger.

182 MAMMILLARIA SPINOSISSIMA Lemaire
Tribus *Cacteae* – Subtribus *Cactinae*

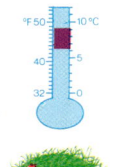

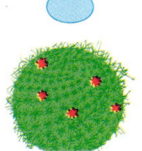

Herkunft: Mexiko. Diese Pflanze hat ein riesiges Verbreitungsgebiet von den Staaten Hidalgo, Morelos und Puebla in Zentral-Mexiko bis zur Pazifikküste.

Beschreibung: Lemaire benannte diese Pflanze 1838. Sie ist so oft wie kaum eine andere Pflanze umbenannt worden, was auf ihren unglaublichen Formenreichtum besonders in bezug auf die Dornen zurückzuführen ist. Diese Namen bezeichnen heute die vielen Varietäten, oder sie werden noch als Synonyme gebraucht. Der säulenartige Sproß wird bis 30 cm hoch und 10 cm dick. Die Pflanze wird meist als unverzweigt beschrieben, verzweigt sich aber im Alter doch am Grund. Die Mamillen sind oval kegelförmig und leicht kantig, 4 bis 5 mm hoch und in zahlreichen Spiralen angeordnet. Die Axillen sind wollig und borstig, die Areolen sind nur an der Sproßspitze wollig und werden später kahl. 20 bis 30 borstenartige weiße Randdornen weisen in alle Richtungen. Sie werden bis 1 cm lang, während die 7 bis 15 nadelförmigen, weichen Mitteldornen 2 cm lang werden. Ihre Farbe reicht von Weiß, Rubinrot und Gelbbraun bis Rotbraun. Die äußeren Kronblätter der 2 cm langen Blüten sind braun-rosa, die inneren karminrot.

Kultur: Durch die Vermehrung mit Samen wird der natürliche Formenreichtum der Pflanze erhalten. Nur alte Pflanzen bilden Ableger, jedoch nicht immer.

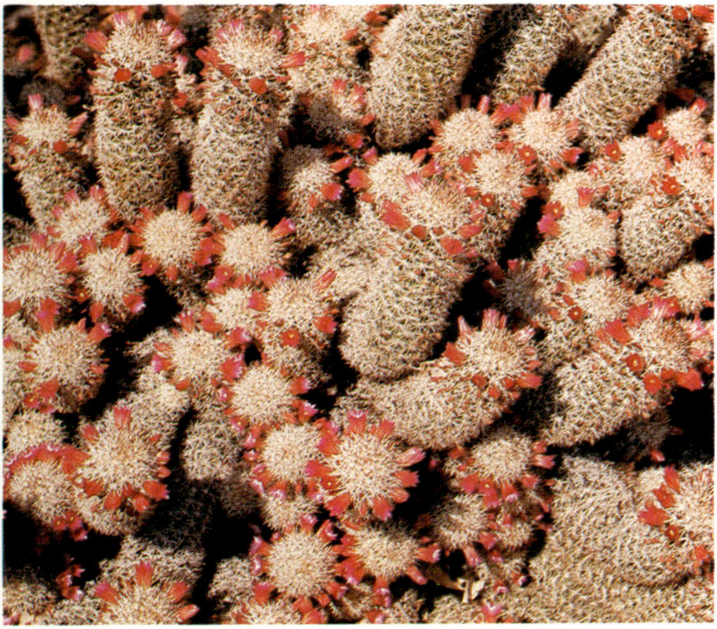

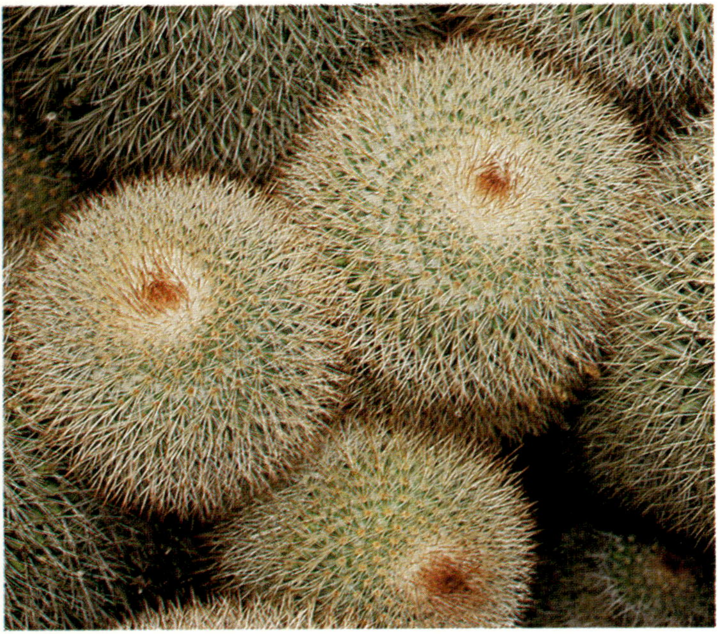

183 MAMMILLARIA THERESAE Cutak
Tribus *Cacteae* – Subtribus *Cactinae*

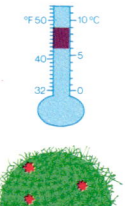

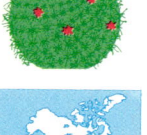

Herkunft: Diese Art wurde 1966 von Theresa Bock entdeckt und zwar in einer Höhe von 2200 m im Staat Durango im Norden Mexikos. Später wurde dieser Kaktus von Ladislaus Cutak ihr zu Ehren *theresae* genannt. Cutak stammt aus der Bukowina in Rumänien, wanderte in die USA aus und wurde dort Spezialist für Sukkulenten in den Botanischen Gärten von Saint Louis.

Beschreibung: Diese ziemlich kleine Pflanze besitzt einen walzenförmigen Sproß, der meist einzeln steht, sich aber gelegentlich auch verzweigt. Dieser ist olivgrün, färbt sich aber bei guter Haltung rot bis purpurn und wird bis 10 cm hoch und 2 cm dick. Die Mamillen sind klein und ebenfalls walzenförmig. Auf ihnen sitzen runde, wollige Areolen, welche zahlreiche, flach ausgebreitete Randdornen von knapp 2 mm Länge tragen. Diese sind weiß und gefiedert. In ihrer Mitte stehen außerdem noch bis neun Mitteldornen. Die rotvioletten Blüten werden bis 4 cm lang und besitzen eine schlanke Röhre. Die schwarzen Samen sind winzig.

Kultur: Diese Pflanze ist wahrscheinlich ziemlich kälteverträglich, doch sollte man wegen ihrer geringen Größe doch eher vorsichtig sein. Sie ist durch Samen leicht zu vermehren.

184 MAMMILLARIA TROHARTII Hildmann
Tribus *Cacteae* – Subtribus *Cactinae*

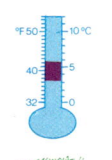

Herkunft: Mexiko

Beschreibung: Der Sproß dieser Pflanze ist anfangs unverzweigt, bildet aber später am Grund zahlreiche Seitentriebe. Dadurch entstehen große Polster. Jeder der dunkel- bis blaugrünen Sprosse wird rund 6 cm dick, ist an der Spitze abgeflacht und trägt rund 5 mm hohe, leicht kantige, kegelförmige Mamillen. Am Neuzuwachs sind die Axillen kahl, bilden aber später dichten, weißen Flaum. Die Areolen dagegen sind anfangs wollig und werden später kahl. Auf ihnen stehen vier bis fünf weiße Randdornen mit dunkler Spitze. Mit Ausnahme der unteren, welche bis 8 mm lang werden, sind sie sehr kurz. Der einzelne, viel längere und steife Mitteldorn ist bräunlich, gerade oder leicht gebogen. Wenn er schließlich abfällt, bleibt die Mamille fast dornenlos. Die roten Blüten entspringen bei älteren Axillen mitten aus dem Flaumbüschel.

Kultur: Die Bestimmung dieser Art ist nicht einfach, da es sehr viele ähnliche Kakteen gibt. Diese sind das Ergebnis natürlicher oder künstlicher Hybridbildung. Wie bei allen wenig bedornten Arten muß man auch bei dieser darauf achten, daß sie vor allem nach der Winterruhe nicht zu viel direkte Sonneneinstrahlung bekommt. Vermehrung durch Stecklinge.

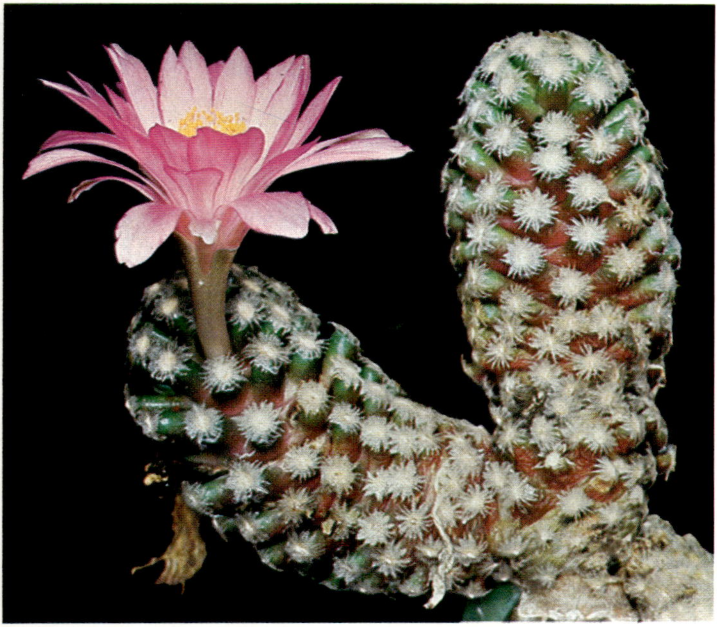

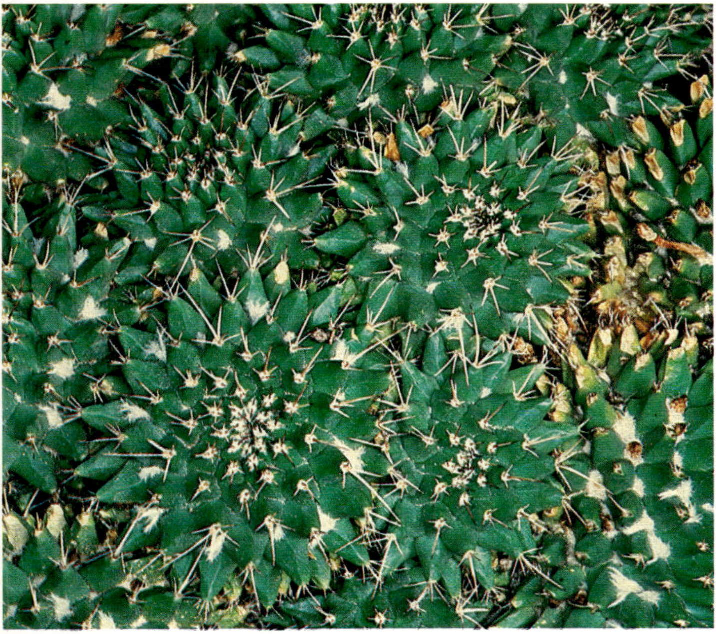

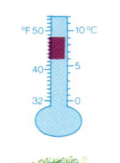

185 MAMMILLARIA WOBURNENSIS Scheer
Tribus *Cacteae* – Subtribus *Cactinae*

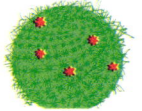

Herkunft: Guatemala

Beschreibung: Der Artname erinnert an die Abtei Woburn Abbey in England, in der sich früher eine große Kakteensammlung befand. Scheer beschrieb 1845 ein in Kew Gardens gewachsenes Exemplar. 1908 entdeckte F. Eichlam diese Art im Freiland und nannte sie *Mammillaria chapinensis,* ein noch heute gebräuchlicher Name. Der kugelige, später oval-längliche Sproß wird 20 cm hoch und 8 cm dick. Ältere Pflanzen verzweigen sich sowohl am Grund wie auch am Sproß und bilden so große Polster. Wenn man die stumpf kegelförmigen Mamillen verletzt, sondern sie reichlich weißen Milchsaft ab. Über zehn weiße Borsten entspringen den wolligen Axillen. Die acht oder neun cremeweißen Randdornen mit rötlichen Spitzen werden 4 bis 5 mm lang, während die fünf Mitteldornen bis 2 cm lang werden. Diese sind erst dunkelbraun und später gelblich mit rötlicher Spitze. Die 2 cm langen Blüten entspringen aus den Axillen und stehen als Kranz um die Sproßspitze. Die Kronblätter sind gelb, wobei die äußeren einen rotbraunen Mittelstreifen besitzen. Der Sproß kann sehr unterschiedlich, manchmal sogar rötlich gefärbt sein. In letzterem Fall handelt es sich dann um die Varietät *rubescens.*

Kultur: Am natürlichen Standort wächst die Pflanze unter Büschen, sie braucht also Halbschatten. Sie ist wenig kälteverträglich und wird durch Samen oder Ableger vermehrt.

---

186 MAMMILLARIA ZEILMANNIANA Boedecker
Tribus *Cacteae* – Subtribus *Cactinae*

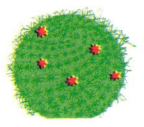

Herkunft: Nahe San Miguel Allende im Staat Guanajuato in Zentral-Mexiko.

Beschreibung: Diese sehr blühfreudige Art bildet nur im Alter gelegentlich grundständige Seitentriebe. Sie ist länglich bis säulenförmig und wird ungefähr 6 cm hoch und 4 cm breit. Ihre Mamillen sind eiförmig bis fast walzenförmig. Sie werden 5 mm lang, und ihre Axillen bleiben kahl. Die Areolen auf ihren Spitzen sind anfangs wollig behaart und tragen 15 bis 18 Randdornen, die sehr schlank 1 cm lang werden und rein weiß gefärbt sind. Zwischen diesen strahlenförmig angeordneten Randdornen stehen vier rotbraune Mitteldornen, die fast 8 mm Länge erreichen. Einer von ihnen ist länger als die übrigen und hakenförmig ausgebildet. Die 2 cm breiten Blüten tragen Farben von Lila über Violett bis Purpurrot. Schwarze Samen werden in den kleinen, grünen Früchten gebildet.

Kultur: Normale Wuchsbedingungen wie durchlässige Erde, Winterruhe bei Temperaturen knapp über dem Gefrierpunkt und volle Sonne im Sommer sind ausreichend. Die Vermehrung erfolgt meist durch Samen, da Ableger von älteren Pflanzen nur schwer zu bekommen sind.

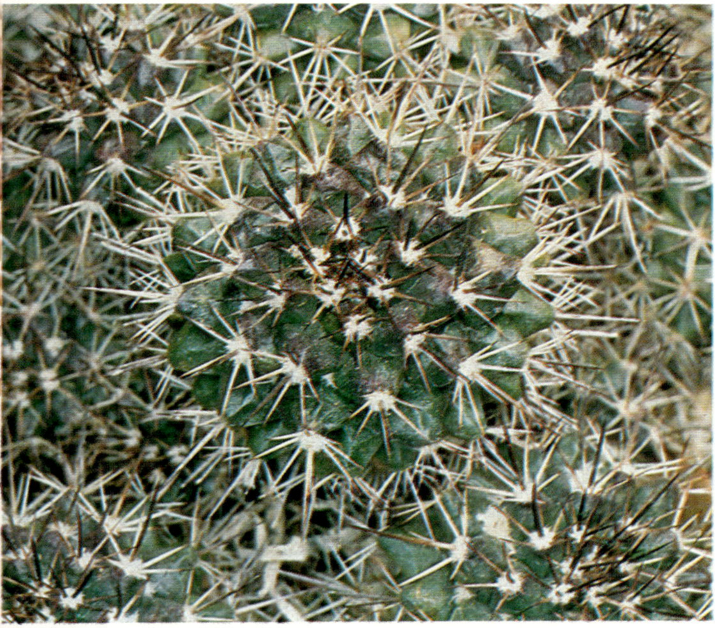

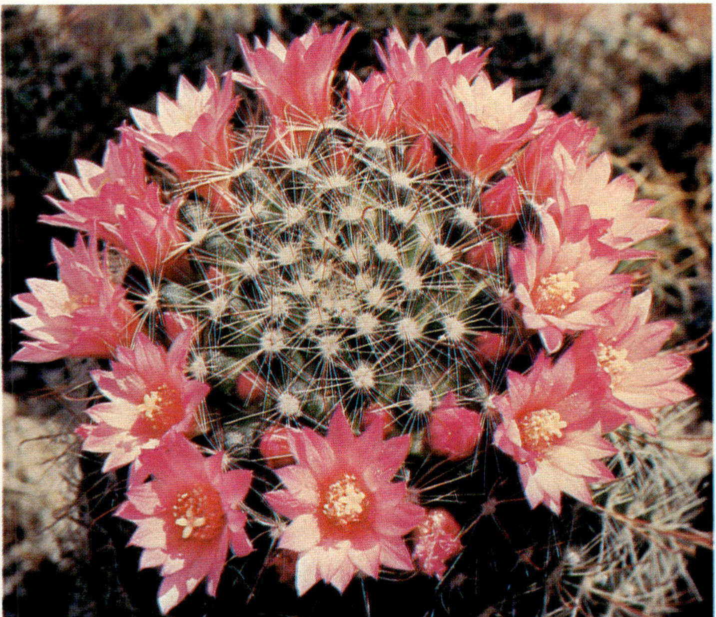

187 MATUCANA COMACEPHALA Ritter
Tribus *Cacteae* – Subtribus *Echinocactinae*

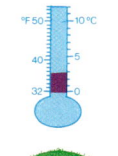

Name: Diese Gattung ist nach einem Dorf in Zentral-Peru hoch in den westlichen Kordilleren nordöstlich von Lima benannt, bei dem die erste typische Art gefunden wurde.

Herkunft: Die Ostseite der Cordillera Blanca im Departement Ancash im Norden Perus.

Beschreibung: Der säulenförmige Sproß dieser Pflanze wird im allgemeinen 8 cm dick und bis 75 cm hoch, obwohl er am natürlichen Standort auch noch höher werden kann. Er ist gegliedert in rund 25 enge und deutlich warzige Rippen. Die Areolen tragen 15 bis 20 mehr oder weniger haarähnliche Randdornen von 1,5 cm Länge. Diese stehen wirr nach außen, während die dickeren Mitteldornen mehr oder weniger gebogen schräg nach oben weisen. Gelegentlich zeigt auch einer nach unten. Sie werden 1 bis 4 cm lang. Alle Dornen sind weiß. Wie bei den meisten Arten dieser Gattung sind die leicht unsymmetrischen Blüten rot. Sie werden fast 5,5 cm lang. Die Frucht ist grünlich.

Kultur: Diese Pflanze wird bei uns nur selten kultiviert, da für sie, wie bei allen Arten aus den Anden, die Tageslänge der mitteleuropäischen Sommermonate zuviel Sonne bringt. Am besten stellt man deshalb diese Pflanzen im Sommer auf die Südostseite. Die Vermehrung erfolgt durch Samen oder durch Stecklinge.

188 MATUCANA PAUCICOSTATA Ritter
Tribus *Cacteae* – Subtribus *Echinocactinae*

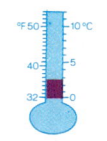

Herkunft: Zwischen der Pazifikküste und der Cordillera Negra in der Provinz Huarás im Departement Ancash in Peru.

Beschreibung: Der längliche Sproß dieser Art wird bis 14 cm hoch und etwa halb so dick. Er ist gegliedert in 7 bis 11 Rippen, die 7 mm bis 1,5 cm hoch und breit werden und im Abstand von 1 cm kegelförmige Warzen tragen. Auf den grauen Areolen sitzen vier bis acht Randdornen, welche 5 mm bis 3 cm lang werden, sowie ein Mitteldorn, der aber oft fehlt. Alle Dornen sind anfangs kastanienbraun und werden später grau. Die unsymmetrischen Blüten werden 6 cm lang, wobei die weiß behaarte Röhre mehr als die Hälfte der Länge einnimmt. Der Rand der dunkelkarminroten Kronblätter ist mehr oder weniger deutlich violett. Die wenig behaarte kugelige Frucht ist grün und enthält ungefähr 1 mm große, braune Samen. Oft wird diese Art noch unter dem Namen *Submatucana* aufgeführt. Diese von Backeberg eingeführte Gattung ist aber heute nicht mehr anerkannt.

Kultur: Auch diese Art wurde erst in den letzten Jahren in Europa eingeführt. In Kultur findet man sie meist nur gepfropft, da dadurch das Wachstum beschleunigt wird. Sie wächst jedoch auch bei uns ohne Schwierigkeiten auf eigener Wurzel. Ausgewachsene Pflanzen sind recht gut kälteverträglich. Die Vermehrung erfolgt durch Samen.

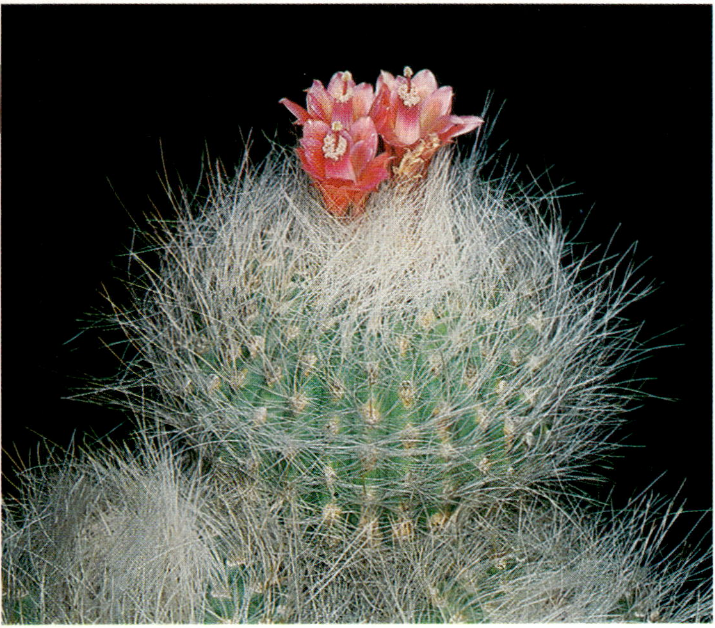

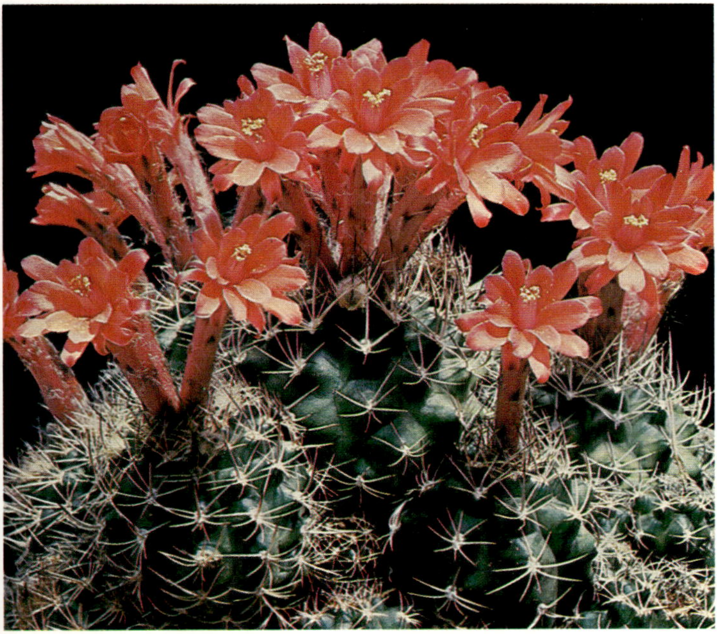

189 MATUCANA WEBERBAUERI (Vaupel)

Backeberg

Tribus *Cacteae* – Subtribus *Echinocactinae*

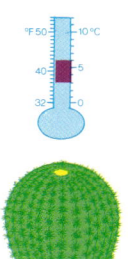

Herkunft: Die Ostseite der Zentral-Kordilleren bei Chachapo-yas, Hauptstadt des Departements Amazonas im Norden Pe-rus.

Beschreibung: Der Sproß dieser Pflanze ist eine flache Ku-gel von rund 7 cm Höhe und 15 cm Breite. Die Warzen auf den 21 Rippen sind rundlich und sitzen ziemlich dicht. Auf ihnen befinden sich längliche Areolen mit rund 30 Dornen, die ge-rade nach allen Richtungen abstehen. Diese werden bis 4 cm lang, sind anfangs braun und werden später schwarz. Wie bei allen Arten dieser Gattung sind die röhren- bis trichterförmi-gen Blüten nicht ganz symmetrisch gebaut. Sie werden etwas über 5,5 cm lang. Die Röhre ist mit zugespitzten, lanzettlichen Schuppen bedeckt, und die Kronblätter leuchten zitronen-gelb. Dies ist kennzeichnend für diese Art, da alle anderen Ar-ten dieser Gattung rot bis violett gefärbt sind. Im Jahr 1903 be-schrieb Vaupel diese Art als *Echinocactus*. Noch heute kann man sie unter diesem Namen beschrieben finden.

Kultur: An ihrem natürlichen Standort findet man alle *Matu-cana*-Arten auf felsigem Gelände. Daher brauchen sie beson-ders gut durchlüftete Erde. Sie ertragen keinerlei stauende Nässe an ihren Wurzeln. Die Vermehrung erfolgt durch Sa-men.

190 MATUCANA YANGANUCENSIS

Rauh und Backeberg

Tribus *Cacteae* – Subtribus *Echinocactinae*

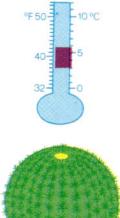

Herkunft: Die Cordillera Blanca im Departement Ancash in Peru.

Beschreibung: Der bis über 10 cm breite, kugelige Sproß dieser Pflanze verzweigt sich bei älteren Exemplaren am Grund. Auf seinen 27 Rippen sitzen dicht gedrängt die an-fangs filzigen Areolen. Diese wiederum tragen zahlreiche dicke, bis 1 cm lange Randdornen, welche anfangs gelb-braun, später aber grau erscheinen. Ein bis zwei nadelför-mige Mitteldornen werden bis 2,5 cm lang und sind ebenfalls gelblichbraun. Die Kronblätter der 6 cm langen und 2,5 cm breiten Blüten sind rotviolett. Die Art besitzt viele Varietäten. *Albispina* trägt kammartig abstehende, sich überlappende Randdornen und längere Mitteldornen; alle Dornen sind weiß und die Blüten karminrot. *Fuscispina* bleibt unverzweigt und hat 3 cm lange, dunkelbraune Mitteldornen. *Longistyla* ist grö-ßer, hat 23 Rippen, weiße Randdornen mit dunklem Grund, dunkelbraune Mitteldornen sowie rote bis blaßkarminrote Blü-ten mit langem Griffel. *Parviflora* ist flach kugelig, hat längere abstehende Dornen und kleinere, unregelmäßige karminrote Blüten. *Suberecta* wird 20 cm hoch, ihre Randdornen sind von den Mitteldornen kaum zu unterscheiden, und die Blüten sind rot.

Kultur: Vermehrung, wenn möglich, durch Ableger.

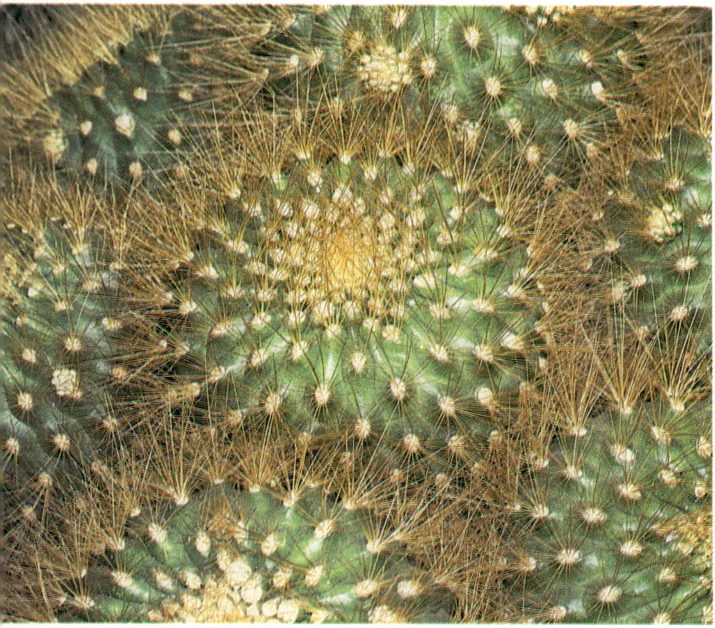

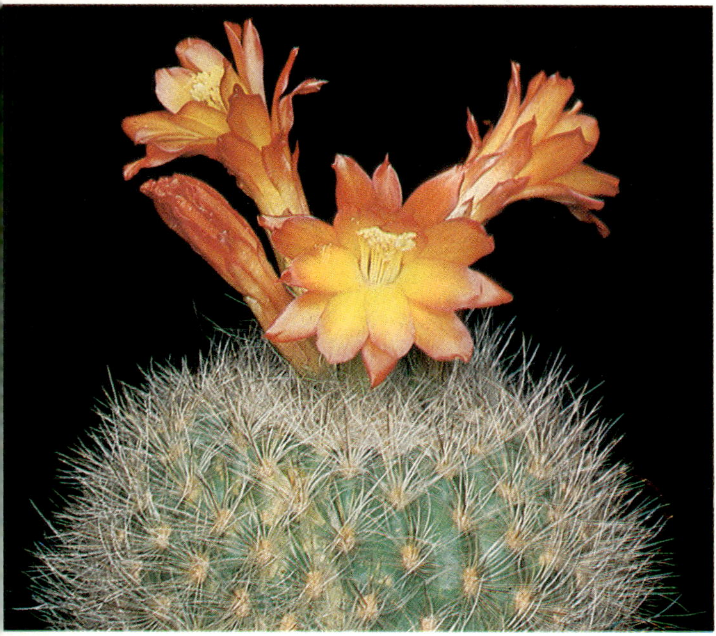

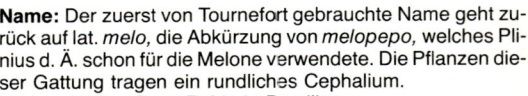

191 MELOCACTUS BAHIENSIS (Britton und Rose)
Werdermann
Tribus *Cacteae* – Subtribus *Cactinae*

Name: Der zuerst von Tournefort gebrauchte Name geht zurück auf lat. *melo*, die Abkürzung von *melopepo*, welches Plinius d. Ä. schon für die Melone verwendete. Die Pflanzen dieser Gattung tragen ein rundliches Cephalium.
Herkunft: Der Staat Bahia in Brasilien.
Beschreibung: Der dunkelgrüne, anfangs kugelige Sproß von 10 cm Höhe und 15 cm Dicke verlängert sich im Alter. Er gliedert sich in 10 bis 12 kantige Rippen, welche bis 2,5 cm breit werden. Auf jeder Rippe sitzen sechs bis sieben weißliche Areolen mit jeweils sieben bis zehn Randdornen von 2,5 cm Länge sowie vier Mitteldornen, die ungefähr 1 cm länger werden. Alle Dornen sind braun gefärbt. Das Cephalium ist nicht sehr hoch und dicht von zahlreichen braunen bis rötlichen Borsten bedeckt. Aus ihm erheben sich kleine, rosarote Blüten, die sich zu länglichen roten Beeren von 1,5 cm Länge entwickeln. Bei älteren Pflanzen gabelt sich das Cephalium gelegentlich. Manchmal entspringen aus ihm auch neue grüne Seitentriebe, die dann wieder ein Cephalium entwickeln. In Kultur ist das jedoch selten zu beobachten.
Kultur: Diese Art ist sehr empfindlich gegenüber Staunässe und bekommt leicht Wurzelfäule. Vermehrung erfolgt durch Samen. Da das Wachstum aber sehr langsam ist, wird auch oft gepfropft. Im Winter sollten die Temperaturen nie unter 15 bis 18°C absinken. Im Sommer braucht sie viel Sonne.

---

192 MELOCACTUS CONCINNUS Buining und
Brederoo
Tribus *Cacteae* – Subtribus *Cactinae*

Herkunft: Der Staat Bahia in Brasilien, in Höhen um 1000 m. Die Pflanze wächst unter der typischen Macchie, dort *caatinga* genannt, auf felsigem, sandigem und sehr trockenem Boden.
Beschreibung: Diese Art wurde 1986 entdeckt. Ihr blaugrüner Sproß ist flach kugelig und wird etwas über 10 cm breit. Auf den 10 bis 13 kantigen Rippen sitzen in Vertiefungen zwischen den Warzen die filzigen Areolen. Von den sieben Randdornen bleiben zwei sehr kurz, vier sind gebogen und werden 5 mm lang, und einer wird kräftiger, bis 2,5 cm lang und weist nach unten. Der einzige Mitteldorn wird etwas über 1 cm lang ist wie die übrigen Dornen anfangs rötlich gefärbt mit hellerem Grund, wird aber mit zunehmendem Alter auch grau mit brauner Spitze. Das flache Cephalium wird nur rund 3 cm hoch, ist aber mit 6 bis 7 cm Durchmesser ziemlich breit. Sein jüngerer Teil besteht aus dichtem, weißem Filz, durchsetzt mit roten Borsten, die im älteren Teil dann dichter stehen. Die karminroten Blüten werden ungefähr 2 cm lang und bis 7 cm breit. Die Frucht ist rot bis rosaviolett. Als Eigenart dieser Gattung werden die fleischigen Früchte bei der Reife vor dem Abfallen häutig.
Kultur: Die Faserwurzeln dieser Pflanze brauchen nur wenig Platz. Häufiges Gießen in kleinen Gaben ist angebracht. Die Vermehrung erfolgt durch Samen.

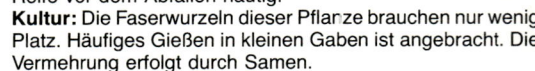

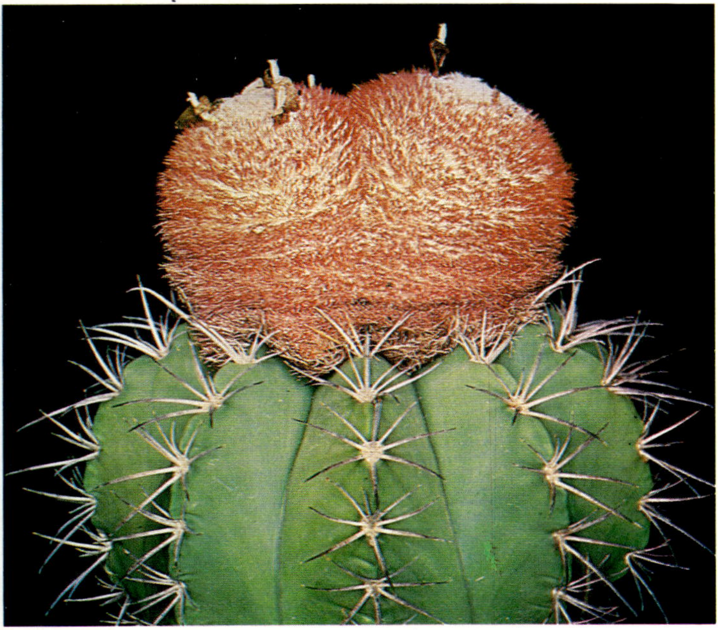

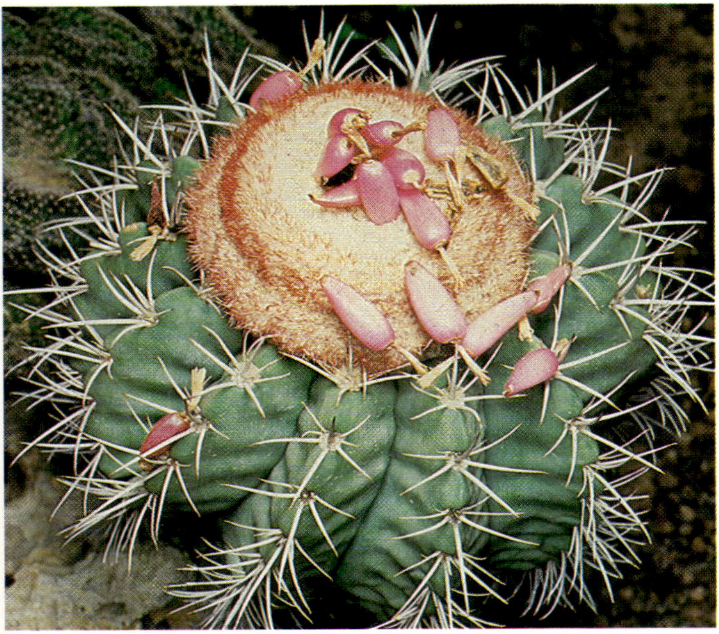

193 MELOCACTUS GUARICENSIS Croizat
Tribus *Cacteae* – Subtribus *Cactinae*

Herkunft: Der Staat Guárico in Venezuela; danach wurde auch die Art benannt.

Beschreibung: Diese Art wurde erst kürzlich von Leon Croizat, einem auf südamerikanische Kakteen spezialisierten amerikanischen Botaniker, beschrieben. Ihr kugeliger bis kegelförmiger, oben abgeflachter Sproß wird bis 10 cm hoch und 9 cm breit. Die rund zehn breiten Rippen mit stumpfer Kante sind in Warzen gegliedert, die erst im älteren Teil deutlicher sichtbar werden. Die Areolen sind weißlich und etwas eingetieft. Randdornen und Mitteldornen sind im Aussehen gleich, so daß sie nicht voneinander unterschieden werden können. Insgesamt sind es sieben bis neun Dornen von ungefähr 2 cm Länge. Sie sind anfangs leicht gebogen und werden später gerade. Ihre Farbe bewegt sich zwischen Dunkelgelb bis Dunkelbraun. Das halbkugelige Cephalium wird 4 cm hoch und 9 cm breit. Zwischen seinen weißen Haaren stehen rote Borsten.

Kultur: Wie auch die anderen Arten dieser Gattung verlangt dieser Kaktus eine deutliche Ruheperiode im Winter, direkte Sonneneinstrahlung im Sommer sowie sehr durchlässigen Boden. Im Winter dürfen die Temperaturen nicht unter 15 bis 18° C sinken, und wenn die Pflanze runzlig wird, sollte sie besprüht werden. Die Hauptschwierigkeit bei der Kultur dieser Gattung liegt darin, während der Winterruhe höhere Temperaturen und gleichzeitig geringe Feuchte anzubieten.

194 MONVILLEA SPEGAZZINI (Weber)
Britton und Rose
Tribus *Cacteae* – Subtribus *Cereinae*

Name: Dieser erinnert an M. Monville, einen Kenner und Sammler von Kakteen im 18. bis Mitte des 19. Jahrhunderts.

Herkunft: Paraguay und nordöstliches Argentinien. Die Art wurde nahe Resistencia, der Hauptstadt der Provinz Chaco in Argentinien, entdeckt.

Beschreibung: Dieser Kaktus bildet schon sehr früh grundständige Seitentriebe. Die aufsteigenden bis aufrechten Sprosse werden bis 2 m hoch und 2 cm dick. Seine weiß marmorierten, blaugrünen Sprosse sind in drei bis fünf, meist vier, kantige Rippen gegliedert, die wiederum durch tiefe Einkerbungen in deutliche Warzen geteilt sind. Diese sind an ihrem Grund 3 cm lang und tragen auf ihrer Spitze kleine Areolen. Auf jüngeren Areolen sitzen jeweils drei spitze, schwärzliche, 5 mm lange Dornen, von denen zwei nach oben und einer nach unten zeigen; ältere besitzen fünf Randdornen und einen Mitteldorn, die alle 1,5 cm lang werden. Blüten entspringen seitlich am Sproß, wobei die Knospen aufrecht stehen, sich in der Blüte aber nach unten biegen. Die Blüten werden mit der schlanken Röhre 12 cm lang und besitzen rötliche äußere und weiße innere Kronblätter. Sie blühen nachts.

Kultur: Die Art liebt Halbschatten und im Winter Temperaturen um 10° C. Sie wird durch Stecklinge vermehrt, und da sie rasch wächst, braucht sie bald Stützen für die schwachen Sprosse.

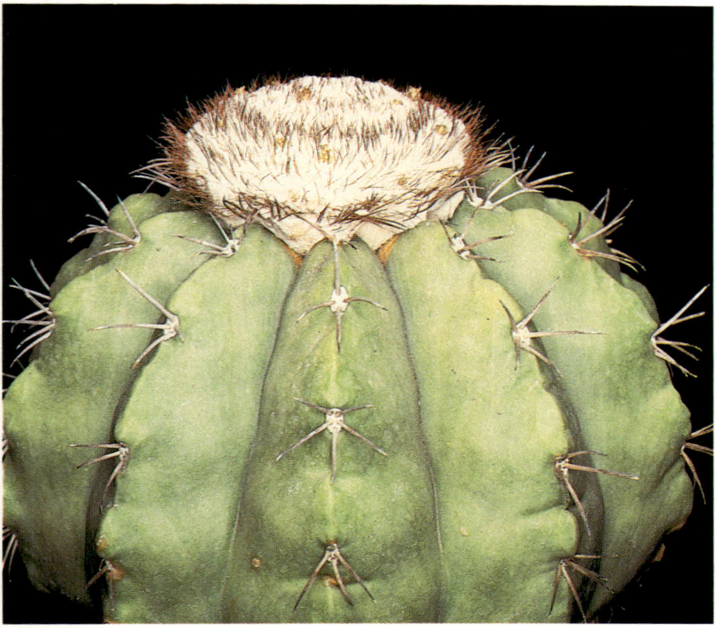

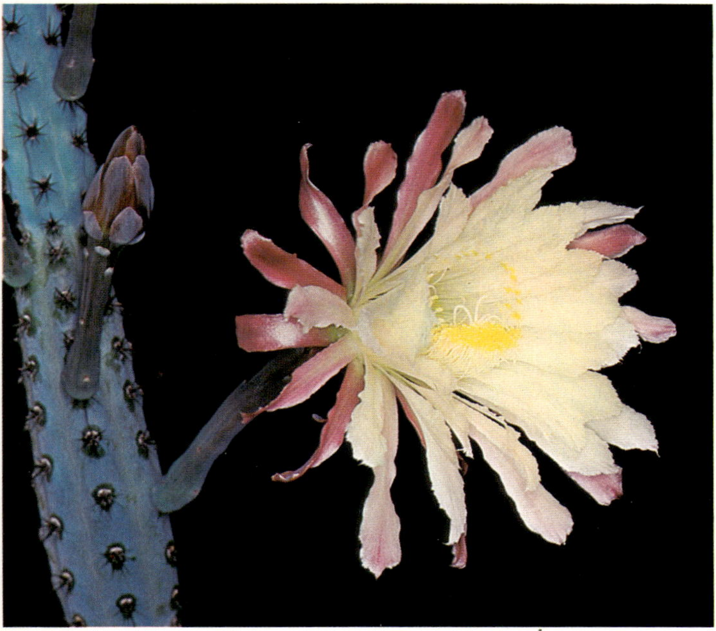

195 MYRTILLOCACTUS GEOMETRIZANS

(von Martius) Console
Tribus *Cacteae* – Subtribus *Cereinae*
Heidelbeerkaktus

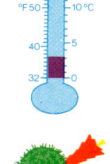

Name: Der sizilianische Botaniker Michelangelo Console wählte diesen Namen wegen der Ähnlichkeit der Früchte mit Heidelbeeren.

Herkunft: Die zentralmexikanische Hochebene, vom Staat San Luis Potosí bis Oaxaca.

Beschreibung: Am natürlichen Standort sieht die bis 4 m hohe Pflanze mit deutlichem Stamm und nach oben gebogenen Ästen baumähnlich aus. Aus Stecklingen gezogene Pflanzen entwickeln keinen Stamm, sondern verzweigen sich direkt am Boden. Der blaugrüne Sproß wird 6 bis 10 cm dick und ist im jüngeren Teil außerdem noch bläulich bereift. Er ist in fünf bis sechs breite Rippen gegliedert, welche in größerem Abstand schwach filzige Areolen tragen. Auf ihnen sitzen fünf nur ungefähr 2 mm lange Randdornen, die anfangs rotbraun gefärbt sind. Der einzige schwarze Mitteldorn ist seitlich abgeflacht und erreicht eine Länge von 2 bis 7 cm. Die Blüten werden 2,5 bis 3,5 cm breit und bestehen aus einer kurzen Röhre und grünlichen Kronblättern. Oft entspringen mehrere Blüten aus einer Areole. Die kugelige Frucht wird 1 bis 2 cm breit. Diese Beeren werden im Verbreitungsgebiet frisch oder getrocknet unter dem Namen *garambullos* gegessen.

Kultur: Vermehrung durch Stecklinge.

---

196 NEOBUXBAUMIA EUPHORBIOIDES

(Haworth) Buxbaum
Tribus *Cacteae* – Subtribus *Cereinae*

Name: Diese Gattung benannte Backeberg zu Ehren des österreichischen Botanikers Franz Buxbaum.

Herkunft: Haworth beschrieb diese Art 1819 als *Cereus euphorbioides,* seine Herkunft war aber unbekannt, und Britton und Rose hatten auch nur kultivierte Exemplare zur Verfügung. Um 1960 berichtete Backeberg, die Art stamme aus Tamaulipas in Mexiko.

Beschreibung: Der blau- bis graugrüne Sproß ist säulenförmig, aufrecht, unverzweigt, und wird mehrere Meter hoch. Auf seinen acht bis neun kantigen Rippen sitzen weiße, wollige Areolen in Abständen von 5 mm bis 1 cm. Diese besitzen meist ein bis drei große Dornen, in seltenen Fällen auch bis fünf. Nur ein Dorn von 1 bis 2 cm Länge steht waagrecht nach außen, die anderen, kürzeren, weisen nach unten. Alle Dornen sind schwärzlich bis dunkelbraun. Mitteldornen fehlen. Die rund 7 cm langen und ebenso breiten Blüten entspringen unterhalb der Spitze seitlich am Sproß. Die Röhre sowie die auf ihr sitzenden Schuppen sind weinrot, die Kronblätter selbst rosarot. Die Blüten scheinen sich nur nachts zu öffnen. Die Pflanze ist auch noch unter dem Namen *Cephalocereus* bekannt.

Kultur: Haltung und Vermehrung durch Samen ist einfach. Da nur alte Pflanzen blühen, ist sie nicht sehr attraktiv.

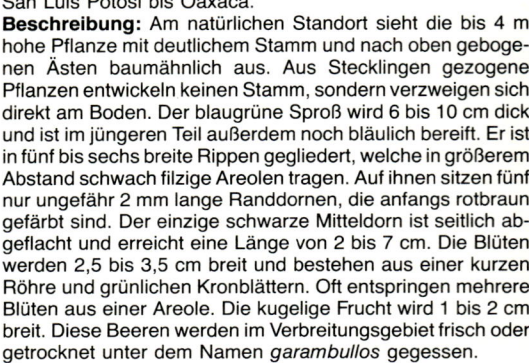

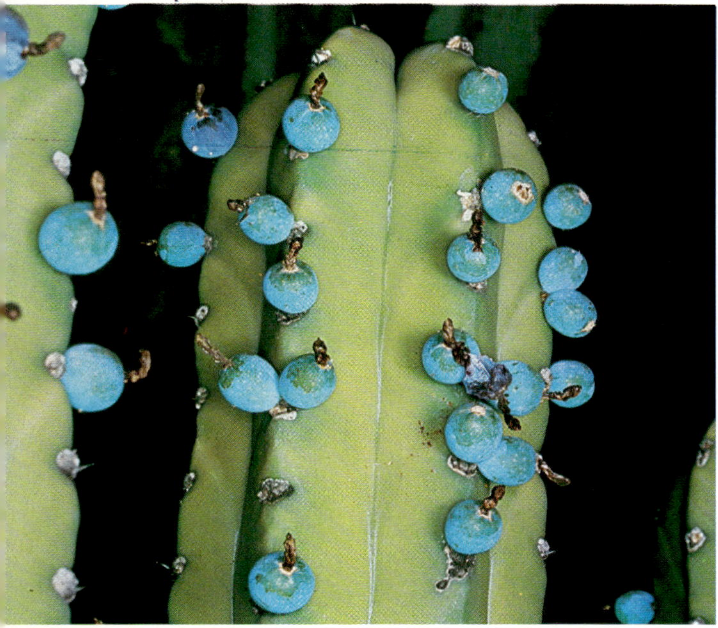

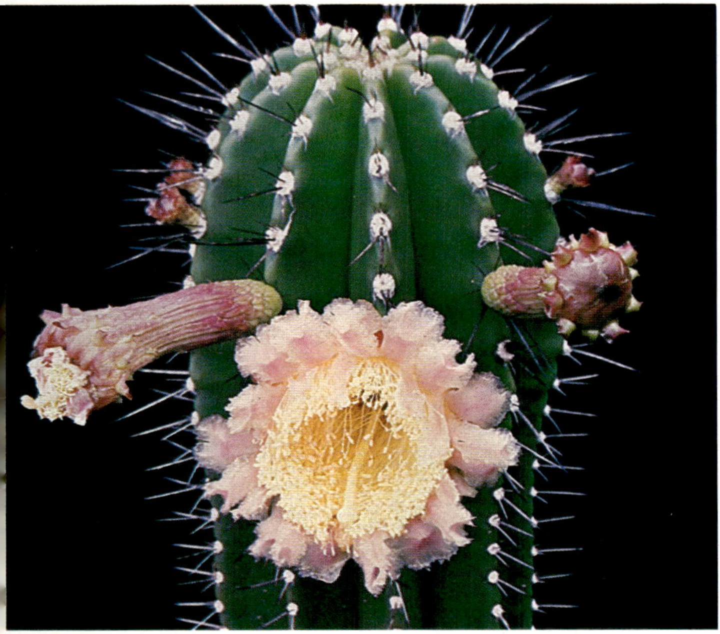

197 NEOBUXBAUMIA POLYLOPHA (de Candolle)
Backeberg
Tribus *Cacteae* – Subtribus *Cacteae*

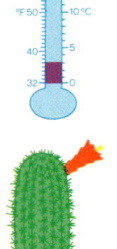

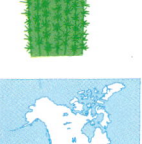

Herkunft: Das Tal des Tolimán und die Umgebung von Metztitlán im Staat Hidalgo in Zentral-Mexiko.
Beschreibung: De Candolle beschrieb die Art 1828 als *Cereus.* Sie ist auch immer noch unter dem Namen *Cephalocereus* bekannt, da Backeberg sie erst vor kurzem zu seiner
neuen Gattung stellte. Der unverzweigte, säulenartige
Stamm wächst am natürlichen Standort bis 13 m hoch und
über 30 cm dick. Das leuchtende Grün der Sproßspitze wird
im älteren Teil allmählich grau. Im Alter vermehrt sich die Zahl
der Rippen durch Gabelung von 15 auf rund 50 bei den größten Freilandpflanzen. Die runden Areolen auf den scharfkantigen Rippen sind am Neuzuwachs von weißem Filz bedeckt
und stehen in Abständen von höchstens 1 cm. Die sieben bis
acht 2 cm langen Randdornen weisen nach außen und an der
Sproßspitze nach oben, während der bis 7 cm lange Mitteldorn sich nur im blütenbildenden Teil der Pflanze bildet. Alle
Dornen sind honigfarben mit brauner Spitze, fallen aber später ab und lassen die Areolen unbewehrt. Die dunkelroten
Blüten besitzen eine mit fleischigen Schuppen bedeckte
Röhre.
Kultur: Die Haltung dieser besonders im Jugendstadium
sehr hübschen Pflanze bietet keinerlei Schwierigkeiten. Die
Vermehrung erfolgt durch Samen.

---

198 NEOBUXBAUMIA SCOPARIA (Poselger)
Backeberg
Tribus *Cacteae* – Subtribus *Cereinae*

Herkunft: Das Gebiet um Juchitán, nahe der Pazifikküste, in
den Staaten Vera Cruz und Oaxaca im südlichen Mexiko.
Beschreibung: Auch diese Art gehörte früher zu *Cephalocereus.* Der säulenartige Sproß der bis 7,5 m hohen Pflanze bildet zahlreiche Verzweigungen. Er ist im jüngeren Teil grün, im
älteren grau gefärbt. Junge Triebe besitzen 12 bis 15 Rippen,
die durch keilförmige Einkerbungen zwischen den Areolen,
vor allem nahe der Sproßspitze, in Warzen gegliedert sind.
Später strecken sich die Warzen, und ihre Begrenzungen
werden weniger deutlich. An der Sproßspitze sind die Areolen
dünn filzig, werden aber später kahl. Sie tragen fünf fast 1 cm
lange Randdornen, von denen drei nach unten zeigen. Ein
fast 2 cm langer Mitteldorn ist anfangs rötlich, später schwarz
und zuletzt grau. Die ältesten, blühfähigen Äste sind sehr
schlank und besitzen 20 bis 25 flache Rippen, auf denen die
weißfilzigen Areolen dicht gedrängt sitzen. Auf ihnen sind die
Dornen länger, spitz und anfangs gelb. Direkt in der Blütenzone sind sie dünn und borstenähnlich. Blüten und Früchte
sind klein und rötlich.
Kultur: Die Pflanze wird mehr wegen ihrer allgemeinen Erscheinung als wegen der erst später gebildeten Blüten gepflanzt. Vermehrung durch Stecklinge oder Samen.

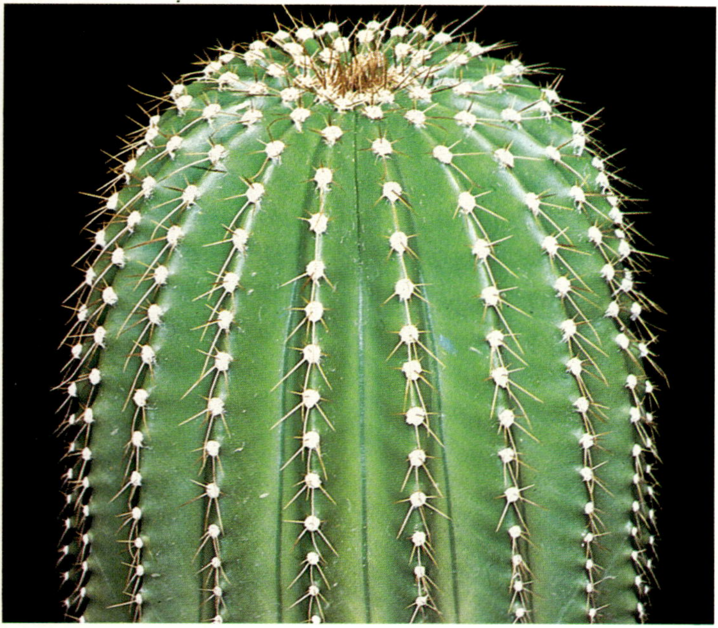

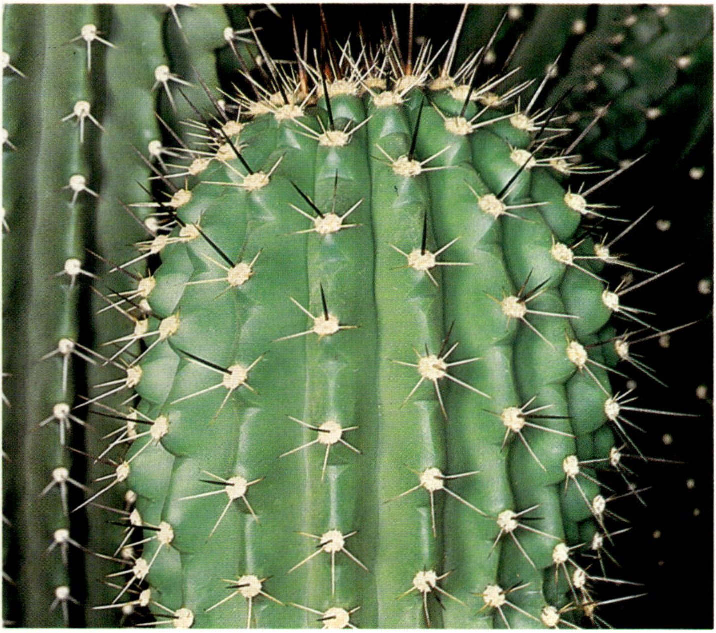

199 NEOPORTERIA GEROCEPHALA Ito
Tribus *Cacteae* – Subtribus *Echinocactinae*

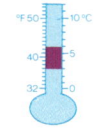

Name: Diese Gattung wurde nach Carlos Porter, einem chilenischen Insektenkundler und Naturwissenschaftler, benannt. Die Vorsilbe »*Neo*« wurde angefügt, da es in der Familie *Valerianaceae* (Baldriangewächse) bereits eine von Hooker begründete Gattung *Porteria* gibt. Ansonsten zeigt diese Vorsilbe meist an, daß verschiedene Arten zu einer neuen Gattung zusammengestellt wurden.

Herkunft: Chile

Beschreibung: Diese Art besitzt einen mehr oder weniger kugeligen Sproß, der sich mit zunehmendem Alter streckt, ohne jedoch walzenförmig zu werden. Dieser ist in zahlreiche Rippen gegliedert, welche wieder in deutlich ausgeprägte Warzen unterteilt sind. Auf ihnen sitzen breite, filzige Areolen mit zahlreichen dicken und borstenartigen Dornen, welche anfangs schwärzlich gefärbt sind, sehr bald aber völlig weiß werden. Wegen ihrer Länge und wirren Anordnung überkreuzen sie sich gegenseitig und verdecken den Sproß fast völlig. Da sie in dichten Büscheln stehen, ist es unmöglich, Rand- und Mitteldornen zu unterscheiden. Die äußeren Dornen sind aber trotzdem etwas schlanker und kürzer als die mehr innen stehenden. Die Kronblätter der an der Sproßspitze stehenden 5 cm langen Blüten sind zugespitzt und rosa mit gelbem Grund.

Kultur: Diese Art wird nur selten kultiviert. Vermehrung durch Samen, rascheres Wachstum erreicht man durch Pfropfung.

200 NEOPORTERIA PSEUDOREICHEANA
(Backeberg) Krainz
Tribus *Cacteae* – Subtribus *Echinocactinae*

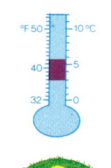

Herkunft: Chile, die genaue Gegend ist unbekannt.

Beschreibung: Schumann gab 1900 einer ihm aus Santiago de Chile durch Karl Reiche zugeschickten Pflanze den Namen *Echinocactus reichei*. Seit dieser Zeit sorgte sie unter den Taxonomen für Unruhe. Später stellte man sie zur Gattung *Neoporteria*. Backeberg schuf für noch ein paar weitere chilenische Kakteen die Gattung *Reicheocactus* und fügte diese unter dem neuen Artnamen *pseudoreicheana* hinzu. Diese Gattung wurde später wieder verworfen und ihre Arten *Neoporteria* zugestellt. Die Pflanze ist annähernd walzenförmig bis rund und im Neuzuwachs olivgrün, während der ältere Pflanzenteil grau wird. Bis zu 40 Rippen sind gegliedert in kleine, runde, abgeflachte und sehr eng sitzende Warzen. Die braunfilzigen, länglichen Areolen sind an ihrer eingesenkten Spitze gelblich und tragen sieben bis neun rund 3 mm lange, dicht sitzende Dornen, welche schlank und mehr oder weniger gebogen sind. Die Blüten bestehen aus einer sehr kurzen Röhre und rotbraunen äußeren und gelben inneren Kronblättern. Die nur wenig blühende Art wird oft gepfropft. Sie wird dann größer und verzweigt sich stärker.

Kultur: Die nur selten kultivierte Pflanze wird durch Stecklinge vermehrt.

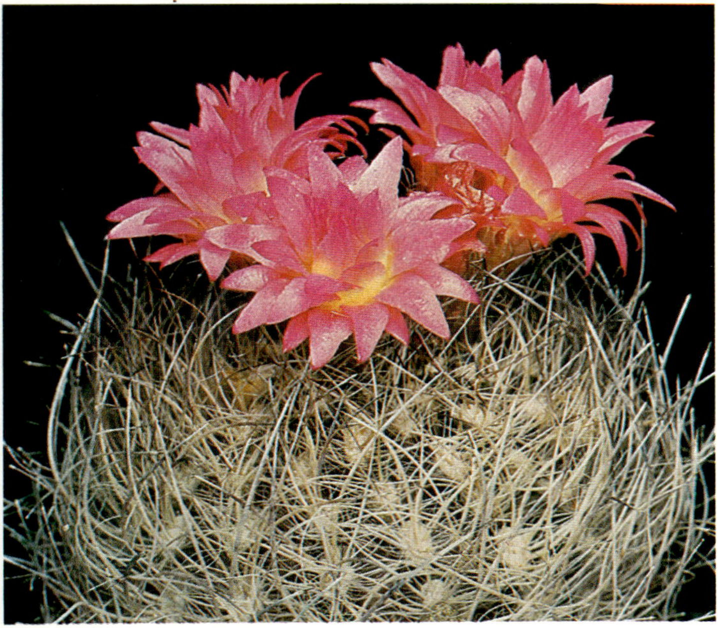

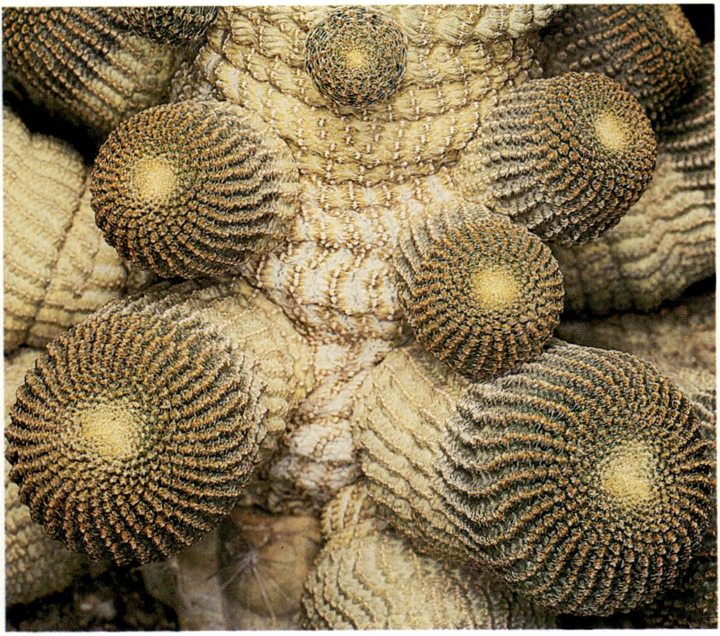

201 NEOPORTERIA SUBGIBBOSA (Haworth)
Britton und Rose
Tribus *Cacteae* – Subtribus *Echinocactinae*

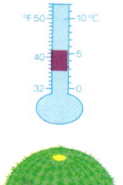

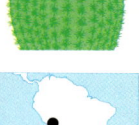

Herkunft: Die chilenische Küste bei Valparaiso.
Beschreibung: Der anfangs kugelige Sproß der Pflanze wird später aufrecht walzenförmig bis 30 cm hoch. Am natürlichen Standort erreicht er bis 1 m Höhe und 10 cm Dicke. Dabei wird er allerdings oft niederliegend oder hängt mit seinen zahlreichen Seitentrieben von Felsen herab, auf denen er häufig wächst. Er trägt rund 20 bis 1 cm hohe, warzige Rippen. Auf ihnen sitzen dicht große Areolen, welche anfangs filzig sind, am älteren Sproßteil aber fast kahl werden. Sonst ist die Sproßspitze hellgrün, der ältere Sproß dagegen grau- bis bräunlichgrün. Die gesamte Pflanze ist stark dornig. Neben den 24 dicken Randdornen, die seitlich abstehen, sind noch vier kräftige, pfriemförmige und bis 3 cm lange Mitteldornen vorhanden. Alle Dornen sind anfangs bernsteinfarbig, später jedoch dunkler mit hellerem Grund und schließlich rotbraun. Die rund 4 cm langen Blüten sitzen in Gruppen dicht an der Sproßspitze. Ihre Knospen sind rot und fast kegelförmig. Die Röhre ist mit wenigen Borsten besetzt. Alle Kronblätter sind karminrot. Die äußeren öffnen sich weit, während die inneren aufrecht und geschlossen bleiben. Sie umhüllen die Staubblätter bis zum Verwelken der Blüten.
Kultur: Die Vermehrung erfolgt durch Stecklinge oder Samen.

---

202 NOTOCACTUS HASELBERGII (Haage)
Berger
Tribus *Cacteae* – Subtribus *Echinocactinae*

Name: Da alle der rund 25 Arten dieser Gattung aus Südamerika stammen, wurde ihr Name vom griechischen *notos,* Süden, hergeleitet. Diese Art gehörte früher zur Gattung *Malacocarpus* (weiche Frucht), welche Britton und Rose geschaffen hatten, und sie ist auch noch unter dem Namen *Brasilicactus* bekannt.
Herkunft: Rio Grande do Sul im Süden Brasiliens.
Beschreibung: Der häufig niederliegende Sproß dieser kleinen Art wird bis 12 cm hoch und 5 bis 10 cm dick. Er ist an der Spitze vertieft. Seine 30 und mehr Rippen sind in flache, rundliche Warzen gegliedert, die kleine, weißflaumige Areolen tragen. Auf ihnen sitzen bis über 20 nadelförmige Randdornen von bis zu 1 cm Länge. Sie sind anfangs gelblich, werden später weiß und verdecken fast den gesamten Sproß, während die drei bis fünf Mitteldornen gelb gefärbt bleiben. Aus den oberen Areolen entspringen Blüten mit kurzer Röhre und leuchtendroten bis orangefarbenen Kelchblättern. Eine größere und kälteverträgliche Form dieser Art besitzt breitere Blüten mit einer bedornten Röhre.
Kultur: Die Pflanze gedeiht recht gut im Halbschatten. Da sie sich nur selten am Grund verzweigt, erfolgt die Vermehrung durch Samen. Wegen des langsamen Wachstums wird sie jedoch oft gepfropft.

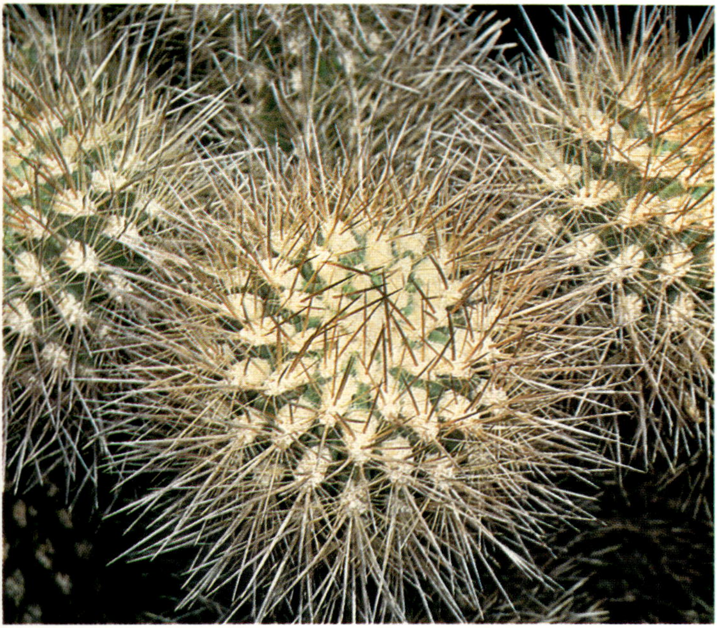

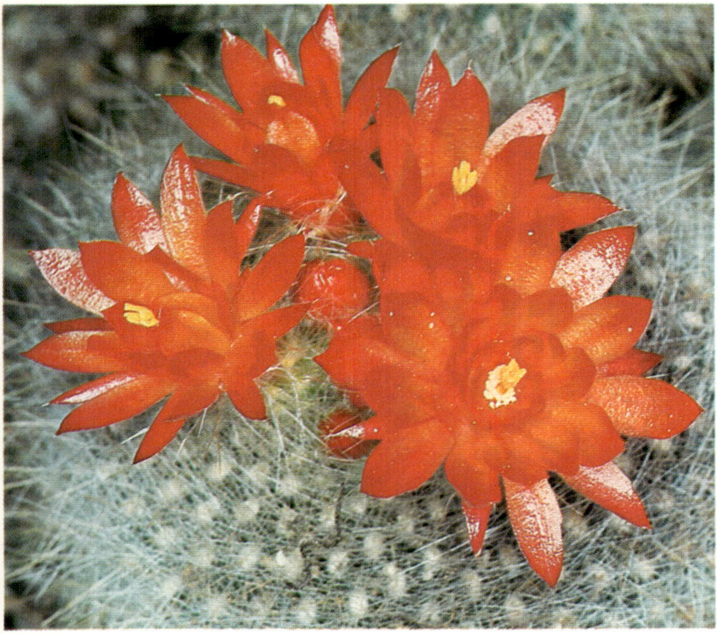

203 NOTOCACTUS HORSTII Ritter
Tribus *Cacteae* – Subtribus *Echinocactinae*

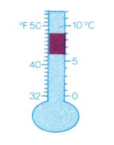

Herkunft: Die Serra Geral im Staat Rio Grande do Sul im Süden Brasiliens.

Beschreibung: Diese Art wurde 1966 von Ritter beschrieben, aber ein einzelnes Exemplar ist schon einige Jahre vorher von Leopold Horst entdeckt worden, daher der Artname. Der anfangs kugelige Sproß wird bis 14 cm dick, streckt sich später und wird dann bis 30 cm hoch. Am natürlichen Standort bilden sich oft bis 1 m von der Mutterpflanze entfernt Tochterpflanzen, wobei die wolligen Sproßspitzen über die Felsen, auf denen sie bevorzugt wachsen, herabhängen. Die 12 bis 16 gerade verlaufenden Rippen sind gegliedert durch kleine Warzen, welche im Abstand von ungefähr 6 bis 9 mm weißfilzige Areolen tragen. Diesen entspringen 10 bis 15 blasse Randdornen, die gerade oder leicht gebogen 1 bis 3 cm lang werden. Die ein bis vier braunen Mitteldornen sind zwar etwas länger, aber schwächer ausgebildet. Die an der Sproßspitze stehenden Blüten werden 3 bis 3,5 cm lang. Auf einer mit braunem Flaum bedeckten, schuppigen Röhre entfalten sich die spatelförmigen bis lanzettlichen Kronblätter, welche am Grund gelb und zur Spitze hin orange bis scharlachrot gefärbt sind.

Kultur: Wie andere neu beschriebene Arten ist auch diese kaum auf dem Markt. Sie braucht im Winter etwas höhere Temperaturen und im Sommer volle Sonne. Vermehrung durch Samen.

204 NOTOCACTUS LENINGHAUSII (Haage)
Berger
Tribus *Cacteae* – Subtribus *Echinocactinae*

Herkunft: Südliches Brasilien

Beschreibung: Mit zunehmendem Alter wird der kugelige Sproß dieser Pflanze säulenförmig und bis 1 m hoch und 10 cm dick. Die zahlreichen sich am Grund bildenden Seitentriebe biegen sich nach oben und wachsen schließlich auch senkrecht. Bei jungen Trieben ist die Sproßspitze gleichmäßig abgerundet, bei älteren wird sie schief. Die Areolen auf den rund 30 flachen, stumpfen und senkrecht verlaufenden Rippen sind nahe der Spitze von dichter, weißer Wolle bedeckt. Auf ihnen sitzen annähernd 15 schlanke, borstenähnliche, seidige und blaßgelbe Randdornen von 5 mm Länge. Drei oder vier goldfarbene Mitteldornen werden, schlank nach unten gebogen, bis 4 cm lang. An der Sproßspitze bilden diese einen für die Art eigentümlichen rötlichen Schopf, der aber sehr bald gelb wird. Die Blüten entspringen nahe der Sproßspitze und werden 4 cm lang und 5 cm breit. Auf einer schuppigen Röhre mit braunen Haaren und Borsten sitzen äußere grünliche und innere gelbe bis zitronenfarbige Kronblätter.

Kultur: Diese langsam wachsende Pflanze ist leicht zu halten und wird deshalb oft kultiviert. Sie blüht erst, wenn sie 20 cm hoch ist, erträgt tiefe Temperaturen und braucht Halbschatten. Vermehrung durch Samen, Ableger oder bei Cristaten durch Pfropfung.

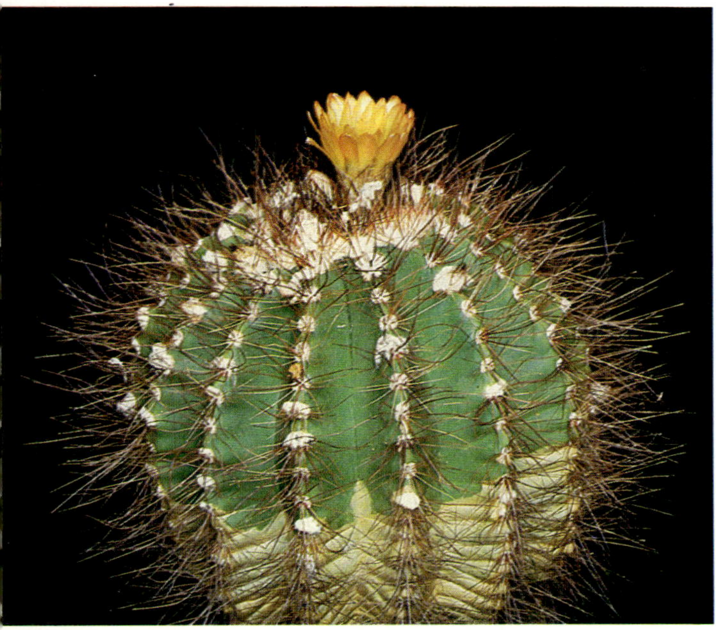

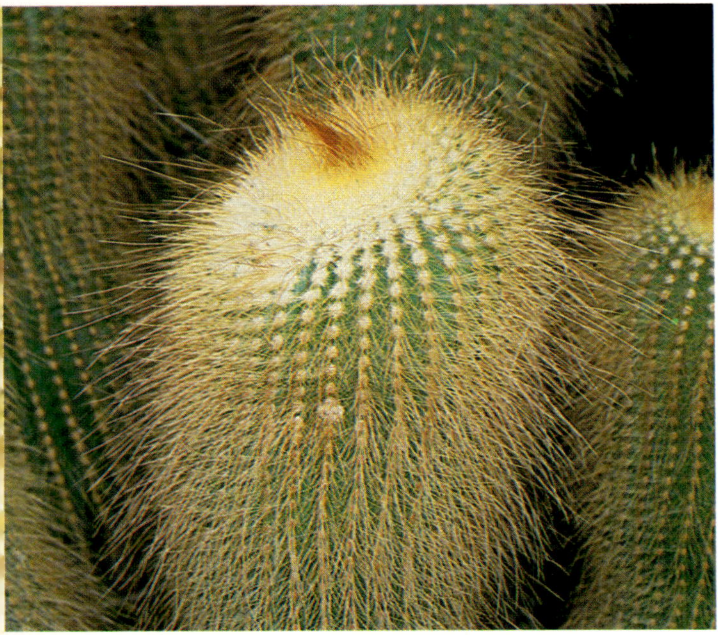

205 NOTOCACTUS MAMMULOSUS (Lemaire)
Berger
Tribus *Cacteae* – Subtribus *Echinocactinae*

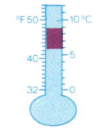

Herkunft: Uruguay und Argentinien
Beschreibung: Lemaire beschrieb diese Art 1838 zuerst als *Echinocactus*. Später stellten sie Britton und Rose zu der von Salm-Dyck geschaffenen, jetzt aber nicht mehr gültigen Gattung *Malacocarpus*, unter welchem Namen die Art zum Teil noch heute bekannt ist. Der später längliche, anfangs aber kugelige Sproß wird 10 cm hoch, 6 cm dick und besitzt einen eingetieften, dornenlosen Scheitel. Sie besitzt 18 bis 20 Rippen mit großen, runden Warzen, auf denen in Abständen von rund 5 mm tief eingesenkt die Areolen sitzen. 10 bis 13 schlanke, braune Randdornen werden knapp 5 mm lang, während die drei bis vier Mitteldornen dicker und über doppelt so lang wachsen. Sie sind gelb mit brauner Spitze. Die Blüten sind ebenfalls gelb und besitzen eine von weißer Wolle und braunen Borsten bedeckte Röhre. Diese Art wird oft mit *Notocactus submammulosus* verwechselt, die aber nur 13 Rippen besitzt und sechs Randdornen waagrecht ausgebreitet trägt. Sie hat außerdem nur zwei lange, flache Mitteldornen mit einer schmalen Furche im unteren Teil. Einer weist nach oben und der andere nach unten. Die Dornen sind gelb mit brauner Spitze, wobei die längsten anfangs am Grund rot sind und später grau werden. Außerdem sind die gelben Blüten kleiner.
Kultur: Wenig kälteverträglich, wird durch Samen vermehrt.

206 NOTOCACTUS OTTONIS (Lehmann) Berger
Tribus *Cacteae* – Subtribus *Echinocactinae*

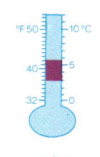

Herkunft: Südliches Brasilien, Uruguay und Argentinien.
Beschreibung: Diese Art besitzt einen dunkelgrünen, flachkugeligen Sproß von 5 bis 11 cm Durchmesser mit acht bis zehn abgerundeten, warzigen Rippen, auf denen runde, filzige Areolen sitzen. Sie tragen meist 10 bis 12 gelbe, schlanke Randdornen und drei bis vier Mitteldornen, die manchmal aber auch völlig fehlen. Die Mitteldornen sind kräftiger, rotbraun mit heller Spitze und ungefähr 2,5 cm lang. Die Blüten werden 4 bis 6 cm lang und breit und besitzen eine wollige Röhre mit Borsten in den Achseln der Schuppen sowie gelbe Kronblätter. Ältere Pflanzen verzweigen sich am Grund. Die wichtigsten Varietäten sind *albispinus* mit sieben bis neun weißlichen Randdornen, einem ebenfalls weißlichen Mitteldorn und kleineren Blüten, *brasiliensis* mit mehr aufrechten, braunen Randdornen und ebensolchen, kürzeren Mitteldornen, *linkii* mit mehr und schlankeren, kantigen Rippen, anfangs weißen Randdornen und kleineren Mitteldornen, *multiflorus* mit kantigen Rippen, Dornen von knapp 2 cm Länge und vielen kleinen Blüten, *tortuosus* mit spiraligen Rippen, kürzeren, dickeren Randdornen und vier bis sechs Mitteldornen sowie *uruguayensis* mit 11 breiten, stark warzigen Rippen, ohne Mitteldorn, mit schlanken, ausgebreiteten Randdornen.
Kultur: Vermehrung durch Samen oder Ableger.

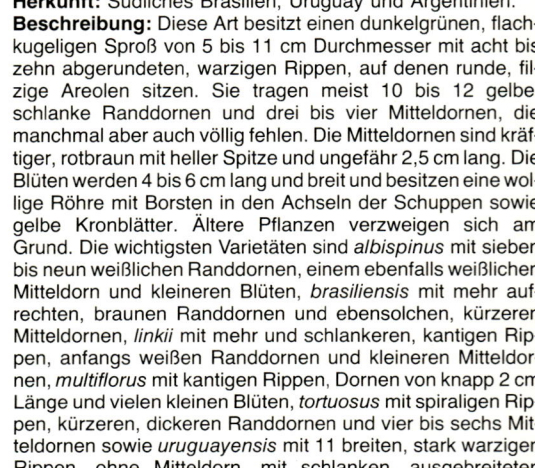

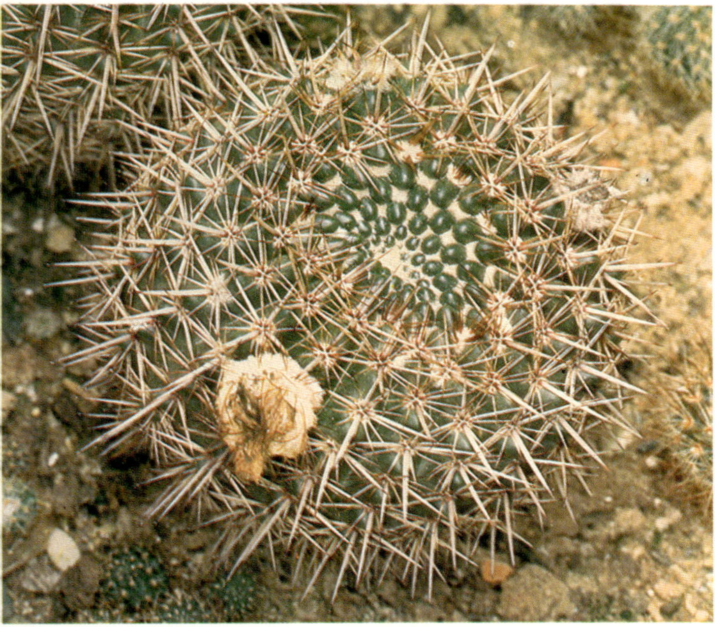

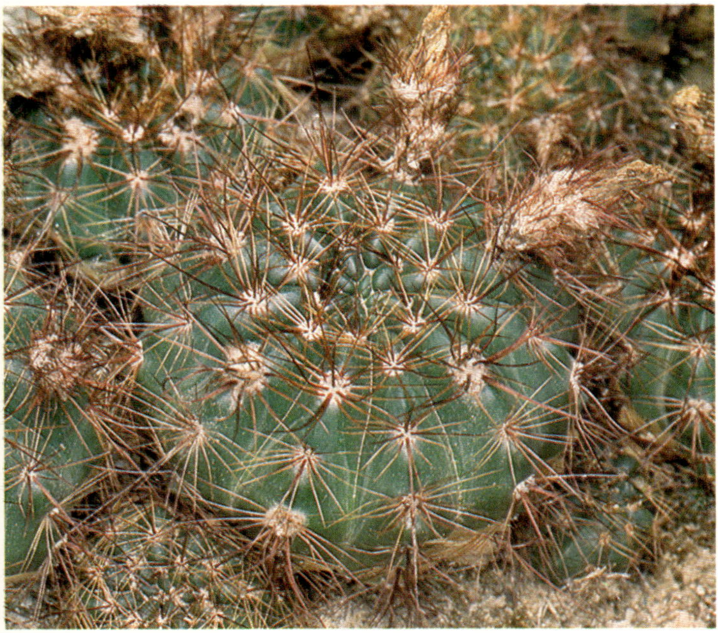

207 NOTOCACTUS PURPUREUS Ritter
Tribus *Cacteae* – Subtribus *Echinocactinae*

Herkunft: Südlich der Serra im südbrasilianischen Staat Rio Grande do Sul.

Beschreibung: Der bis 14 cm dicke Sproß dieser anfangs kugeligen Pflanze wird später eiförmig mit zahlreichen, grundständigen Seitentrieben. Seine 14 bis 18 senkrecht verlaufenden, warzigen Rippen erheben sich 7 mm bis 1,5 cm hoch. Im älteren Teil der Pflanze werden die Warzen schmal und sind durch tiefe Querfurchen getrennt. Die runden, weißen Areolen sind an der Sproßspitze von weißen Haaren bedeckt, die dem eingesenkten Scheitel ein wolliges Aussehen geben und die Areolen größer erscheinen lassen. Am Neuzuwachs sitzen die Areolen auf dem oberen Teil der Warzen, und ihr Filz wächst bis in die Einsenkungen. Mit zunehmendem Alter liegen die Areolen mehr auf der Spitze der Warzen, und im ganz alten Teil sind sie dann auch fast kahl. Auf den Areolen werden die 7 bis 15 Randdornen 2 cm lang. Sie sind eigentümlich gebogen und verdreht, und der 2,5 cm lange Mitteldorn ist anfangs nach oben, später nach unten gebogen. Alle stehen auf der Sproßspitze und werden fast 4 cm lang und breit. Auf der braune Borsten tragenden Röhre sitzen schmale, spitze Kronblätter von karminroter Farbe, die der Art den Namen gab. Die Frucht ist rötlichgrün.

Kultur: Vermehrung meist durch Samen.

---

208 NOTOCACTUS SCHUMANNIANUS (Nicolai) Berger
Tribus *Cacteae* – Subtribus *Echinocactinae*

Herkunft: Im Süden Paraguays nahe Paraguari südlich von Asunción sowie im nördlichen Argentinien.

Beschreibung: Diese Art wurde von Britton und Rose bei *Malacocarpus* eingeordnet und später von Backeberg zu *Eriocarpus* gestellt. Gelegentlich wird sie noch unter diesen Synonymen aufgeführt. Die anfangs kugelige Pflanze wird später säulenförmig und bis 1 m hoch. Sie besitzt zahlreiche schmale, kantige Rippen, deren Zahl auf bis über 30 anwachsen kann. Die kleinen, runden und ziemlich dicht sitzenden Areolen sind nahe der dornigen und wolligen Sproßspitze filzig, werden jedoch rasch kahl. Auf ihnen stehen vier bis sieben, bei alten Pflanzen bis zu zehn Dornen, bei denen Rand- und Mitteldornen nicht zu unterscheiden sind. Sie sind alle borstenartig, gedreht oder zurückgebogen und von rotbrauner, später grauer Farbe. Der unterste, meist früh abfallende Dorn wird bis 5 cm lang, ist leicht gebogen und zeigt entweder nach außen oder nach unten. Die trichterförmigen, an der Spitze entspringenden Blüten werden 4 bis 5 cm lang und blühen mehrere Tage. Ihre gelben Kronblätter öffnen sich sehr weit und geben der Blüte einen Durchmesser von 4 cm.

Kultur: Die Pflanze liebt Halbschatten oder nur kurzzeitige Besonnung und wird durch Samen vermehrt.

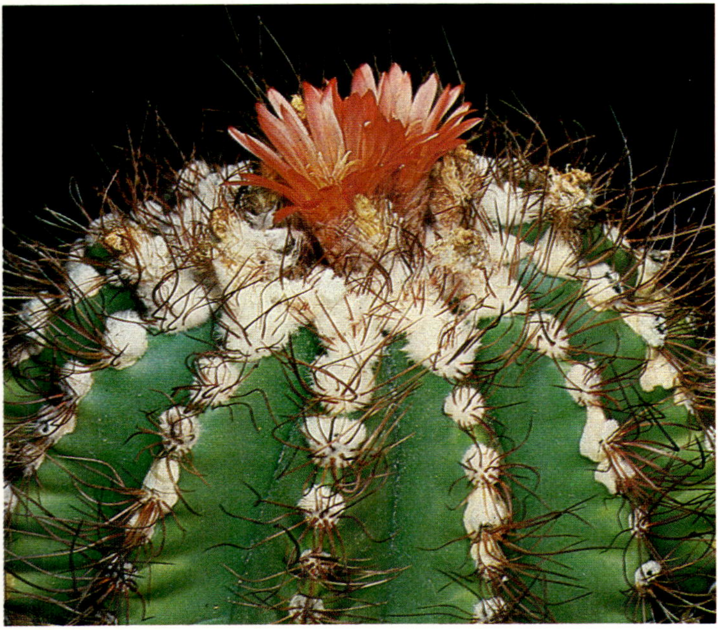

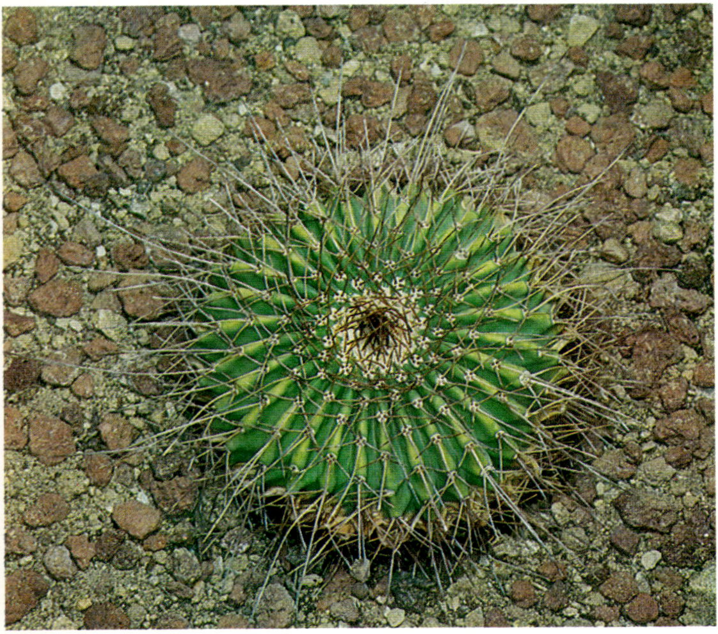

209 NOTOCACTUS SCOPA (Sprengel) Berger
Varietät **RUBERRIMUS**
Tribus *Cacteae* – Subtribus *Echinocactinae*

Herkunft: Südliches Brasilien und Uruguay.

Beschreibung: Diese Pflanze wurde 1828 von Sprengel als *Cactus* beschrieben und seither schon den verschiedensten Gattungen zugestellt. Der anfangs kugelige und später walzenförmige Kaktus wird 25 cm hoch und 10 cm dick. Sein nur selten sich am Grund verzweigender Sproß ist völlig von weichen Dornen bedeckt. Dessen 30 bis 35 Rippen sind nur flach, und kleine Warzen tragen auf ihnen im Abstand von rund 5 mm Areolen, die im Jugendstadium weißwollig behaart sind. Auf ihnen stehen ungefähr 40 sehr schlanke, seidige Randdornen von 5 bis 7 mm Länge und weißer Farbe. Drei bis vier rotbraune Randdornen wachsen dicker und länger. Die Blüten entspringen nahe der Sproßspitze und werden um 4 cm lang und breit. Auf der Röhre sitzen grünliche Schuppen mit braunem Flaum und dunklen Borsten. Die hell- bis dunkelgelben Kronblätter öffnen sich weit. Von den zahlreichen Varietäten verzweigen sich einige stärker. *Ruberrimus* trägt rote Dornen, und außerdem gibt es eine von Sammlern sehr gefragte cristate Form.

Kultur: Die Pflanze erträgt zwar direkte Sonne, doch empfiehlt es sich, ihr im Hochsommer Halbschatten zu bieten. Sich verzweigende Sorten vermehrt man durch Ableger, andere durch Samen.

---

210 NOTOCACTUS SUCINEUS Ritter
Tribus *Cacteae* – Subtribus *Echinocactinae*

Herkunft: Rio Grande do Sul im Süden Brasiliens.

Beschreibung: Der Artname kommt vom lateinischen *sucinum,* gelber Bernstein, wegen der zahlreichen gelben Dornen, die den Sproß der Pflanze fast völlig verdecken. Der kugelige Sproß wird später länglich, ist unter den Dornen leuchtend grün, besitzt eine eingetiefte Spitze und wird 3 bis 7 cm dick. Die Rippen bestehen aus Reihen von nur 2 bis 4 mm hohen Warzen, zwischen denen kleine, weiße, runde Areolen sitzen. Diese sind stark filzig, besonders an der Sproßspitze, wo sie zusammen mit spitzen, aufrechten Dornen eine Krone bilden. Die 15 bis 30 bernsteinfarbenen Randdornen werden 3 bis 6 mm lang und die 8 bis 12 goldfarbenen Mitteldornen 7 mm bis 2 cm. An der Sproßspitze stehende Blüten werden 3,5 cm lang, wobei die mit einem kleinen Sporn versehene, walzenförmige Röhre 1 cm lang wird. Von den schwefelgelben Kronblättern sind die äußeren abgerundet, während die inneren schmaler und spitz sind. Die Frucht ist völlig von weißer Wolle bedeckt. Sie enthält rosarotes Fruchtfleisch und winzige Samen. Erst ältere Pflanzen verzweigen sich, aber auch junge Pflanzen sind hübsch, da die Blütenbildung vor dem Wachstum von Seitentrieben beginnt.

Kultur: Diese Art verlangt im Winter etwas höhere Temperaturen. Vermehrung durch Samen und Ableger.

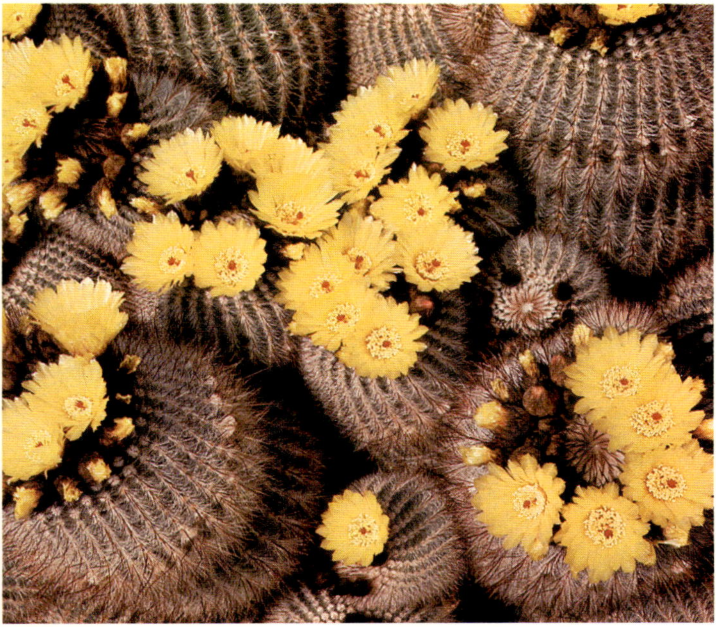

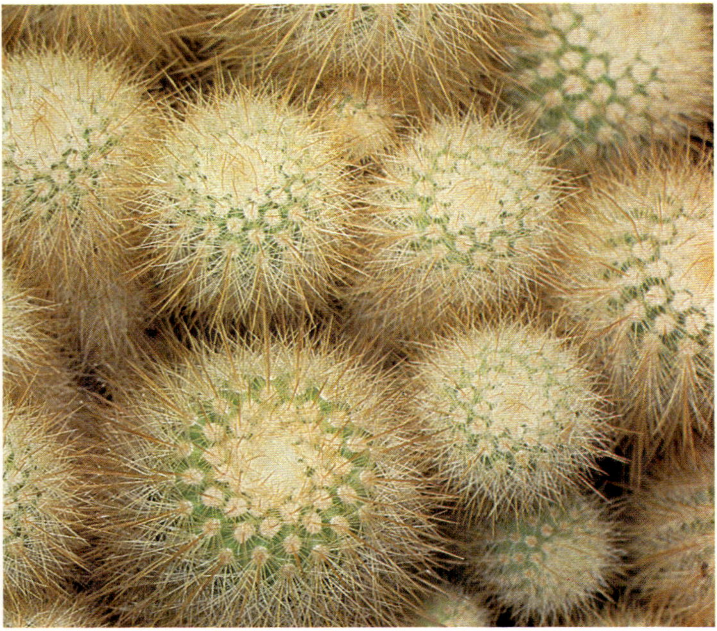

211 OBREGONIA DENEGRII Frič
Tribus *Cacteae* – Subtribus *Echinocactinae*

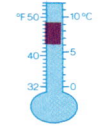

Name: Der tschechoslowakische Botaniker Albert Frič widmete nach einem 1920 durchgeführten Besuch Mexikos diese Pflanze dem damaligen Präsidenten dieses Landes, Álvaro Obregón. Zu dieser Gattung gehört nur diese Art.

Herkunft: Die Südseite der Sierra Madre und der Sierra de Tamaulipas, nahe Ciudad Victoria im Staat Tamaulipas im Nordosten Mexikos.

Beschreibung: Diese Gattung ist den Gattungen *Ariocarpus* und *Strombocactus* sehr ähnlich. Die Pflanze besitzt eine dicke Pfahlwurzel, und ihr Sproß wird bis 12 cm dick. Dieser besteht aus großen, dreikantigen Warzen, welche blattähnlich und sich gegenseitig teilweise überdeckend in Spiralen angeordnet sind. Die Warzen älterer Pflanzen werden am Grund 2 bis 2,5 cm breit. Ihre Innenfläche ist flach, die Außenfläche deutlich gekielt. Die nach außen gebogene Spitze trägt eine kleine, anfangs stark filzige Areole mit zwei bis vier nach außen gebogenen, schwachen Dornen. Der Filz und auch die Dornen fallen später ab. Die rund 3 cm breiten Blüten entspringen aus dem flachen, wolligen Scheitel der Pflanze. Ihre inneren Kronblätter sind weiß oder rosa, die äußeren nur kurz und schuppenartig.

Kultur: Vermehrung ausschließlich durch Samen.

---

212 OPUNTIA ACANTHOCARPA Engelmann und Bigelow
Tribus *Opuntieae* – Untergattung *Cylindropuntia*

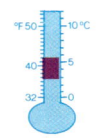

Name: Der Gattungsname bezieht sich auf die Stadt Opus in Lokris im antiken Griechenland.

Herkunft: Arizona, Utah, Nevada und Kalifornien in den USA sowie der Staat Sonora in Mexiko.

Beschreibung: Diese stark verzweigte Pflanze wird bis zu 2 m hoch. Ihr dicker, walzenförmiger Sproß wie auch die Hauptäste, welche spitzwinklig vom Stamm abgehen und sich ebenfalls verzweigen, verholzen allmählich. Die warzigen Endtriebe der Äste werden rund 8 cm lang und bis über 2 cm dick. Diese Warzen sind länglich, seitlich abgeflacht und tragen runde bis ovale, weißlichfilzige Areolen mit kurzen, gelben Glochiden. Auf jeder Areole sitzen außerdem 8 bis 25 nadelartige, braune, 3 cm lange Dornen, die von schlanken, meist strohfarbenen Scheiden umschlossen sind. Oft stecken auch nur die dickeren und etwas längeren Dornen in der Mitte in Scheiden. Die gelben bis roten Blüten werden 5 cm lang und breit und erscheinen nur an den Endgliedern. Ihre rund 3 cm langen, birnenförmigen Früchte besitzen einen flachen Nabel von großem Durchmesser und am oberen Teil Warzen mit ungefähr 10 langen Dornen auf jeder Areole.

Kultur: Die selten kultivierte Art wird durch Stecklinge vermehrt.

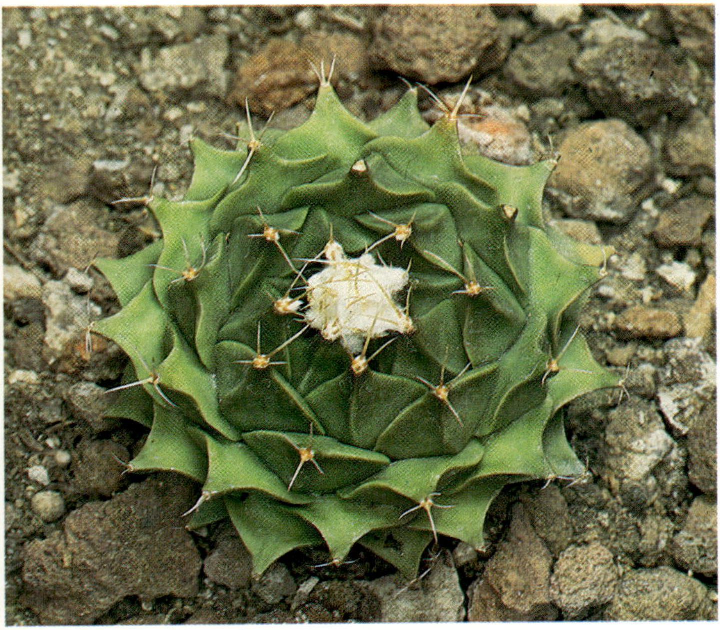

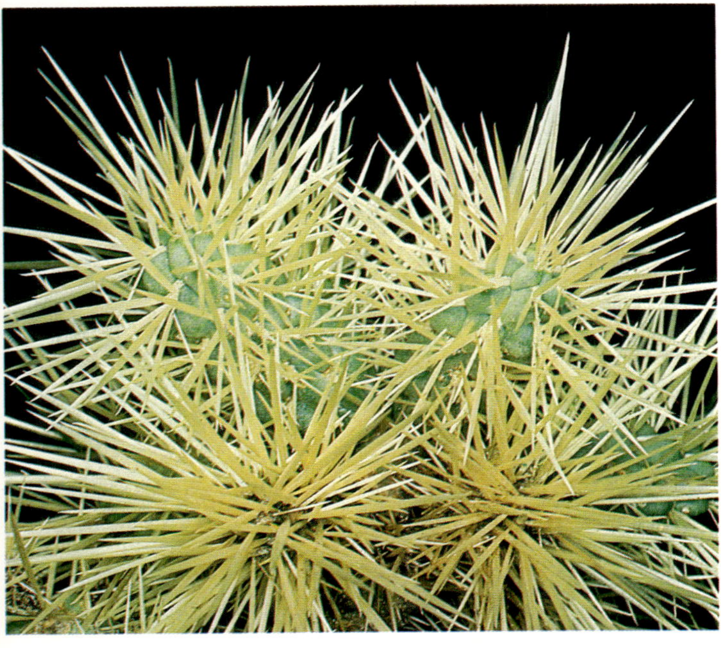

213 OPUNTIA BASILARIS Engelmann und Bigelow
Tribus *Opuntieae* – Untergattung *Opuntia*

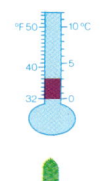

Herkunft: Von Kalifornien, Nevada, Utah und Arizona in den USA bis Sonora in Nord-Mexiko.

Beschreibung: Diese niedrige, strauchartig ausgebreitete Art wird meist 15 bis 30 cm hoch und verzweigt sich am Grund. Ihre flachen Glieder oder Äste stehen mehr oder weniger aufrecht bis niederliegend. Sie sind oval, grau- bis blaugrün, leicht flaumig behaart, um die Areolen rötlich und 12 bis 20 cm lang. Die zahlreichen Areolen sind von weißlichem oder hellbraunem bis gelblichem Flaum bedeckt sowie von vielen rotbraunen, früh abfallenden Glochiden. Obere Areolen tragen gelegentlich kurze Dornen. Die hell- bis purpurkarminroten Blüten werden 5 bis 7 cm lang und bilden samtige, rundlich-ovale Früchte. Aufgrund des riesigen Verbreitungsgebiets ist die Art sehr formenreich mit mehreren bekannten Varietäten. *Cordata,* wahrscheinlich eine Zuchtform, besitzt dünnere, herzförmige Glieder. *Longiareolata* stammt aus dem Grand Canyon und trägt im älteren Teil längliche Areolen, die mehr spatelförmig als oval geformt sind. Ihre Glochiden fallen sehr früh ab, so daß die Areolen nur noch wollig sind.

Kultur: Die Art wird häufig kultiviert wegen ihrer ansprechenden Farbe und geringen Größe. Sie ist ziemlich kälteverträglich. Die flachen Glieder bewurzeln sich leicht.

---

214 OPUNTIA BIGELOVII Engelmann
Tribus *Opuntieae* – Untergattung *Cylindropuntia*

Herkunft: Südliches Nevada, Arizona und Kalifornien in den USA bis zum nördlichen Sonora und Niederkalifornien in Mexiko.

Beschreibung: Diese Opuntie wächst strauch- bis baumartig. Sie besitzt meist einen Hauptsproß, der sich stammartig entwickelt und viele kurze Seitenäste bildet, von denen die inneren ebenfalls aufrecht, die äußeren wagrecht bis aufsteigend wachsen. Sie wird bis 2,5 m hoch. Die prallen, hellgrünen Äste werden 5 bis 15 cm lang, 5 cm dick und tragen viereckige Warzen, die am Grund 1 cm breit und ebenso hoch werden. Die runden Areolen sind weiß und tragen gelbe Glochiden sowie zahlreiche mächtige Dornen. Neben rund zehn Randdornen von 1 bis 1,5 cm Länge sind noch ungefähr zehn längere Mitteldornen vorhanden. Alle Dornen sind blaß gelb und stecken in papierartigen Scheiden. Da die Dornen den Sproß fast vollkommen verdecken, erscheint dieser blaß golden. Blüten entspringen an den Sproßenden, werden 4 cm lang und sind purpurn, manchmal auch gelb gefärbt. Die birnenförmige, warzige Frucht ist ebenfalls gelb. Backeberg klassifizierte diese Art als *Cylindropuntia.*

Kultur: In Südeuropa kann sie ganzjährig im Freien bleiben. Vermehrung durch Stecklinge. Selbst Früchte bewurzeln sich und bilden neue Pflanzen.

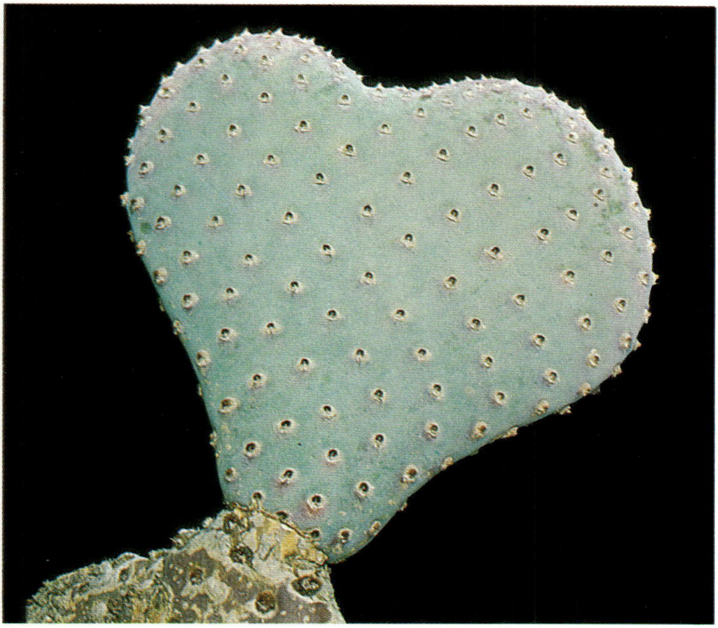

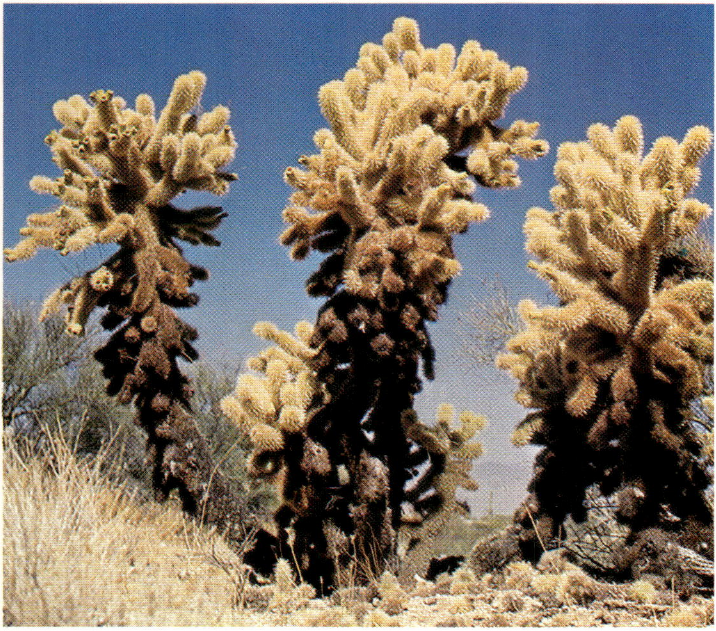

215 OPUNTIA BRASILIENSIS (Willdenow) Haworth
Tribus *Opuntieae* – Untergattung *Opuntia*

Herkunft: Südliches Brasilien, Paraguay, Argentinien, Peru und östliches Bolivien.

Beschreibung: Diese Art gehört eigentlich zu der Untergattung *Brasiliopuntia,* welche nur vier Arten umfaßt. Da diese nur selten kultiviert werden, behielten wir den alten Namen bei, um Verwirrungen zu vermeiden. Diese nur in Südamerika vorkommenden Pflanzen sind gekennzeichnet durch das scheibenartig flache Aussehen der jungen Glieder. Im Gegensatz dazu ist der Sproß am Grund stammähnlich, und die Hauptäste sind deutlicher walzenförmig als die von anderen baumartigen Opuntien. Am natürlichen Standort wird diese Art bis 4 m hoch und der Stamm bis 25 cm dick. Sie wächst aufrecht, ist dornig oder kahl und bildet mehr oder weniger waagrechte bis aufrechte Äste. Die Scheiben an den Enden der Äste sind schlank, blaßgrün, 15 cm lang und 6 cm breit und fallen zum Teil früh ab. Die in großen Abständen sitzenden Areolen tragen nur ein oder zwei Dornen von 1,5 cm Länge. Die Blüten werden rund 5 cm lang und besitzen gelbe bis blaßgelbe Kronblätter. Auch die kugelige, bis 4 cm dicke Frucht ist gelb und trägt Areolen mit kurzen Dornen. Von dieser Art gibt es zahlreiche Varietäten.

Kultur: Entsprechend ihrer Herkunft braucht diese Art im Winter nicht nur etwas höhere Temperaturen, sondern auch erhöhte Luftfeuchte. Vermehrung durch Stecklinge.

---

216 OPUNTIA CATINGICOLA Werdermann
Tribus *Opuntieae* – Untergattung *Opuntia*

Herkunft: Der Staat Bahia in Brasilien in Höhen um 600 m. Die Art ist Bestandteil der Macchie, die dort *caatinga* genannt wird, woher auch ihr Artname abgeleitet ist.

Beschreibung: Wie die übrigen Pflanzen der Vegetation der Macchie wird auch dieser Kaktus höchstens 1,5 m hoch, obwohl seine fleischigen, scheibenförmigen Glieder bis 15 cm lang werden. Die in großen Abständen stehenden großen und runden Areolen tragen weißgelbe bis gelbe Glochiden und fünf oder mehr Dornen von ungleicher Länge. Diese sind anfangs rötlich und werden später hellbraun mit dunkler Spitze. Sie sitzen meist in der Mitte der Areole, wobei der längste bis 5 cm lang wird und nach unten weist. Die Blüten besitzen eine leicht warzige, grüne Röhre, welche Glochiden und einige kurze Dornen trägt. Die roten Kronblätter sind kurz und an der Spitze nach unten eingerollt. Da die Art erst vor kurzem nach Europa kam, ist sie noch kaum in Gärtnereien zu finden.

Kultur: Die Pflanze braucht im Winter etwas höhere Temperaturen und ist deshalb auch in Südeuropa nicht ohne weiteres ganzjährig im Freien zu halten. Sie braucht strenge Winterruhe. Vermehrung erfolgt am besten durch eine abgenommene Scheibe, die sich in fast trockener Erde gut bewurzelt.

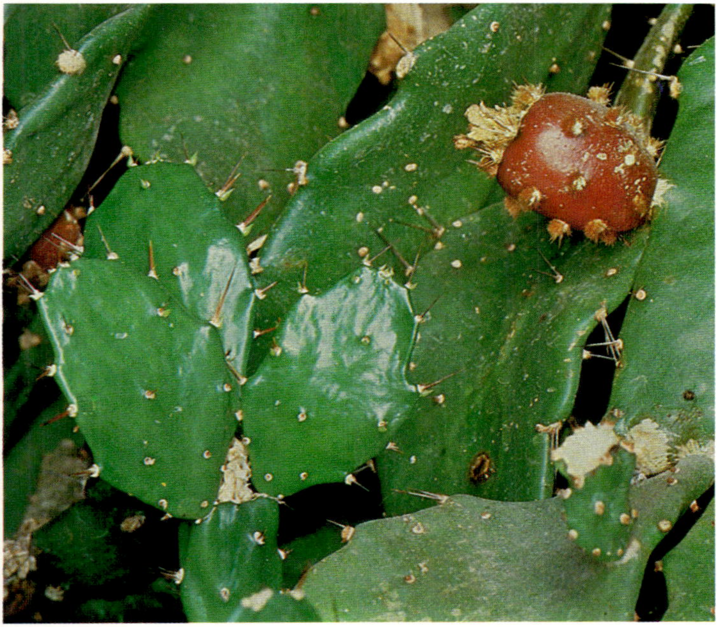

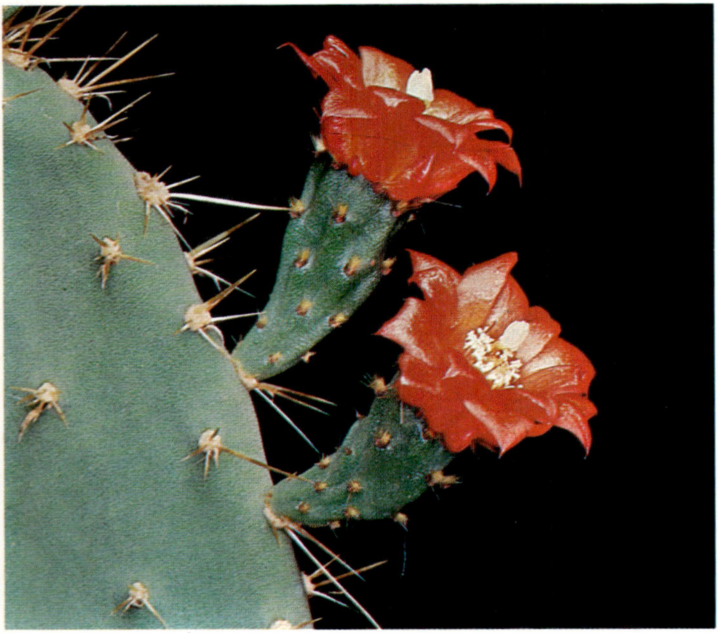

217 OPUNTIA DIADEMATA Lemaire
Tribus *Opuntieae* – Untergattung *Tephrocactus*

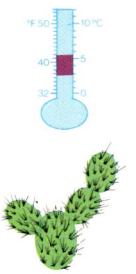

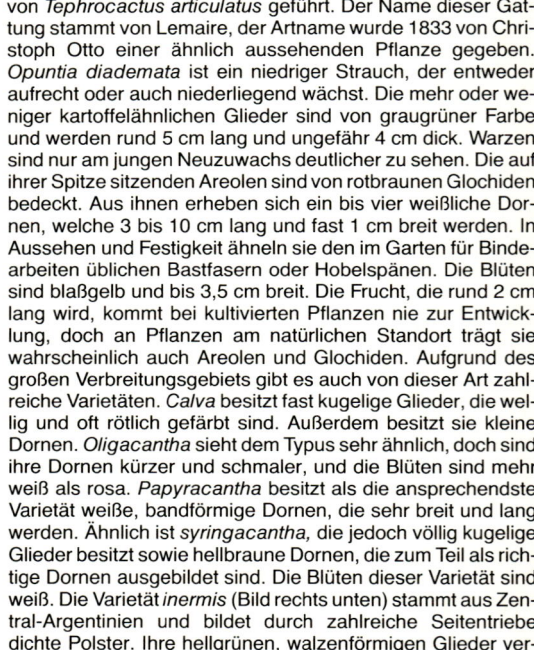

Herkunft: Die Zentralprovinzen des westlichen Argentinien.

Beschreibung: Verbreitet wird diese Art noch als Varietät von *Tephrocactus articulatus* geführt. Der Name dieser Gattung stammt von Lemaire, der Artname wurde 1833 von Christoph Otto einer ähnlich aussehenden Pflanze gegeben. *Opuntia diademata* ist ein niedriger Strauch, der entweder aufrecht oder auch niederliegend wächst. Die mehr oder weniger kartoffelähnlichen Glieder sind von graugrüner Farbe und werden rund 5 cm lang und ungefähr 4 cm dick. Warzen sind nur am jungen Neuzuwachs deutlicher zu sehen. Die auf ihrer Spitze sitzenden Areolen sind von rotbraunen Glochiden bedeckt. Aus ihnen erheben sich ein bis vier weißliche Dornen, welche 3 bis 10 cm lang und fast 1 cm breit werden. In Aussehen und Festigkeit ähneln sie den im Garten für Bindearbeiten üblichen Bastfasern oder Hobelspänen. Die Blüten sind blaßgelb und bis 3,5 cm breit. Die Frucht, die rund 2 cm lang wird, kommt bei kultivierten Pflanzen nie zur Entwicklung, doch an Pflanzen am natürlichen Standort trägt sie wahrscheinlich auch Areolen und Glochiden. Aufgrund des großen Verbreitungsgebiets gibt es auch von dieser Art zahlreiche Varietäten. *Calva* besitzt fast kugelige Glieder, die wellig und oft rötlich gefärbt sind. Außerdem besitzt sie kleine Dornen. *Oligacantha* sieht dem Typus sehr ähnlich, doch sind ihre Dornen kürzer und schmaler, und die Blüten sind mehr weiß als rosa. *Papyracantha* besitzt als die ansprechendste Varietät weiße, bandförmige Dornen, die sehr breit und lang werden. Ähnlich ist *syringacantha,* die jedoch völlig kugelige Glieder besitzt sowie hellbraune Dornen, die zum Teil als richtige Dornen ausgebildet sind. Die Blüten dieser Varietät sind weiß. Die Varietät *inermis* (Bild rechts unten) stammt aus Zentral-Argentinien und bildet durch zahlreiche Seitentriebe dichte Polster. Ihre hellgrünen, walzenförmigen Glieder verjüngen sich nach oben, und die Areolen sind weiß und unbedornt, jedoch mit hellen bis braunen Glochiden bedeckt.

Kultur: Die Art braucht direkte Sonneneinstrahlung und nur mäßige Wassergaben. Zur Vermehrung steckt man abgetrennte Glieder in trockenen, reinen Sand.

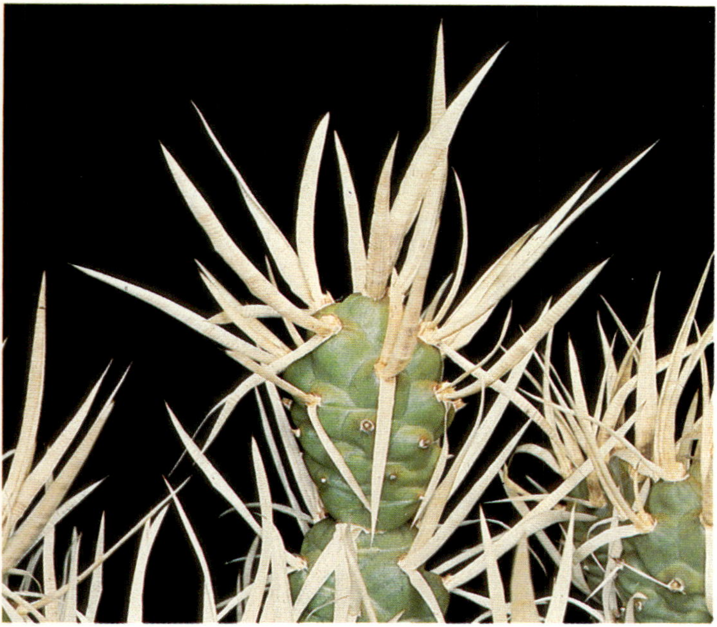

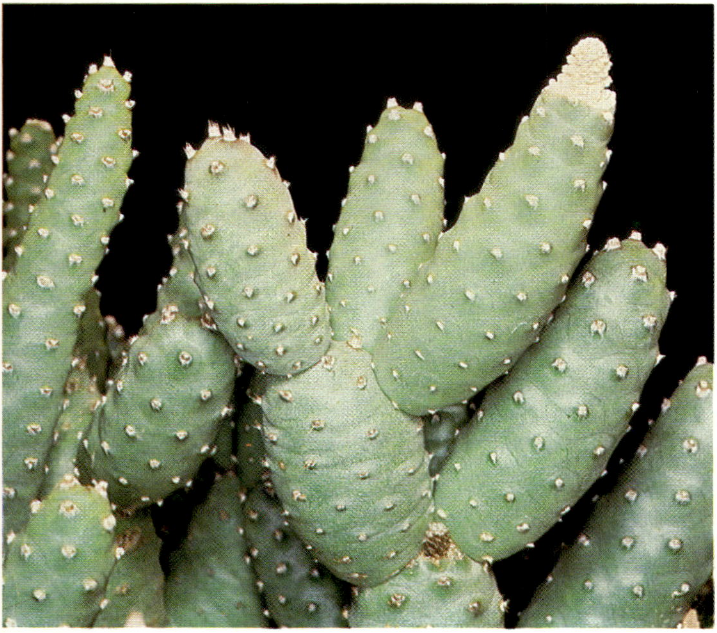

218 **OPUNTIA ERINACEA** Engelmann und Bigelow
Tribus *Opuntieae* – Untergattung *Opuntia*

Herkunft: Nördliches Arizona, südliches Utah und Nevada, westliches Colorado und südöstliches Kalifornien.

Beschreibung: Dieser kleine Strauch wird nicht höher als 80 cm. Sein Sproß verzweigt sich und ist aufrecht bis mehr oder weniger aufsteigend. Die flachen Glieder sind im Umriß oval bis elliptisch, 8 bis 10 cm lang, von unterschiedlicher Dicke, aber doch immer recht fest. Auf ihnen befinden sich zahlreiche ziemlich große und leicht erhabene, weißfilzige Areolen mit wenigen gelben Glochiden und sehr vielen Dornen, die strahlig nach allen Seiten abstehen. Diese sind weiß, schlank und biegsam, aber nicht borstenartig und bis über 5 cm lang. Sie stehen so dicht, daß sie den Sproß fast völlig bedecken. Die Blüten werden über 6 cm lang und etwas mehr als genauso breit mit orangeroten bis gelben Kronblättern. Die Früchte sind sehr stachlig. Die noch ansehnlichere Varietät *ursina* stammt aus der Mojave-Wüste in Kalifornien. Sie ist kleiner und zierlicher als die Art und besitzt eine Vielzahl langer, dünner Dornen von fast haarähnlichem Aussehen. Diese sind anfangs bräunlich weiß oder blaß braun und werden später grau. Die Art heißt in ihrer Heimat deshalb Grizzlybär- oder Altmänner-Kaktus. Die Blüten sind meist gelb.

Kultur: Bei trockener Haltung ist diese Pflanze recht kälteverträglich. Vermehrung durch Stecklinge.

219 **OPUNTIA FICUS-INDICA** (Linnaeus) Miller
Tribus *Opuntieae* – Untergattung *Opuntia*

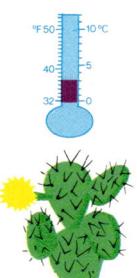

Herkunft: Tropisches Amerika, das genaue Ursprungsgebiet ist unbekannt. Die Art wird überall in den Subtropen kultiviert und wächst jetzt wild in Mexiko, den Mittelmeerländern und in Südfrankreich.

Beschreibung: Diese strauchartige Pflanze kann baumartig und bis zu 5 m hoch werden. Der obere Teil des holzigen Stammes verzweigt sich stark. Die dickfleischigen, flachen Glieder werden bis 40 cm lang. Ihre kleinen Areolen sind meist dornenlos, tragen aber viele gelbe Glochiden, die am älteren Teil wieder abfallen. Die großen, meist gelben Blüten besitzen blaßgelbe Staubblätter. Von allen eßbaren Kakteenfrüchten schmecken diejenigen dieser Art am besten. Sie sind birnenförmig mit einem Nabel an der Spitze und tragen mehrere dornenlose, doch mit gelben Glochiden versehene Areolen. Je nach Varietät ist die Frucht gelb, rötlich, rot oder sogar gestreift. Das saftige Fruchtfleisch besitzt meist die gleiche Farbe wie die Schale und enthält zahlreiche harte, kleine Samen. Da die Pflanze der Früchte wegen kultiviert wird, gibt es viele gärtnerische Sorten. *Asperma* hat kleine gelbe Früchte mit nur wenigen, winzigen Samen, *lutea* besitzt gelbe und *rubra* rote Früchte. *Serotina* ist eine späte Sorte, die bis in den November Früchte trägt.

Kultur: Die Art verlangt gut durchlüfteten sandigen oder steinigen Boden, volle Sonne. Vermehrung durch Stecklinge.

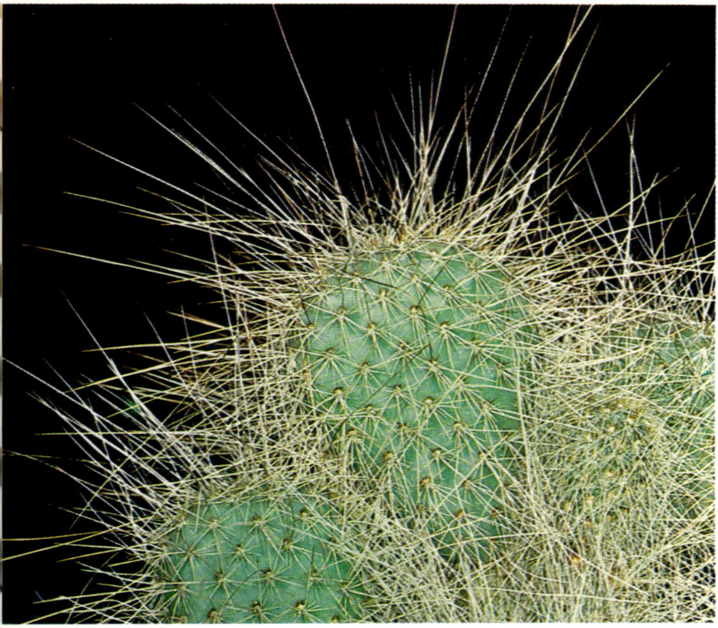

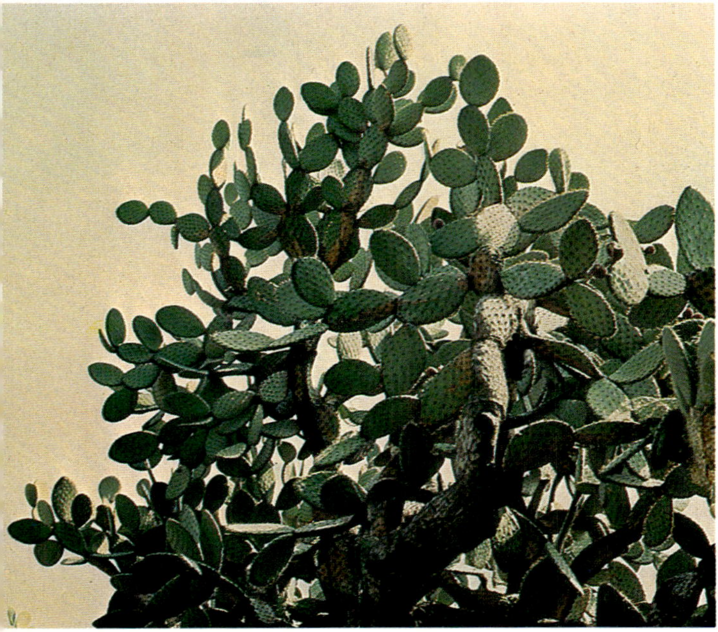

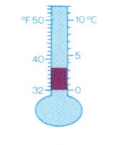

220 OPUNTIA FULGIDA Engelmann
Varietät **MAMILLATA** (Schott) Backeberg
Tribus *Opuntieae* – Untergattung *Cylindropuntia*

Herkunft: Von Arizona entlang des Golfs von Kalifornien bis zu den mexikanischen Staaten Sonora und Sinaloa, hauptsächlich jedoch in den westlichen Bergen Sonoras.
Beschreibung: Engelmann beschrieb diese baumähnliche Art im Jahre 1856. Sie wird bis über 3 m hoch und besitzt einen im oberen Teil stark verzweigten Stamm von 20 cm Durchmesser. Die Zweige, die eine ziemlich dichte Krone bilden, werden bis 20 cm lang und 5 cm breit. Diese sind fleischig und tragen deutlich vorstehende Warzen mit kleinen Areolen auf ihren Spitzen. Diese Areolen sind mit kurzen, weißen oder gelblichen Glochiden bedeckt. Außerdem tragen sie bis zu zehn Dornen von einer Länge bis zu 3,5 cm. Alle Dornen sind gelb oder bräunlich und von einer weißen, papierartigen Scheide umgeben. Unförmige Glieder kann man leicht abnehmen und als Stecklinge verwenden. Die Blüten werden 2,5 bis 3 cm breit mit nur wenigen roten bis hellroten Kronblättern. Die grüne, birnenförmige Frucht ist anfangs warzig, später glatt und 5 cm lang. Die Varietät *mamillata* besitzt kürzere Dornen, fleischigere Glieder und deutlichere Warzen. Backeberg stellte sie zu *Cylindropuntia*.
Kultur: Bei trockener Haltung ist die Pflanze gut kälteverträglich. Im Sommer braucht sie Wärme und volle Sonne. Vermehrung durch Stecklinge, selbst abgefallene Früchte bewurzeln sich.

221 OPUNTIA GOSSELINIANA Weber
Tribus *Opuntieae* – Untergattung *Opuntia*

Herkunft: Niederkalifornien und Sonora in Mexiko.
Beschreibung: Diese strauchartige Pflanze wird rund 1 m hoch und wächst durch bodennahe Verzweigungen stark in die Breite. Die tellerförmigen Glieder werden oft breiter als lang, erreichen dabei Durchmesser bis zu 20 cm, sind dünn und etwas rötlich. Es wird nur ein kurzer, aber stark dorniger Stamm gebildet. Die Areolen auf den Gliedern sind groß und gelblich mit Büscheln von gelben bis braunen Glochiden. Ein bis drei Dornen stehen meist nur an den oberen Areolen, besonders aber an der oberen Kante des Tellers. Die Dornen sind schlank, biegsam, bis über 5 cm lang, weiß oder blaß gelb, in der Jugend auch braun. Die Blüten sind gelb. Die 4 cm lange, kugelige und benabelte Frucht trägt viele Areolen mit Glochiden, jedoch keine Dornen. Die Varietät *santa-rita* findet man hauptsächlich in Arizona, sie ist jedoch auch in New Mexico, Texas und Mexiko zu Hause. Diese Varietät ist kleiner als der Typus, nur 50 cm bis 1,5 m hoch und besitzt kreisrunde, blaugrüne Glieder mit leichter Rotfärbung um die Areolen und an den Kanten. Die wenigen Areolen sind rund, tragen kastanienfarbige Glochiden und gelegentlich einen braunen Dorn. Ihre gelben Blüten mit roter Röhre sind größer als bei der Art. Sie ist eine der schönsten Vertreter dieser Gattung.
Kultur: Dieser Kaktus ist sehr kälteempfindlich. Vermehrung wie bei den anderen Arten durch eingepflanzte Scheiben.

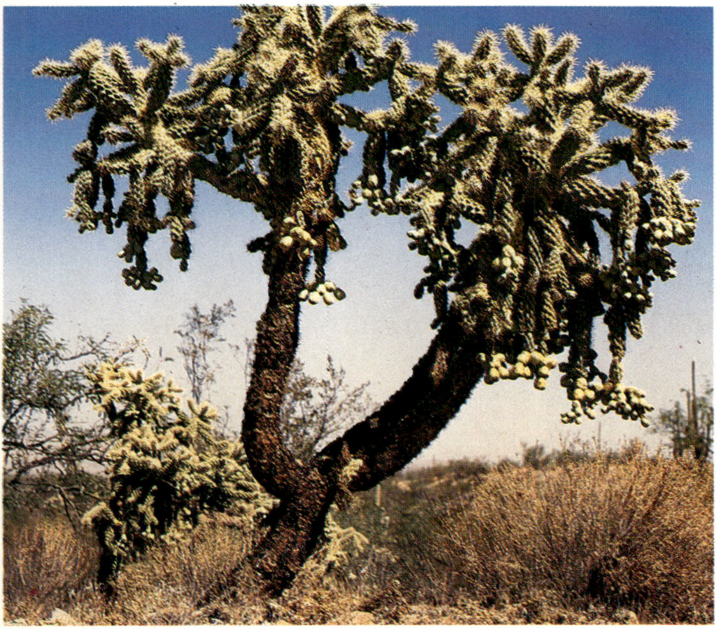

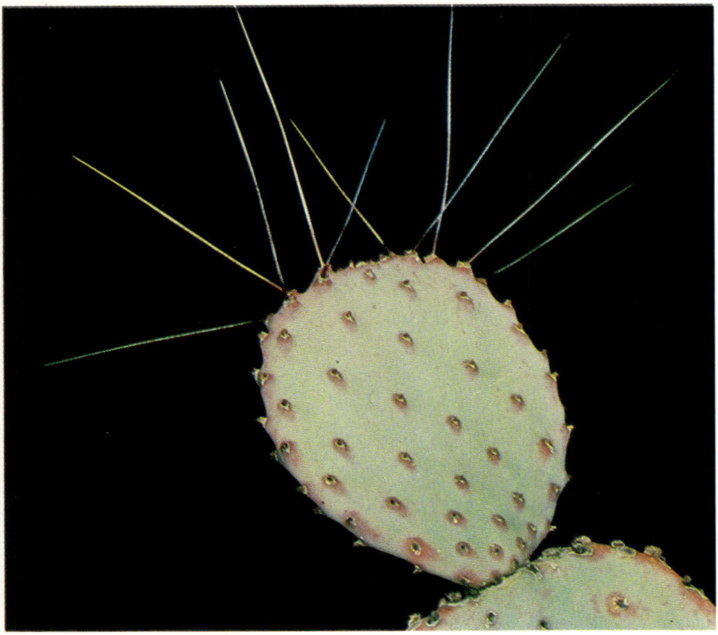

222 OPUNTIA HUMIFUSA Rafinesque-Schmaltz
Tribus *Opuntieae* – Untergattung *Opuntia*

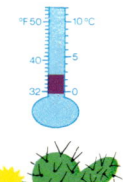

Herkunft: Die gesamten Vereinigten Staaten mit Ausnahme des nordwestlichen Drittels und Maine.

Beschreibung: Seitdem sie 1753 von Linné *Cactus opuntia* benannt wurde, hat diese Pflanze mehrfach ihren Namen gewechselt. Verschiedene Synonyme sind auch heute noch verbreitet in Gebrauch, wie der von mehreren Autoren verwendete Name *Opuntia vulgaris,* der von Engelmann 1856 gebrauchte *Opuntia rafinesquei* oder etwas seltener der erst kürzlich von James Macbridge eingebrachte *Opuntia compressa.* Linnés Beschreibung umfaßte wahrscheinlich zwei Varietäten. Eine davon ist in Europa eingebürgert und wächst sogar in den Schweizer Alpen. Diese ist klein, von niederliegendem Wuchs oder aufrecht. Ihre flachen, dünnen, runden bis ovalen Glieder werden 8 bis 17 cm lang. Auf den wenigen Areolen sitzen gelbbraune Glochiden und nicht immer Dornen. Diese sind pfriemlich, weiß und bis 2,5 cm lang. Besonders bei jungen Pflanzen sind noch zwei oder drei kürzere mit dunkler Spitze vorhanden. Aus den 5 bis 8 cm breiten Blüten mit schwefelgelben Kronblättern und rötlichem Grund entwickeln sich glatte, birnenförmige Früchte. Die Varietät *variegata* wird kultiviert.

Kultur: Die Pflanze ist äußerst anspruchslos. Vermehrung durch Stecklinge.

---

223 OPUNTIA LEPTOCAULIS de Candolle
Tribus *Opuntieae* – Untergattung *Cylindropuntia*

Herkunft: Von Arizona, New Mexico, Oklahoma und Texas bis Pueblo in Mexiko. Die Art ist sehr anpassungsfähig und gilt in ihrer Heimat als Unkraut.

Beschreibung: Die strauchartige Pflanze besitzt manchmal einen kurzen Stamm und wird bis 2 m hoch. Von den schlanken, kaum warzigen, verholzten Ästen von bis 40 cm Länge stehen fast rechtwinklig die zahlreichen, bis 7,5 cm langen Seitenzweige ab. Die kaum erhabenen Warzen tragen kleine, runde Areolen mit zahllosen Glochiden und kurzem, weißem Filz. Obwohl oft dornenlos, tragen sie doch meist einen Dorn und an älteren Pflanzenteilen sogar zwei oder drei. Die hellen Dornen werden bis 5 cm lang und sind von einer Scheide umschlossen, die von Schmutzigweiß über Gelblich bis Rotbraun gefärbt ist. Diese sehr spitze Scheide verfängt sich leicht in jedem weicheren Gegenstand, und da die Glieder leicht abbrechen, bleibt dann oft ein ganzer Pflanzenteil an dem Gegenstand hängen und wird so verbreitet. Die kleinen Blüten sind grünlich oder gelb, die kugelige, 1 cm lange Frucht ist rot oder gelb. Abgefallene Früchte können zu neuen Pflanzen auswachsen. Verschiedene Varietäten unterscheiden sich durch die Farbe und Länge der Dornen oder durch braune Glochiden.

Kultur: Da die Äste verholzen, sind sie als Stecklinge weniger geeignet. Junge Zweige dagegen bewurzeln sich gut.

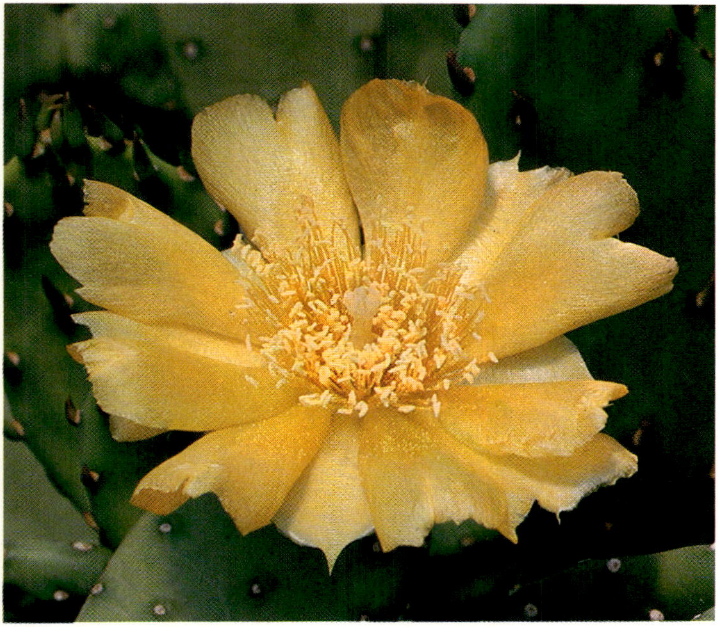

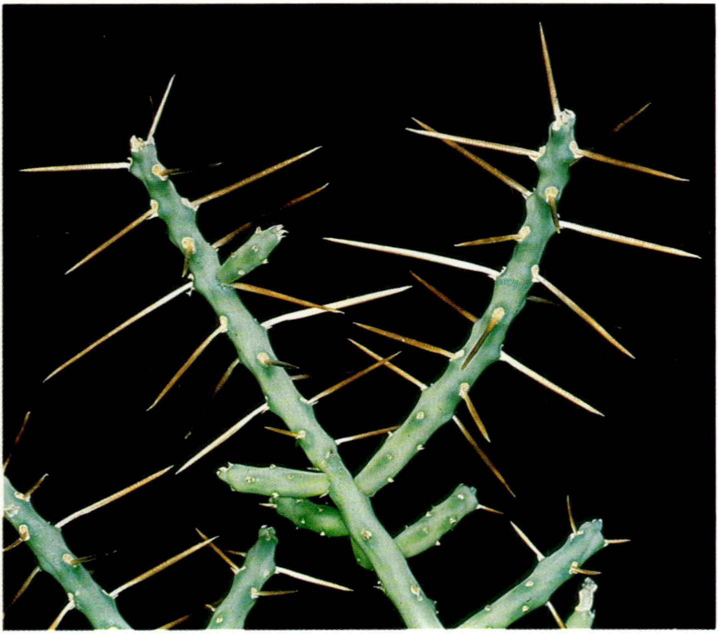

224 OPUNTIA LEUCOTRICHA de Candolle
Tribus *Opuntieae* – Untergattung *Opuntia*

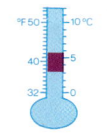

Herkunft: Das Zentralplateau von Durango in Mexiko.
Beschreibung: Dieser große, fast baumähnliche Strauch
entwickelt am natürlichen Standort einen sich verzweigenden
Stamm und wird bis zu 5 m hoch. Der Stamm und die ältesten
Glieder sind von langen, weißen Borsten bedeckt. Die länglichen bis kreisrunden, scheibenartigen Glieder werden 10 bis
20 cm lang und sind von weißem Flaum bedeckt, der ihnen ein
samtiges Aussehen gibt. Die weißen, mit gelben Glochiden
besetzten Areolen sitzen auf jungen Gliedern sehr dicht und
in Querlinien angeordnet. Sie tragen nur ein bis drei kurze,
weiße Dornen. Mit dem Wachstum der Glieder rücken die
Areolen auseinander und bilden ein unregelmäßiges Muster.
Sie tragen dann mehr Dornen sowie dornige oder wollige Borsten von weißer Farbe. Die 6 bis 8 cm breiten Blüten besitzen
eine kurze, warzige Röhre mit dornen- und borstenbesetzten
Areolen und gelbe Kronblätter. Die kugeligen Früchte tragen
Farben von Weiß über Rot bis Violett. Sie duften, sind eßbar
und werden in Mexiko unter dem Namen *duraznillo* verkauft.
Die Pflanze, welche von de Candolle 1828 beschrieben
wurde, wird heute in verschiedenen Ländern Mittelamerikas
angebaut.
Kultur: Die Pflanze ist weniger kälteverträglich, doch bei ent-
sprechendem Schutz wächst sie in Südeuropa ganzjährig im
Freien. Ansonsten ist die Haltung problemlos. Vermehrung
durch Stecklinge.

225 OPUNTIA LLOYDII Rose
Tribus *Opuntieae* – Untergattung *Cylindropuntia*

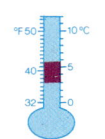

Herkunft: Zentral-Mexiko.
Beschreibung: Dieser Strauch ist *Opuntia versicolor* sehr
ähnlich, jedoch etwas kleiner. Mit seinen Seitenästen wird er
am natürlichen Standort 2 bis 3 m hoch und breit. Stamm und
Äste sind schlanker und aufrechter, die walzenförmigen Glieder sind kürzer und werden rund 2 cm dick. Diese tragen erhabene längliche Warzen von rhombenförmigem Aussehen.
Auf der Spitze der Warzen sitzen runde, filzige Areolen, welche braune Glochiden tragen. Im allgemeinen sind auf jeder
Areole nur drei Dornen. Diese werden 1,5 cm lang, sind von
rötlicher Farbe und weisen nach außen oder abwärts. Sie erscheinen erst auf dem vorjährigen Trieb. Der Neuzuwachs ist
immer dornenlos, trägt dafür aber kleine, walzenförmige Blätter, die allerdings nur von sehr kurzer Lebensdauer sind und
bald abfallen. Die Blüten werden rund 3 cm lang. Ihre dunkel-
purpurnen Kronblätter öffnen sich am Nachmittag und sind
1,5 cm lang. Die leicht warzige 3 cm lange Frucht ist gelb oder
orange.
Kultur: Diese Pflanze ist bei uns nur sehr schwierig zu halten,
da sie weder tiefere Temperaturen noch die Haltung im Gewächshaus besonders gut erträgt. Die Vermehrung erfolgt
durch Stecklinge.

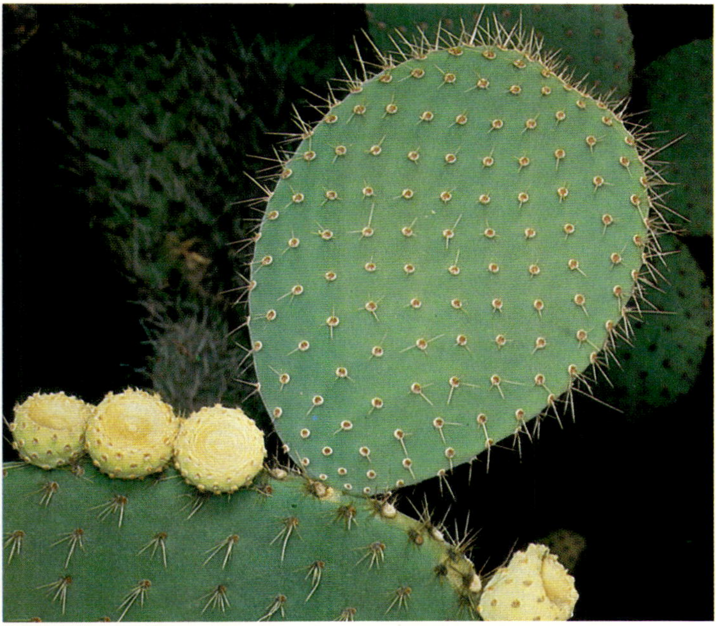

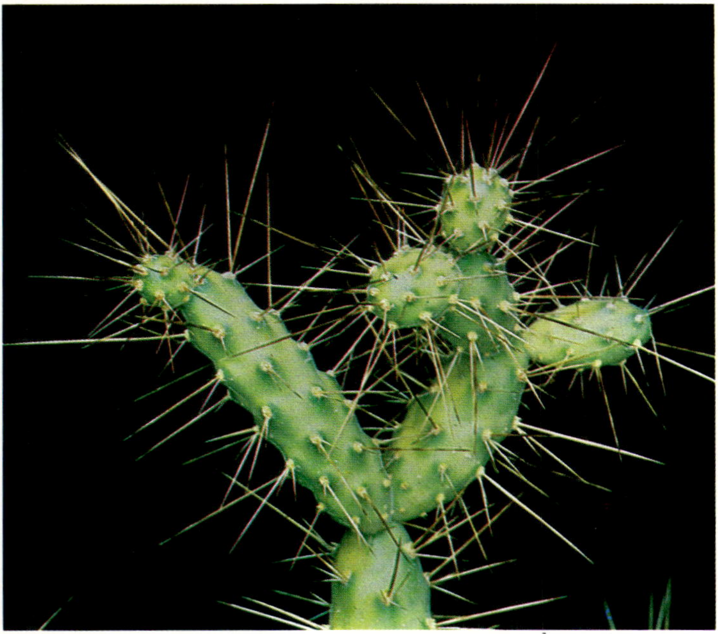

226 OPUNTIA MICRODASYS (Lehmann) Pfeiffer
Varietät **ALBISPINA**
Tribus *Opuntieae* – Untergattung *Opuntia*

Herkunft: Der Norden Mexikos.

Beschreibung: Der Artname leitet sich her vom griechischen *mikros,* klein, und *dasys,* haarig. Damit sind die kleinen Glochiden dieser Pflanze gemeint, die gern überall haften bleiben. Sowohl die Art als auch die Varietät gehören zu den Lieblingspflanzen von Kakteenliebhabern, da sie Miniaturausgaben der sonst doch recht großen Opuntien sind. Die Pflanze bildet mit zahlreichen Verzweigungen Dickichte von rund 60 cm Höhe. Die scheibenartigen Glieder werden oval oder leicht länglich 10 bis 15 cm lang. Ihre Areolen sind dicht von gelben Glochiden bedeckt, die an jüngeren Pflanzenteilen noch hell sind, später aber dunkler werden. Dornen werden keine gebildet. Die grünen Glieder haben ein samtiges Aussehen. Ältere Pflanzen bilden viele 4 bis 5 cm lange Blüten, deren reingelbe Kronblätter sich vor dem Verblühen orangegelb färben. Die rotviolette Frucht ist fast kugelig. Die Varietät *albispina* trägt weiße Glochiden, die anfangs ebenso dicht stehen wie bei der Art, später aber weniger werden. Ihre Blüten sind blaßgelb. Die Varietät *minima* besitzt winzige grüne Glieder.

Kultur: Wie alle Arten dieser Untergattung ist auch diese leicht durch abgenommene Glieder zu vermehren, die man in fast trockenen Sand steckt. Tiefere Temperaturen sollten vermieden werden.

---

227 OPUNTIA MOLESTA Brandegee
Tribus *Opuntieae* – Untergattung *Cylindropuntia*

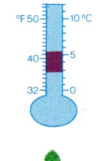

Herkunft: Nördliches und mittleres Niederkalifornien.

Beschreibung: Dieser große Strauch besitzt gefährliche Dornen und ist deshalb schwierig zu handhaben. Am natürlichen Standort wird der Sproß 1 bis 2 m hoch, in Kultur erreicht er höchstens 50 cm Höhe. Unabhängig von der Höhe verzweigt sich die Pflanze nur wenig, nimmt aber doch ziemlich viel Platz ein. Die blaßgrünen Glieder werden bei unterschiedlicher Länge bis 40 cm lang. Sie sind schlank, walzen- oder leicht keulenförmig und werden bis 4 cm dick. Die großen, versetzt stehenden Warzen bleiben flach, werden aber bis 4 cm lang. Auf ihrem oberen Teil sitzen runde, filzige Areolen mit früh abfallenden, schmalen Blättern von knapp 1 cm Länge sowie acht bis zehn strohfarbene Dornen. Die äußeren sind 1 bis 2 cm lang und stehen in alle Richtungen, während die inneren 5 cm lang werden und von einer häutigen Scheide umgeben sind. Diese bleibt in jedem weicheren Gegenstand stecken und reißt dann von der Pflanze ab. Die 4 bis 5 cm breiten, purpurnen Blüten bilden ovale Früchte von 2,5 cm Länge. Diese sind weich, fleischig und glatt oder auch schwach bedornt.

Kultur: Diese Art wird selten kultiviert. Vermehrung durch Stecklinge.

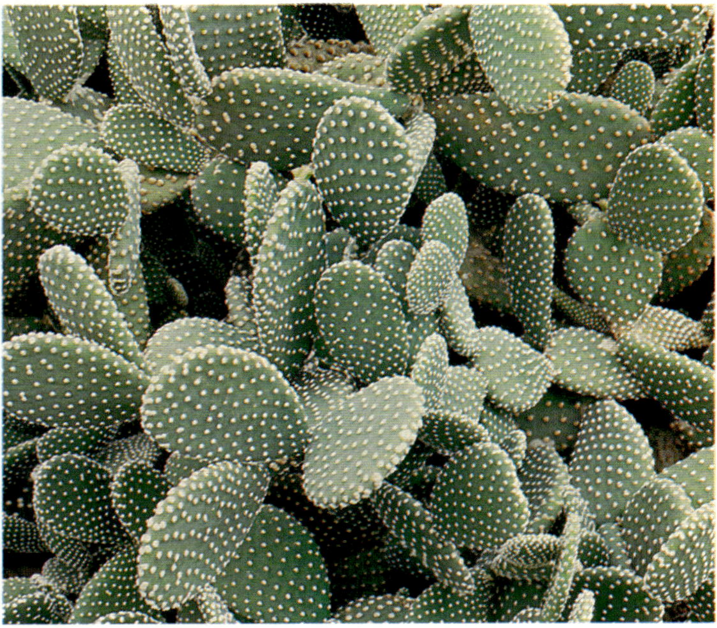

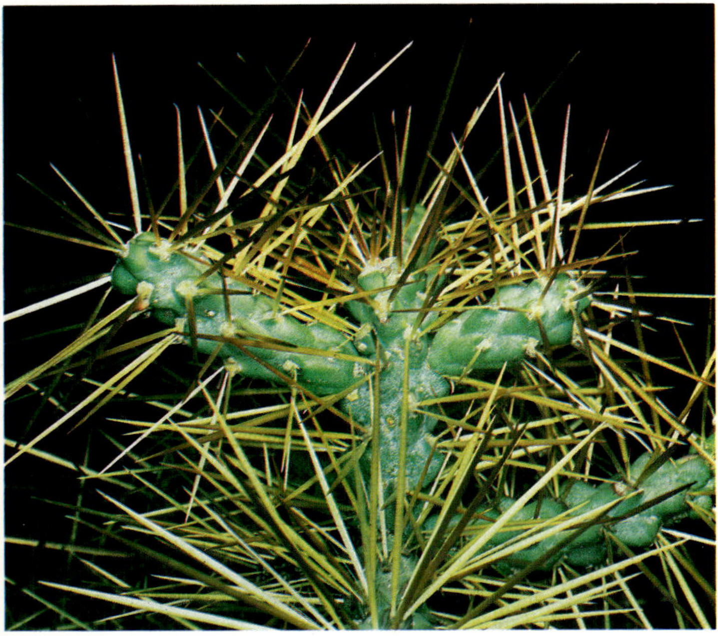

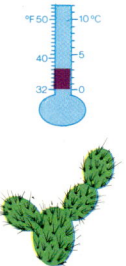

228 OPUNTIA OVATA Pfeiffer
Tribus *Opuntieae* – Untergattung *Tephrocactus*

Herkunft: Die Ausläufer der Anden am Fuß des Aconcagua in der Provinz Mendoza im westlichen Zentral-Argentinien, möglicherweise auch das angrenzende chilenische Gebiet.

Beschreibung: Diese niedrige, strauchartige Pflanze bildet dichte Polster von 12 cm Höhe. Jeder Zweig trägt zwei bis fünf mit der Spitze nach oben stehende, eiförmige, grüne Glieder von rund 4 cm Länge. Manchmal sind die Glieder auch kugelig. Dieser Wuchstyp ist kennzeichnend für Arten, die im Gebirge wachsen, da er Schutz vor Kälte und den oft heftigen Winden bietet. Die Glieder besitzen große, aber flache Warzen, auf deren Spitzen große, runde, braun oder gelb gefärbte Areolen stehen. Auf diesen befinden sich Büschel von steifen, gelblichen Glochiden sowie sieben bis neun gerade, spitze Dornen. Diese werden 5 mm bis 1,5 cm lang und sind anfangs bräunlich oder gelb. Später werden sie weiß oder grau und fallen manchmal auch ab, so daß der untere Teil der Glieder dornenlos ist. Junge Glieder sind anfangs rötlich violett und werden erst mit zunehmendem Alter grün. Dieser rötliche Farbton ist oft auch die Folge von plötzlichen Kälteeinbrüchen während der Wachstumszeit.

Kultur: Obwohl die Haltung nicht einfach ist, werden doch die verschiedensten Arten der Untergattung *Tephrocactus* kultiviert. Oft werden sie gepfropft, meist aber durch Stecklinge vermehrt.

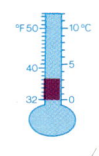

229 OPUNTIA PENTLANDII Salm-Dyck
Tribus *Opuntieae* – Untergattung *Tephrocactus*

Herkunft: Die bolivianischen Hochebenen.

Beschreibung: Als typische Pflanze des Hochlands verzweigt sich diese Art reichlich nach allen Seiten und bildet dadurch niedrige, polsterartige Sträucher von über 1 m Durchmesser. Jedes der eiförmigen bis länglichen Glieder wird bis 20 cm lang und 4 cm dick. Diese sind anfangs warzig, werden im Alter aber glatt. Die Warzen weisen nach oben und tragen auf ihrer Spitze runde Areolen, welche mit kurzem Flaum und gelben Glochiden bedeckt sind. Am oberen Teil der Glieder sitzen auf jeder Areole ein bis fünf unregelmäßig nach allen Seiten weisende Dornen, die aber meist abfallen und vor allem den unteren Teil kahl lassen. Sie sind meist gelblichweiß, aber auch hellbraun oder rötlich und werden bis 7 cm lang. Die gelben bis orangefarbenen Blüten werden 3 cm lang und 5 cm breit. Ihre kurze Röhre trägt wenige obere borstige Dornen tragen, die später auch noch auf der kugeligen bis länglichen und in der Reife gelben Frucht erhalten bleiben. Die Frucht ist nicht eßbar. Salm-Dyck beschrieb 1845 zwei Opuntienarten, die eine war *boliviana*, die andere *pentlandii*. Da beide Arten sehr ähnlich waren, faßte man sie später unter dem zweiten Namen zusammen.

Kultur: Die Pflanze erträgt zwar Kälte, aber keine heißen Sommer. Vermehrung durch Stecklinge.

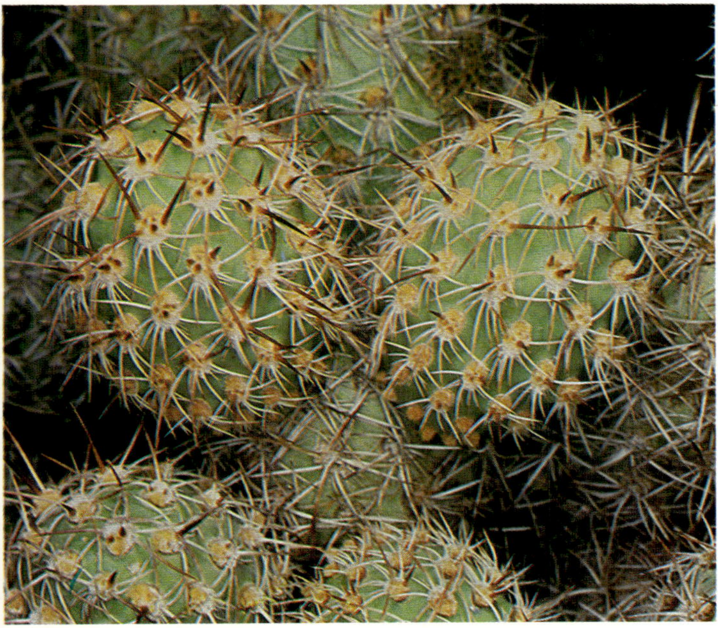

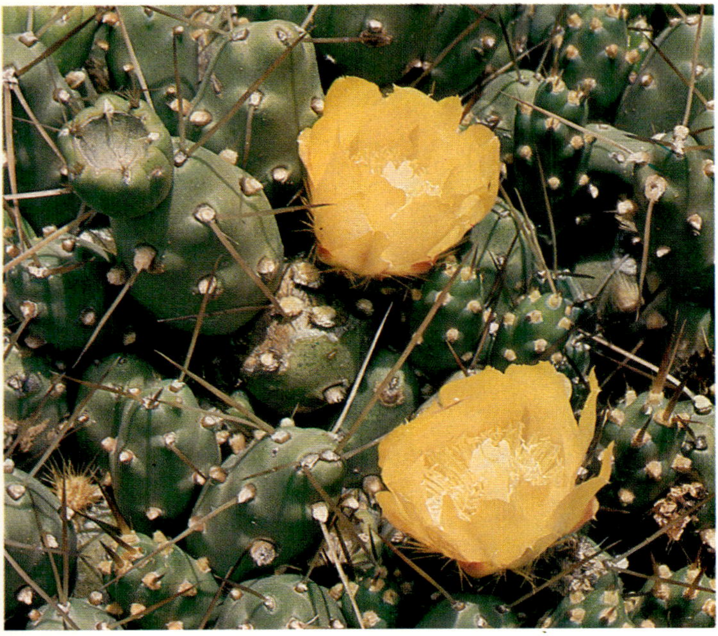

230 OPUNTIA PHAEACANTHA Engelmann
Varietät CAMANCHICA (Engelmann und Bigelow) Borg
Tribus *Opuntieae* – Untergattung *Opuntia*

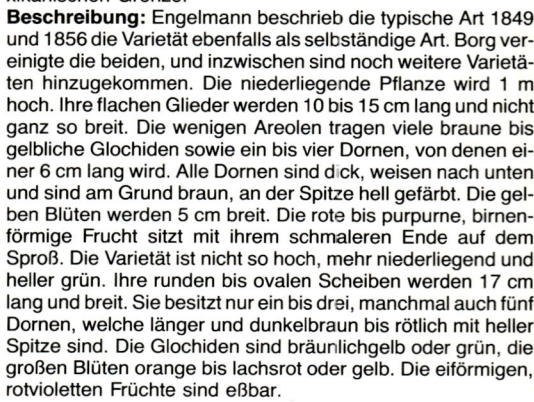

Herkunft: Die Art kommt in Oklahoma, New Mexico, Texas und Arizona bis Chihuahua in Mexiko vor, die Varietät in Kansas, Oklahoma, Colorado, Texas und New Mexico bis zur mexikanischen Grenze.

Beschreibung: Engelmann beschrieb die typische Art 1849 und 1856 die Varietät ebenfalls als selbständige Art. Borg vereinigte die beiden, und inzwischen sind noch weitere Varietäten hinzugekommen. Die niederliegende Pflanze wird 1 m hoch. Ihre flachen Glieder werden 10 bis 15 cm lang und nicht ganz so breit. Die wenigen Areolen tragen viele braune bis gelbliche Glochiden sowie ein bis vier Dornen, von denen einer 6 cm lang wird. Alle Dornen sind dick, weisen nach unten und sind am Grund braun, an der Spitze hell gefärbt. Die gelben Blüten werden 5 cm breit. Die rote bis purpurne, birnenförmige Frucht sitzt mit ihrem schmaleren Ende auf dem Sproß. Die Varietät ist nicht so hoch, mehr niederliegend und heller grün. Ihre runden bis ovalen Scheiben werden 17 cm lang und breit. Sie besitzt nur ein bis drei, manchmal auch fünf Dornen, welche länger und dunkelbraun bis rötlich mit heller Spitze sind. Die Glochiden sind bräunlichgelb oder grün, die großen Blüten orange bis lachsrot oder gelb. Die eiförmigen, rotvioletten Früchte sind eßbar.

Kultur: Die winterharte Pflanze verfärbt sich in der Kälte rötlich. Vermehrung durch Stecklinge.

231 OPUNTIA PICARDOI Marnier-Lapostolle
Tribus *Opuntieae* – Untergattung *Opuntia*

Herkunft: Die Provinzen Salta und Catamarca in Argentinien.

Beschreibung: Die Sprosse dieser niedrigen, kriechenden Art bilden mit ihren flachen Gliedern lange Ketten. Ihre glänzendgrünen Glieder sind im Umriß leicht schief oval, 7 cm lang und 3,5 cm breit. Die gelblichbraunen, runden Areolen stehen auf warzigen Erhebungen der Glieder und tragen gelbe Glochiden sowie bis zu zehn weiße Dornen mit gelben Spitzen. Diese Dornen werden bei unterschiedlicher Länge höchstens 5 mm lang. Wenn sie ganz geöffnet sind, erreichen die roten Blüten bis zu 4 cm im Durchmesser, während die in der Reife gelbliche bis rote Frucht nur knapp 1,2 cm lang wird. Auch diese Art ist erst vor kurzem nach Europa eingeführt worden, so daß man sie noch nicht oft sieht, obwohl sie wie die meisten Arten ihrer Gattung außerordentlich leicht zu vermehren ist.

Kultur: Diese Pflanze ist für die Haltung im Blumentopf weniger geeignet, aber vor allem in Südeuropa kann sie an geschützten Plätzen durchaus ganzjährig im Freien bleiben. Die Vermehrung ist sehr einfach durch abgenommene Glieder, die sich in nur schwach feuchtem Sand leicht bewurzeln.

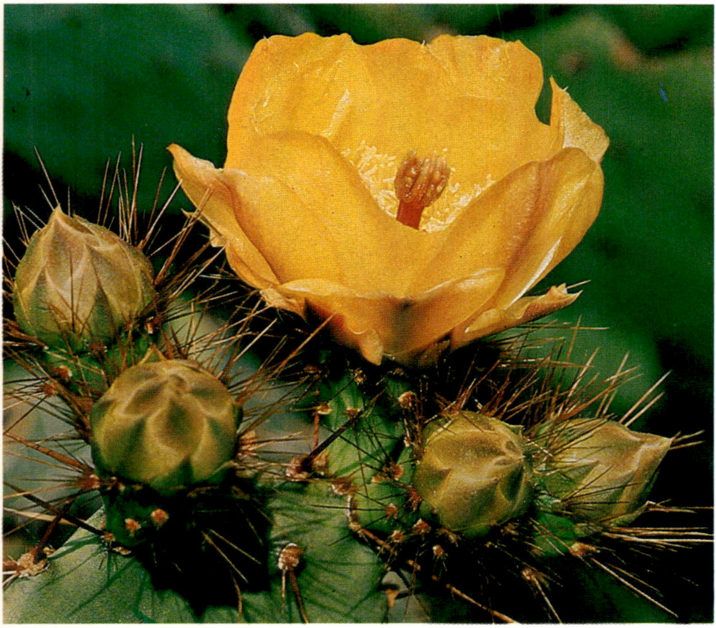

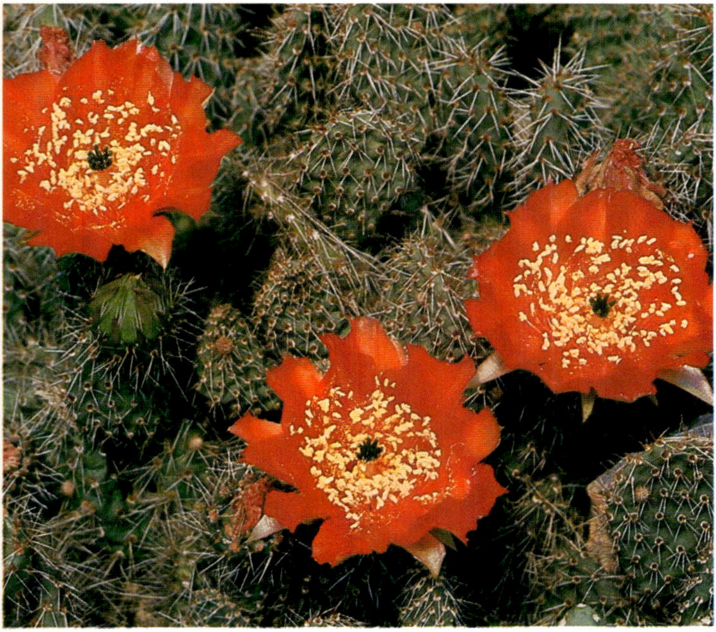

232 OPUNTIA QUIMILO Schumann
Tribus *Opuntieae* – Untergattung *Opuntia*

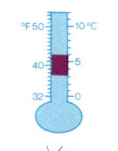

Herkunft: Die Provinzen Santiago del Estero, Tucumán, Salta und Córdoba im Norden Argentiniens.

Beschreibung: Schumann beschrieb die Art 1898 und verwendete als Artname eine örtliche Bezeichnung derselben. Am natürlichen Standort bildet die Pflanze einen dicht verzweigten Strauch, der bis 4 m hoch wird. In Kultur wird sie selten höher als 2 m. Meist entwickelt sie einen dornigen Stamm, von dem flache Glieder abstehen, die sich wiederum verzweigen. Diese blau- bis graugrünen Glieder sind weich, im Umriß elliptisch bis eiförmig und werden bis 50 cm lang, 25 cm breit und 2 bis 3 cm dick. Die wenigen, deutlich erhabenen Areolen sind im älteren Teil der Pflanze ziemlich groß und tragen spitze, weiße Glochiden. Die jüngsten Glieder sind dornenlos. Später trägt jede Areole einen weißen, steif abstehenden Dorn von 7 bis 15 cm Länge. Im ganz alten Teil wachsen bis zu drei Dornen je Areole. Die ziegelroten Blüten werden 4 bis 7 cm groß. Sie besitzen eine schwach warzige und leicht nach oben gebogene Röhre. Die Früchte sind kugelig bis birnenförmig, genabelt, bis 7 cm lang und von Farbe hellgrün bis gelblich.

Kultur: Diese sehr charakteristische Pflanze wird nur sehr wenig angepflanzt, da sie wegen ihrer großen Glieder ziemlich viel Platz beansprucht. Im Mittelmeergebiet kann sie an geschützten Stellen auch im Winter im Freien bleiben. Zur Vermehrung verwendet man die Glieder als Stecklinge.

---

233 OPUNTIA RECONDITA Griffiths
Tribus *Opuntieae* – Untergattung *Cylindropuntia*

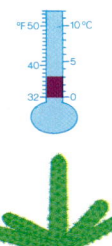

Herkunft: Das Gebiet um La Perla in Coahuila in Mexiko.

Beschreibung: Diese 1913 beschriebene Art ist ein dichter, reich verzweigter Strauch von 1 m bis fast 1,5 m Höhe. Der walzenförmige Sproß wird 7 cm dick, wobei er am Beginn des jährlichen Neuzuwachses etwas eingeschnürt ist. Seine zahlreichen Seitentriebe brechen leicht ab. Die jungen, schwach dornigen Zweige werden 10 cm lang, ältere erreichen bei einer Dicke von 2 cm Längen von 30 cm und sind außerdem warzig und außerordentlich dornig. Die Warzen werden 5 cm lang und rund 5 mm breit. Am jungen Teil sind sie noch deutlich sichtbar, am alten verschwinden sie allmählich. Die länglichen, fast 6 mm langen Areolen sind dicht von gelben Glochiden bedeckt und tragen anfangs zwei bis vier, später sechs bis zehn Dornen. Diese stehen schief, werden bis 5 cm lang, sind am Grund grau, der Spitze zu aber braun und von einer glänzenden Scheide bedeckt. Zwischen diesen Dornen stehen noch ein paar kurze, schwärzliche Borsten. Purpurn sind die ungefähr 2,5 cm breiten Blüten gefärbt. Die 3 cm lange Frucht ist grünlichgelb, rot überhaucht und leicht warzig. Backeberg klassifizierte diese Art als *Cylindropuntia*.

Kultur: Wegen ihrer Größe kommt die Kultur dieser Art für Liebhaber bei uns nicht in Frage. In Südeuropa kann sie an einem trockenen, sonnigen Platz gut im Freien stehen. Die Vermehrung erfolgt durch Stecklinge.

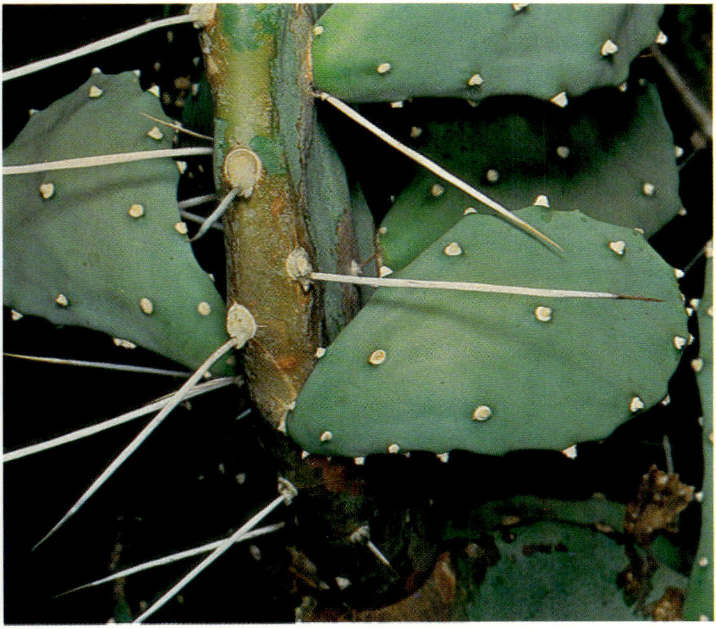

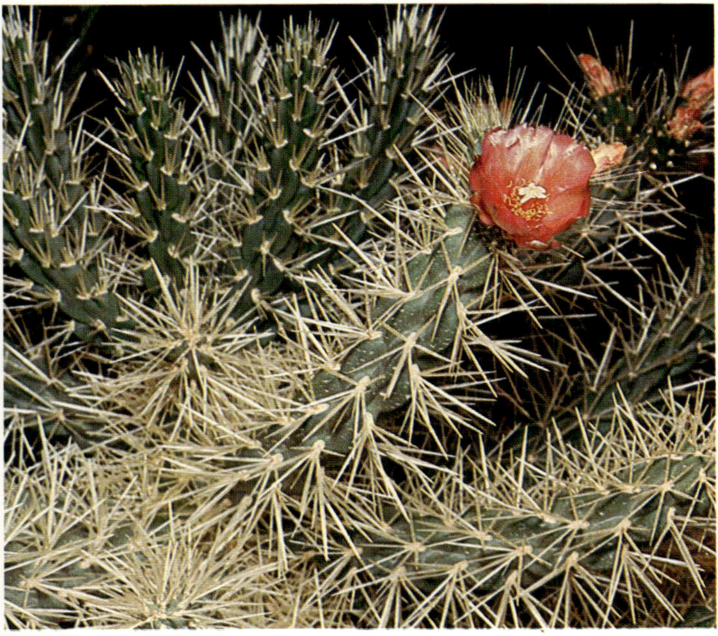

234 OPUNTIA RUFIDA Engelmann
Tribus *Opuntieae* – Untergattung *Opuntia*

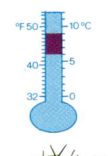

Herkunft: Nördliches Mexiko und entlang des Rio Grande in Texas.

Beschreibung: Diese Art ist wahrscheinlich besser unter dem Namen *Opuntia herrfeldtii* bekannt, doch der erste Name hat Vorrang, der letztere ist nur ein Synonym. Oft wird die Pflanze auch mit *Opuntia microdasys,* var. *rufida* verwechselt, doch diese Pflanze besitzt viel kleinere, ovale Glieder und braune Glochiden, die in der Mitte oder am Grund gelb sind, sowie gelbe Blüten. Diese aufrechte, strauchige Art wird mit einem kurzen Stamm 50 cm bis 1,5 m hoch. Ihre breiten Glieder sind annähernd rund, ziemlich dick, und die graugrüne Oberfläche macht einen samtigen Eindruck. Dornen fehlen völlig, aber die breiten, runden, vorstehenden Areolen, welche in dichten, diagonal verlaufenden Reihen angeordnet sind, tragen Unmengen rotbrauner Glochiden, die an älteren Gliedern dunkler werden. Einschließlich der Röhre werden die Blüten rund 5 cm lang. Ihre Kronblätter sind gelb bis orange gefärbt, die Frucht ist hellrot. Diese Pflanze ist so interessant, daß mit ihr zahlreiche gärtnerische Hybriden gezüchtet wurden. Einige von ihnen haben vom anderen Elternteil winzige Dornen geerbt.

Kultur: Diese Pflanze ist gegen Kälte und Feuchte weniger unempfindlich als andere Opuntien. Sie braucht volle Sonne im Sommer und etwas Wärme im Winter. Sie ist für die Topfhaltung geeignet. Vermehrung durch Stecklinge.

235 OPUNTIA SALMIANA Parmentier
Tribus *Opuntieae* – Untergattung *Cylindropuntia*

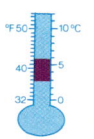

Herkunft: Südliches Brasilien, Paraguay und nördliches Argentinien bis Bolivien.

Beschreibung: Diese strauchähnliche Pflanze kann bis 2 m hoch werden, in Kultur bleibt sie jedoch immer kleiner. Sie verzweigt sich, wobei die runden Sprosse keine Warzen tragen und 1 cm dick werden. Diese sind recht zart, meist blaugrün oder auch rot und werden bis 10 cm lang. Die in großen Abständen stehenden Areolen sind klein, weißfilzig und tragen zahlreiche gelbe Glochiden, sowie weißliche Dornen von 1,5 cm Länge. Da die Dornen keine Scheide besitzen, sind sie besonders unangenehm, selbst wenn sie noch jung sind. Die Blüten werden ungefähr 3 cm breit und sind blaßgelb oder cremefarben. Die im Durchmesser etwa 1 cm großen Früchte sind scharlachfarben oder von dunklem, fast purpurnem Rot. Sie tragen zahlreiche mit Glochiden besetzte Areolen. Abfallende Früchte können sich bewurzeln und neu austreiben. Besonders die kleinen Seitentriebe der Pflanze brechen leicht ab und bilden am Boden sofort wieder neue Pflanzen. Eine Varietät mit Namen *albiflora* besitzt kleinere und weiße Blüten.

Kultur: Die Vermehrung der Pflanze ist einfach durch abgefallene Seitentriebe, die man einpflanzt. Auch die Haltung ist bei starker Sonneneinstrahlung im Sommer und völliger Ruhe im Winter ohne Schwierigkeiten.

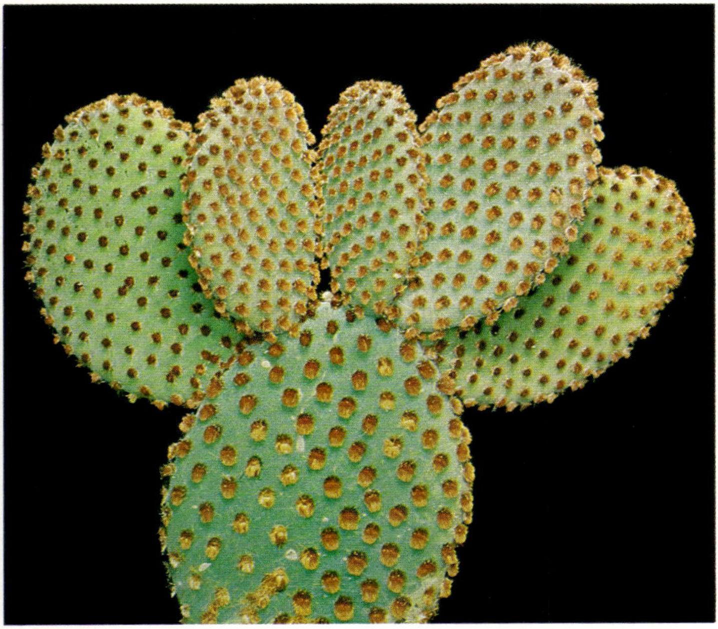

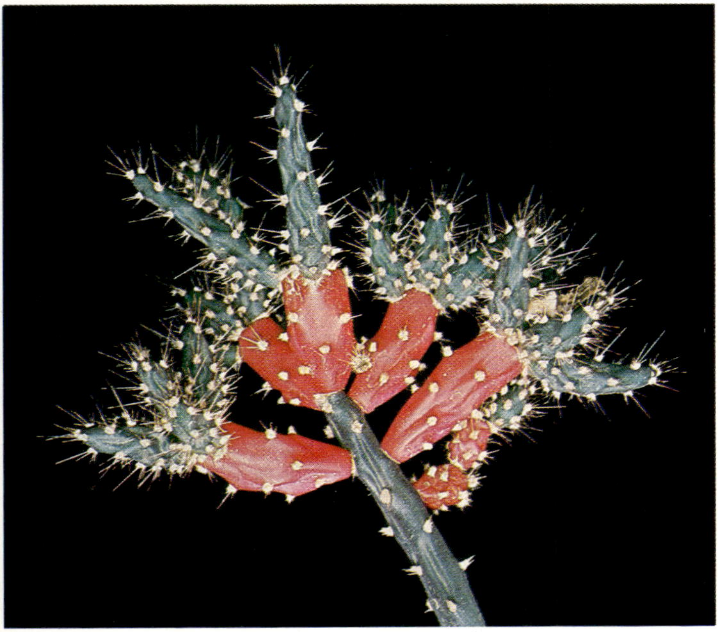

236 OPUNTIA STENOPETALA Engelmann
Tribus *Opuntieae* – Untergattung *Opuntia*

Herkunft: Die Staaten Coahuila, Hidalgo und Querétaro in Zentral-Mexiko.

Beschreibung: Der Artname kommt vom griechischen *stenos*, schmal, und *petalon*, Kronblatt. Diese Pflanze gehört zu einer kleinen, besonderen Gruppe unter den Opuntien, deren Blüten eingeschlechtlich sind und schmale, zugespitzte Kronblätter besitzen. Die Hauptäste dieser niedrigen, strauchähnlichen Art sind oft niederliegend bis aufsteigend. Ihre graugrünen, im Umriß eiförmigen Glieder werden 10 bis 20 cm lang und sind besonders an den jüngeren Teilen etwas rötlich gefärbt. Die braunen Areolen sitzen in Abständen von 3 cm und tragen braune Glochiden, die am Neuzuwachs besonders zahlreich sind. Am unteren Teil der Pflanze wachsen die Areolen dornenlos, sonst tragen sie zwei bis vier oder auch mehr unregelmäßig angeordnete Dornen, von denen der längste 5 cm lang leicht gebogen nach unten wächst. Junge Dornen sind schwarzbraun, später werden sie grau. Die kleinen Blüten werden einschließlich ihrer Röhre 3 cm lang und tragen kurze, schmale Kronblätter von orangeroter Farbe. Bei männlichen Blüten ist der lange Griffel verkümmert und trägt keine Narbe, während weibliche Blüten eine acht- bis neunfach gelappte, gelbe Narbe besitzen. Die kugelige, manchmal dornige Frucht ist scharlachrot.

Kultur: Wächst in Südeuropa im Freien. Vermehrung durch Stecklinge.

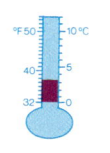

237 OPUNTIA SUBULATA (Mühlenpfordt) Engelmann
Tribus *Opuntieae* – Untergattung *Cylindropuntia*

Herkunft: Südliches Peru. Früher galt Chile als Heimat der Pflanze, da die erste Beschreibung von kultivierten Exemplaren aus Valparaiso stammt. Man hat sie dort jedoch nie wild wachsend gefunden.

Beschreibung: Die steife, strauchähnliche Pflanze wird am natürlichen Standort 4 m hoch. Am 6 bis 10 cm dicken Hauptsproß bilden sich 6 cm lange walzenförmige Seitentriebe, die sich nach oben biegen. Stamm und Äste sind grün und tragen Warzen, die in ihrem oberen Teil hervorragen und in ihrem unteren Teil flach in den Sproß übergehen. Am alten, verkorkten Sproß sind sie nicht mehr zu sehen. An der Spitze der Warzen sitzen weißfilzige Areolen, welche an ihrem unteren Teil zugespitzte walzenförmige Blätter besitzen, die sich nach oben biegen und bis über ein Jahr erhalten bleiben. Ein bis zwei oder auch mehr hellgelbe bis hellbraune, kräftige, gerade Dornen werden bis zu 8 cm lang. Glochiden sind nur wenige vorhanden. Blüten mit kleinen, rötlichen Kronblättern von 5 mm bis 1 cm Länge entspringen nahe der Sproßspitze. Die längliche, tief genabelte grüne Frucht wird 10 cm lang. Sie bleibt sehr lange an der Pflanze hängen, und wenn sie abfällt, kann sie sich bewurzeln und zu einer neuen Pflanze auswachsen.

Kultur: Die Vermehrung erfolgt durch Stecklinge.

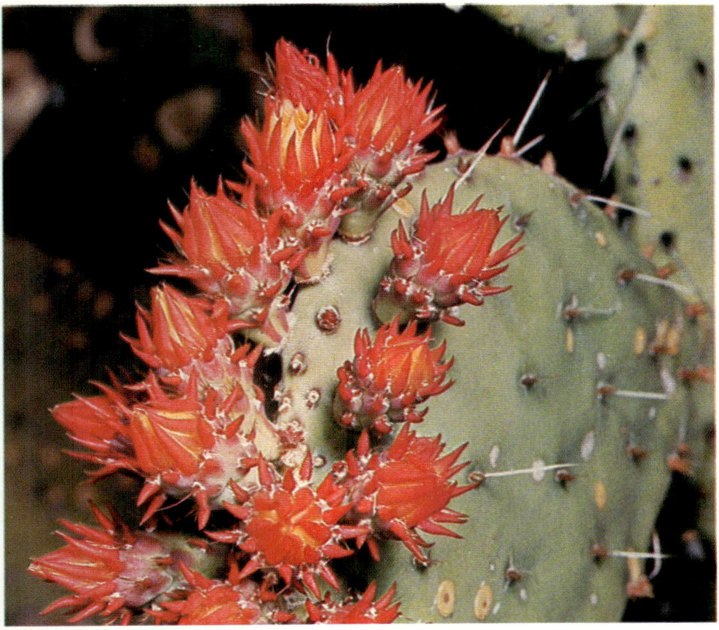

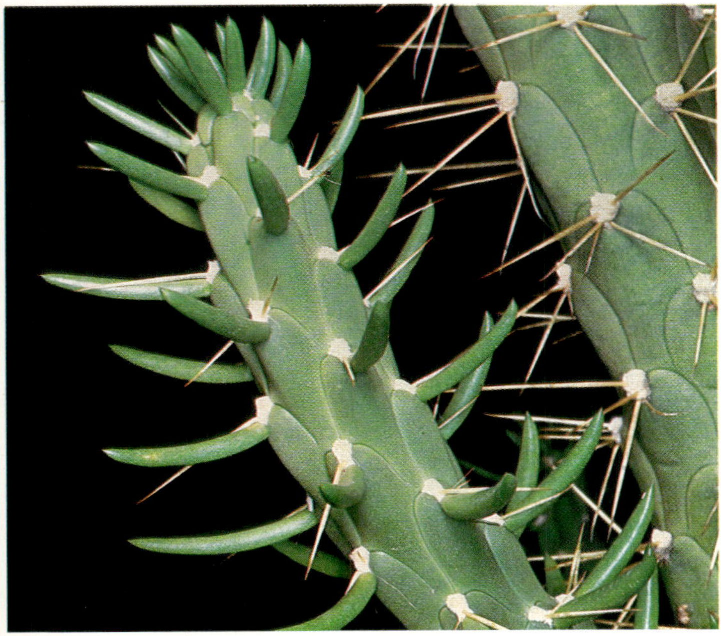

238 OPUNTIA SULPHUREA Don
Tribus *Opuntieae* – Untergattung *Opuntia*

Herkunft: Von der Provinz San Luis bis zur Provinz Chubut entlang des Chubut in Argentinien.

Beschreibung: Die stark verzweigte Pflanze bildet dichte Kolonien bis zu 2 m Durchmesser und 30 bis 50 cm Höhe. Ihre mehr oder weniger aufrechten bis niederliegenden, flachen Glieder sind ziemlich dick, im Umriß länglich bis eiförmig und 15 bis 20 cm lang. Ihre Farbe ist graugrün, grün oder rötlich. Jede der unregelmäßigen, aber deutlich ausgebildeten Warzen trägt eine kleine Areole mit gelblichroten Glochiden und zwei bis acht Dornen, welche bis 10 cm lang werden. Diese stehen strahlenförmig ausgebreitet und sind meist gerade, manchmal aber auch gebogen oder verdreht. Sie sind kräftig, sehr spitz, rötlich bis rotbraun, an jungen Gliedern aber auch oft sehr hell gefärbt. Die rund 4 cm langen Blüten besitzen schwefelgelbe Kronblätter. Die Röhre trägt Areolen mit Glochiden. Die kleine Frucht wird nur 1 cm groß. Sie ist tief genabelt, gelb und besitzt oft einen zarten Duft. In bezug auf Farben ist diese Pflanze sehr veränderlich. So können die Dornen auch grau sein, die Blüten manchmal hellgelb und gelegentlich sogar mit rosarotem Grund. Ältere Pflanzen bilden manchmal rote Früchte. Es gibt auch Varietäten mit kleineren, runden Gliedern.

Kultur: Zur Vermehrung verwendet man Glieder als Stecklinge. Oft fallen junge Glieder auch von selbst ab und bewurzeln sich am Boden.

239 OPUNTIA TOMENTOSA Salm-Dyck
Tribus *Opuntieae* – Untergattung *Opuntia*

Herkunft: Zentral-Mexiko

Beschreibung: Der glatte, dornenlose Stamm von 10 bis 30 cm Dicke wird bis 6 m hoch. Er verzweigt sich im oberen Teil mit länglichen, walzenförmigen Ästen, welche sich weiter verzweigen und dabei zahlreiche flache, im Umriß längliche bis eiförmige Glieder von 10 bis 20 cm Länge entwickeln. Junge Glieder besitzen flache Warzen mit Areolen, welche gelbe Glochiden tragen. Dornen werden meist nicht gebildet, nur an alten Pflanzen findet man gelegentlich einen oder auch mehr kurze, weiße Dornen auf einer Areole. Die äußeren Kronblätter der orangeroten Blüten sind rot, die eiförmigen, glatten Früchte ebenfalls. Salm-Dyck beschrieb 1822 eine kultivierte Pflanze. Heute ist die Art in Teilen Mittelamerikas und in Australien eingebürgert. Zwei wesentliche kleinere Varietäten findet man im mexikanischen Staat Sinaloa entlang der Pazifikküste. *Rileyi* trägt auf weichen, glatten Gliedern weiße Areolen mit gelben Glochiden sowie auf jeder Areole einen nach unten gebogenen weißen Dorn, der auch grau gefärbt sein kann. Die gelben Blüten werden 7 cm breit. *Spranguei* besitzt dunkelgrüne Glieder von samtigem Aussehen, welches von weichen, ineinander verflochtenen, weißen Haaren herrührt. Die gelben Blüten besitzen einen roten Schlund.

Kultur: Junge Pflanzen sind sehr kälteempfindlich. Vermehrung durch Stecklinge.

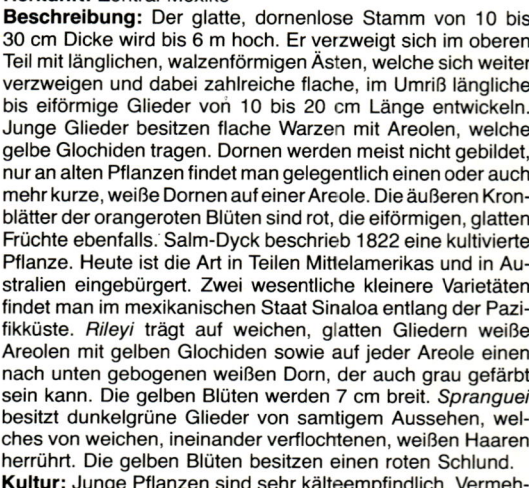

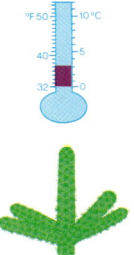

240 OPUNTIA TUNICATA (Lehmann) Link und Otto
Tribus *Opuntieae* – Untergattung *Cylindropuntia*

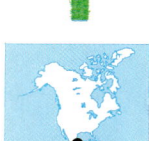

Herkunft: Die zentralamerikanische Hochebene. Dort ist die Pflanze lästiges Unkraut. Sie wurde auch nach Ecuador, Peru und in den Norden Chiles eingeführt und ist dort eingebürgert.

Beschreibung: Viele Artnamen von Opuntien beschreiben die Eigenschaft ihrer Dornen, aber diese mit dem harmlosen Namen *tunicata*, ummantelt, und den fürchterlichen Dornen verdiente einen anderen Namen. Lehmann nannte die Art 1827 *Cactus tunicatus* und hat so Erstlingsrechte über den zehn Jahre später von Wendland vergebenen, passenderen Namen *Opuntia furiosa*. Diese sich schon sehr tief verzweigende Pflanze wächst zu einem aufrechten Strauch von 50 cm Höhe. Die 15 cm langen Sprosse verzweigen sich annähernd wirtelig, einige wachsen auch waagerecht. Auf gegeneinander versetzten, rautenförmigen Warzen sitzen große, weiße Areolen mit gelblichen Glochiden sowie 6 bis 12 steife, gerade Dornen von 4 bis 5 cm Länge, welche die Warzen völlig verdecken. Junge Dornen sind rötlich, später werden sie blaßgelb. Die Dornen sind von einer papierartigen, weißen Scheide umhüllt, welche sich leicht ablöst und sich schmerzhaft in jeden weicheren Gegenstand einbohrt. Die gelben Blüten werden 3 cm lang und breit, die Frucht ist warzig und dornig.

Kultur: Diese Pflanze läßt sich durch die leicht zu entfernenden Seitenzweige ohne Schwierigkeiten vermehren. Auch bei der Haltung ergeben sich keine Probleme.

241 OPUNTIA VERSCHAFFELTII Cels
Tribus *Opuntieae* – Untergattung *Cylindropuntia*

Herkunft: Die östlichen Kordilleren bei La Paz in Bolivien. Mindestens eine Varietät kommt in Nord-Argentinien vor.

Beschreibung: Cels beschrieb die Art im Jahre 1898. Sie ist die eigenartigste und interessanteste ihrer Gattung. Sie besteht aus mehreren Trieben, die am natürlichen Standort ein dichtes Gewirr von bis zu 30 cm Durchmesser bilden. Da sie sich unter der Erdoberfläche verzweigen, kann man nicht feststellen, welches der Haupttrieb ist. In ihrer Heimat sind die Sprosse kugelig oder eiförmig, in Kultur wachsen sie walzenförmig bis zu einer Höhe von 20 cm, wobei sie 1 bis 2 cm dick werden. Sie sind blaßgrün und besitzen wenige, undeutliche Warzen, auf denen nahe der Sproßspitze walzenförmige Blätter sitzen. Diese sind nur kurzlebig und färben sich bei starker Sonnenbestrahlung rötlich. Zwischen den winzigen, gelben Glochiden stehen ein bis drei schwache, borstige Dornen von ebenfalls gelber Farbe. In Kultur bilden sich die Dornen oft überhaupt nicht. Für die kleine Pflanze sind die 4 cm breiten, dunkelroten, manchmal auch orangefarbenen Blüten ungewöhnlich groß. Sie blühen mehrere Tage. Außer der Art gibt es noch Varietäten mit rötlichgrünen Sprossen, dauerhafteren Blättern und längeren, weißen, biegsamen Dornen. Backeberg klassifizierte die Art als *Austrocylindropuntia*.

Kultur: Im Winter braucht sie etwas höhere Temperaturen, im Sommer volle Sonne. Vermehrung durch Stecklinge.

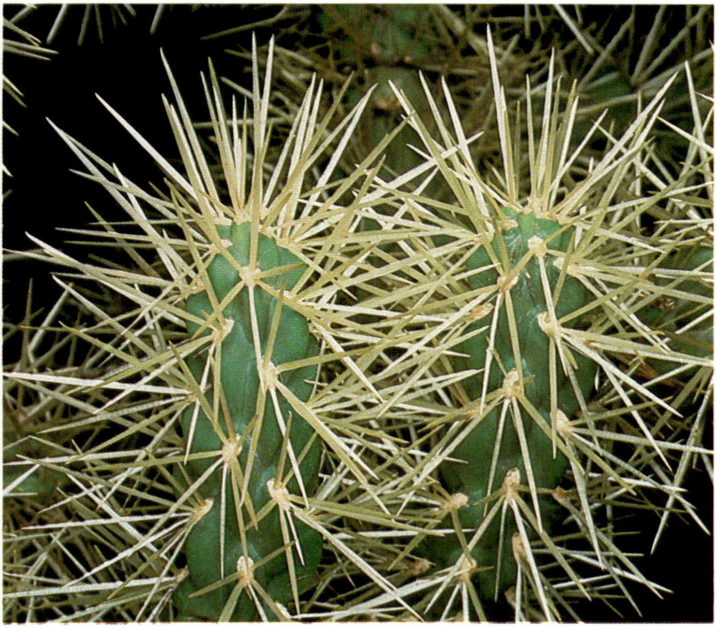

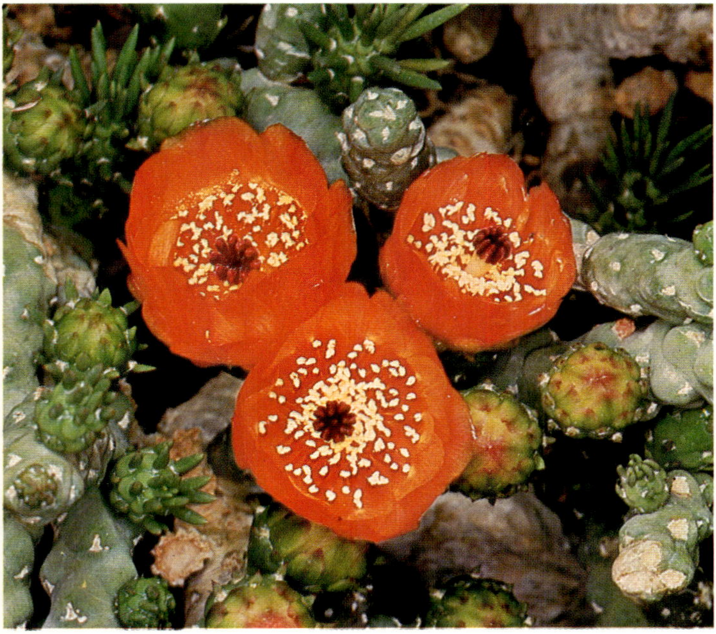

242 OPUNTIA VERSICOLOR Engelmann
Tribus *Opuntieae* – Untergattung *Cylindropuntia*

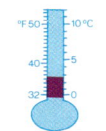

Herkunft: Arizona und nördliches Mexiko.

Beschreibung: Diese Art wurde erst 1896 klassifiziert, obwohl C. G. Pringle schon 1881 Exemplare gesammelt hatte. Man findet sie meist am Fuß von Bergketten, weniger auf den felsigen Hochebenen selbst. Diese baumähnliche Pflanze wird 2 bis 4 m hoch, wobei der Stamm und die Hauptäste verholzen. Die zahlreichen Seitenzweige werden 20 cm lang und 2 bis 4 cm dick, wobei ihre Farbe Dunkelgrün bis Purpurn sein kann. Die wenigen Warzen tragen graue oder gelbe Areolen mit rötlichen Glochiden und 5 bis 12 dunkle Dornen, welche bis 2,5 cm lang werden und in schlanken Scheiden stecken. Die 3 bis über 5 cm breiten Blüten sind je nach Pflanze ebenfalls sehr unterschiedlich gefärbt, sie können gelb, grünlich, rötlich oder braun sein. Der Fruchtknoten ist deutlich warzig und trägt filzige Areolen, die dicht mit Glochiden besetzt sind. Oftmals entwickeln sie auch lange Borsten, die allerdings bald wieder abfallen. Die Frucht wird 4 cm lang. Sie ist ei- bis birnenförmig und bleibt mehrere Monate oder sogar über ein Jahr an der Pflanze hängen. Backeberg klassifizierte die Art als *Cylindropuntia*.

Kultur: Am natürlichen Standort bieten die unterschiedlich gefärbten Pflanzen einen interessanten Anblick. Für den Liebhaber sind sie jedoch für die Kultur zu sperrig. Kleinere Exemplare brauchen viel Sonne und eine ausgeprägte Ruheperiode. Vermehrung durch Stecklinge.

---

243 OPUNTIA VULGARIS Miller
Tribus *Opuntieae* – Untergattung *Opuntia*

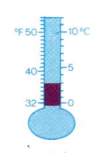

Herkunft: Paraguay, die Küsten Brasiliens, Uruguays und Argentiniens. Eingebürgert in Indien, Südafrika und Australien, kultiviert im Mittelmeergebiet und weltweit in den Tropen.

Beschreibung: Der von Miller 1768 vergebene Artname wurde oft irrtümlich für *Opuntia humifusa* verwendet und weitgehend zugunsten des 1819 von Haworth eingeführten Namens *Opuntia monacantha* zurückgestellt. Die strauchartige bis baumähnliche Pflanze bildet einen bis 6 m hohen und rund 15 cm dicken Stamm, der in Kultur allerdings nicht so mächtig wird. Er kann bedornt oder auch glatt sein. Die im Umriß eiförmigen bis länglichen Glieder werden 10 bis 30 cm lang und 8 bis 15 cm breit. Am Übergang zum nächsten Glied verschmälern sie sich. Auf der glänzendgrünen Oberfläche stehen nur wenige leicht wollige Areolen, welche braune Glochiden und meist nur einen rotbraunen Dorn von 1 bis 4 cm Länge tragen. Daher stammt auch das Synonym *Opuntia monacantha*, Eindornige Opuntie. Wenn der Stamm dornig ist, können seine Areolen jedoch bis zu zehn Dornen tragen. Die Kronblätter der bis 9 cm breiten Blüten sind schwefelgelb bis gelblichorange. Die am Grund dünnere, birnenförmige Frucht ist genabelt, wird 7,5 cm lang und kann sich am Boden bewurzeln und eine neue Pflanze bilden. In der Vollreife ist sie rotviolett. Es gibt auch eine weiß bis orange gefleckte Varietät.

Kultur: Vermehrung durch Stecklinge.

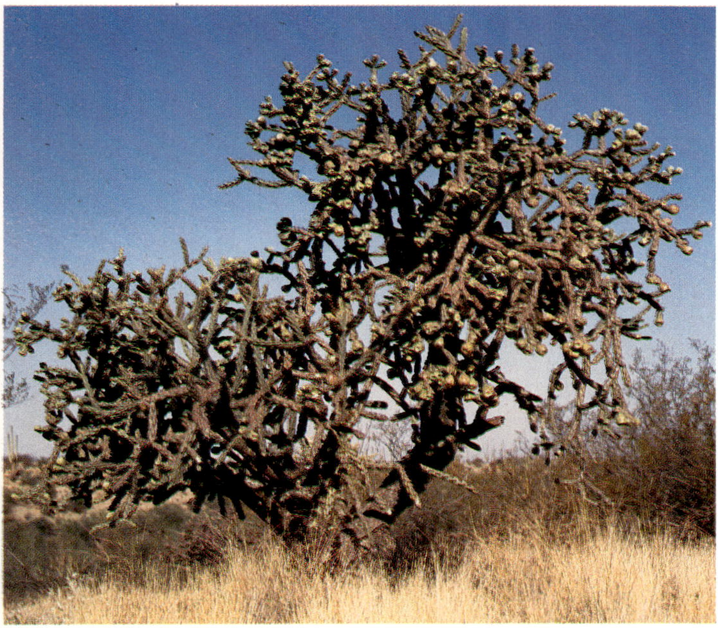

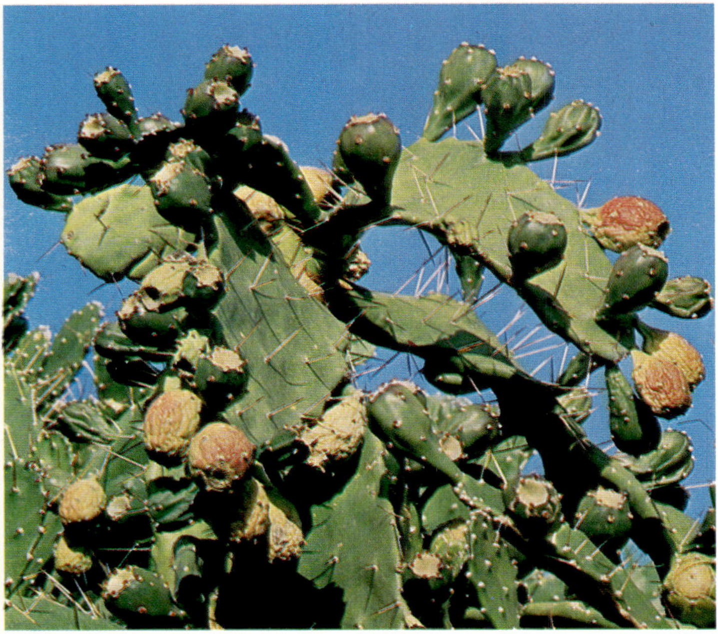

244 OREOCEREUS CELSIANUS (Lemaire ex
Salm-Dyck) Riccobono
Tribus *Cacteae* – Untergattung *Cereinae*

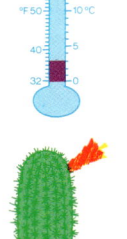

Name: Der Name ist vom griechischen *oros,* Berg, abgeleitet, da die Gattung ausschließlich in gebirgigen Gegenden vorkommt.
Herkunft: Aufgrund des riesigen Verbreitungsgebietes, das die Ostseite der Anden in Peru, Bolivien, Nord-Argentinien und Nord-Chile umfaßt, ist diese Art sehr formenreich.
Beschreibung: Lange Zeit galt die typische Art, die Lemaire 1850 als *Pilocereus* beschrieben hatte, als einziger Vertreter der von Riccobono 1909 eingerichteten Gattung *Oreocereus.* Die Entdeckung einiger neuer Arten führte zu einer Neubearbeitung, welche zumindest sechs von ihnen, darunter der bekannte *Oreocereus trollii,* als Varietäten von *Oreocereus celsianus* erkannte. Der Typus wird etwas über 1 m hoch, wobei der bei älteren Pflanzen sich am Grund verzweigende Sproß 8 bis 12 cm dick wird. Rundliche Auswölbungen auf den 10 bis 17 abgerundeten Rippen tragen große, weiße, ovale Areolen. Diese sind am jüngeren Pflanzenteil sehr wollig und tragen Büschel von langen, feinen, weißen, seidigen Haaren. Am älteren Pflanzenteil werden sie dann fast kahl. Außerdem tragen sie rund neun steife, gelbbraune Randdornen von 2 cm Länge sowie ein bis vier rotbraune, dickere Mitteldornen, die bis 8 cm lang werden. Dunkelrosa Blüten stehen nahe der Sproßspitze auf einer haarigen und borstigen Röhre.
Kultur: Vermehrung durch Samen oder Stecklinge.

---

245 OREOCEREUS CELSIANUS (Lemaire ex
Salm-Dyck) Riccobono
Varietät **FOSSULATUS** (Labouret) Kranz
Tribus *Cacteae* – Untergattung *Cereinae*

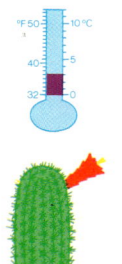

Herkunft: Das Department Chuquisaca in Bolivien.
Beschreibung: Diese Pflanze wurde 1885 von Labouret als Varietät beschrieben, von Backeberg zur eigenen Art erhoben und von Kranz wieder zur Varietät gemacht. Immer noch wird sie gelegentlich als *Oreocereus fossulatus* aufgeführt. Sie wächst strauchähnlich bis 2 m hoch, besitzt aber einen dickeren, kräftigeren Sproß als die Art. Sie verzweigt sich nur wenig und dann direkt am Grund oder wenig darüber. Die Seitentriebe werden bis 8 cm dick. Der Sproß ist in 11 bis 14 rundliche Rippen gegliedert, welche um die Areolen etwas verdickt und über ihnen tief keilförmig gekerbt sind. Die großen Areolen sind anfangs stark filzig und tragen besonders nahe der Sproßspitze lange Büschel weißer Haare. Je Areole sind 16 weiße, sehr schlanke Randdornen und ein bis vier steife, 4 cm lange Mitteldornen vorhanden. Letztere sind gelblich, braun oder manchmal fast durchscheinend mit dunklem Grund. Die Blüten an der Sproßspitze werden mit stark behaarter Röhre und purpurvioletten Kronblättern rund 8 cm lang. Die Varietät *gracilior* trägt weniger und bernsteinfarbige Dornen und nur einen Mitteldorn.
Kultur: Liebt durchlüfteten Boden und volle Sonne. Vermehrung durch Stecklinge oder Samen.

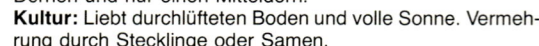

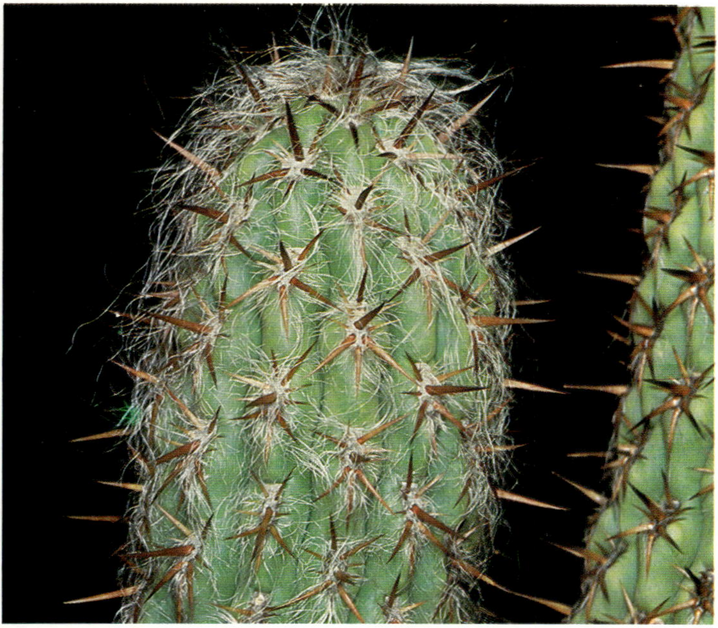

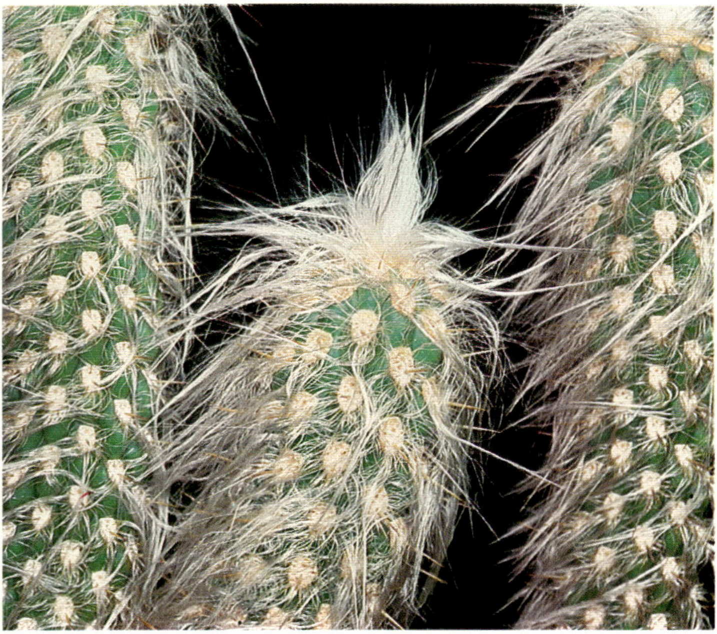

246 OREOCEREUS CELSIANUS (Lemaire ex
Salm-Dyck) Riccobono
Varietät **HENDRIKSENIANUS** (Backeberg) Krainz
Tribus *Cacteae* – Untergattung *Cereinae*

Herkunft: Die peruanischen Anden.
Beschreibung: Diese Art verzweigt sich am Grund und bildet
mit den 10 cm dicken und bis 1 m hohen Trieben dichte Kolonien. Jeder Sproß ist in rund zehn Rippen von 2,5 cm Breite
gegliedert. Zwischen den Areolen sind diese flach eingedrückt. Die großen, im Umriß eiförmigen Areolen sitzen in Abständen von ungefähr 2 cm und sind mit dichtem, gelbem Filz
bedeckt, der später grau wird. Sie tragen Büschel langer, weißer, seidiger Haare, die den Sproß vollständig verhüllen. Außerdem besitzen sie noch acht oder neun Randdornen von
1 cm Länge sowie ein bis vier Mitteldornen, die bis 5 cm lang
werden. Alle Dornen sind gelb und schlank. Die unterhalb der
Sproßspitze sitzenden Blüten besitzen eine lange, zylindrische Röhre und unregelmäßige, karminrote Kronblätter. Die
kugelige Frucht ist gelbgrün. Bis vor kurzem hieß diese Art
Oreocereus ritteri. Zum Teil wird sie heute noch so genannt.
Kultur: Diese rasch wachsende Art liebt etwas kalkreicheren
Boden, strenge Winterruhe an einem kühlen, jedoch nicht kalten Ort und im Sommer viel Sonne. Sie bildet Seitentriebe,
wenn sie ungefähr 40 cm hoch ist. Vermehrung durch Ableger.

---

247 OREOCEREUS DOELZIANUS (Backeberg)
Borg
Tribus *Cacteae* – Subtribus *Cereinae*

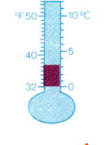

Herkunft: Die westlichen Kordilleren im Departement Ayacu-
cho in Zentral-Peru.
Beschreibung: Der rund 1 m hohe und 8 cm dicke Sproß dieser Pflanze verzweigt sich am Grund und bildet dichte Kolonien. Zur Blüte schwillt die Sproßspitze bis auf das Doppelte
des sonstigen Durchmessers an. Ältere Pflanzen besitzen oft
einen mehr oder weniger gebogenen Sproß. Dieser trägt 9 bis
11 stumpfe Rippen, welche knapp 1 cm hoch und an den
Areolen leicht aufgewölbt sind. Die runden, grauweißfilzigen
Areolen sind durch flache Vertiefungen voneinander getrennt
und tragen 20 anfangs gleich aussehende Dornen. Sie sind
alle nadelähnlich, spitz und bis 3 cm lang. Erst später werden
die vier kreuzweise stehenden Mitteldornen deutlich sichtbar.
Sie werden dicker und bis 4 cm lang. Die Farbe der Dornen
wechselt von anfangs Rotbraun über Gelbbraun bis Grau. Außer den Dornen tragen die Areolen noch seidig weiche Haare
und dichte graue Wolle, welche zusammen ein 5 cm hohes
Cephalium bilden, aus welchem sich die Blüten erheben.
Diese sind annähernd röhrenförmig, 10 cm lang und 3 cm
breit und besitzen eine schuppige, behaarte Röhre und
manchmal etwas unregelmäßig angeordnete Kronblätter, von
denen die äußeren dunkelrot, die inneren karminrot sind.
Kultur: Die Vermehrung erfolgt meist durch Stecklinge.

248 OROYA NEOPERUVIANA Backeberg
Tribus *Cacteae* – Subtribus *Echinocactinae*

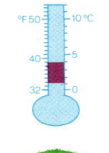

Name: Britton und Rose benannten diese Gattung nach dem Dorf Oroya im Departement Junin in Zentral-Peru, da dort die erste beschriebene Pflanze dieser Gattung gefunden wurde.
Herkunft: Die Anden nordöstlich von Lima in Zentral-Peru.
Beschreibung: Die Pflanze besitzt einen großen, ziemlich dunkelgrünen, kugeligen Sproß von rund 40 cm Höhe bei einer Dicke von 20 cm. Ältere Pflanzen verzweigen sich am Grund und besitzen 24 bis 35 Rippen, welche bei jungen Exemplaren noch weniger zahlreich sind. Ihre Dornen sind meist honigfarben mit dunklem Grund. Die 20 bis 30 nadelartigen Randdornen werden 1,5 cm lang und sind, sich gegenseitig überkreuzend, flach ausgebreitet. Die Randdornen sind von den ein oder zwei Mitteldornen leicht zu unterscheiden. An alten Pflanzen kommen oft noch einige dazu, die den Randdornen dann ähnlicher sehen. Die zahlreichen kleinen Blüten werden nur um 2 cm lang. Ihre karminroten Kronblätter sind der Spitze zu meist etwas heller. Die Varietät *depressa* wird kaum 10 cm hoch und besitzt rotbraune Dornen; *tenuispina* trägt lange, schlanke, kammartig angeordnete Dornen und meist cremefarbene Blüten.
Kultur: Die ganze Gattung liebt volle Sonne und grob sandigen Boden. Im Topf sind die Pflanzen weniger blühfreudig als im Freiland. Vermehrung durch Samen.

---

249 PACHYCEREUS PRINGLEI (Watson)
Britton und Rose
Tribus *Cacteae* – Subtribus *Cereinae*

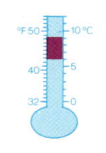

Name: Dieser kommt vom griechischen *pachys,* dick.
Herkunft: Die mexikanischen Staaten Sonora und Nayarit bis zur Küste sowie Niederkalifornien, wo diese Art größere Bestände bildet.
Beschreibung: Am natürlichen Standort wird diese Pflanze über 10 m hoch. Der später dornenlose, verholzte Stamm wird bei einer Dicke von über 60 cm bis 2 m hoch. Die im oberen Teil entspringenden dicken Äste wachsen schräg nach oben. Sie tragen 11 bis 15 hohe, abgerundete Rippen, die dicht sitzende, große, braunfilzige Areolen tragen. Untereinander sind sie durch eine schmale, filzige Linie verbunden. Zahl und Länge der Dornen ist sehr verschieden, Rand- und Mitteldornen unterscheiden sich kaum. Jüngere Pflanzen tragen je Areole um 20 Dornen, ältere besitzen weniger, und ganz alten fehlen sie häufig völlig. Die sehr spitzen Dornen sind weiß mit schwarzer Spitze. Anfangs sind sie 2 cm lang, später wachsen sie bis zu 5 cm Länge und werden ganz schwarz. Der blütentragende Teil ist meist dornenlos. Die weißen Blüten mit schuppiger, behaarter Röhre sitzen auf vergrößerten Areolen.
Kultur: Die wenig kälteverträgliche Pflanze wird durch Samen vermehrt.

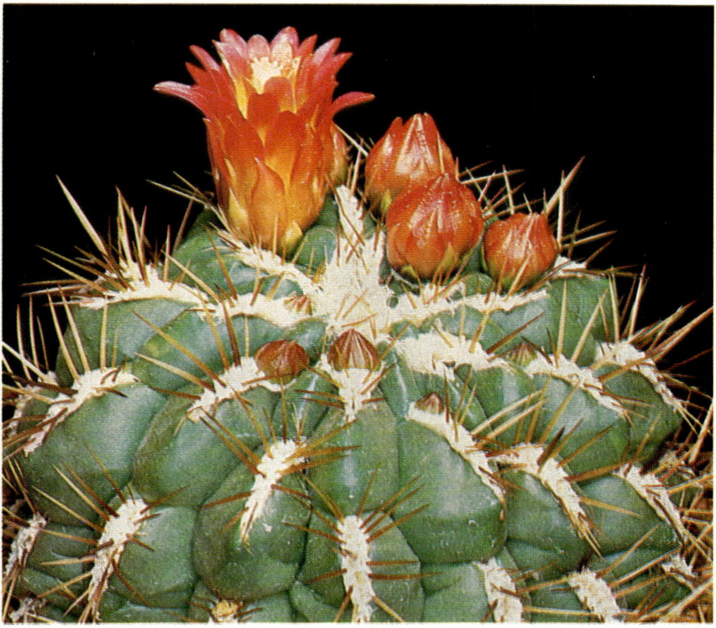

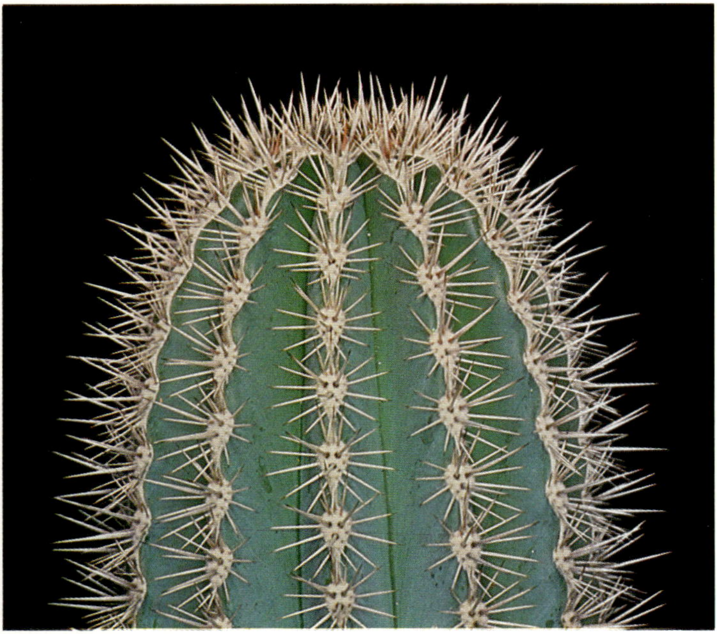

250 PARODIA AUREISPINA Backeberg
Tribus *Cacteae* – Subtribus *Echinocactinae*

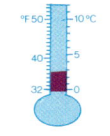

Name: Diese Gattung wurde zu Ehren des argentinischen Botanikers Lorenzo Raimundo Parodi (1895–1966) benannt.

Herkunft: Die Provinz Salta in Nord-Argentinien.

Beschreibung: Die Pflanze besitzt einen kugeligen Sproß, der bis 6,5 cm dick wird. Er trägt rund 16 spiralig angeordnete Rippen, die bei älteren Pflanzen noch zahlreicher sein können. Neben etwa 40 weißen, schlanken, borstenartigen Randdornen werden sechs dickere, goldfarbene Mitteldornen 1,5 cm lang. Die vier stärksten stehen kreuzförmig, die unterste ist, wie gelegentlich auch andere, hakenförmig. Die ungefähr 3 cm breiten Blüten tragen leuchtendgelbe Kronblätter. Von den zahlreichen Varietäten ist *australis* der Art *Parodia rubriflora* sehr ähnlich. Die Varietät trägt jedoch weißen Flaum auf den Areolen, und die acht Mitteldornen, besonders die sechs unteren, sind rot und verbleichen im Alter nicht. Die Blüten sind auch eher rotviolett als scharlachrot. *Elegans* besitzt eine dicht wollig behaarte Sproßspitze, sehr schlanke Dornen, wenige haarähnliche Borsten und nur einen einzigen Mitteldorn, der hakenförmig ausgebildet ist. Diese Varietät ist wahrscheinlich eine Hybride, da aus ihren Samen sehr unterschiedliche Pflanzen aufwachsen. *Vulgaris* ist ähnlich der Art, jedoch größer und besitzt mehr Rippen sowie mehr und dickere Mitteldornen, die zum Teil rote Spitzen haben.

Kultur: Vermehrung durch Samen oder Ableger.

---

251 PARODIA BILBAOENSIS Cárdenas
Tribus *Cacteae* – Subtribus *Echinocactinae*

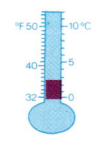

Herkunft: Das Gebiet um Mollenvique im Departement Potosí in Bolivien. Die Pflanze wächst in Höhen von 2200 m im Schutz von Büschen in Felsspalten.

Beschreibung: Diese Art ist nach der Provinz Bilbao benannt, in der sie zuerst entdeckt wurde. Ihr walzenförmiger Sproß wird 4 bis 5 cm hoch und auch ebenso dick. Rund 13 in weiten Spiralen angeordnete Rippen werden um 8 mm hoch und am Grund fast 13 mm breit. Auf ihnen stehen in Abständen von 5 mm graufilzige Areolen, die 18 bis 20 sehr schlanke Randdornen von 6 bis 8 mm Länge tragen. Diese liegen dem Sproß eng an oder stehen unregelmäßig schräg nach außen. Vier gerade oder leicht gebogene Mitteldornen weisen anfangs nach oben, später nach außen. Diese sind am Grund verdickt, wachsen bis zu 2 cm Länge und sind weiß bis braun gefärbt. Die nahe der Sproßspitze entspringenden Blüten werden 2,5 cm lang und besitzen eine kurze, mit gelben Schuppen bedeckte Röhre. Diese Schuppen sind alle unter 5 mm lang und tragen kurzen, dichten, weißen Flaum sowie einige braune Borsten. Die Kronblätter sind goldgelb.

Kultur: Diese Art verlangt besonders gut durchlüfteten Boden sowie eine lange Winterruhe. Die Vermehrung erfolgt durch Samen.

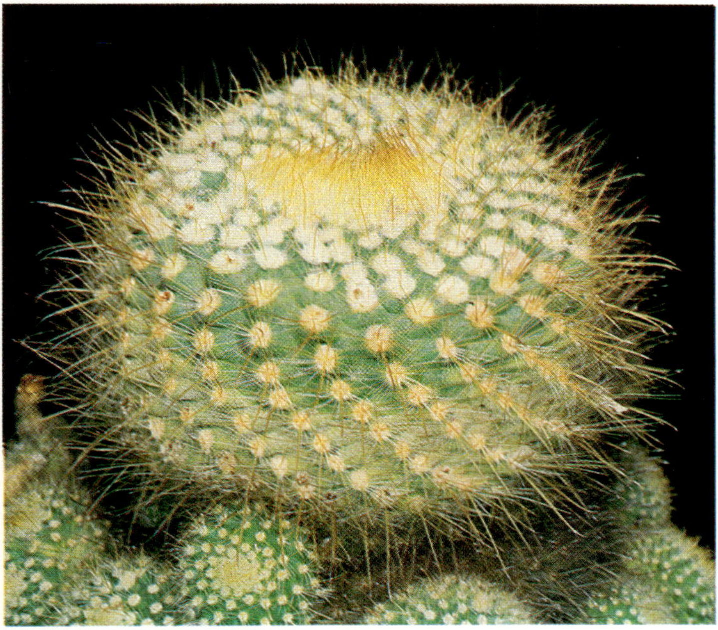

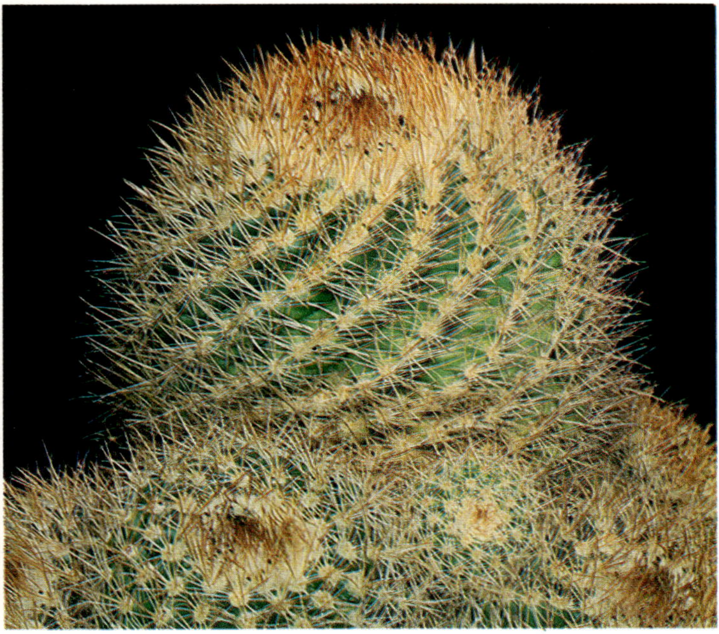

252 PARODIA MAASSII (Heese) Berger
Tribus *Cacteae* – Subtribus *Echinocactinae*

Herkunft: Südliches Bolivien und nördliches Argentinien.
Beschreibung: Britton und Rose stellten diese Art zu der jetzt aufgehobenen Gattung *Malacocarpus*. Ihr leuchtendgrüner, kugeliger bis länglicher Sproß wird 15 cm dick und besitzt an der Sproßspitze eine Krone von dichtem, weißem Flaum. Seine 13 bis 21 spiralig angeordneten Rippen sind unterteilt in deutlich ausgeprägte Warzen, die im jüngeren Pflanzenteil durch Querfurchen voneinander getrennt sind. Im älteren Teil verschwinden die Querfurchen allmählich, die Warzen fließen zusammen und sind im ganz alten Teil fast völlig verschwunden. Die großen, anfangs wolligen Areolen bedekken die ganze Spitze der Warzen, später werden sie kleiner und kahl. Sie tragen acht bis zehn Randdornen von 5 mm bis 1 cm Länge, die anfangs gelb, später weiß sind. Sie wachsen leicht gebogen, strahlenförmig ausgebreitet. Vier viel längere Mitteldornen werden 3 bis 7 cm lang, sind nahe der Sproßspitze nach oben weisend bräunlichgelb, werden später aber blaßgelb und weisen gebogen oder hakenförmig nach unten. Die großen Blüten besitzen eine schuppige, wollige Röhre sowie zahlreiche orangerote bis bronzefarbene Kronblätter. Von dieser Art sind mehrere Varietäten bekannt, die Blüten in verschiedenen Rottönen oder goldfarbene Dornen tragen.
Kultur: Diese Art gedeiht am besten im Halbschatten. Bei Vermehrung durch Samen ist das Wachstum recht langsam. Gepfropfte Pflanzen entwickeln sich rascher.

253 PARODIA OBTUSA Ritter
Tribus *Cacteae* – Subtribus *Echinocactinae*

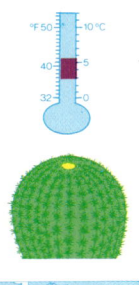

Herkunft: Gebiet von Cotagaita im Südwesten Boliviens.
Beschreibung: Der hellgrüne Sproß dieser Pflanze wird rund 80 cm hoch und 8 bis 17 cm dick. Seine 13 bis 21 in deutliche Warzen gegliederten Rippen werden 1 bis 2 cm hoch. Die anfangs ziemlich hohen und seitlich abgeflachten Warzen werden später kegelförmig rund und schließlich abgestumpft. Die auf ihrer Spitze sitzenden Areolen sind im Neuzuwachs schmal, bis 1 cm lang und weißfilzig. Später werden sie eher rund und verlieren ihren Filz fast gänzlich. Die sechs bis neun ziemlich schlanken Randdornen werden 4 bis 7 cm lang und stehen leicht nach außen gebogen, strahlenförmig ausgebreitet. Von den mit dem Alter der Areole von einem auf drei zunehmenden dickeren Mitteldornen von 4 bis 7 cm Länge ist mindestens einer hakenförmig. Alle Dornen sind pfriemförmig und hellgelb, an der Sproßspitze jedoch auch hellbraun. Die 4 cm langen Blüten tragen auf einer wolligen, mit Schuppen besetzten Röhre 5 mm lange Kronblätter von gold- bis schwefelgelber Farbe. Die Art ist noch ziemlich neu. Sie wurde erst 1964 beschrieben und in Europa eingeführt.
Kultur: Die Art erträgt auch Halbschatten recht gut. Wie viele Kakteen der Anden sollte sie vor der hochsommerlichen Mittagshitze geschützt werden. Vermehrung durch Samen.

254 PARODIA PENICILLATA Fechser und v. d. Steeg
Tribus *Cacteae* – Subtribus *Echinocactinae*

Herkunft: Die Provinz Salta in Nord-Argentinien.
Beschreibung: Der walzenförmige Sproß wird bei einer Dicke von 12 cm bis zu 70 cm hoch. Er besitzt 17 spiralig angeordnete, warzige Rippen, die große, gelbe, stark wollige Areolen tragen. Auf diesen sitzen rund 40 schlanke, seitlich ausgebreitete Randdornen. Zwischen den Randdornen und den echten Mitteldornen befinden sich etwa 8 Dornen, die von den Mitteldornen eigentlich nur durch ihre Stellung auf der Areole unterschieden sind. Die 15 bis 20 zum Teil leicht gebogenen, schlanken Mitteldornen werden 4 bis 5 cm lang. Anfangs weisen sie nach oben, später nach außen und schließlich nach unten. Alle Dornen sind goldfarben bis gelblichweiß, zum Teil fast durchscheinend. Sie verdecken den Sproß nahezu völlig. Die kleinen Blüten sind becherförmig und rot. Die Varietät *fulviceps* ist fast kugelig und nur 5 cm dick. Auf ihren 20 eng spiraligen Rippen sind die Mitteldornen rotbraun. *Nivosa* besitzt einen langen, schlanken, oft überhängenden Sproß mit breitem Grund und ungefähr 40 weiße Randdornen sowie zehn dickere Mitteldornen mit gelblichem Grund. Ihre Blüten werden bis 4 cm lang und ebenso breit. In der Färbung sind alle Übergänge von Orange bis Rot zu finden.
Kultur: Die Vermehrung erfolgt hauptsächlich durch Samen. Bei den Varietäten kann es dabei jedoch vorkommen, daß die Nachkommen vom Erscheinungsbild der Eltern abweichen.

---

255 PARODIA RUBRIFLORA Backeberg
Tribus *Cacteae* – Subtribus *Echinocactinae*

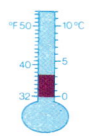

Herkunft: Nördliches Argentinien
Beschreibung: Diese Art wurde 1963 von Backeberg beschrieben. Ihr hellgrüner, flachkugeliger Sproß wird fast 7 cm dick und dabei nur 3 cm hoch. Die 19 warzigen Rippen sind spiralig angeordnet. Die auf den 5 mm hohen Warzen sitzenden grau- bis weißfilzigen Areolen werden später in ihrer Mitte oder etwas unterhalb bräunlich. Rund 20 borstenartige, weiße Randdornen werden 5 bis 6 cm lang. Die vier Mitteldornen sind kreuzförmig angeordnet. Sie werden bis über 1 cm lang, sind dicker, und einer ist hakenförmig gebogen. Anfangs ist ihre Farbe dunkel rotbraun, später werden sie heller und sind am Grund manchmal rötlichgelb und an der Spitze rötlich. Eine Eigenheit dieser Art ist, daß sie später über dem Mitteldorn drei weitere Dornen bildet. Von diesen ist der untere dann hakenförmig, die beiden oberen weisen nach oben. Sie sind dicker als die Randdornen, aber ebenfalls weiß und an der Spitze manchmal rötlich. Diese zusätzlichen Dornen sind das hauptsächliche Unterscheidungsmerkmal zwischen *Parodia rubriflora* und *Parodia sanguiniflora*, die sich vor allem im Jugendstadium stark ähnlich sehen. Die Blüten werden 1,5 cm lang und erreichen 3 cm im Durchmesser. Sie sind leuchtend rot mit einem schwach goldfarbenen Schimmer.
Kultur: Die Vermehrung erfolgt durch Samen.

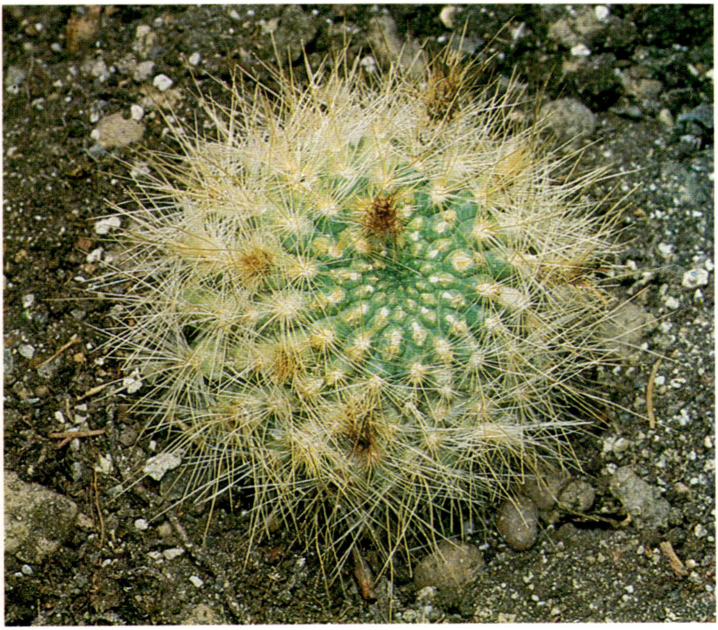

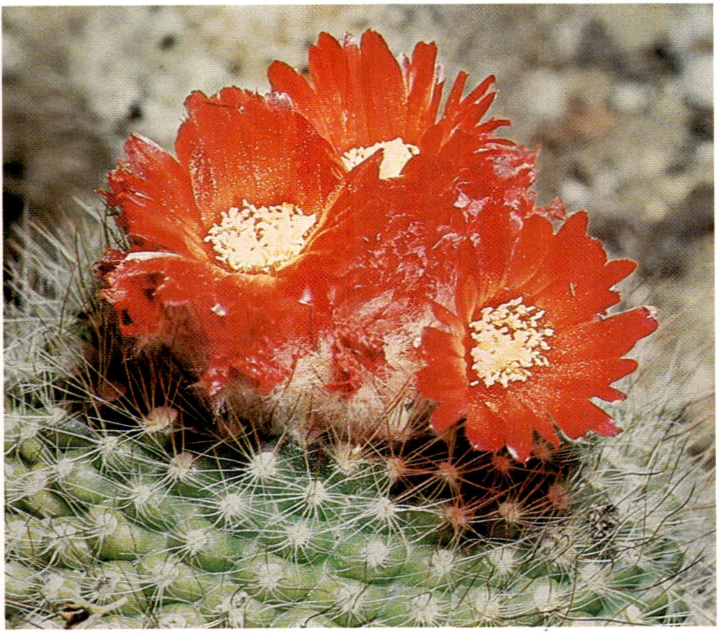

256 PARODIA SANGUINIFLORA (Frič) Backeberg
Tribus *Cacteae* – Subtribus *Echinocactinae*

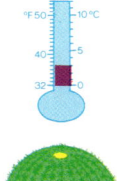

Herkunft: Die Provinz Salta im Norden Argentiniens. Dort wächst die Pflanze in Höhen von 1000 bis 2000 m.

Beschreibung: Diese kleine Pflanze besitzt einen kugeligen, unverzweigten, hellgrünen Sproß. Dieser ist anfangs etwas flach, wächst aber später zu einer richtigen Kugel von 5 cm Durchmesser und mehr. Die vollständig voneinander abgesetzten kegelförmigen Warzen sind in Spiralen angeordnet und tragen auf ihrer Spitze Areolen, die anfangs stark wollig und filzig sind, mit zunehmendem Alter aber fast völlig kahl werden. Auf ihnen stehen 10 bis 15 borstenartige, weißliche bis weiße Randdornen von knapp 1 cm Länge. Die Mitteldornen, die sich kreuzweise gegenüberstehen, sind bräunlich und kräftiger sowie länger als die Randdornen, vor allem der unterste, welcher hakenförmig ausgebildet ist und bis 2 cm lang wird. Wie der Artname angibt, trägt der Sproß in seinem oberen Teil zahlreiche blutrote Blüten, die bis 4 cm breit werden. Die Samen sind braun und sehr klein. Die Varietät *violacea* trägt Blüten von purpurvioletter Färbung. Ihre Heimat liegt wahrscheinlich weiter nördlich, vermutlich in Bolivien.

Kultur: Da diese Pflanze sich nicht verzweigt, kann sie auch nur durch Samen vermehrt werden. Ihr Wachstum ist sehr langsam, doch ältere Exemplare blühen dann auch regelmäßig reichlich.

257 PELECYPHORA ASELLIFORMIS Ehrenberg
Tribus *Cacteae* – Subtribus *Cactinae*

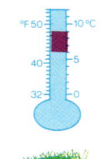

Name: Dieser leitet sich ab vom griechischen *pelekys,* Axt oder Beil, und *phoreo,* ich trage. Die langen, seitlich zusammengedrückten Warzen gleichen dem Blatt eines Beiles.

Herkunft: Der Staat San Luis Potosí in Mexiko.

Beschreibung: Diese seltene Art ist der Wunschtraum eines jeden Kakteenfreundes. Wie viele andere seltene Kakteen verzweigt sich auch diese Art erst in höherem Alter, und das Wachstum ist so langsam, daß durch Samen gezogene Pflanzen erst nach Jahren die typischen Merkmale ihrer Art zeigen. Auf einer dicken, fleischigen Wurzel sitzt ein graugrüner, anfangs kugeliger Sproß, der sich später streckt und dann 10 cm hoch und 5 bis 6 cm dick wird. Die spiralig angeordneten, 5 mm hohen Warzen sind lang und seitlich abgeflacht. Auf ihrer ebenfalls flachen Spitze sitzen schmale, anfangs wollige Areolen, die lange winzige, stumpfe Dornen tragen. Diese sind seitlich kammartig ausgebreitet und so untereinander verwachsen, daß nur ihre Spitze frei bleibt. Die ungefähr 3 cm breiten Blüten entspringen aus dem Flaum an der Sproßspitze. Ihre äußeren Kronblätter sind weißlich, die inneren karminrot-violett. Wie die *Lophophora*-Arten heißt auch diese Art in ihrer Heimat *peyotl.* Sie gilt als heilig und enthält deshalb wahrscheinlich auch halluzinogene Alkaloide.

Kultur: Die Pflanze liebt volle Sonne, vorsichtig dosierte Wassergaben und eine strenge Ruheperiode.

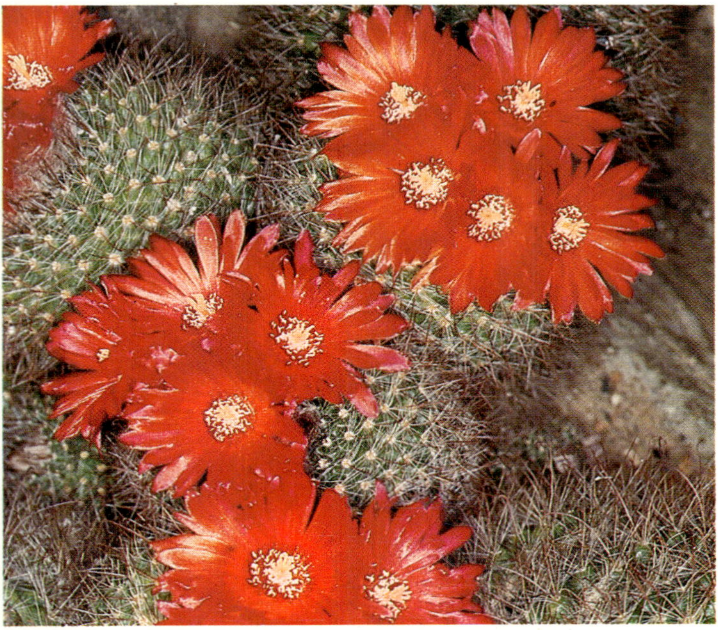

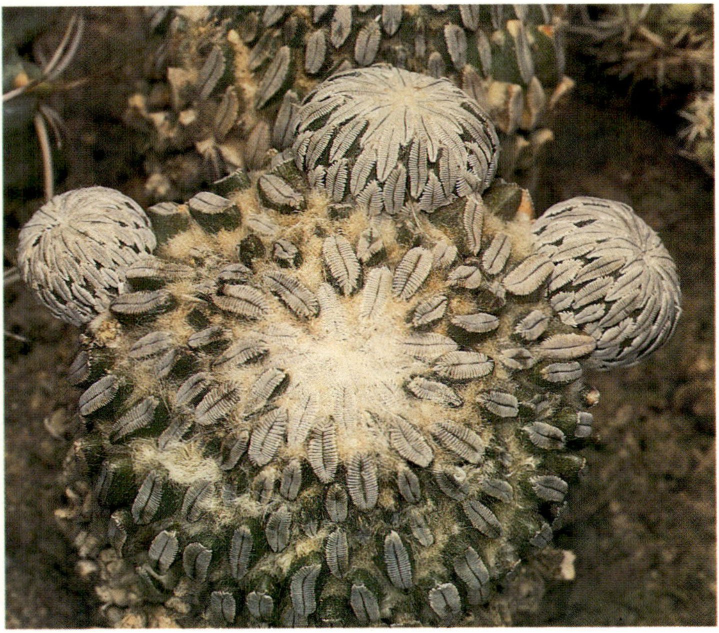

258 PERESKIA ACULEATA Miller
Tribus *Pereskieae*

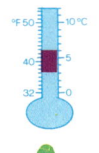

Name: Linné benannte diese Gattung nach dem französischen Naturwissenschaftler Nicholas Fabre de Peiresc (1588–1637), wobei er dessen Namen entsprechend der Aussprache ins Lateinische übertrug.

Herkunft: Von Westindien bis in den Norden Argentiniens.

Beschreibung: Diese häufig kultivierte Art wurde als erste ihrer Gattung entdeckt, welche man als Übergangsstufe zu den typischen *Cactaceen* betrachtet. Diese Gattung trägt als einzige normale Blätter wie andere Sträucher. Diese Art ist ein bis 10 m hoch kletternder Strauch mit schlanken Ästen. Seine dauerhaften Blätter sind lanzettlich bis länglich mit einer deutlichen Mittelrippe und davon abzweigenden Blattadern. Sie sind gestielt und fallen erst im Alter ab, so daß der verholzte Sproß von unten her verkahlt. Die Areolen am Sproß tragen zwei bis drei schlanke, gerade Dornen, während die behaarten Areolen in den Blattachseln ein Paar kurze, gebogene Dornen tragen. Die ziemlich großen, duftenden Blüten stehen zu mehreren beisammen und werden 2,5 bis 4 cm breit. Die 2 cm große, gelbe Frucht ist in der Reife weich und eßbar. Die Varietät *godseffiana* ist kleiner. Ihre Blätter sind anfangs rosa und werden später hellgrün mit roter Unterseite.

Kultur: Eigentlich nur für Gewächshäuser oder sehr helle Räume. Die Vermehrung erfolgt durch Stecklinge, die man am besten im Sommer gewinnt. Die Art wächst sehr rasch und ist recht gut kälteverträglich.

259 PSEUDOMAMMILLARIA CAMPTOTRICHA
(Dams) Buxbaum
Tribus *Cacteae* – Subtribus *Cactinae*

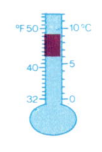

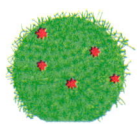

Name: Der Gattungsname »Falsche *Mammillaria*« wurde unlängst von Buxbaum vorgeschlagen, da die Merkmale dieser Pflanzen zwar sehr ähnlich, aber doch ausreichend unterschieden von denen der Gattung *Mammillaria* sind, um die Einrichtung einer eigenen Gattung zu rechtfertigen.

Herkunft: Der Staat Querétaro in Mexiko.

Beschreibung: Dams beschrieb diese Art 1905 als *Mammillaria,* E. Tiegel stellte sie wegen ihrer langen Mamillen zu *Dolichothele.* Der von Buxbaum gegebene Name ist heute gültig. Der kugelige Sproß der Pflanze verzweigt sich reichlich und bildet große Polster. Die 7 cm dicken Sprosse tragen ziemlich schlanke, bis 2 cm lange, kegelförmige Warzen, die in ihrer behaarten Axille einige lange Borsten tragen. Auf den kleinen Areolen stehen vier bis acht schlanke, 3 cm lange, weißliche Randdornen, die später gelb werden. Sie sind gebogen und verdreht, und besonders bei jungen Pflanzen und an der Sproßspitze überkreuzen sie sich weit. Mitteldornen sind nicht vorhanden. Die kleinen Blüten, welche aus den Axillen nahe der Sproßspitze entspringen, sind kürzer als die Mamillen. Die schwach duftende Blüte trägt weiße Kronblätter, welche manchmal eine grüne Mittellinie besitzen.

Kultur: Vermehrung durch Samen oder Stecklinge.

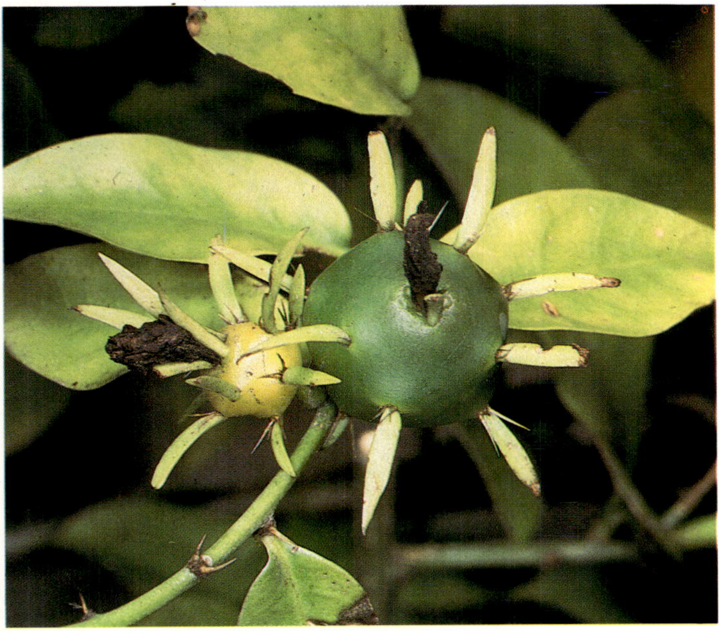

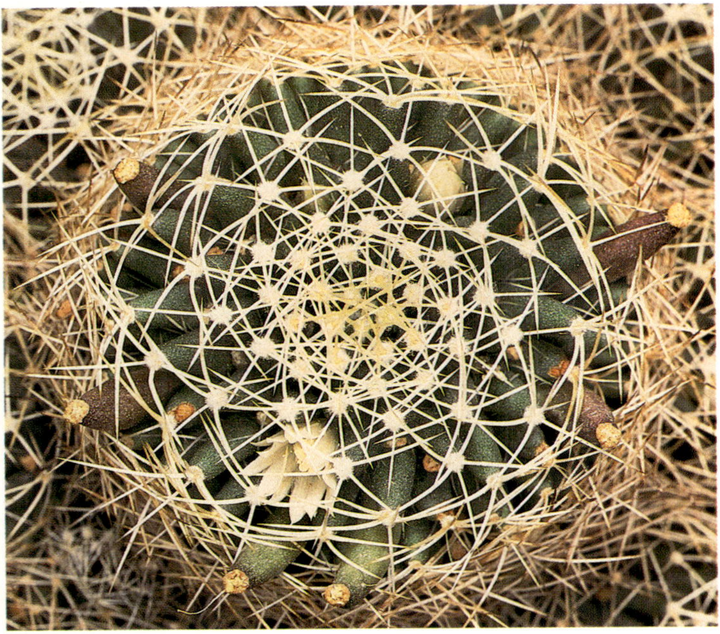

260 PYRRHOCACTUS BULBOCALYX

(Werdermann) Backeberg
Tribus *Cacteae* – Subtribus *Echinocactinae*

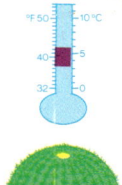

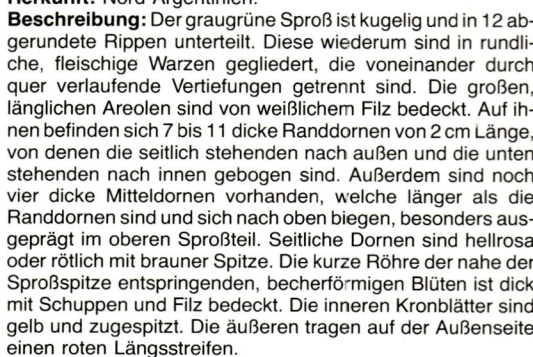

Name: Der Gattungsname stammt vom griechischen Wort *pyrros*, feuerfarben, doch die Blüten der Pflanzen dieser Gattung sind in der Regel eher gelb als feuerrot. Berger, der diese Gattung einrichtete, stellte zu ihr viele Pflanzen von *Malacocarpus*. Später kamen noch Neuentdeckungen dazu.

Herkunft: Nord-Argentinien.

Beschreibung: Der graugrüne Sproß ist kugelig und in 12 abgerundete Rippen unterteilt. Diese wiederum sind in rundliche, fleischige Warzen gegliedert, die voneinander durch quer verlaufende Vertiefungen getrennt sind. Die großen, länglichen Areolen sind von weißlichem Filz bedeckt. Auf ihnen befinden sich 7 bis 11 dicke Randdornen von 2 cm Länge, von denen die seitlich stehenden nach außen und die unten stehenden nach innen gebogen sind. Außerdem sind noch vier dicke Mitteldornen vorhanden, welche länger als die Randdornen sind und sich nach oben biegen, besonders ausgeprägt im oberen Sproßteil. Seitliche Dornen sind hellrosa oder rötlich mit brauner Spitze. Die kurze Röhre der nahe der Sproßspitze entspringenden, becherförmigen Blüten ist dick mit Schuppen und Filz bedeckt. Die inneren Kronblätter sind gelb und zugespitzt. Die äußeren tragen auf der Außenseite einen roten Längsstreifen.

Kultur: Diese Art liebt volle Sonnenbestrahlung. Vermehrung durch Samen.

---

261 RATHBUNIA ALAMOSENSIS (Coulter)

Britton und Rose
Tribus *Cacteae* – Subtribus *Cereinae*

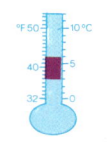

Name: Diese Gattung wurde zur Erinnerung an den Naturwissenschaftler Richard Rathbun, einem Spezialisten für wirbellose Meerestiere, benannt.

Herkunft: Alle Arten stammen von der Westküste Mexikos, diese Art wurde nahe Alamos im Staate Sonora entdeckt.

Beschreibung: Der Sproß dieser strauchartigen, verzweigten Pflanze wird 2 bis 3 m hoch. Seine langen, fleischigen, 4 bis 8 cm dicken Seitenäste wachsen anfangs nach oben, biegen sich aber später nach unten. Wenn sie dabei den Boden berühren, bewurzeln sie sich dort und bilden neue Pflanzen. Fünf bis acht stumpfe Rippen sind in abgerundete, unregelmäßige Warzen gegliedert, die voneinander durch tiefe Furchen getrennt sind. Am oberen Teil dieser Warzen sitzen die weißen, runden Areolen, welche 11 bis 18 gerade, nach außen weisende, weißliche Randdornen sowie ein bis vier Mitteldornen tragen. Diese sind ebenfalls weißlich und steif, aber viel dicker als die Randdornen. Der unterste wird als längster 2,5 bis 3,5 cm lang. Die 4 bis 10 cm langen, scharlachroten Blüten besitzen eine lange, schmale Röhre und nach außen eingerollte, schief sich öffnende Kronblätter.

Kultur: Diesen rasch wachsenden Kaktus kann man nur jung im Topf halten. Freilandpflanzen brauchen im Winter einen Schutz. Vermehrung durch Stecklinge oder Ableger.

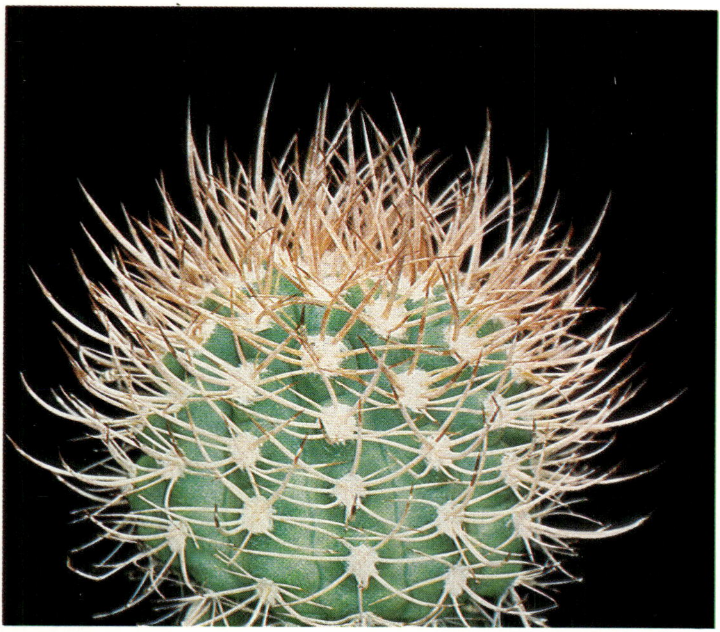

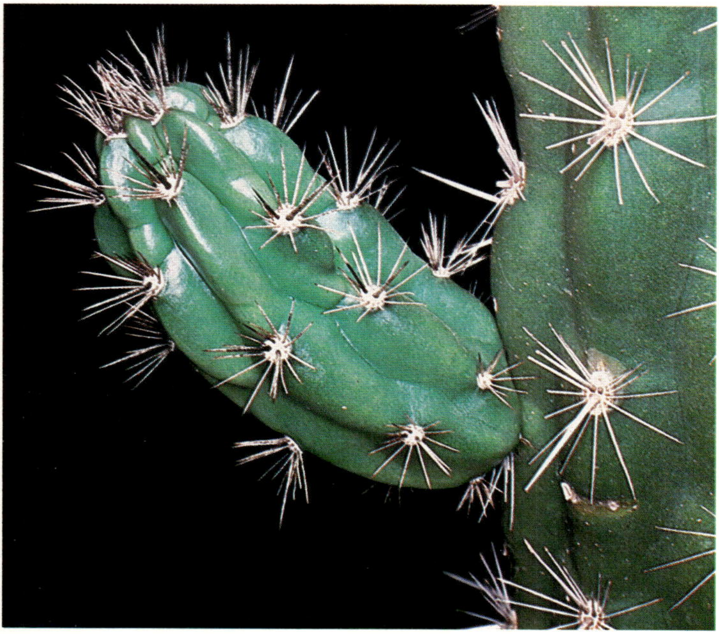

262 REBUTIA HAAGEI Frič und Schelle
Tribus *Cacteae* – Subtribus *Echinocereinae*

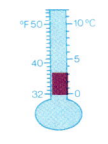

Name: Karl Moritz Schumann benannte diese Gattung zum Andenken an Pierre Rebut, einen französischen Kakteengärtner.

Herkunft: Die Provinz Jujuy im Norden Argentiniens, nahe der bolivianischen Grenze in Höhen von 4500 m.

Beschreibung: Seit ihrer Entdeckung vor einigen Jahrzehnten wurde der Name dieser Pflanze mehrere Male geändert. Nachdem sie zuerst den auch jetzt gültigen Namen erhalten hatte, wurde sie von Backeberg zu der Gattung *Mediolobivia* gestellt und ihr Artname in *pygmaea* geändert. Verbreitet ist die Art noch unter dem Namen *Rebutia haageana* bekannt. Die niedrige, kugelige bis längliche Pflanze verzweigt sich reichlich und bildet viele grundständige Seitentriebe. Sie besitzt eine lange Pfahlwurzel, und der dunkelgrüne Sproß ist je nach Stärke der Sonneneinstrahlung bereift oder mehr bronzefarben. Ihre rund 10 breiten Rippen sind in deutlich ausgebildete Warzen unterteilt. Auf den Areolen stehen nur 4 bis 12 kammartig nach den Seiten abstehende, borstige Randdornen von 3 bis 7 cm Länge. Mitteldornen sind nicht vorhanden. Die Blüten besitzen eine schlanke Röhre und meist blaß- bis lachsrosafarbene Kronblätter. Die Blütenfarbe ist jedoch sehr stark wechselnd, und die Kronblätter sind gelegentlich auch längs gestreift.

Kultur: Zur Vermehrung verwendet man die grundständigen Seitentriebe als Stecklinge.

---

263 REBUTIA MINUSCULA Schumann
Form **KNUTHIANA** (Backeberg) Buining und Donald
Tribus *Cacteae* – Subtribus *Echinocereinae*

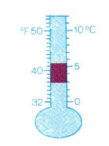

Herkunft: Nördliches Argentinien. Die Art stammt aus der Provinz Tucumán, die Form aus der Provinz Salta.

Beschreibung: Schumann nahm 1895 diese Art als typischen Vertreter seiner neuen Gattung, Weber beschrieb sie dann 1896 als *Echinopsis minuscula*. Der flach kugelige Sproß dieser Pflanze wird nur rund 2 cm hoch und 5 cm breit. Wegen der zahlreichen Seitensprosse bildet sie aber bald einen wesentlich größeren Klumpen. Die niedrigen, runden oder leicht kantigen Warzen sind in 16 bis 20 Spiralen angeordnet. Auf den kleinen, behaarten Areolen stehen in Büscheln 25 bis 30 weißliche, 2 bis 3 mm lange Dornen, bei denen Randdornen von Mitteldornen nicht unterschieden werden können. Die 4 cm langen Blüten tragen auf schlanker, trichterförmiger Röhre viele leuchtendrote Kronblätter mit stumpfer Spitze. Die Pflanze ist sehr blühfreudig, und jede Blüte überdauert mehrere Tage. Die Form *knuthiana* ist von blassem Grün und besitzt braune Areolen. Ihre Dornen werden 2,5 cm lang, und auch die dunkelkarminrote Blüte ist größer. Backeberg hielt die Art *violaciflora* ebenfalls für eine Varietät, sie wurde jedoch nicht offiziell umbenannt.

Kultur: Diese Pflanze ist nicht so kälteunempfindlich wie manche andere Rebutien. Die Vermehrung erfolgt durch Stecklinge.

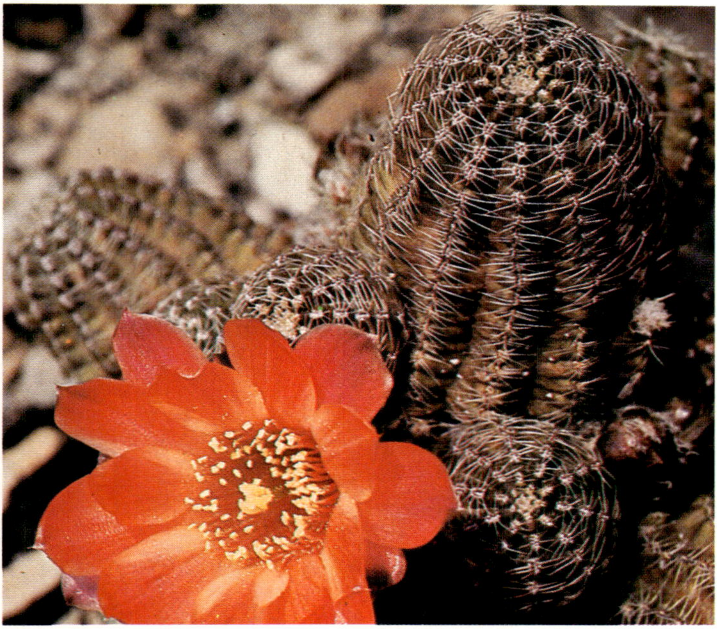

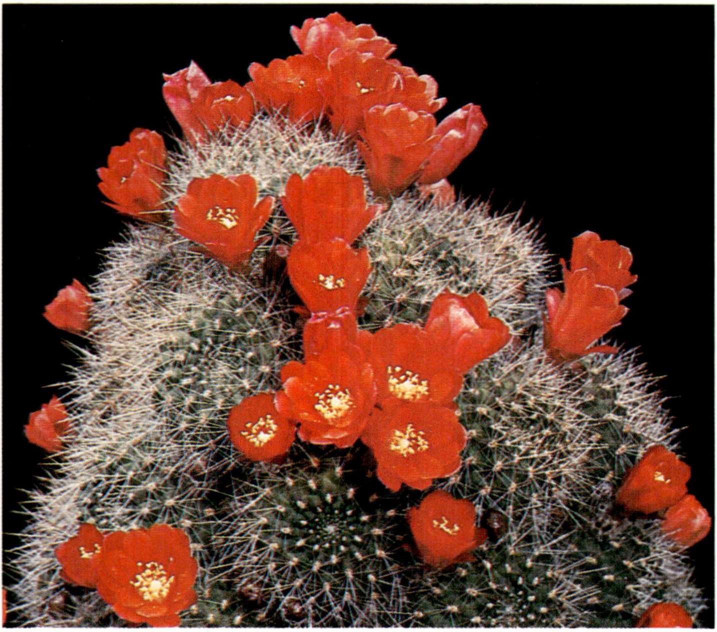

264 **REBUTIA PULVINOSA** Ritter und Buining
Tribus *Cacteae* – Subtribus *Echinocereinae*

Herkunft: Südliches Bolivien
Beschreibung: Diese erst kürzlich eingeführte Art wurde
1963 beschrieben. Backeberg stellte sie in seine Gattung
Aylostera, welche heute jedoch nicht mehr anerkannt ist. Der
alte Name wird aber zum Teil noch verwendet. Diese kleine
Pflanze verzweigt sich sehr stark und bildet so dichte Kissen.
Ihr anfangs kugeliger Sproß verlängert sich später und wird
nur 3 cm dick. Die Rippen sind in weit auseinander sitzende
Warzen aufgelöst. Diese tragen weiße, filzige, ovale Areolen
von etwa 5 mm Länge. Auf ihnen werden 15 bis 22 winzige
Randdornen höchstens 3 mm lang. Sechs dickere Mitteldornen sind bräunlich oder manchmal auch sehr hell gefärbt.
Die Blüten entspringen seitlichen Areolen und sind meist höher als die Seitentriebe angesetzt. Sie werden 2 cm lang und
1,5 cm breit. Auf der schlanken, mit weißen Borsten besetzten
Röhre steht eine Doppelreihe gelblich-orangefarbener Kronblätter. Die kleine Frucht ist rötlichgrün und enthält winzige
Samen.
Kultur: Diese Art wird im Handel nur wenig angeboten. Sie
braucht viel direkte Sonne und läßt sich durch einen der zahlreichen Seitentriebe als Steckling leicht vermehren. Manchmal wird sie auch gepfropft, obwohl sie in durchlässigem Boden ohne Schwierigkeiten auf eigener Wurzel wächst. Sie
braucht eine feste Winterruhe.

---

265 **RHIPSALIDOPSIS ROSEA** (Lagerheim)
Britton und Rose
Tribus *Cacteae* – Subtribus *Rhipsalidinae*

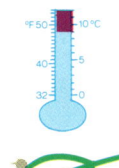

Name: Der Name ist zusammengesetzt aus dem Gattungsnamen *Rhipsalis* und dem griechischen *opsis,* Erscheinung,
da die beiden Gattungen einander sehr ähnlich sehen.
Herkunft: Der Staat Paraná im Süden Brasiliens.
Beschreibung: Diese Art wächst als kleiner, halb aufrechter
bis herabhängender Epiphyt. Der meist aufrechte Hauptsproß ist im Querschnitt fast rund bis stumpf, vier- oder fünfkantig und anfangs rötlich bis blaßgrün, später dunkelgrün.
Seine ziemlich zahlreichen Seitentriebe bestehen fast ausschließlich aus flachen, rund 4 cm langen Gliedern, die nur
selten drei- bis vierkantig sind. Die Glieder haben leicht wellige Ränder mit kleinen Areolen, welche schlanke, borstige
Haare tragen. Aus der großen Areole an der Spitze entwickeln
sich weitere Glieder und die Blüten. Jede Areole trägt nur einmal Blüten, dann können es allerdings bis zu drei auf einmal
sein. Deshalb ist es wichtig, daß die Pflanze ständig neue
Glieder bildet. Die duftenden Blüten werden rund 4 cm breit,
besitzen eine kurze Röhre und blaßrosa Kronblätter.
Kultur: Während der Ruheperiode sollte man das Gießen nur
wenig einschränken, dafür aber häufig sprühen. Bei ausreichender Wärme im Winter und Haltung im Halbschatten
wächst sie gut auf eigener Wurzel. Vermehrung durch Stecklinge.

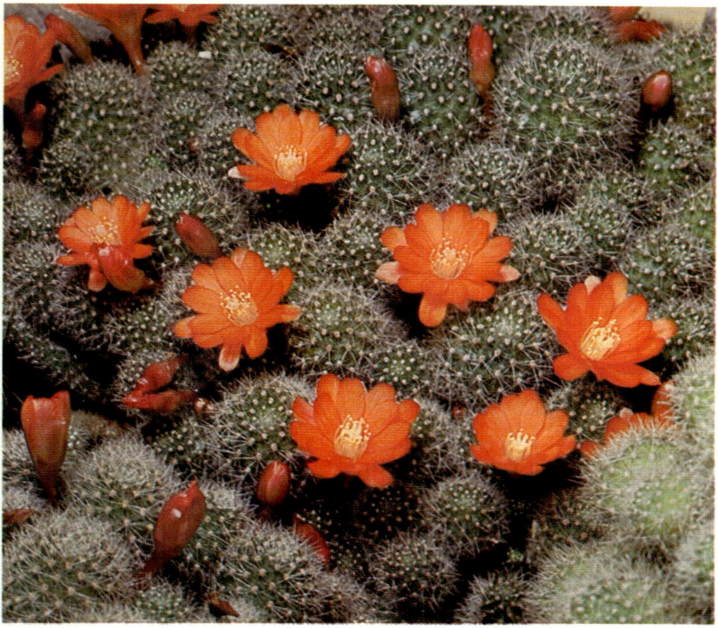

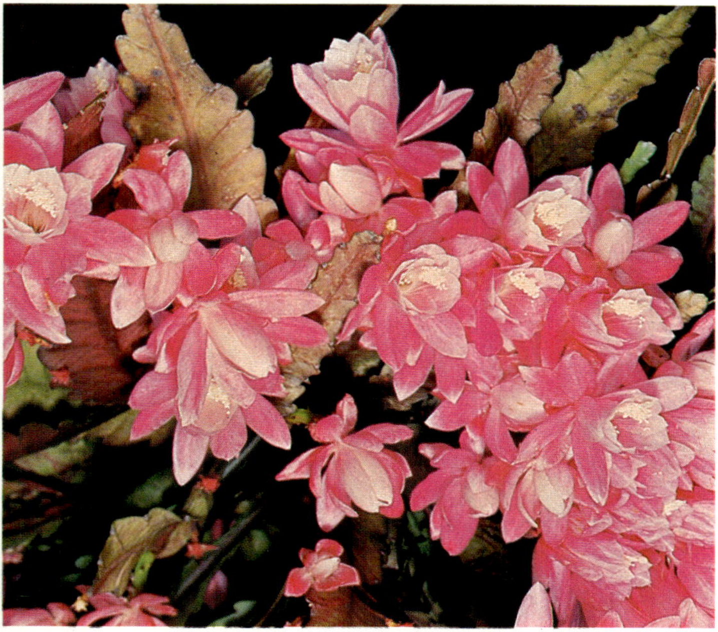

266 RHIPSALIS CAPILLIFORMIS Weber
Tribus *Cacteae* – Subtribus *Rhipsalidinae*

Name: Dieser leitet sich ab vom griechischen *rhips,* Riedgras, da die Sprosse biegsam und grasartig schlank sind.
Herkunft: Östliches Brasilien. Die Pflanze wurde seit ihrer Entdeckung nicht wieder wild wachsend gefunden.
Beschreibung: Dieser Epiphyt bildet dichte, herabhängende Büschel aus zahlreichen dünnen Sprossen, daher auch der Artname »haarförmig«. Der Hauptsproß ist länglich und rund. Die Seitentriebe können entweder aus unverzweigten Gliedern von 10 bis 15 cm Länge und 2 bis 3 mm Dicke bestehen, oder sie können sich wirtelig in bis zu sieben kürzere, schlankere, manchmal auch leicht kantige Äste verzweigen. Alle Triebe sind leuchtend grün und tragen winzige Areolen, die bei gutem Wachstum zahlreiche Luftwurzeln haben. Mit diesen nimmt die Pflanze Feuchtigkeit aus der Luft auf, was für sie sehr wichtig ist, da die echten Wurzeln sich nur sehr schwach entwickeln. Kleine, kaum 1 cm breite Blüten werden reichlich nahe den Sproßspitzen gebildet. Die äußeren Kronblätter sind leuchtend gelb, die inneren dagegen weiß. Manchmal werden auch nur fünf sternförmig angeordnete weiße Kronblätter gebildet. Die Früchte sind runde, weiße, 5 mm dicke Beeren, die sehr lange an der Pflanze verbleiben.
Kultur: Wie bei allen Epiphyten ist auch hier ein kleiner Topf angebracht, der genügend Luft an die Wurzeln läßt. Diese Pflanze braucht feuchte Luft und sehr gut durchlüfteten Boden. Vermehrung durch Stecklinge.

267 RHIPSALIS MESEMBRYANTHEMOIDES
Haworth
Tribus *Cacteae* – Subtribus *Rhipsalidinae*

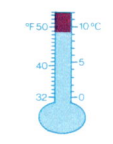

Herkunft: Der Staat Rio de Janeiro in Brasilien.
Beschreibung: Diese hübsche, eindeutig als Epiphyt erkennbare Pflanze wurde 1821 von Haworth benannt und wird seit dieser Zeit gern und oft kultiviert. Der schlanke, aufrechte Stamm dieses kleinen Strauches verholzt und wird bis zu 40 cm hoch. Von ihm gehen zahlreiche hängende Äste ab, die wie der Hauptsproß im Querschnitt rund sind. Sie sind blaßgrün und werden 10 bis 20 cm lang. Diese Äste tragen sowohl Luftwurzeln als auch viele kleine Seitentriebe von 5 mm bis 1 cm Länge und ungefähr 2 bis 4 mm Dicke. Diese sind auf der ganzen Länge der Äste spiralig angeordnet. Diese unterschiedliche Gestalt der Äste und Zweige gab Anlaß zum Artnamen, welcher an die kriechenden Sprosse und fleischigen Blätter der alten Gattung *Mesembryanthemum* erinnern soll. Längere Zweige tragen wenige filzige Areolen mit ein oder zwei kurzen, seidigen Borsten. Areolen auf den Ästen tragen dichteren Filz, aus dem drei bis vier Borsten wachsen. Kleine weiße oder rosarote, 1 cm breite Blüten wachsen seitlich auf den Ästen oder aus ihren Achseln. Die Beeren sind meist weiß.
Kultur: Dieser Kaktus liebt viel Licht, sollte aber nicht in der direkten Sonne stehen. Nach der Blüte ist eine kurze Ruheperiode angebracht. Vermehrung durch Stecklinge.

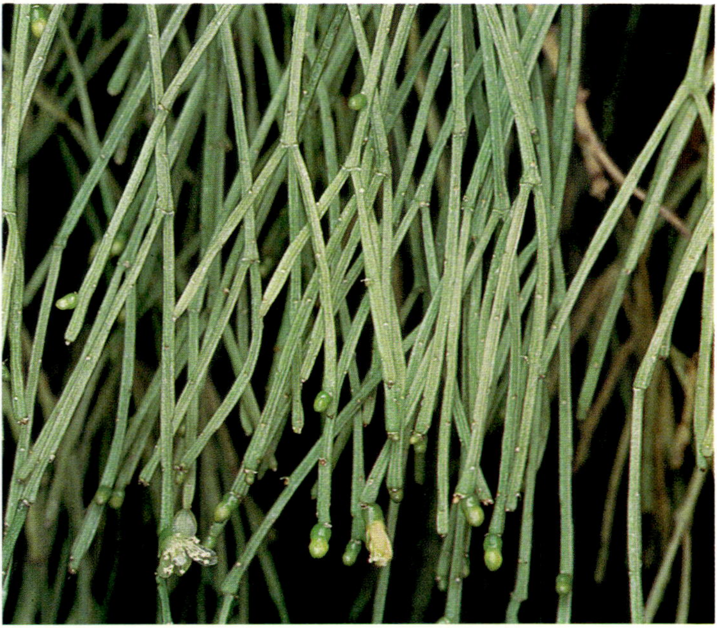

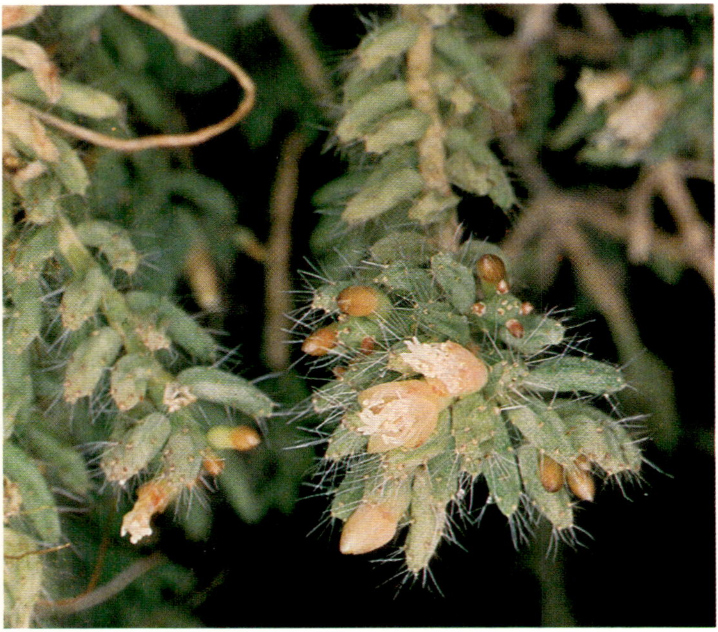

268 RHIPSALIS MICRANTHA (Humboldt, Bonpland und Kunth) de Candolle
Tribus *Cacteae* – Subtribus *Rhipsalidinae*

Herkunft: Südliches Ecuador und nördliches Peru.
Beschreibung: Humboldt, Bonpland und Kunth beschrieben diese Art 1823. Wie auch andere Epiphyten hängt sie meistens in unregelmäßigen und ziemlich langen Büscheln aus Astgabeln oder Vertiefungen in den Rinden von Bäumen, in denen sich kleine Mengen von Humus angesammelt haben. Der Hauptsproß wird etwa 6 mm dick und ist stumpf vier- bis fünfkantig. Von ihm gehen Seitenzweige ab, die aber nie in Wirteln stehen. Diese Zweige sind hellgrün oder gelblich, dreikantig, gelegentlich auch flach und 5 bis 8 mm breit mit leicht welligen Kanten. Die kleinen Areolen sind schwach wollig und tragen eine früh abfallende Schuppe sowie ein bis vier schlanke Borsten. Weitere Verzweigungen sind meist zwei-, seltener dreikantig. Die weißen Blüten stehen seitlich, werden rund 7 mm lang, besitzen ebenfalls manchmal eine Schuppe und ein bis zwei dornige Borsten. Die weiße bis rötliche Frucht ist kugelig bis leicht eiförmig, glatt und bis 1 cm lang. Die verwelkten Blütenblätter bleiben lange an ihrer Spitze hängen.
Kultur: Diese Art sollte man in einem sehr kleinen, flachen Blumentopf halten. Sehr durchlässige Erde, Schatten, hohe Luftfeuchte und gelegentliches Besprühen sind für gutes Wachstum wichtig. Bei der Vermehrung durch Stecklinge sollten diese flach auf feuchten Torf gepreßt werden.

---

269 RHIPSALIS PACHYPTERA Pfeiffer
Tribus *Cacteae* – Subtribus *Rhipsalidinae*

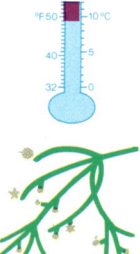

Herkunft: Die Staaten Rio de Janeiro, Minas Gerais, Santa Catarina und São Paolo im Südosten Brasiliens.
Beschreibung: Wie viele *Rhipsalis*-Arten mit blattähnlichen Gliedern ähnelt auch diese Art sehr stark *Ephiphyllum* und verwandten Gattungen, unterscheidet sich aber doch in allen botanischen Merkmalen. Willdenow hatte diese Art 1788 als *Cereus alatus* beschrieben. Bevor und auch nachdem Pfeiffer sie unter dem jetzigen Namen klassifizierte, wurde ihr Name mehrmals geändert. Diese Pflanze wächst als Epiphyt auf Bäumen in küstennahen Wäldern in Höhen um 1000 m. Sie entwickelt sich anfangs aufrecht mit einem fast holzigen Stamm, hängt aber später bis zu 1 m weit herab. Die 20 cm langen und 12 cm breiten Seitenäste sind im Querschnitt gelegentlich dreieckig, manchmal fast rund, meist jedoch elliptisch. Die Glieder sind dunkelgrün, häufig aber rötlich überlaufen, was besonders für die kräftige Mittelrippe zutrifft. Die fleischigen Flügel der Glieder sind am Rand unregelmäßig wellig mit wenigen filzigen Areolen in den Einbuchtungen. Die auf ihnen sitzenden, leuchtendgelben, duftenden Blüten werden 1,5 cm lang. Die eiförmige Frucht ist zart hellrot.
Kultur: Dieser Kaktus braucht hohe Luftfeuchte, im Winter Wärme und während der kurzen Ruhezeit gelegentliches Gießen. Vermehrung durch Stecklinge.

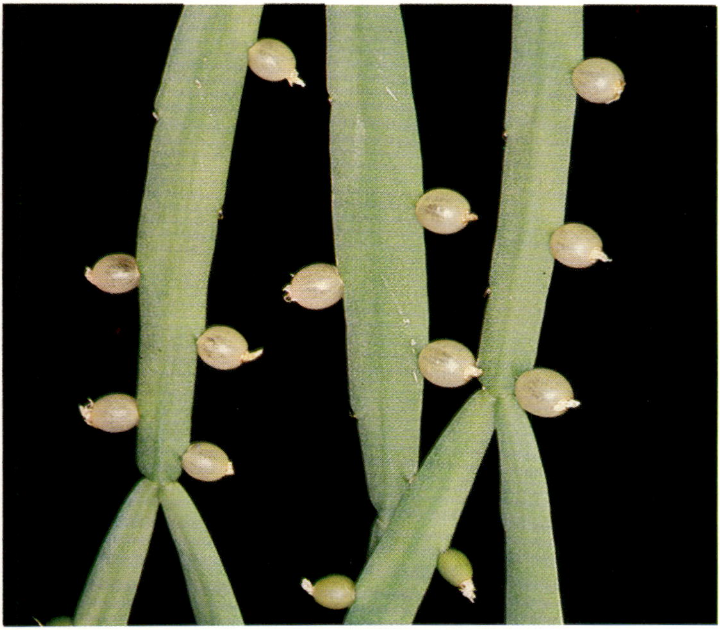

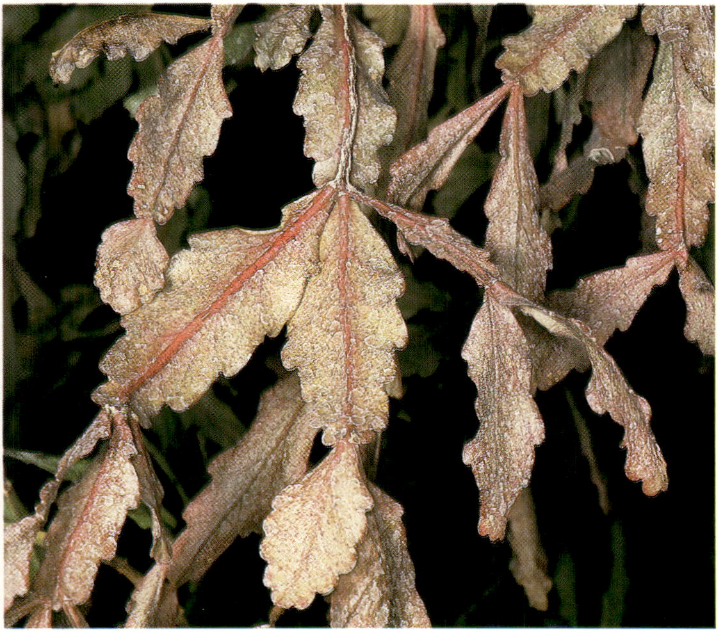

270 SCHLUMBERGERA RUSSELLIANA

(Hooker) Britton und Rose
Tribus *Cacteae* – Subtribus *Epiphyllinae*

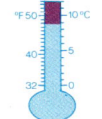

Name: Diese Gattung ist benannt nach Fréderic Schlumberger, einem Sammler von Kakteen, Begonien und Bromelien.
Herkunft: Das Organogebirge in Brasilien.
Beschreibung: Dieser starkverzweigte, epiphytische Strauch ist *Zygocactus truncatus* sehr ähnlich, doch sind seine kurzen, meist flachen Glieder am Rand eher wellig als gezähnt. Seine Blüten sind symmetrisch mit einer langen, trichterförmigen Kronröhre. Fruchtknoten und Frucht sind bei ihm nicht rundlich, sondern kantig. Er kann bis 1 m lang werden. Sein Hauptsproß ist walzenförmig, und seine Äste, die eine deutlich sichtbare Mittelrippe besitzen, werden 3,5 cm lang und 2 cm breit. An der Spitze jedes Gliedes befindet sich eine lange, schmale Areole mit ein paar bräunlichen Haaren. Aus ihr erhebt sich die trichterförmige Blüte mit zwei Reihen gegeneinander versetzter Kronblätter. Die äußeren liegen der kurzen Röhre an, die inneren sind länger und sternförmig angeordnet. Sie sind karmin- bis scharlachrot, Kulturformen blühen meist rosaviolett. Die Art ist tagblühend. Ihre Frucht ist eiförmig und besitzt vier bis fünf schwach geflügelte Kanten. Sie bleibt auch nach der Reife lange an der Pflanze hängen.
Kultur: Vermehrung durch Stecklinge. Wegen des schwachen Wurzelsystems der Pflanze empfiehlt sich auch Pfropfung auf kräftigere Unterlagen.

271 SOEHRENSIA OREOPEPON (Spegazzini)

Backeberg
Tribus *Cacteae* – Subtribus *Echinocereinae*

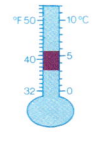

Name: Backeberg benannte die Gattung nach Johannes Soehrens, einem chilenischen Botaniker und Taxonom. Der Artname stammt vom griechischen *oros,* Berg, und *pepon,* Melone.
Herkunft: Die Provinz Mendoza im Westen Argentiniens.
Beschreibung: Alle Arten der Gattung kommen in größeren Höhen vor. Der dicke, olivgrüne Sproß dieser Pflanze ist kugelig bis walzenförmig und 30 cm dick. Junge Exemplare besitzen 18 bis 20 Rippen, ältere bis zu 30. Diese sind 2,5 cm breit und besitzen Warzen, die auf ihrer Spitze fast 1 cm lange, graue Areolen tragen. Junge Areolen tragen nur wenige Dornen, ältere dagegen 12 bis 20. Ein bis fünf stehen mehr in der Mitte und werden 5 bis 7 cm lang. Die übrigen sind deutlich Randdornen und wachsen bis zu 3,5 cm Länge. Alle Dornen sind schlank, biegsam und gelblich bis braunrot gefärbt. Die Blüten werden bis über 8 cm lang und 3 cm breit. Ihre Röhre ist bedeckt mit grünlichen, zugespitzten Schuppen. Die Kronblätter sind gelb, bei manchen Varietäten auch rot. Spegazzini klassifizierte diese Art als *Lobivia.* Sie wird auch heute noch häufig mit diesem Namen bezeichnet.
Kultur: Dieser Kaktus verlangt sehr durchlässigen Boden und eine streng eingehaltene Winterruhe. Die Vermehrung erfolgt durch Samen.

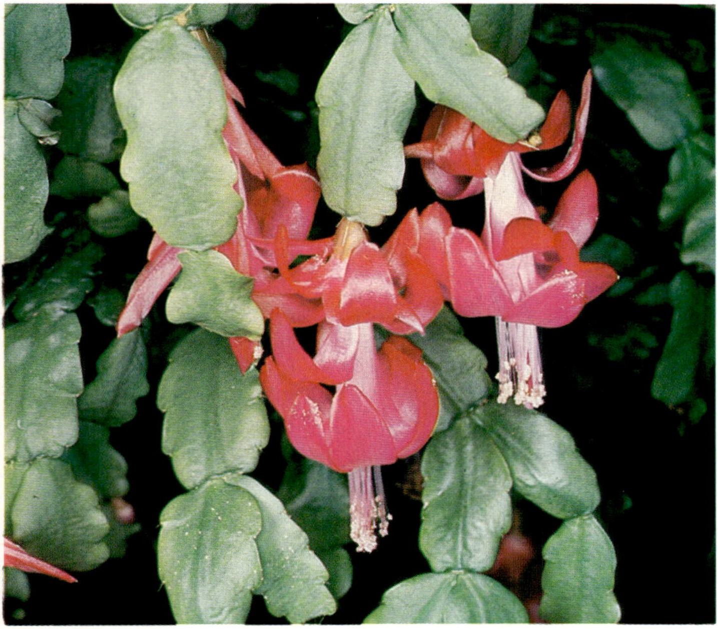

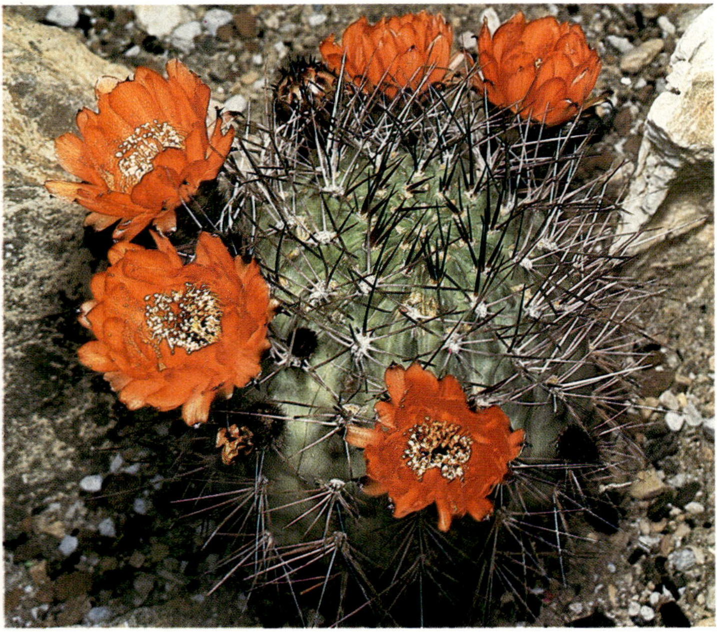

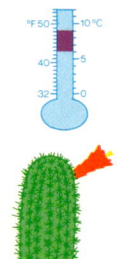

272 STENOCEREUS GRISEUS (Haworth) Buxbaum
Tribus *Cacteae* – Subtribus *Cereinae*

Name: Da die Sprosse dieser Gattung dünner sind als bei Cereus, erhielt sie die griechische Vorsilbe *stenos,* schlank.

Herkunft: Das nordöstliche Küstengebiet Venezuelas sowie die benachbarten Inseln Curaçao, Aruba, Bonaire, Margarita und Trinidad. In Mexiko ist sie aus Kulturen verwildert und jetzt eingebürgert. Wegen ihrer eßbaren Früchte wird diese Art in Teilen des tropischen Amerikas angebaut.

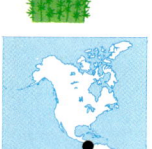

Beschreibung: Am natürlichen Stancort wird diese baumähnliche Pflanze bis 8 m hoch. Gelegentlich bildet sie einen schwachen, aber deutlichen Stamm von knapp 40 cm Durchmesser, meist verzweigt sie sich aber direkt am Grund. Ältere Pflanzen sind glatt, doch der obere Teil ihrer blaugrünen Triebe besitzt acht bis zehn stumpfe, 3 cm hohe Rippen. Schwach ausgebildete Warzen tragen im Abstand von 2 bis 3 cm längliche Areolen. Auf ihnen sitzen rund zehn nadelartige, kräftige, graue bis weiße Randdornen. Diese werden 1 cm lang, während die ein bis vier Mitteldornen bis 4 cm lang werden. Die äußeren Kronblätter der 7 bis 9 cm langen Blüten sind orange, die inneren gelb. Die 5 cm dicke, kugelige Frucht verliert bei der Reife ihre Dornen. Ihr rotes Fruchtfleisch ist eßbar. Diese von Riccobono eingerichtete Gattung umfaßt Arten der nicht mehr gültigen Gattungen *Lemaireocereus* und *Ritterocereus*. Die alten Namen sind teilweise noch in Gebrauch.

Kultur: Wenig kälteverträglich. Vermehrung durch Stecklinge.

273 STENOCEREUS HYSTRIX (Haworth) Buxbaum
Tribus *Cacteae* – Subtribus *Cereinae*

Herkunft: Die Trockengebiete von Kuba, Jamaika, Haiti und Puerto Rico.

Beschreibung: Diese bis 12 m hohe Pflanze besitzt einen kurzen, mehr oder weniger deutlichen Stamm von rund 30 cm Dicke mit 10 bis 50 aufrechten Ästen von 7 bis 10 cm Stärke. Die flachen Warzen auf den 9 bis 12 Rippen sind quer durch keilförmige Einkerbungen getrennt. Weiß- bis graufilzige Areolen sitzen nicht auf der Spitze, sondern im oberen Teil der Warzen. Der blaugrüne Neuzuwachs ist bereift und trägt größere, stärker behaarte Areolen. Auf ihnen sitzen etwa zehn Randdornen und ein bis drei Mitteldornen. Von letzteren wird einer bis 4 cm lang und damit länger als die anderen. Alle Dornen sind grau mit brauner Spitze. Die Blüten werden 8 bis 9 cm lang. Ihre trichterförmige Röhre ist 5 cm lang und an der Öffnung 3 cm breit. Sie ist mit wenigen, großen, rötlichen bis dunkelgrünen Schuppen besetzt. Die Kronblätter sind weiß und in der Vollblüte so weit geöffnet, daß sie teilweise nach außen fast eingerollt sind. Die Frucht ist eiförmig, scharlachrot und 5 bis 6 cm lang. Sie trägt Büschel früh abfallender Dornen und reißt in der Reife auf, so daß das dunkelrote Fruchtfleisch sichtbar wird.

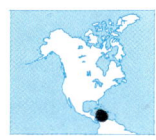

Kultur: Diese selten kultivierte Pflanze ist im Jugendstadium wegen ihrer Farbe recht hübsch. Sie ist aber wenig kälteverträglich und blüht kaum. Vermehrung durch Stecklinge.

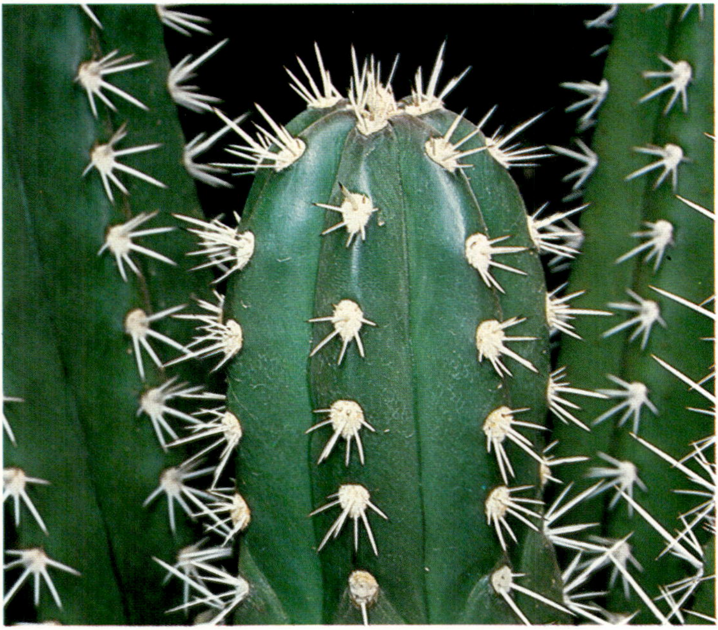

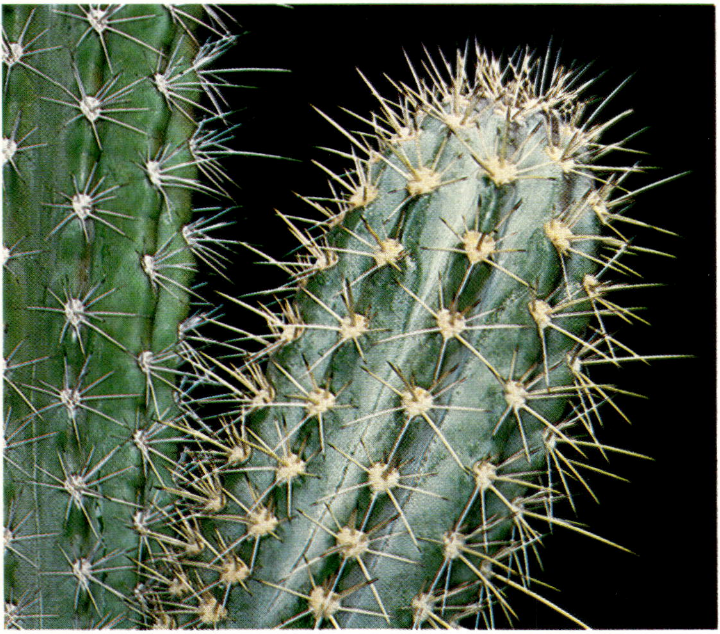

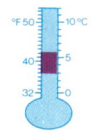

274 STENOCEREUS MARGINATUS (de Candolle)
Buxbaum
Tribus *Cacteae* – Subtribus *Cereinae*

Herkunft: Die Staaten Hidalgo, Querétaro und Guanajuato in Mexiko, heute im ganzen Land eingebürgert.

Beschreibung: Dieser Kaktus wurde 1909 von Britton und Rose als *Pachycereus*, »Dickkerze«, klassifiziert, heute zählt er zur Gattung *Stenocereus,* »Dünnkerze«. In den Jahren dazwischen gehörte er zeitweilig zu *Lemaireocereus*, unter welchem Namen er ebenfalls bekannt ist. Am natürlichen Standort bildet diese bis 7 m hohe Pflanze aufrechte Äste. In Kultur verzweigt sie sich am Grund und entwickelt mehrere Meter hohe, aber ziemlich schlanke Sprosse, die 15 cm dick werden. Jeder Sproß besitzt fünf bis sechs anfangs scharfkantige, später rundliche Rippen. Die Areolen sind von braunem oder grauem Filz bedeckt und bilden auf den Rippen eine durchgehende Linie. Sie tragen wenige, dunkelgefärbte Dornen, welche seitlich angeordnet sind. Die Blüten besitzen eine lange, mit Schuppen und wolligen Haarbüscheln besetzte Röhre und kurze, nach außen eingerollte, weiße Kronblätter.

Kultur: In Mexiko wird diese Art als Heckenpflanze verwendet. Sie heißt dort Orgelkaktus, da die Sprosse von unterschiedlicher Länge wie die Orgelpfeifen nebeneinanderstehen. Sie braucht höhere Temperaturen, volle Sonne und ist zur Haltung in Töpfen nicht geeignet. Vermehrung durch Stecklinge.

275 STENOCEREUS PRUINOSUS (Otto) Buxbaum
Tribus *Cacteae* – Subtribus *Cereinae*

Herkunft: Mittleres und südliches Mexiko.

Beschreibung: Diese säulen-, fast baumähnliche Art wird am natürlichen Standort bis 7 m hoch und besitzt einen gut entwickelten, verzweigten Stamm. Seitensprosse bilden sich sowohl am Grund wie auch seitlich am Stamm. Ihr Neuzuwachs ist blaugrün und weiß bereift. Die fünf bis sechs hohen, scharfkantigen Rippen werden mit zunehmendem Alter flacher. Auf ihnen sitzen im Abstand von 4 cm braun- oder weißfilzige Areolen. Diese tragen fünf bis neun Randdornen, die anfangs rotbraun gefärbt sind, später aber grau werden, sowie einen dickeren Mitteldorn von 3 cm Länge. Blütentragende Areolen besitzen dichten, braunen Flaum. Die trichterförmigen Blüten öffnen sich nachts und bleiben auch am folgenden Tag noch einige Stunden offen. Sie sind 6 bis 9 cm lang und tragen auf einer schuppigen Röhre rosa überlaufene, weiße Kronblätter. Auf der eiförmigen Frucht sitzen mit Dornen versehene, filzige Areolen. Mit zunehmender Reife der Früchte fallen die Dornen ab.

Kultur: Besonders als Jungpflanze ist dieser Kaktus sehr schwierig zu bestimmen. Er wird dann oft mit einem *Cereus* verwechselt. Das ist wohl auch der Grund, daß er mehr als ein halbes Jahrhundert zu dieser Gattung gerechnet wurde. Die Vermehrung erfolgt durch Stecklinge.

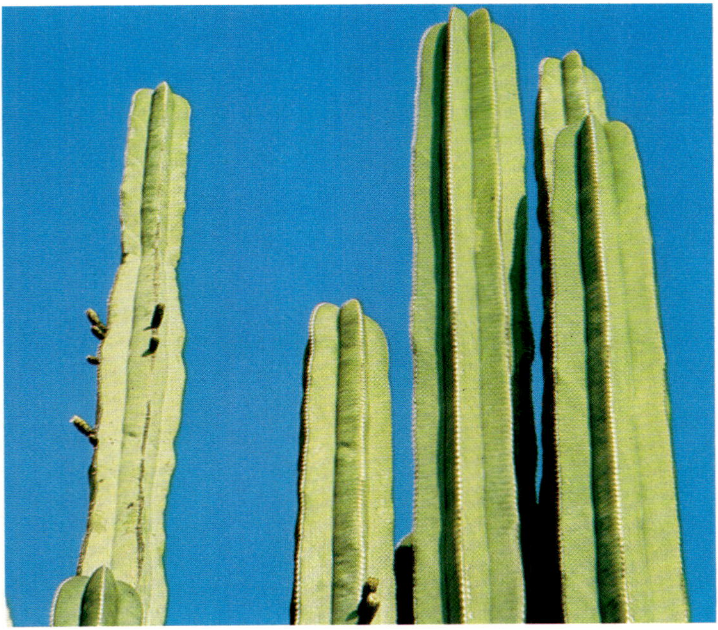

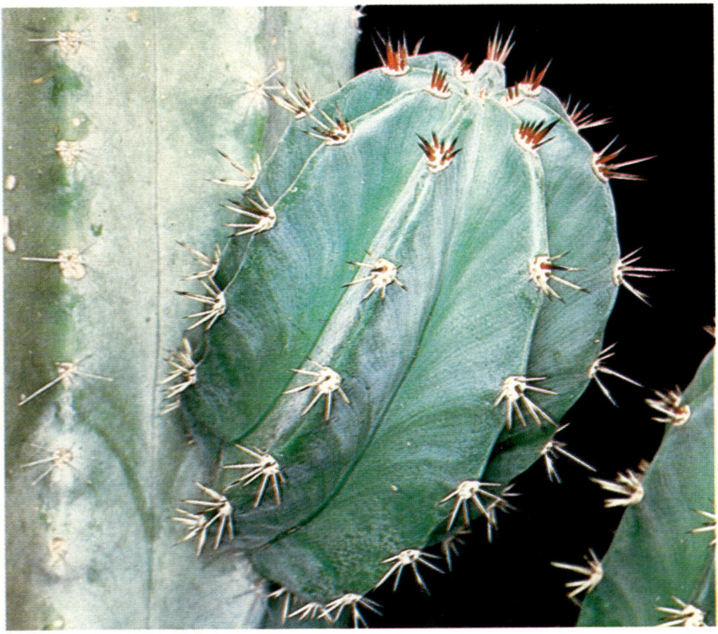

276 **STENOCEREUS THURBERI** (Engelmann)
Buxbaum
Tribus *Cacteae* – Subtribus *Cereinae*

Herkunft: Vom südlichen Teil Arizonas bis zum westlichen Teil von Sonora, Mexiko, sowie an beiden Küsten Niederkaliforniens.

Beschreibung: Ihr alter Name *Lemaireocereus thurberi* gilt heute nur noch als Synonym. Am natürlichen Standort wird der säulenartige Sproß bis 7 m hoch. Er entwickelt sich aber nicht zu einem deutlichen Stamm, da er sich schon am Grund mit 5 bis 20 Ästen verzweigt. Diese werden 15 bis 20 cm dick, biegen sich nach oben und verzweigen sich ebenfalls. Jeder Sproß ist in 12 bis 17 nicht sehr hohe Rippen gegliedert, die im jungen Teil scharfkantiger, im älteren mehr abgerundet sind. Die dicht sitzenden, braunen Areolen sind manchmal etwas wachsig. Jede trägt neun bis zehn Randdornen. Diese sind 1 cm lang, gerade und strahlenförmig abstehend. Von den ein bis drei längeren Mitteldornen wird der unterste manchmal 5 cm lang. Alle Dornen sind anfangs braun bis schwärzlich, später grau. Die zweitägigen, 6 bis 7 cm langen Blüten sitzen seitlich unterhalb der Sproßspitze. Auf der schuppigen Röhre stehen große, sich überschneidende, rötliche äußere Kronblätter. Die rotvioletten inneren Kronblätter öffnen sich sehr weit und sind manchmal nach außen eingerollt. Die Varietät *littoralis* aus Niederkalifornien wird mit schlankem Sproß nur 90 cm hoch und besitzt rosarote Blüten.

Kultur: Vermehrung durch Stecklinge.

277 **STENOCEREUS WEBERI** (Coulter) Buxbaum
Tribus *Cacteae* – Subtribus *Cereinae*

Herkunft: Die mexikanischen Staaten Puebla und Oaxaca.
Beschreibung: Am natürlichen Standort wird die Pflanze 10 m hoch, wobei 1 m auf den Stamm entfällt. Die zahlreichen, senkrecht wachsenden Äste verzweigen sich weiter zu ebenfalls senkrecht nach oben wachsenden Zweigen. Der Kaktus erhält so das Aussehen eines riesigen Leuchters. Die Zweige sind blaugrün und werden etwa 10 cm dick. Sie tragen acht bis zehn stumpfe Rippen, auf denen in Abständen von 3 bis 5 cm große, weißfilzige Areolen sitzen. Auf ihnen stehen 6 bis 12 sternförmig ausgebreitete, bis 2 cm lange Randdornen, welche anfangs gelblich weiß sind, später aber rötlich und zuletzt braun werden. Ein flacher Mitteldorn wird bis 10 cm lang. Dieser weist an der Sproßspitze nach oben, weiter unten jedoch nach unten und ist schwarz mit rotem Grund. Später wird er grau mit schwarzem Grund und schließlich völlig grau. Die 8 bis 10 cm langen Blüten besitzen eine trichterförmige Röhre mit dünnen Schuppen und langen, braunen Haaren. Die weißen bis cremefarbenen Kronblätter sind länglich und rund 2 cm lang. Die ebenfalls längliche Frucht wird bis über 7 cm lang und trägt Areolen mit zahlreichen Dornen, welche in der Reife abfallen. In manchen Gegenden wird die Frucht gegessen und heißt dann wie die Pflanze *cardón*.
Kultur: In Kultur bleibt die Pflanze klein und kann im Topf gehalten werden. Vermehrung durch Stecklinge.

278 STETSONIA CORYNE (Salm-Dyck)
Britton und Rose
Tribus *Cacteae* – Subtribus *Cereinae*

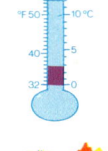

Name: Salm-Dyck stellte diese Art 1850 zu *Cereus*. Britton und Rose schufen für sie 1920 die neue Gattung *Stetsonia*, die nach Francis Lynde Stetson aus New York benannt ist.
Herkunft: Die Trockengebiete Nordwest-Argentiniens.
Beschreibung: Dies ist die einzige Art dieser Gattung. Der große, baumartige Säulenkaktus wird bis 8 m hoch. Sein ziemlich kurzer Stamm wird rund 40 cm dick und trägt eine weite Krone aufrechter Äste von oft mehr als 60 cm Länge, welche sich noch weiter verzweigen. Anfangs sind die Äste leuchtend blaugrün, später werden sie grau. Auf ihnen werden acht bis neun stumpfe Rippen 1,5 cm hoch. Oberhalb der ovalen, anfangs filzigen, später kahlen Areolen befinden sich flache Vertiefungen. Auf den Areolen stehen sieben bis neun am Grunde verdickte, sternförmig ausgebreitete Randdornen von 3 cm Länge sowie ein dickerer Mitteldorn, der über 5 cm lang werden kann. Alle Dornen sind anfangs gelbbraun. Sie werden aber bald weiß mit dunkler Spitze. Die sich nachts öffnenden Blüten werden 15 cm lang. Sie sitzen seitlich nahe der Sproßspitze. Ihre lange, nach oben gebogene Röhre trägt häutige Schuppen. Die äußeren Kronblätter sind grün, die inneren weiß.
Kultur: Diese Art wird nur selten kultiviert. Stecklinge aus Seitenästen blühen schon früh.

279 STROMBOCACTUS DISCIFORMIS
(de Candolle) Britton und Rose
Tribus *Cacteae* – Subtribus *Echinocactinae*

Name: Das griechische Wort *strombos* bezeichnet einen Kreisel oder einen kegelförmigen, spiraligen Gegenstand, zum Beispiel einen Kiefernzapfen. Der Artname »scheibenförmig« beschreibt die Wuchsform dieser flach dem Boden aufliegenden Pflanze.
Herkunft: Der Staat Hidalgo in Mexiko, wo die Pflanze aus Rissen zerklüfteter Schiefer- oder Mergelfelsen wächst.
Beschreibung: Die Gattung umfaßt nur noch diese einzige, seltene Art. Weitere Arten dieser Gattung wurden alle zu *Toumeya* gestellt. Diese Pflanze entwickelt sich zu einer abgeplatteten Kugel, welche besonders in Kultur nur wenige Zentimeter hoch wird. Sie ist graugrün bis grau und wird kaum über 8 cm breit. Der Sproß ist gegliedert in Rippen, die aus flachen, rautenförmigen Warzen besteht. Diese sind spiralig angeordnet, sitzen dicht und sind durch tiefe, schmale Furchen voneinander getrennt. Ältere Exemplare tragen 12 bis 18 Rippen. Die 1 bis 1,5 cm breiten Warzen sind etwas unregelmäßig geformt und besitzen häufig eine runzlige Oberfläche. Auf ihrer flachen Spitze sitzt leicht erhöht die weiße, filzige Areole. Anfangs trägt diese vier bis fünf borstenartige Dornen, später wird sie kahl. Die Blüten sind weiß.
Kultur: Die langsam wachsende, durch Samen zu vermehrende Pflanze braucht volle Sonne. Wenig kältevertrglich.

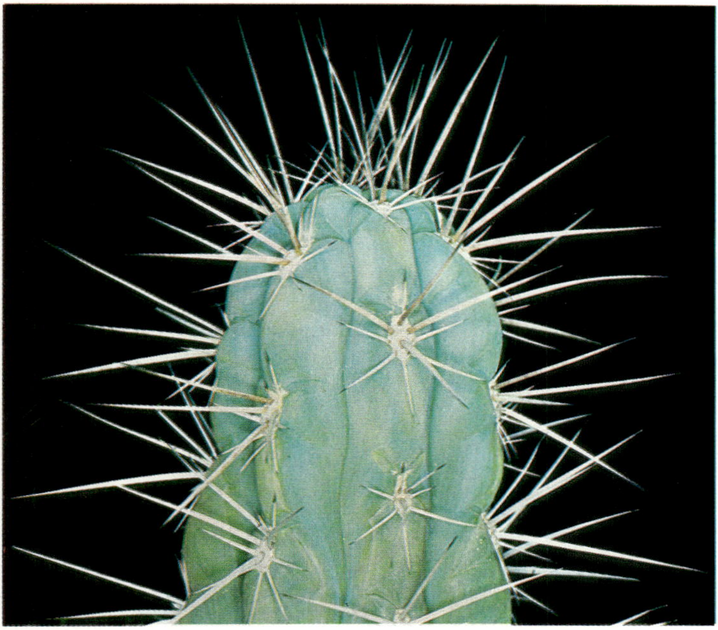
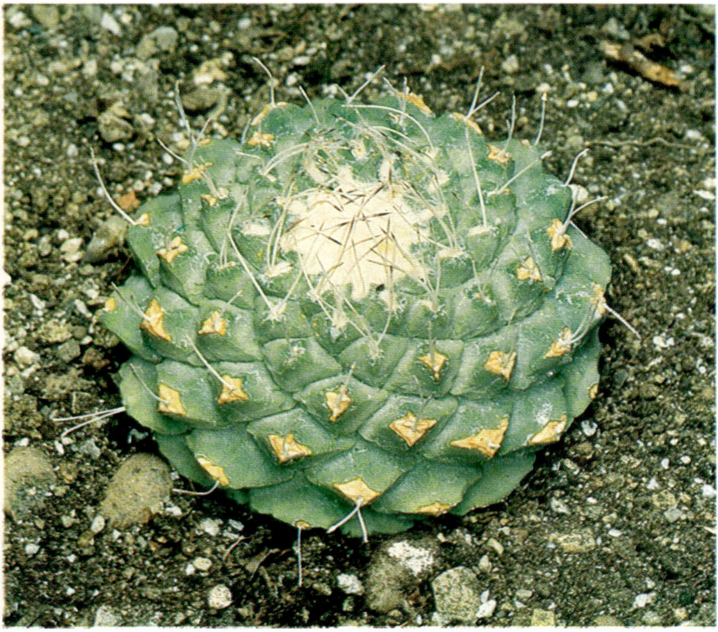

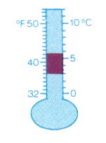

280 SULCOREBUTIA ARENACEA (Cárdenas) Ritter
Tribus *Cacteae* – Subtribus *Echinocereinae*

Name: Diese Gattung schuf Backeberg für Arten, die *Rebutia* zwar ähnlich sind, sich aber doch in wichtigen Eigenschaften unterscheiden. Der Name bedeutet »Furchenrebutia« und bezieht sich auf die schmale Furche oberhalb der langen, schlanken Areolen.

Herkunft: Das Departement Cochabamba in Bolivien.

Beschreibung: Diese kleine Pflanze wächst oft unverzweigt, meist aber bildet sie mit zahlreichen Seitentrieben dichte Kissen. Die einzelnen Sprosse werden 3,5 cm hoch und 5 cm dick. Ihre Oberfläche ist vollständig aufgelöst in Warzen, welche in rund 30 Spiralen angeordnet sind. Jede Warze trägt eine längliche Areole, welche von cremefarbenem Filz bestanden ist und sechs bis sieben Paare sehr kurze Randdornen trägt, die seitlich oder nach außen weisen, sowie einen, der nach oben zeigt. Alle Dornen sind rund 5 mm lang und von weißer Farbe. Dies gibt der ganzen Pflanze das Aussehen, als sei sie mit hellem Sand bestreut. Die gelborangefarbenen Blüten werden 3 cm lang und breit.

Kultur: Diese Art wurde erst um 1960 entdeckt und erst in den letzten Jahren nach Europa eingeführt. Sie ist deshalb bei uns noch selten. Durch einen der Seitentriebe ist sie leicht zu vermehren, und da sie nicht die sonst für die Gattung typische Pfahlwurzel besitzt, reicht ihr ein flacher Topf. Im Hochsommer braucht sie wie alle Arten ihrer Herkunft leichte Beschattung und im Winter eine Periode vollständiger Ruhe.

281 SULCOREBUTIA RAUSCHII Frank
Tribus *Cacteae* – Subtribus *Echinocereinae*

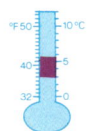

Herkunft: Das bolivianische Departement Chuquisaca in Höhen von 2700 m.

Beschreibung: Der Artname erinnert an den Wiener Pflanzensammler W. Rausch. Diese hübsche, erst kürzlich bei uns eingeführte Pflanze verdient es, daß sie häufiger angepflanzt wird. Sie verzweigt sich reichlich und bildet dabei Sprosse von 2 cm Höhe und bis etwa über 3 cm Dicke. Die Farbe schwankt zwischen Dunkelgrün und Violett. Ältere Pflanzen besitzen 16 spiralig angeordnete Rippen, welche in der leicht eingetieften Sproßspitze zusammenlaufen. Auf den flachen, fast 5 mm langen Warzen sitzen lange, schmale, weiße Areolen, welche dünnen Filz tragen. Außerdem stehen auf ihnen bis zu 11 Randdornen. Diese sind schwarz, werden 1 bis 2 mm lang und weisen schräg nach unten. Da sie den Warzen eng aufliegen, bilden sie dort ein Fischgrätmuster. Die äußeren Kronblätter der Blüten sind gelbgrün mit rosaroter Spitze, die spatelförmigen inneren sind rosaviolett mit weißem Grund.

Kultur: Diese Pflanze braucht einen ziemlich großen Topf, der die rübenartige Pfahlwurzel aufnehmen kann. Sie liebt sehr durchlässigen, grobsandigen Boden sowie eine streng eingehaltene Ruheperiode. Da sie sehr empfindlich gegenüber Fäulniserregern ist, empfiehlt es sich, ihren Wurzelhals durch sehr groben Sand oder kleine Steinchen vor Staunässe zu schützen. Vermehrung durch Stecklinge.

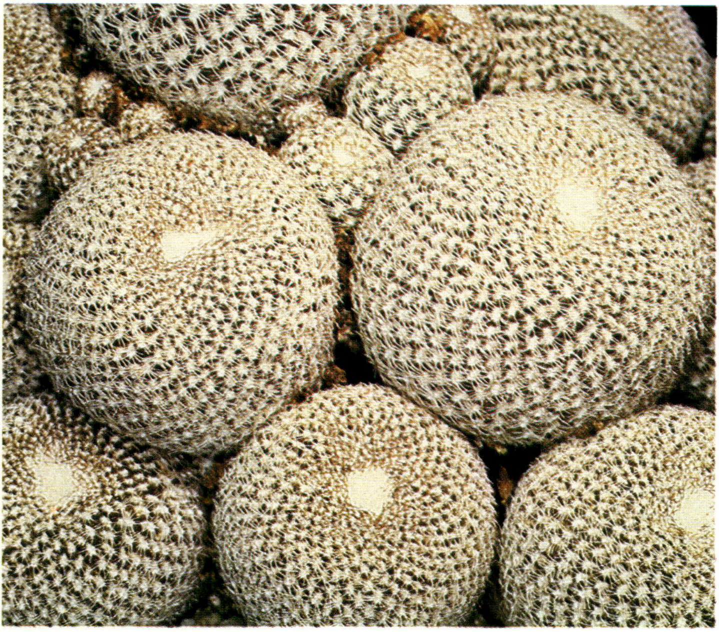
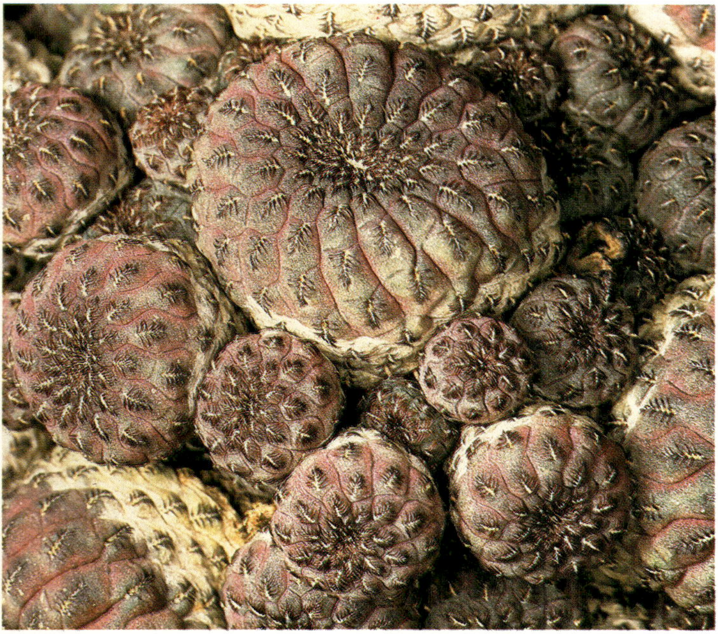

282 SULCOREBUTIA STEINBACHII (Werdermann)
Backeberg
Tribus *Cacteae* – Subtribus *Echinocereinae*

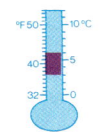

Herkunft: Das Departement Cochabamba in Bolivien.
Beschreibung: Der auf einer Pfahlwurzel sitzende, grüne
Sproß dieser Pflanze bildet zahlreiche, kugelige, an der
Spitze eingetiefte Seitentriebe. Dadurch bilden sich dichte
Polster. Jeder Sproß trägt 13 undeutlich ausgeprägte Rippen,
die aus langen, in unregelmäßigen Reihen angeordneten,
rautenförmigen Warzen bestehen. Im oberen Teil der Warze
befindet sich die stark verlängerte, weißfilzige Areole. Kultivierten Exemplaren fehlen Dornen anfangs oft völlig. Ältere
Pflanzen tragen auf jeder Areole sechs bis acht schwärzliche
Randdornen von 2,5 cm Länge sowie ein bis drei Mitteldornen, die bis 2 cm lang werden. Diese Mitteldornen sind anfangs dunkel, werden später aber grau bis weißlich. Die
scharlachroten Blüten werden 3,5 cm lang. Von dieser Art gibt
es viele Varietäten. *Gracilior* besitzt schlankere Sprosse und
bildet fast ausschließlich Randdornen, die ziemlich kurz und
hell sind. *Rosiflora* und *violaciflora* besitzen hellkarminrote
beziehungsweise purpurrote Blüten. Diese beiden Varietäten
wurden erst 1964 beschrieben.
Kultur: Auch diese Art braucht sehr durchlässigen Boden,
der keinerlei Staunässe am Wurzelhals aufkommen läßt. Für
die dicke Pfahlwurzel wird ein großer Topf benötigt. Da die
Pflanze leicht unter Sonnenbrand leidet, braucht sie im Sommer teilweise Schattierung. Vermehrung durch Stecklinge.

---

283 THELOCACTUS BICOLOR (Galeotti ex Pfeiffer)
Britton und Rose
Varietät **TRICOLOR** Schumann
Tribus *Cacteae* – Subtribus *Cactinae*

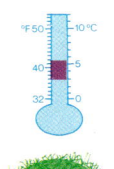
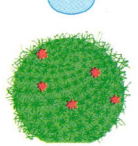

Name: Dieser kommt vom griechischen Wort *thele,* Warze.
Die Warzen älterer Pflanzen verwachsen am Grund und bilden so Rippen. Britton und Rose schufen diese Gattung 1922.
Vorher gehörten ihre Arten zu *Echinocactus.*
Herkunft: Die Art stammt aus dem südlichen Texas und Zentral-Mexiko, die Varietäten kommen vom Nordosten Mexikos.
Beschreibung: Von dieser Art gibt es mehrere Varietäten mit
unterschiedlicher Verbreitung. Die Art ist fast immer unverzweigt und besitzt einen kugeligen bis walzenförmigen Sproß
von bis zu 20 cm Höhe und 10 cm Dicke. Die acht, bei alten
Exemplaren bis 13 Rippen sind schief und quer in Warzen von
1,5 cm Durchmesser unterteilt. Die anfangs weißen und wolligen Areolen tragen 9 bis 18 schlanke Randdornen, welche bis
3 cm lang werden. Diese strahlen in alle Richtungen und sind
leicht gebogen. Von den vier 3 bis 5 cm langen Mitteldornen
ist der unterste dicker, länger und nach unten gebogen. Alle
Dornen sind leuchtend rot oder gelb, oft auch mit rotem Grund
und bernsteinfarbener Spitze. Die 5 bis 6 cm langen und breiten Blüten tragen auf schuppiger Röhre rosaviolette Kronblätter. Die Varietät *tricolor* ist mehr länglich und trägt dickere,
stärker rote Dornen, die sich dicht überkreuzen.
Kultur: Diese leicht zu ziehende Pflanze vermehrt man aus
Samen.

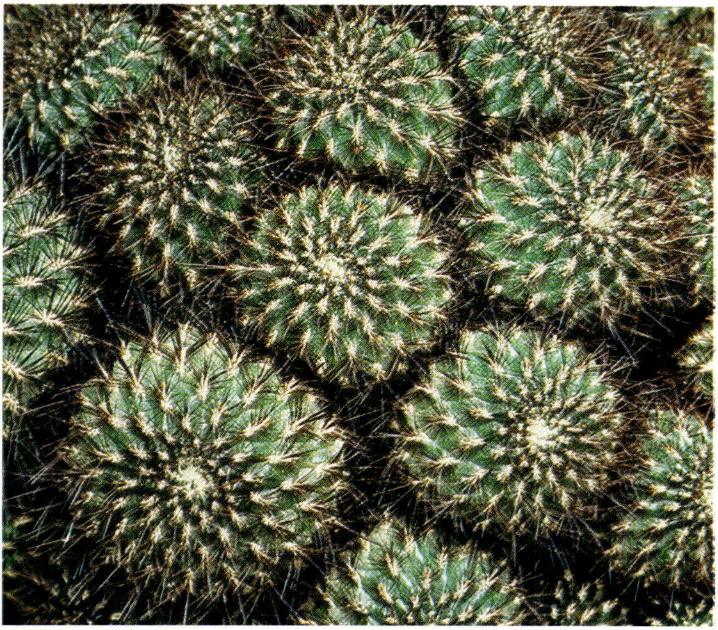

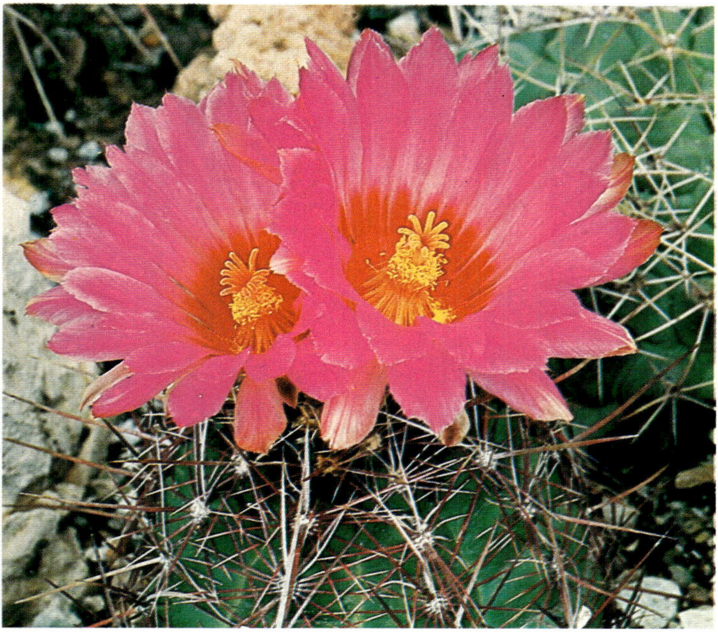

284 THELOCACTUS CONOTHELOS (Regel und Klein) Knuth

Tribus *Cacteae* – Subtribus *Cactinae*

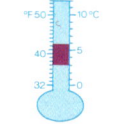

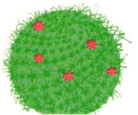

Herkunft: Tamaulipas im Nordosten Mexikos. Die Art wurde bei Jaumave von W. Karwinsky entdeckt.

Beschreibung: Dieser Kaktus wurde 1860 von Regel und Klein aufgrund einer von Karwinsky gesammelten Pflanze als *Echinocactus* beschrieben. Erst vor kurzem, nachdem man ihren Blütenbau genauer untersucht hatte, wurde sie zu *Thelocactus* gestellt. Der graugrüne Sproß der Pflanze ist nahezu eiförmig, wird bis 10 cm hoch und fast 7,5 cm dick. Seine 12 bis 18 spiralig angeordneten Rippen bestehen aus großen, kegelförmigen Warzen von 2 cm Länge. Danach wurde auch ihr Artname, »kegelwarzig«, gewählt. Auf ihnen sitzen schief weißflaumige Areolen, welche 14 bis 16 weiße Randdornen tragen. Diese stehen sehr dicht, sind am Grund manchmal dunkel, fast 2 cm lang und leicht gebogen. Zwei bis vier ungleich lange, helle Mitteldornen werden bis 3,5 cm lang. Sie sind dicker, manchmal gebogen, häufiger jedoch gerade. Die purpurvioletten Blüten besitzen eine schuppige Röhre und werden etwa 3,5 cm breit. Die sich aus ihnen entwickelnde Frucht wird 1 cm lang und ist von winzigen Schüppchen bedeckt. Am Grund ist sie grünlich, im oberen Teil wird sie rotviolett.

Kultur: Diese Art stammt aus Gebieten mit sehr sandigem Boden. Sie verlangt deshalb äußerst durchlässige Erde mit gutem Wasserabzug. Die Vermehrung erfolgt durch Samen.

---

285 THELOCACTUS EHRENBERGII (Pfeiffer) Knuth

Tribus *Cacteae* – Subtribus *Cactinae*

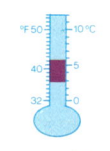

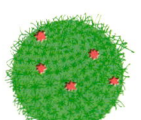

Herkunft: Gebiet um Ixmiquilpán im Staat Hidalgo in Zentralmexiko.

Beschreibung: Diese anfangs kugelige, später längliche Pflanze verzweigt sich am Grund sehr stark und bildet dadurch dichte Kissen. Jeder der anfangs hellgrünen, später graugrünen Sprosse wird bis 12 cm hoch, rund 7 cm dick und besitzt eine weißwollige Spitze. Die 8 bis 13 spiraligen Rippen bestehen aus schiefen, kegelförmigen Warzen von 1 cm Höhe. Auf ihnen sitzen die langen, in der Jugend von gelblicher Wolle bedeckten Areolen. Diese tragen sechs schlanke, gelbliche, nach außen weisende Randdornen. Der oberste wird als längster ungefähr 2 cm lang. Gewöhnlich ist kein Mitteldorn vorhanden, manchmal aber ragt einer, bräunlichgelb und 2 cm lang, nach außen. Mit zunehmendem Alter werden alle Dornen allmählich rötlich und fallen schließlich ab, so daß die Pflanze im unteren Teil verkahlt. Die trichterförmigen Blüten erreichen 4 cm im Durchmesser. Ihre äußeren Kronblätter sind lanzettlich und rosa bis weiß gefärbt. Diese Art ist *Thelocactus leucacanthus* sehr ähnlich.

Kultur: Dieser Kaktus ist zwar leicht zu halten, er wächst aber sehr langsam. Die große Wurzel braucht einen geräumigen Topf. Vermehrung durch Stecklinge.

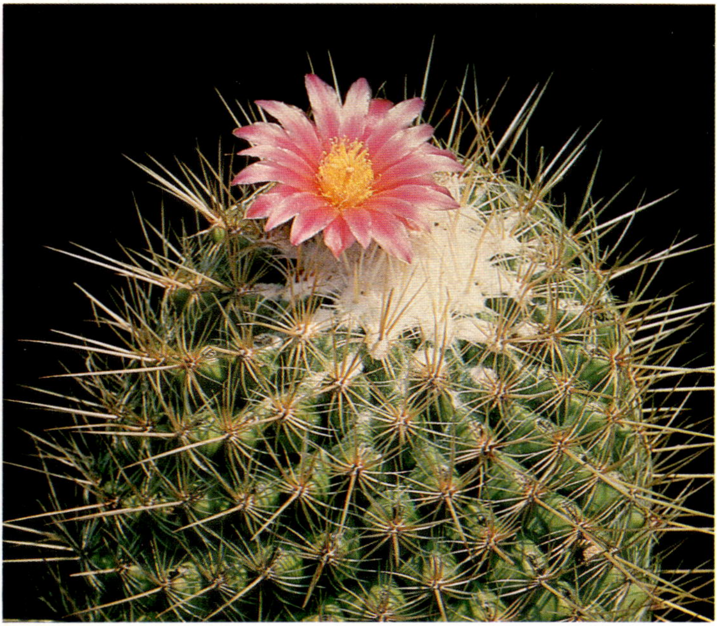

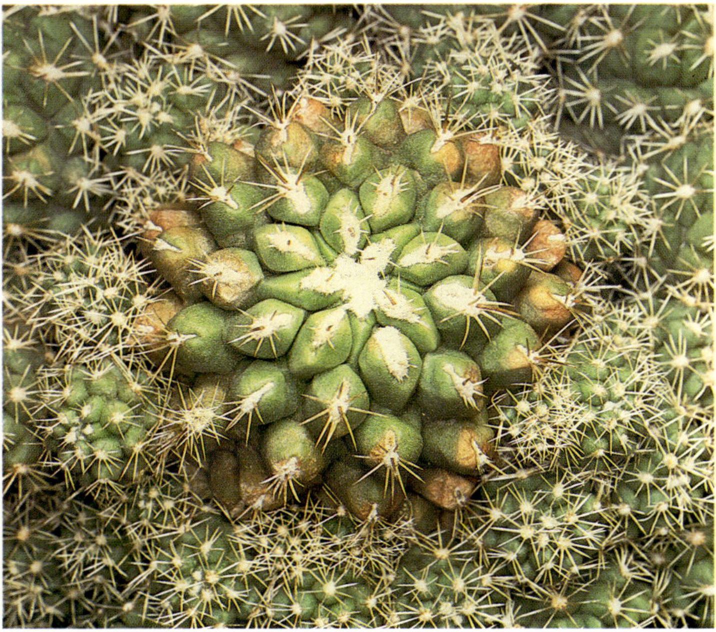

286 THELOCACTUS LEUCACANTHUS

(Zuccarini) Britton und Rose
Tribus *Cacteae* – Subtribus *Cactinae*

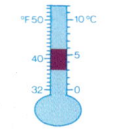

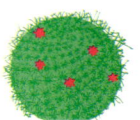

Herkunft: Gebiet um Zimpán und Ixmiquilpán im Staat Hidalgo in Zentral-Mexiko.

Beschreibung: Zuccarini beschrieb diese Pflanze 1937 als *Echinocactus.* Der anfangs unverzweigte Sproß verzweigt sich später sowohl am Grund als auch weiter oben sehr stark und bildet dadurch dichte Kissen. Der länglich ovale Sproß wird bis 15 cm hoch und besitzt 8 bis 13 meist spiralig angeordnete Rippen. Diese bestehen aus großen, stumpfen, bis 1 cm hohen Warzen, welche voneinander durch Furchen getrennt sind. Runde, wollige Areolen tragen 7 bis 20 Randdornen von unregelmäßiger Länge; die längsten werden 4 cm lang. Sie stehen entweder sternförmig gerade oder nach außen gebogen nach allen Seiten ab. Sie sind anfangs blaßgelb, werden später weiß und sind manchmal auch geringelt. Mitteldornen können fehlen, meist ragt aber ein dickerer, anfangs schwärzlicher, später grau werdender 5 cm lang nach außen. Blüten entspringen nahe der Sproßspitze und werden 5 cm breit. Sie besitzen eine Röhre mit sich gegenseitig überdeckenden Schuppen und viele gelbe Kronblätter. Die Varietät *schmollii* trägt dicht stehende Randdornen von 1,5 cm Länge und purpurviolette Blüten.

Kultur: Die dicke Pfahlwurzel dieser Pflanze findet nur in einem großen Topf Platz. Sie wächst sehr langsam, deshalb sind Stecklinge der Vermehrung durch Samen vorzuziehen.

287 THELOCACTUS LOPHOTHELE (Salm-Dyck)

Britton und Rose
Tribus *Cacteae* – Subtribus *Cactinae*

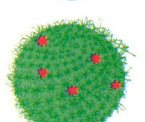

Herkunft: Der mexikanische Staat Chihuahua.

Beschreibung: Der anfangs kugelige, später gestreckte Sproß dieser Pflanze wird 25 cm hoch. Ältere Pflanzen bilden am Grund zahlreiche Seitentriebe. Die 15 bis 20 spiraligen Rippen sind sehr stark in unregelmäßige Warzen aufgelöst, welche einen knorrigen Eindruck machen und sehr verschieden gefurcht und gekerbt sind. Auf ihrer Spitze sitzen weiße bis blaßgelbe, ovale Areolen. Sie tragen drei bis fünf dicke, dunkelbraune, 1 bis 3 cm lange Randdornen, die an ihrem rötlichen Grund knollig verdickt sind. Mitteldornen sind normalerweise nicht vorhanden, doch gelegentlich erscheint einer, der ein wenig länger als die Randdornen ist. Die nahe der Sproßspitze sitzenden Blüten werden 4 bis 6 cm lang und, voll geöffnet, 5 cm breit. Die schmalen, gezähnten Kronblätter sind zugespitzt und cremefarben oder hellgelb bis pfirsichfarben. Die äußersten sind oft grünlich mit einer roten Mittellinie. Salm-Dyck beschrieb die Art 1850 als *Echinocactus.* Britton und Rose stellten sie 1922 zur heutigen Gattung.

Kultur: Diese schwer zu findende Pflanze bevorzugt im Gegensatz zu anderen Arten der Gattung Halbschatten. In der Erdmischung verlangt sie einen höheren Anteil Laubkompost. Vorsichtiges Gießen ist notwendig. Vermehrung durch Stecklinge.

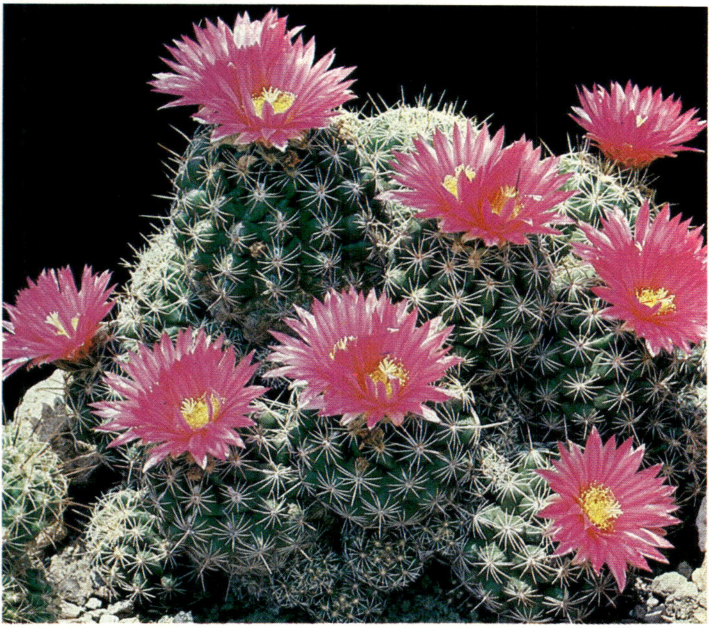

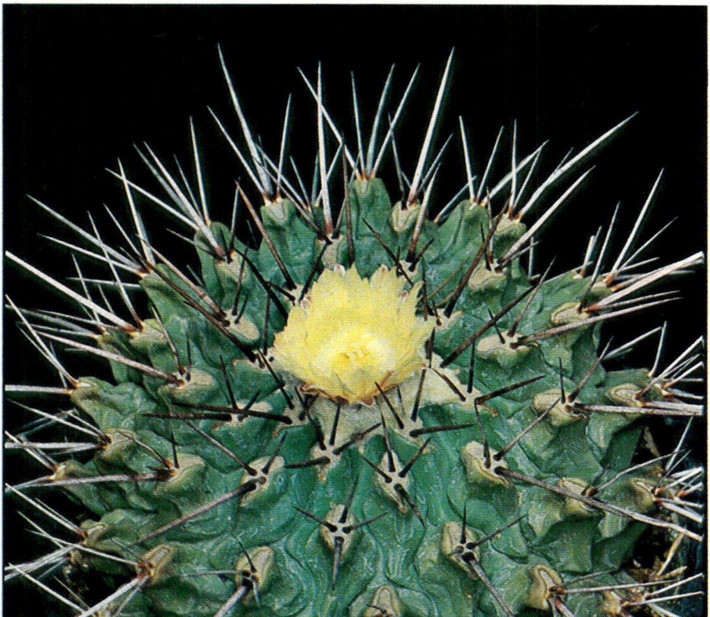

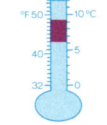

288 **THELOCACTUS NIDULANS** (Quehl)
Britton und Rose
Tribus *Cacteae* – Subtribus *Cactinae*

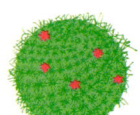

Herkunft: Zwischen Monterrey und Saltillo im Staat Nuevo León im Nordosten Mexikos.
Beschreibung: Diese halbkugelige Pflanze wird bei einer Breite von 20 cm nur 10 cm hoch. Junge Pflanzen sind blaugrün, später graugrün. Die leicht abgeflachte Sproßspitze ist dicht von weißer Wolle bedeckt. Rund 20 spiralig angelegte Rippen sind vollständig in kegelförmige, 2 cm hohe Warzen aufgelöst. Auf ihnen sitzen leicht schief längliche Areolen von 1 cm Länge. Sie sind anfangs filzig, später kahl. Die Dornen sehen alle gleich aus, nur an jungen Pflanzen kann man die Randdornen von den Mitteldornen unterscheiden. Insgesamt sind auf jeder Areole 15 Dornen vorhanden, von denen die acht im unteren Teil der Areole stehenden 1 cm lang werden und früh abfallen, während die anderen ein wenig länger erhalten bleiben. Die drei im oberen Teil stehenden werden 2 cm lang, die vier in der Mitte erreichen eine Länge von 6 cm. Alle haben die Farbe von dunklem Horn und sind manchmal gebändert. Am älteren Teil bleiben nur noch vier bis sechs Dornen übrig, welche dicker, blaßgrau und oft in einzelne Fasern zerschlissen sind. Die hellgelben bis weißlichen Blüten sind 4 cm lang.
Kultur: Wegen seines langsamen Wachstums wird dieser Kaktus nur selten kultiviert. Er verlangt volle Sonne und ist recht kälteempfindlich. Vermehrung durch Samen.

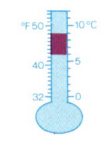

289 **TRICHOCEREUS CHILENSIS** (Colla)
Britton und Rose
Tribus *Cacteae* – Subtribus *Cereinae*

Name: Dieser leitet sich ab vom griechischen *thrix* oder *thrichos,* Haar, da die blütentragenden Areolen stark behaart sind.
Herkunft: Chile, von der nördlichen Provinz Atacama bis 600 km südlich nach Curicó.
Beschreibung: Der säulenförmige, bis 3 m lange Sproß verzweigt sich am Grund. Seine zahlreichen Seitentriebe wachsen zuerst schräg, dann senkrecht nach oben. Sie sind gegliedert in 16 bis 17 flache, breite Rippen, welche in große, durch Querfurchen voneinander getrennte Warzen geteilt sind. Am oberen Teil dieser Warzen sitzen große, rundliche, von weißer Wolle bedeckte Areolen. An älteren Pflanzenteil, wo die Warzen deutlicher ausgeprägt sind, scheinen die Areolen in die Furchen zu rücken. Die 8 bis 12 Randdornen von 4 cm Länge weisen nach außen, der einzige, kräftigere Mitteldorn ist 4 cm, gelegentlich sogar bis 12 cm lang. Alle Dornen sind anfangs bernsteingelb, später grau und besitzen meist eine dunkle Spitze. Da die Art sehr variabel ist, können sie anfangs auch schwärzlich bis braun sein. Die äußeren Kronblätter der 14 cm langen Blüten sind weiß und rot bis braun überlaufen. Die inneren sind rein weiß.
Kultur: Wenig kälteverträglich. Vermehrung durch Stecklinge.

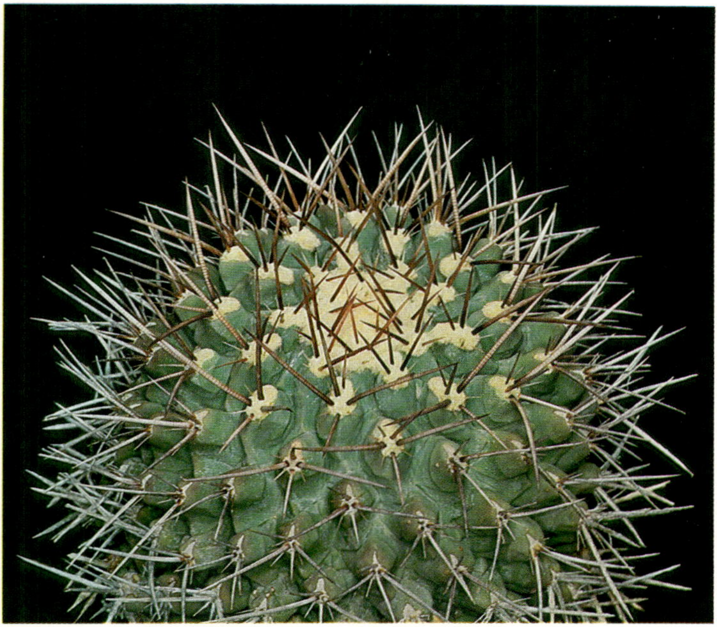

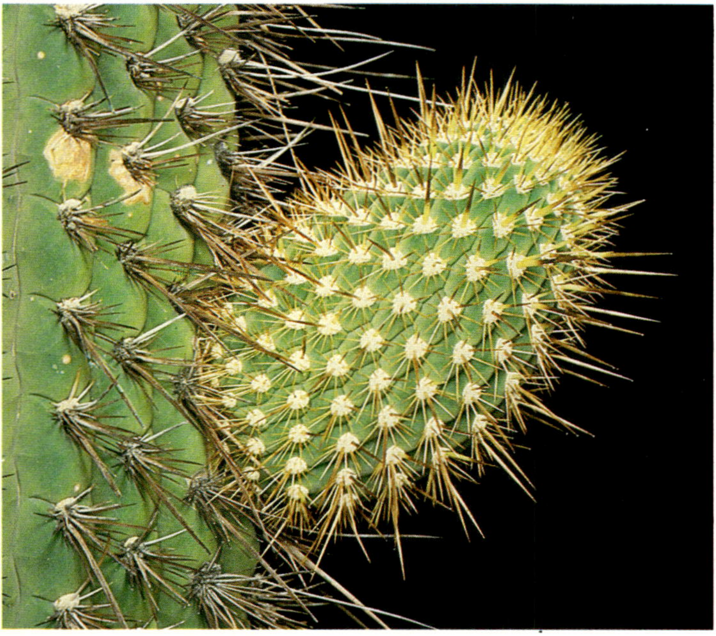

290 TRICHOCEREUS CRASSICAULIS

(Backeberg) Backeberg
Tribus *Cacteae* – Subtribus *Cereinae*

Herkunft: Die Provinz Catamarca im Norden Argentiniens.
Beschreibung: Der kugelige Sproß dieser Pflanze verlängert sich später und wird bis 16 cm hoch. Er verzweigt sich am Grund und ist manchmal der Spitze zu eiförmig verschmälert. Wenn dieser Kaktus die Höhe von 15 cm bei einer Breite von 10 cm erreicht hat, kommt er ins blühfähige Alter. Je nach Größe der Pflanze befinden sich am Sproß 9 bis 14 Rippen. Diese sind in Warzen gegliedert, besitzen abgerundete Kanten und werden bis 2 cm breit. Die braunen, anfangs runden und später schildförmigen Areolen sitzen zwischen den höchsten Erhebungen der Warzen. Auf den Areolen befinden sich 7 bis 12 Randdornen von höchstens 3 cm Länge, die mit zunehmendem Alter ziemlich dick und kräftig werden. Ein bis vier Mitteldornen werden bis 4 cm lang. Einer von ihnen weist anfangs nach außen und ist später nach unten gebogen. In der Nähe der Sproßspitze sind alle Dornen noch braun, weiter unten werden sie blaßgelb, um in noch weiter fortgeschrittenem Alter wieder braun zu werden. Die Blüten werden 8 cm lang und 9 cm breit. Ihre Röhre ist mit zugespitzten grünen Schuppen und braunen Haaren bedeckt. Die zahlreichen Kronblätter sind leuchtend rot.
Kultur: Diese sehr schöne und wüchsige Pflanze ist wenig nässeempfindlich. Die Vermehrung erfolgt am günstigsten durch einen der grundständigen Seitentriebe.

291 TRICHOCEREUS GRANDIFLORUS

(Britton und Rose) Krainz
Tribus *Cacteae* – Subtribus *Cereinae*

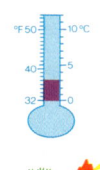

Herkunft: Die Sierra Anconquija im Nordwesten Argentiniens zwischen Andalgalá und Concepción, nahe der Grenze zwischen der Provinz Catamarca und Tucumán.
Beschreibung: Diese Art wird entsprechend der Klassifizierung durch Britton und Rose noch häufig zu *Lobivia* gerechnet. Der kurze, säulenartige, dunkelgrüne Sproß wird höchstens 35 cm hoch und 6 cm dick und verzweigt sich am Grund. Seine rund 14 Rippen tragen im Abstand von 1 cm in Vertiefungen Areolen, die am Neuzuwachs gelb gefärbt sind. Auf ihnen stehen acht bis neun, manchmal bis 12 schlanke, gelblichweiße Randdornen mit brauner Spitze. Jüngere Pflanzen besitzen einen kräftigeren, 1 cm langen Mitteldorn von gleicher Farbe, während ältere Pflanzen noch weitere, schwächere bilden. Die 8 cm langen Blüten stehen seitlich am oberen Sproßteil. Die Knospen sind von grauer Wolle überzogen, und auch die Blütenröhre ist unten stark behaart und weiter oben von schlanken Schuppen bedeckt. Die zugespitzten Kronblätter sind leuchtend rot bis lebhaft rosa.
Kultur: In ihrer Heimat wächst die Pflanze in Höhen von fast 2000 m, so daß sie gut kälteverträglich ist. Im Hochsommer ist leichte Schattierung ratsam. Vermehrung durch Samen oder Seitensprosse älterer Pflanzen.

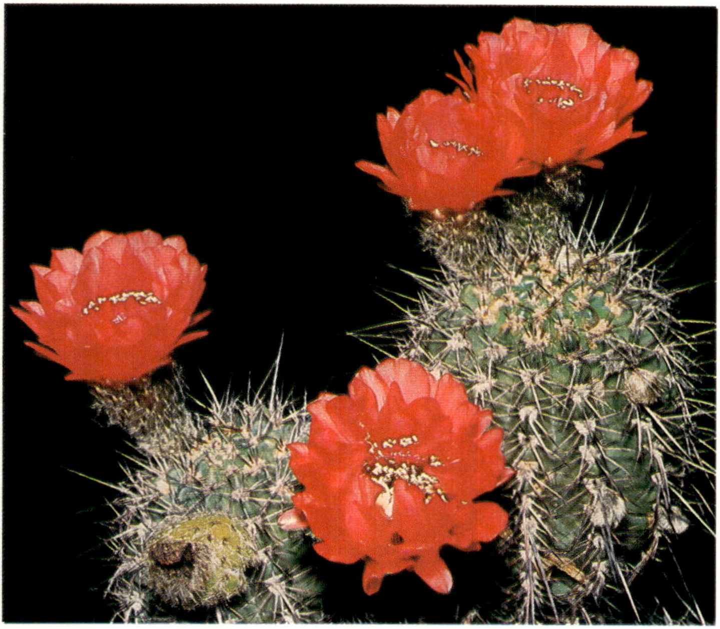

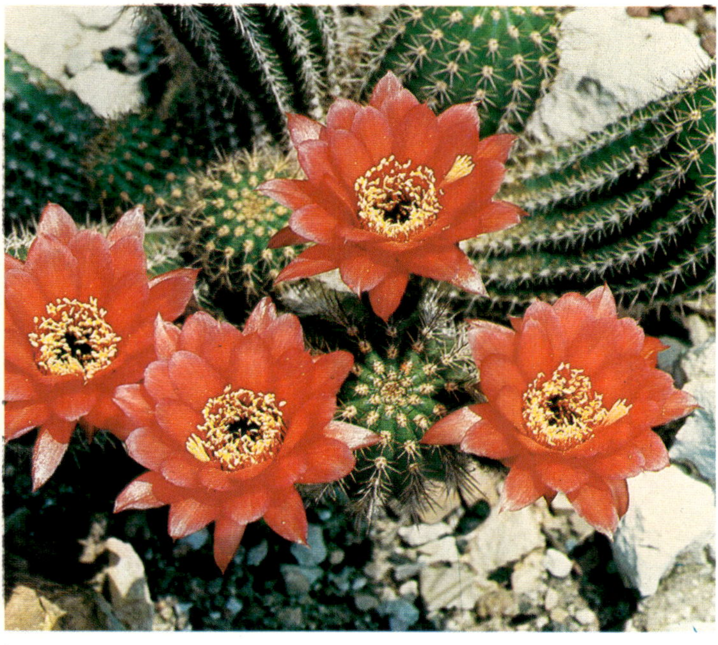

292 TRICHOCEREUS PASACANA (Weber)
Britton und Rose
Tribus *Cacteae* – Subtribus *Cereinae*

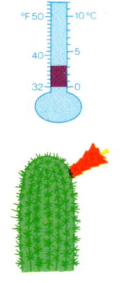

Herkunft: Diese große Pflanze ist charakteristisch für die Gebirgslandschaft im Norden Argentiniens und Süden Boliviens. Sie wächst meist auf Felsvorsprüngen und felsigen Hängen. Ihr Stamm wird zum Bau von Pferchen und Hütten verwendet.

Beschreibung: Der säulenartige, 30 cm dicke Sproß wird bis zu 10 m hoch und ist anfangs unverzweigt. In höherem Alter, wenn er von unten verholzt und verkahlt, bildet er am Grund Seitentriebe. Die anfangs rund 20 Rippen vermehren sich bei älteren Exemplaren bis auf über 38. Die Rippen werden 2 cm hoch und tragen braune, sich gegenseitig berührende Areolen. Unter den sehr unterschiedlich ausgebildeten Dornen kann man Randdornen und Mitteldornen nicht unterscheiden. An alten Pflanzen werden sie 4 bis 15 cm lang, sind steif, spitz und gelb bis dunkelbraun gefärbt. Im oberen Sproßteil, besonders an den blütentragenden Areolen, sind sie lang, borstenartig biegsam und hell bis weiß gefärbt. Weiße, 12 cm lange, nachtblühende Blüten sitzen seitlich am oberen Sproßteil. Ihre Röhre ist von langen, schwärzlichen Haaren bedeckt. Die grünliche Frucht wird ungefähr 3 cm dick. Sie ist kugelig bis eiförmig und wird in ihrer Heimat unter dem Namen *pasacana* gegessen.

Kultur: In Südeuropa wächst diese Art im Freien, für die Topfhaltung ist sie zu groß. Vermehrung durch Samen.

293 TRICHOCEREUS PURPUREOPILOSUS
(Weingart) Backeberg
Tribus *Cacteae* – Subtribus *Cereinae*

Herkunft: Die Sierra de Córdoba in der gleichnamigen Provinz in Argentinien.

Beschreibung: Der glänzenddunkelgrüne Sproß dieser Art wird 1 m hoch. Er trägt 12 flache, stumpfe Rippen und bildet am Grund zahlreiche Verzweigungen, die liegend bis aufsteigend wachsen und bei einer Dicke von rund 7 cm bis über 30 cm lang werden. Im Abstand von 1 cm sitzende, weißliche Areolen tragen 15 bis 20 gerade, schlanke, blaßgelbe Randdornen von 5 mm Länge. Vier sich kreuzweise gegenüberstehende Mitteldornen sind etwas länger und fast durchscheinend oder elfenbeinfarben. Alle Dornen besitzen einen roten, verdickten Grund. Die 20 cm großen Blüten sind nachtblühend. Ihre Röhre ist mit Schuppen und braunvioletten Haaren bedeckt. Die äußeren Kronblätter sind grünlichviolett gefärbt, die inneren zeigen alle Übergänge von Weißrosa bis zu reinem Weiß. Die Art wurde von Wilhelm Weingart, einem Kenner und Sammler von Cereen und Opuntien im Jahre 1925 als *Cereus* beschrieben.

Kultur: Zur Entwicklung kräftiger, schöngefärbter Dornen braucht diese Art volle Sonne. Die Wintertemperaturen dürfen nicht zu weit absinken, und die Erde sollte mit Kuhdung oder Lauberde angereichert werden. Vermehrung durch Stecklinge.

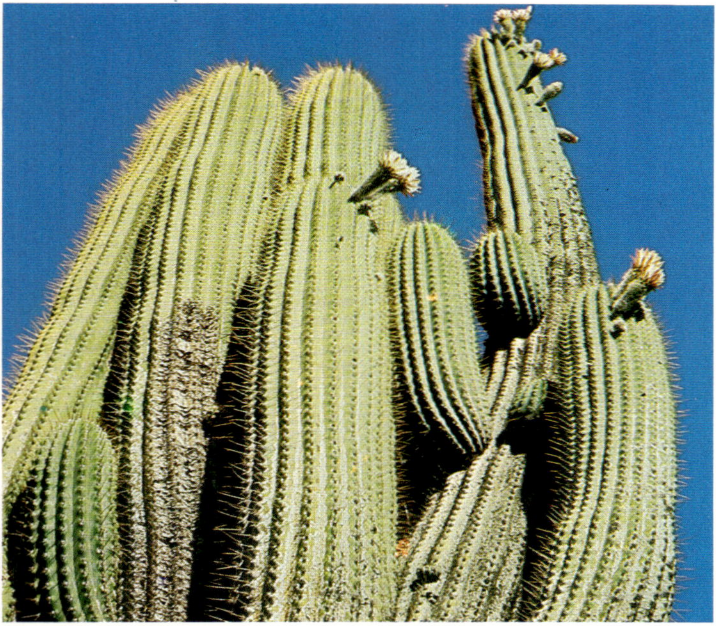

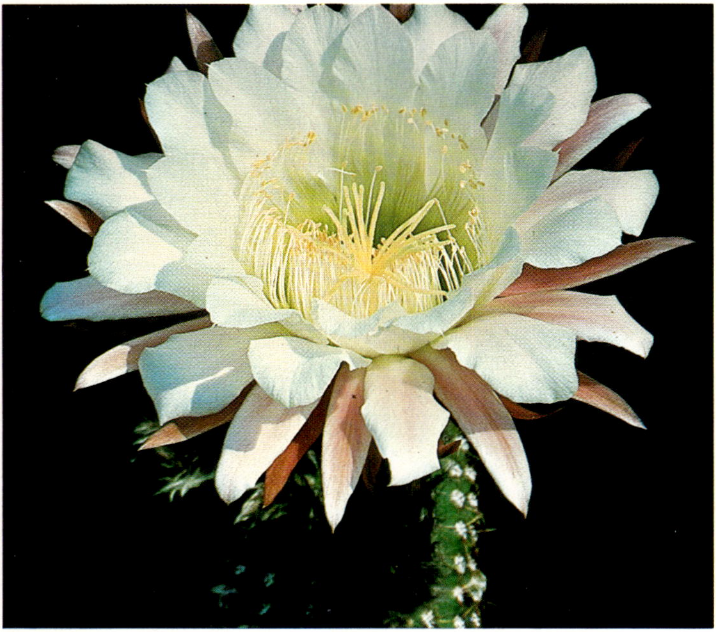

294 TRICHOCEREUS SMRZIANUS (Backeberg)
Backeberg
Tribus *Cacteae* – Subtribus *Cereinae*

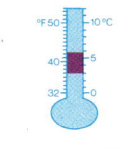

Herkunft: In Gebirgen Nord-Argentiniens wächst die Pflanze in Schluchten hoch in den Bergen.
Beschreibung: Dieser Kaktus wurde zwar schon vor mehreren Jahrzehnten entdeckt, aber erst kürzlich zu dieser Gattung gestellt. Der anfangs kugelige Sproß wird später walzenförmig bis über 16 cm hoch und entwickelt sich zu einer plumpen Säule. Junge Pflanzen sind sehr unterschiedlich gestaltet. Manchmal entwickeln sie sogar niederliegende Sprosse, die erst später aufsteigen. Ältere Pflanzen besitzen ungefähr 15 Rippen, welche bis 3 cm breit werden. Auf diesen sitzen ziemlich dicht wollige Areolen, die sehr unterschiedlich gestaltete Dornen tragen. Diese sind steif, spitz, strahlenförmig angeordnet und weisen meist nach unten. Sie sind weißlich bis braungelb gefärbt und auf jungen Areolen zahlreicher und schlanker als auf älteren. Anfangs sind rund 14 Dornen vorhanden, allmählich schwindet ihre Zahl bis auf sieben, die dafür dann dicker werden. Die Blüten werden 15 cm lang und breit. Ältere Pflanzen verzweigen sich am Grund. Das Wachstum dieser Seitentriebe wie auch der ganzen Pflanze ist sehr langsam. Auch Blüten werden nur sehr selten gebildet.
Kultur: Wie alle Neueinfuhren ist auch diese Art schwer zu bekommen. Vermehrung durch Stecklinge, da Sämlinge sich besonders langsam entwickeln.

---

295 TRICHOCEREUS STRIGOSUS (Salm-Dyck)
Britton und Rose
Tribus *Cacteae* – Subtribus *Cereinae*

Herkunft: Die Andenprovinzen Mendoza und San Juan im Westen Argentiniens. Die Art ist häufig in den Tälern der Andenausläufer bis westlich Mendoza zu finden.
Beschreibung: Salm-Dyck beschrieb diese Art 1834 als *Cereus.* Sie verzweigt sich am Grund stark und bildet Kolonien von über 1 m Durchmesser. Die Sprosse selbst verzweigen sich nicht. Sie sind anfangs niederliegend, später aufsteigend und werden bei einer Dicke von nur 6 cm bis 60 cm hoch. Auf 12 bis 18 flachen Rippen sitzen sehr dicht die anfangs weißen, behaarten, später kahlen und grauen Areolen. Unter den 20 Dornen sind Rand- und Mitteldornen nur schwierig zu unterscheiden, doch hält man die vier dicksten, welche bis 5 cm lang werden und von denen der längste nach unten weist, für Mitteldornen. Die übrigen sind viel dünner und nur 1,5 cm lang. Alle Dornen können weiß, gelb, rosa, orange oder auch schwärzlich gefärbt sein. Die manchmal duftenden, bis 20 cm langen Blüten öffnen sich nachts. Sie besitzen eine braun behaarte Röhre und weiße bis rosarote Kronblätter.
Kultur: Diese langsam wachsende Art verzweigt sich schon früh. Vermehrung durch Stecklinge.

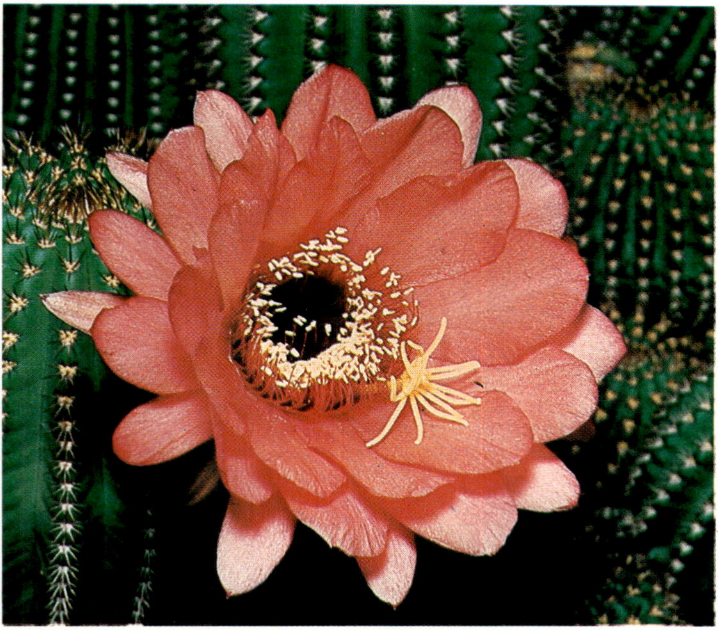

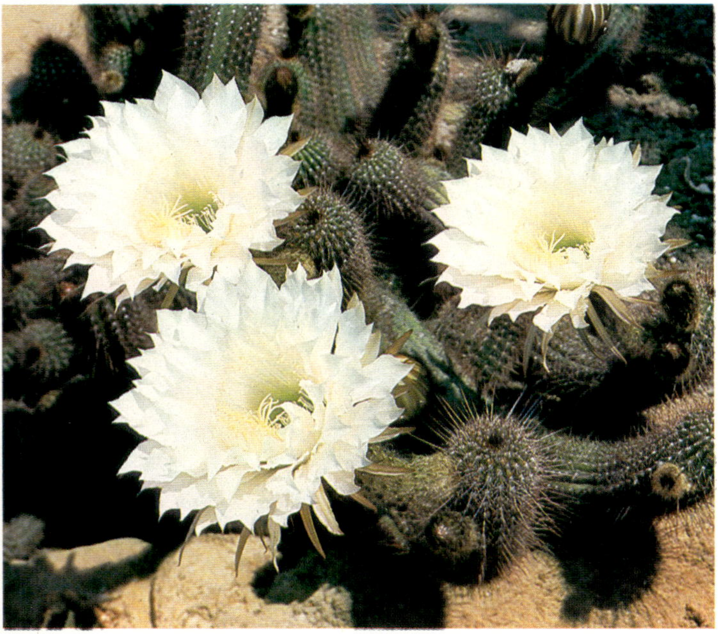

296 TRICHOCEREUS TEPHRACANTHUS
(Labouret) Britton und Rose
Tribus *Cacteae* – Subtribus *Cereinae*

Herkunft: Das Departement Cochabamba in Bolivien.
Beschreibung: Diese Art war von Labouret zu *Cereus* gestellt worden, und für kurze Zeit gehörte sie zu der von Backeberg geschaffenen Gattung *Roseocereus*. Jene nur diese Art umfassende Gattung ist heute zwar nicht mehr anerkannt, doch kann man den Namen gelegentlich noch immer finden. Der aufrechte Sproß dieser strauchähnlichen Art bildet am Grund wenige Verzweigungen. Alle Sprosse werden etwa 6 cm dick und besitzen meist acht stumpfe und vor allem im älteren Teil deutlich warzige Rippen. Am Neuzuwachs sind die Warzen kaum sichtbar. Zwischen den Warzen sitzen große, schildförmige, weißfilzige Areolen. Die auf ihnen stehenden vier bis sieben weißen Randdornen sind dick, steif, 1 cm lang und haben oft eine braune Spitze. Der einzige Mitteldorn ist dicker, fast doppelt so lang und anfangs braun, später aschgrau mit mehr oder weniger dunkler Spitze. Die Blüten sitzen am oberen Sproßteil. Sie werden 18 bis 22 cm lang, und ihre Röhre ist von großen Schuppen sowie von gedrehten, stark lockigen Haaren, die aus den Achseln der Schuppen entspringen, bedeckt. Die lang ausgezogenen Schuppen geben der Röhre ein kaneliertes Aussehen. Die Kronblätter der nächtlichen Blüte sind weiß.
Kultur: Die Art wächst langsam. Vermehrung durch Stecklinge.

297 UEBELMANNIA MENINENSIS Buining
Tribus *Cacteae* – Subtribus *Echinocactinae*

Herkunft: Der Staat Minas Gerais in Brasilien. Die Pflanze wächst oft in großen Höhen in Felsspalten oder auf den Felsen selbst. Sie genießt dort hohe Luftfeuchte, welche die geringe Wasserhaltekraft des Bodens ausgleicht. Am natürlichen Standort wächst sie oft zwischen Flechten, die sie manchmal auch überwachsen.
Beschreibung: Diese Gattung, die kaum jemals außerhalb hoch spezialisierter Sammlungen gehalten wird, wurde 1973 von dem niederländischen Botaniker Albert Buining geschaffen. Sie umfaßte einige wenige Jahre vorher entdeckte Arten sowie zwei eigene Entdeckungen. Er fand *Uebelmannia meninensis* zwischen Quarzfelsen nahe dem Ort Pedra Menina. Der Sproß der Pflanze ist anfangs kugelig, später länglich und walzenförmig. Er ist grün bis rötlichgrün, fast 50 cm hoch und 10 cm dick. Ältere Pflanzen besitzen bis zu 40 deutlich warzige Rippen, junge Pflanzen haben beträchtlich weniger. Die 8 mm hohen Warzen sind durch Querfurchen getrennt und tragen auf ihren Spitzen Areolen, auf denen zwei bis drei Dornen sitzen. Bis auf den oberen, kürzeren Dorn weisen diese nach unten. Die Blüten sind hellgelb.

Kultur: Fast alle Exemplare dieser Gattung sind Importe, die sich nur unter Schwierigkeiten anpassen. Sie brauchen Wärme und hohe Luftfeuchte. Vermehrung durch Samen.

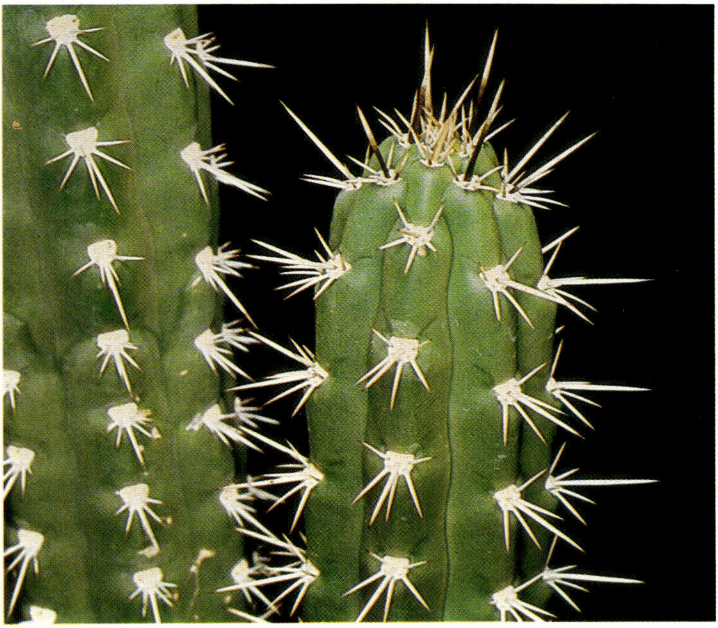

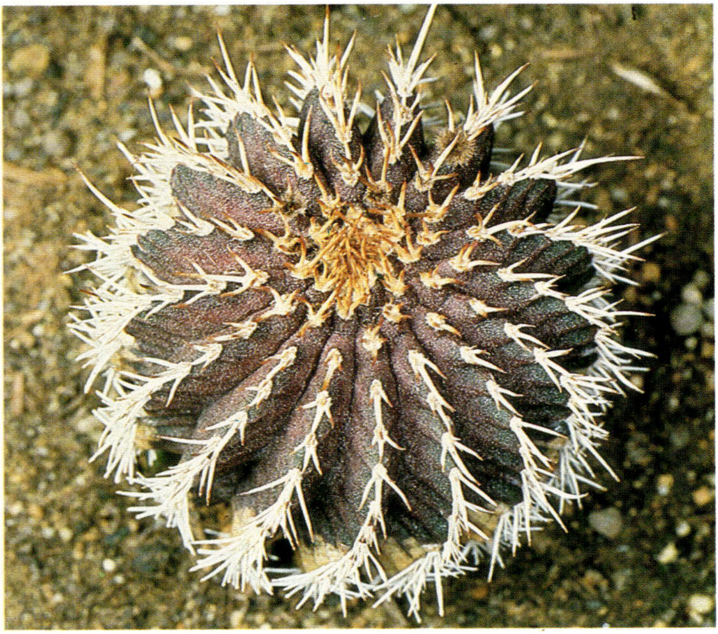

298 WEBERBAUEROCEREUS WINTERIANUS
Ritter
Tribus *Cacteae* – Subtribus *Cereinae*

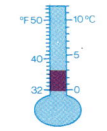

Name: Diese Gattung ist nach dem deutschen Botaniker August Weberbauer, einem Kenner der Flora der peruanischen Anden, benannt und wurde 1962 beschrieben.
Herkunft: Departement La Libertad im Nordwesten Perus.
Beschreibung: Diese Pflanze wird 6 m hoch, wobei 2 m auf den Stamm entfallen. Dieser bildet zahlreiche Seitenäste, die senkrecht nach oben wachsen und 5 bis 8 cm dick werden. Am älteren Sproßteil werden 22 bis 27 nur schwach warzige, 5 mm hohe Rippen sichtbar. Junge Pflanzen besitzen nur 12 bis 14 Rippen. Die braunen Areolen werden ungefähr 5 mm lang. Jede trägt 20 bis 30 schlanke, dicht stehende Randdornen. Die meisten von ihnen stehen im unteren Teil der Areole. Sie sind dünn und werden 1,5 cm lang, während die wenigen obenstehenden dicker und kürzer sind. Noch dicker sind die 12 bis 15 Mitteldornen, welche über 1,5 cm lang wachsen. Alle Dornen leuchten goldfarben, werden später aber heller. Im blütentragenden Teil der Pflanze stehen auf den Areolen noch 30 bis 40 goldfarbene, borstentragende Dornen von 7 cm Länge. Der obere Teil der blütentragenden Areolen ist breit und filzig. Die fast 7,5 cm langen Blüten besitzen eine schwarzbehaarte Röhre sowie äußere rosarote und innere blaßrosarote Kronblätter. Die Varietät *australis* hat dickere Äste, mehr Rippen, breitere Areolen und schlankere Dornen.
Kultur: Vermehrung durch Stecklinge.

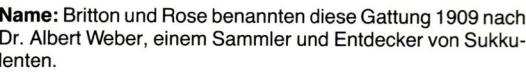

299 WEBEROCEREUS BIOLLEYI (Weber)
Britton und Rose
Tribus *Cacteae* – Subtribus *Hylocereinae*

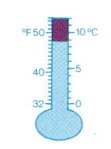

Name: Britton und Rose benannten diese Gattung 1909 nach Dr. Albert Weber, einem Sammler und Entdecker von Sukkulenten.
Herkunft: Costa Rica und Panama.
Beschreibung: Diese Art wurde von Weber 1902 als *Rhipsalis* klassifiziert. Sie ist ein Epiphyt mit schlanken, biegsamen Sprossen, der von Baumästen herabhängt, mit seinen zahlreichen Luftwurzeln aber auch am Boden wurzeln kann. Der Hauptsproß ist lang, im Querschnitt rund oder unregelmäßig kantig, weich und nur ungefähr 4 bis 6 mm dick. In großen Abständen stehende kleine Areolen sind meist dornenlos, manchmal bilden sie aber noch ein bis drei kleine, gelbe Dornen. Die Seitentriebe sind oft flach, im Neuzuwachs auch dreikantig geflügelt und mit Areolen besetzt, welche Spuren von weißem Filz tragen. Später sind die Zweige rund oder sichtbar gerippt. Die nächtlichen Blüten werden 3 bis 5 cm lang und besitzen eine schuppige Röhre mit wenigen Borsten. Ihre äußeren Kronblätter sind dunkelrosa, die inneren heller in verschiedenen Farbtönen. Es gibt auch Exemplare mit karminroten Blüten.
Kultur: Wie alle Epiphyten braucht diese Art Wärme, Schatten, hohe Luftfeuchte und humosen Boden. Vermehrung durch Stecklinge.

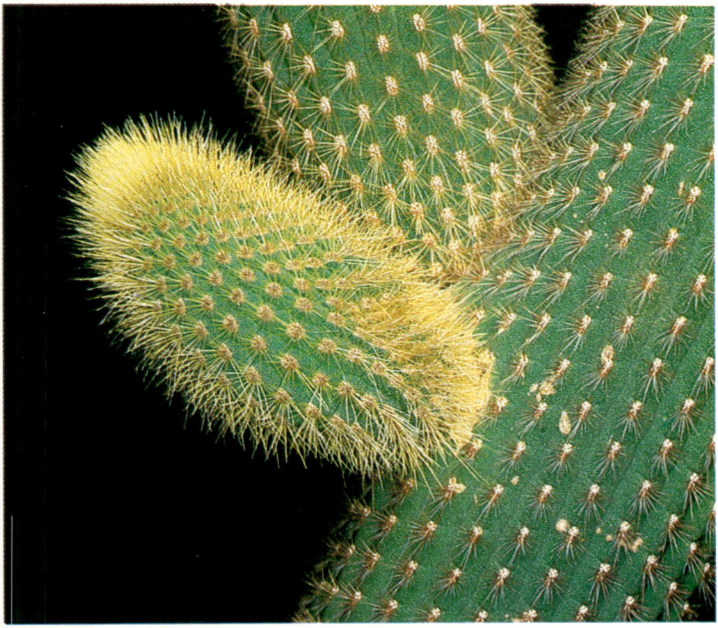

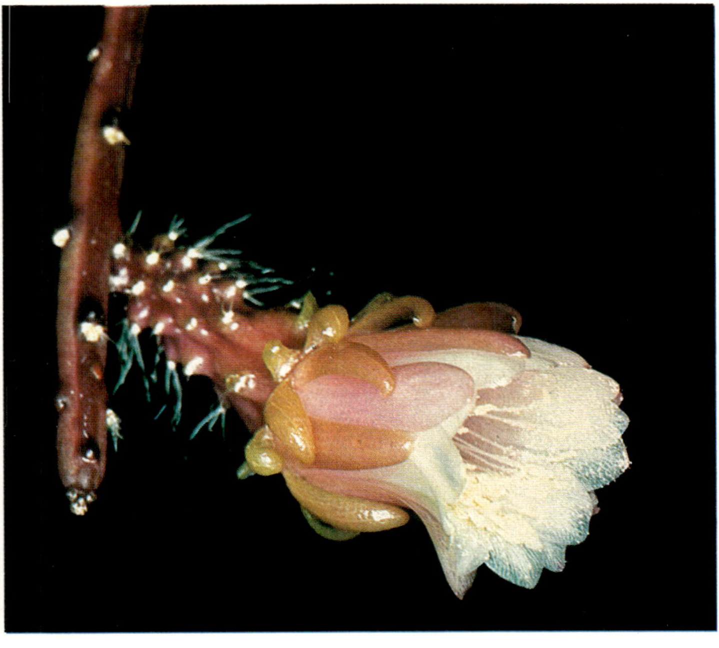

Worterklärungen

Ableger: Pflanzen, die durch eine besondere Art der vegetativen Vermehrung gewonnen werden. Diese Art der Vermehrung kommt natürlich vor, kann aber auch durch menschlichen Eingriff begünstigt werden. Dabei liegen bodennahe Seitentriebe längere Zeit dem Boden auf. Die Triebe bewurzeln sich auf der Unterseite. Nach Abtrennung von der Mutterpflanze sind sie selbständig lebensfähige Pflanzen. Diese Art der Vermehrung wird bei kriechenden und sich am Grund verzweigenden Kakteen angewandt.

Achsel: Oberer Winkel zwischen einem Sproß und einem anderen Pflanzenorgan, zum Beispiel einem Blatt oder einer Schuppe. In Achseln befinden sich Knospen, aus denen weitere Organe wie Blüten, Seitentriebe oder Borsten entspringen.

Areole: Den Kakteen eigentümliche, stark gestauchte Ausbildung eines Seitensprosses. Areolen tragen wie normal ausgebildete Triebe anderer Pflanzen Borsten, Haare, Blätter (die allerdings zu Dornen umgebildet sind) und Blüten.

Art: Zu einer Art sind Pflanzen zusammengefaßt, die in den grundlegenden Eigenschaften gleich sind und auf natürliche Weise miteinander Nachkommen bilden.

aufsteigend: Dem Boden aufliegende Sprosse versuchen, sich in ihrem vorderen Teil zur Senkrechten zu erheben.

Axille: Bei Mammillarien und einigen anderen Gattungen sind die Areolen auseinandergerückt. Der dornentragende Teil sitzt meist auf der Spitze einer Warze. Der Blütenknospen bildende Teil, die Axille, ist in die Achsel der Warze gerückt.

Beere: Fleischige, ein- bis mehrsamige Frucht. Die Früchte der Kakteen sind Beeren.

Blatt: Nur wenige Kakteengattungen besitzen normale Blätter wie andere Pflanzen. Bei den meisten Gattungen sind sie umgebildet in kurze, früh abfallende, walzenförmige Gebilde oder in dauerhafte Dornen. Die Funktion der Blätter haben bei den Kakteen die grünen Sprosse übernommen.

Cephalium: Nach Abschluß des vegetativen Wachstums wird bei einigen Gattungen in der Blühzone an der Sproßspitze ein scharf abgegrenztes Gebilde aus dicht verfilzten Haaren, Wolle und Dornen, das Cephalium, entwickelt.

Cristaten: Kakteen, deren Wachstum nicht wie normal von einem Punkt an der Sproßspitze ausgeht, sondern von einer ganzen Linie. Die Ursache dieser bei einzelnen Exemplaren auftretenden Erscheinung ist nicht bekannt. Sie führt zu monströsem Wachstum, das bei Sammlern oft besonders gefragt ist.

Dorn: Dornen sind umgewandelte Pflanzenorgane. Bei den Kakteen sind die Dornen umgewandelte Blätter.

Epiphyt: Pflanzen, die nicht auf dem Boden, sondern auf anderen Pflanzen wachsen. Nahrung nehmen sie aus dem Staub der Luft und aus sich zersetzenden Pflanzenteilen auf. Sie sind keine Schmarotzerpflanzen und vor allem in tropischen Wäldern zu Hause.

Form: Kleinste systematische Einheit bei der Beschreibung von Pflanzen, die nächsthöheren Stufen sind Varietät und Art.

Gattung: Gruppe von Pflanzen, in der mehrere nahe verwandte Arten zusammenfaßt sind. Systematische Einheit.

generativ: Der geschlechtlichen Vermehrung durch Blüten dienend beziehungsweise damit zusammenhängend.

Glochiden: Feine, borstige und mit Widerhaken versehene Dornen, welche leicht abbrechen. Typisch für Opuntien.

Grund: Am Grund verzweigt oder grundständig sind Seitentriebe, die unterhalb der Bodenoberfläche aus Wurzel, Sproß oder Wurzelhals entspringen. Oft bewurzeln sich diese Seitentriebe und sind dann leicht als Ableger zur Vermehrung zu verwenden.

Hybride: Durch Kreuzung zweier verschiedener Pflanzenarten entstandene Pflanzen. Diese zeigen oft Merkmale beider Eltern.

Kinn: Die zwischen der unterhalb verlaufenden Querrinne und der darüberliegenden eingesunkenen Areole entstandene rundliche Ausbuchtung auf einer Rippe. Typisch für *Gymnocalycium*.

Kork: Bei verschiedenen Kakteen verkorkt im Alter der untere Sproßteil. Die braunen, verkorkten Zellen sind tot und haben Suberin, eine wachsartige Korksubstanz, eingelagert. Sie schließen den Sproß nach außen lückenlos ab, sind für Wasser schwer durchlässig und leiten Wärme schlecht.

Kronblatt: Abschnitt der inneren Blütenhülle, meist lebhaft gefärbt.

Lauberde: Bestandteil guter Kakteenerde. Günstig ist vier bis fünf Jahre altes, verrottetes Buchenlaub, welches keinerlei unzersetzte Teile mehr enthält. Unzersetzte Bestandteile fördern Fäulnis.

Mamille: Warzenartige Erhebung mit dornentragender Areole auf der Spitze.

Mitteldornen: Diese sind nicht grundsätzlich verschieden von den Randdornen. Sie stehen mehr oder weniger in der Mitte der Areole und sind oft anders gefärbt oder gestaltet als die Randdornen.

Pfahlwurzel: Rübenartige, tief nach unten wachsende Wurzel im Gegensatz zu den meist üblichen fein zerteilten, flacher streichenden Wurzeln.

Pseudocephalium: Wie beim Cephalium die bei einigen Gattungen aus dicht verfilzten Haaren, Borsten und Dornen bestehende Blütenzone des Sprosses. Hier ist das Wachstum des Sprosses nach Bildung des Pseudocephaliums nicht abgeschlossen.

Randdornen: Diese sind nicht grundsätzlich von den Mitteldornen verschieden. Sie stehen am Rand der Areolen und sind meist anders gefärbt und schwächer als die Mitteldornen.

Schuppen: Häutige, zurückgebildete Blätter.

Steckling: Sproßabschnitt, den man zur vegetativen Vermehrung verwendet. Nach der Bewurzelung wird er eingepflanzt, wo er sich wie eine normal aus Samen gewonnene Pflanze verhält.

Subtribus: In der Pflanzensystematik nächste Untergliederung des Tribus.

Sukkulent: Pflanze, welche in Sproß, Blättern oder Wurzeln Wasser speichert, wovon sie dick und fleischig-saftig wird. Wächst meist an sehr trockenen oder salzigen Standorten.

Synonyme: Unterschiedliche Namen für dieselbe Art. Sie entstehen durch Umorganisation von Familien und Gattungen aufgrund neuer Erkenntnisse.

Tribus: Systematische Einheit innerhalb der Unterfamilie, umfaßt meist mehrere Gattungen.

Untergattung: Weitere systematische Untergliederung der Gattung. Wird meist bei sehr großen Gattungen, wie zum Beispiel *Opuntia* verwendet.

Varietät: Systematische Einheit innerhalb der Art. Varietäten weichen vom Typus der Art in vererbbaren Merkmalen ab, jedoch nicht so deutlich, daß sie eine eigene Art bilden.

vegetativ: Wachstum und Entwicklung der Pflanze der generativen Phase betreffend.

wirtelig: Ringförmige Anordnung von Blättern oder Zweigen auf gleicher Höhe.

Wurzelhals: Zone zwischen eigentlicher Wurzel und Sproß. Der Wurzelhals steckt meist in der Erde und ist besonders anfällig für Fäulen.

Auswahl wichtiger Autoren

Backeberg, Curt (1894–1966), bekanntester deutscher Kakteenspezialist, bereiste Süd- und Zentralamerika, stellte ein neues System der Kakteen auf. Hauptwerke: *Die Cactaceae,* 1958–1962, *Das Kakteenlexikon,* 1966.

Berger, Alwin (1871–1931), deutscher Gärtner, Botaniker und Kakteenspezialist, war Leiter der Gärten »La Mortola« in Italien und der »Wilhelma« in Stuttgart. Hauptwerke: *Die Entwicklungslinien der Kakteen,* 1926, *Kakteen,* 1929.

Bigelow, Jacob (1787–1879), Mediziner, Botaniker und Professor an der Boston University, Mitarbeiter von Engelmann.

Bödecker, Friedrich (1867–1937), Spezialist der *Mammillaria*- und *Coryphantha*-Arten, schrieb *Ein Mammillarien-Vergleichsschlüssel,* 1933.

Bonpland, Aimé (1773–1858), Freund, Reisebegleiter und Mitarbeiter A. v. Humboldts, Professor in Buenos Aires.

Berg, John (1873–1945), englischer Botaniker, schrieb *Cacti, A gardener's handbook for their identification and cultivation,* 2. Aufl. 1951.

Brandegee, Katherine (1844–1920), Kennerin und Autorin kalifornischer Kakteen, vermachte ihre Bibliothek und ihr Herbar der University of California.

Britton, Nathaniel (1859–1934), Geologe und Botaniker, Direktor des Botanischen Gartens New York, schrieb mit Rose die 4bändige Monographie *The Cactaceae,* 1923.

Buining, Albert Frederic Hendrik (1901–1980), niederländischer Botaniker, Kakteenkenner, überprüfte und entdeckte Vorkommen von Kakteen in Brasilien, schrieb mit Krainz *Die Kakteen,* 1972–1975.

Buxbaum, Franz (1900–1979), österreichischer Botaniker, schuf durch morphologische Untersuchungen, besonders der Samen von Kakteen, Grundlagen für die Systematik, schrieb *Kakteenpflege – biologisch richtig,* 1959, sowie zahlreiche wissenschaftliche Veröffentlichungen.

Candolle, Augustin Pyramus de (1778–1841), Schweizer Botaniker, Autor von *Plantarum Succulentarum Historia,* 1799–1832.

Cárdenas, Martin (1899–1973), Rektor der Universität Cochabamba in Bolivien, Erforscher der bolivianischen Kakteen. Beschrieb die drei neuen Gattungen *Bolivicereus, Castellanosia* und *Samaipaticereus.*

Cels, August Louis (1809–1898), französischer Botaniker und Gärtner.

Coulter, John Merle (1851–1928), Botaniker an der Universität Chicago, Mitarbeiter von Rose, bearbeitete die Kakteen Nordamerikas, schrieb *Preliminary Revision of the North American Opuntia,* 1896.

Ehrenberg, Christian Gottfried (1795–1876), Mediziner und Botaniker, Professor in Berlin.

Engelmann, Georg (1809–1884), nordamerikanischer Arzt und bedeutender Botaniker und Kakteenkenner, schrieb *Cactaceae of the Boundary,* 1859, mit wertvollen Zeichnungen von Roetter.

Frič, Alberto Vojtěch (1882–1944), bekannter Kakteensammler aus Prag, bereiste um 1920 Mexiko, verfaßte mit Kreuzinger *Verzeichnis amerika-*

nischer und anderer Sukkulenten mit Revision der Systematik der Kakteen, 1935.

Gürke, Robert Louis August Maximilian (1854–1911), deutscher Kakteenspezialist, mit Schumann Herausgeber von *Blühende Kakteen,* 1900–1921. Gärtner, Besitzer einer der größten Kakteensammlungen seiner Zeit.

Haworth, Adrian Hardy (1768–1833), englischer Gärtner, Botaniker, Entomologe, Sukkulentenkenner und Autor vieler Arten, schrieb *Synopsis Plantarum Succulentarum,* 1812, *Supplementum Plantarum Succulentarum,* 1819.

Humboldt, Alexander von (1769–1859), berühmter deutscher Naturforscher, bereiste 1799–1804 mit dem französischen Arzt und Botaniker Bonpland das tropische Amerika. Die botanische Ausbeute der Reise wurde mit Kunth in Berlin bearbeitet. Veröffentlichte mit Bonpland und Kunth *Nova Genera et Species Plantarum,* 1815–1825.

Ito, Yoshio (1907–), japanischer Botaniker am Botanischen Garten Tokio und erfolgreicher Kakteenzüchter.

Knuth, Frederic Marcus, von Knuthenborg (1904–), dänischer Kakteenfreund, gab zusammen mit Backeberg *Kaktus-ABC,* 1935, in dänischer Sprache heraus.

Krainz, Hans (1906–1980), bedeutender Kakteenspezialist, war Leiter der Städt. Sukkulentensammlung in Zürich, schrieb *Die Kakteen,* 1956–1975 (unvollendet).

Kunth, Carl Sigismund (1788–1850), Botaniker in Berlin, bearbeitete die botanische Ausbeute der Reisen von A. von Humboldt, verfaßte mit ihm und Bonpland *Nova Genera et Species Plantarum,* 1815–1825.

Labouret, J. (Mitte 19. Jahrh.), französischer Kakteensammler, schrieb *Monographie de la Famille des Cactées,* 1851.

Lawrence, George (Anfang 19. Jahrh.), englischer Gärtner und Kakteenspezialist, Autor der Gattung *Echinofossulocactus.*

Lehmann, Johann Georg Christian (1792–1860), Botaniker, Direktor des Botanischen Gartens Hamburg, schrieb Monographien einheimischer Pflanzenarten.

Lemaire, Antoine Charles, (1800–1871), belgischer Botaniker und Kakteenkenner, schrieb *Iconographie Descriptive des Cactées,* 1841–1847.

Link, Heinrich Friedrich (1767–1851), Botaniker, Direktor des Botanischen Gartens Berlin, beschrieb mit Otto viele Pflanzenarten.

Linné, Carl von (1707–1778), Professor für Botanik und Direktor des botanischen Gartens Uppsala, Schweden, schuf mit seinen Arbeiten die Grundlage für das jetzt gültige System der Benennung für Pflanzen.

Marnier-Lapostolle, Julien (gestorben 1976), Besitzer der bekannten Pflanzensammlung des »Jardin Botanique des Cèdres« bei Cap Ferrat, Frankreich.

Martius, Carl Friedrich Philipp von (1794–1868), Botaniker und Direktor des Botanischen Gartens in München, bereiste Brasilien und gab die erste Ausgabe der *Flora brasiliensis* heraus.

Miller, Philip (1691–1771), Gärtner und Botaniker, botanischer Schriftsteller aus London, schrieb die 1. Ausgabe des *Gardeners' Dictionary,* 1731.

Mühlenpfordt, F. (19. Jahrh.), deutscher Mediziner und Kakteenforscher.

Orcutt, Charles Russell (1864–1929), Botaniker und Kakteenhändler aus Kalifornien, Spezialist für kalifornische und mexikanische Kakteen, schrieb *Review of the Cactaceae,* 1897–1902, *American Plants,* 1907–1912.

Ortega, Jesús Gonzalez (1876–1936), mexikanischer Botaniker und Kakteensammler, schrieb *Flora indigena de Sinaloa,* 1929.

Otto, Friedrich Christoph (1783–1856), Inspektor des Botanischen Gartens Berlin, beschrieb zusammen mit Link viele Kakteenarten, schrieb zusammen mit Pfeiffer *Abbildung und Beschreibung blühender Cacteen,* 1838–1850.

Pfeiffer, Ludwig Georg Karl (1805–1877), Botaniker und Kakteensammler aus Kassel, bereiste Kuba, schrieb *Enumeratio diagnostica Cactearum hueusque cognitarum,* 1837, und zusammen mit Otto *Abbildung und Beschreibung blühender Cacteen,* 1838–1850.

Philippi, Rudolph Amandus (1808–1904), deutsch-chilenischer Botaniker und Zoologe, spezialisierte sich auf die Flora von Antofagasta und Atacama in Chile.

Poselger, Heinrich (1818–1883), deutscher Chemiker und guter Kakteenkenner, bereiste die USA und Mexiko.

Purpus, Joseph Anton (1860–1932), Inspektor des Botanischen Gartens in Darmstadt, bereiste mit seinem Bruder die USA und Mexiko, brachte von dort viele Neuentdeckungen mit, die er beschrieb.

Quehl, Leopold (1849–1922), Mitarbeiter von Schumann und hervorragender Kakteenkenner. Veranlaßte die Gründung der Deutschen Kakteengesellschaft.

Rafinesque-Schmaltz, Constantino Samuel (1783–1840), Professor für Naturgeschichte an der Universität Philadelphia, schrieb *New Flora and Botany of North America,* 1836–1838.

Rebut, Pierre (1830–1898), bekannter französischer Kakteengärtner.

Riccobono, Vincenzo (1861–1943), Direktor des Botanischen Gartens in Palermo und Kakteenspezialist.

Ritter, Friedrich (1898–1983), deutscher Biologe, Geologe und Paläontologe, sammelte und klassifizierte zusammen mit seinem Bruder viele Kakteenarten und -gattungen in Mexiko und Südamerika.

Rose, Joseph Nelson (1862–1928), Botaniker am United States National Herbarium, bereiste fast alle Kakteengebiete Amerikas, schrieb mit Britton das Standardwerk *The Cactaceae,* 1923.

Rümpler, Karl Theodor (1817–1891), Verfasser der 2. Auflage von Foersters *Handbuch der Kakteenkunde,* 1885.

Salm-Reifferscheid-Dyck, Josef Fürst zu (1773–1861), besaß zu seiner Zeit die umfassendste Sammlung sukkulenter Pflanzen. Schrieb mehrere Auflagen von *Cacteae in horto dyckensi cultae,* 1841, 1845, 1850.

Scheer, Frederick (1793–1868), Kakteenkenner von Rügen, arbeitete in Verbindung mit den Kew Gardens bei London, schrieb *Kew and Its Gardens,* 1840.

Scheidweiler, Michael Josef François (1799–1861), Professor für Botanik und Gartenbau in Gent, Belgien, Kakteenkenner.

Schumann, Karl Moritz (1851–1904), Botaniker, Kustos am Botanischen Museum in Berlin. Erster Vorsitzender der Deutschen Kakteengesellschaft, schrieb *Gesamtbeschreibung der Kakteen,* 1899. *Blühende Kakteen,* 1900–1903.

Spegazzini, Carlos (1858–1926), Botaniker, Direktor des Instituts für Biologie am Museum de La Plata, Argentinien, schrieb *Flora de la Provincia de Buenos Aires,* 1905.

Vaupel, Friedrich Johann (1876–1927), Botaniker, Kustos am Botanischen Museum Berlin, schrieb *Die Kakteen,* 1925.

Watson, Sereno (1826–1892), schrieb an der Harvard-Universität zusammen mit Brewer die 2bändige *Botany of California,* 1876, 1880.

Weber, Fréderic Albert Constant (1830–1903), französischer Sukkulentenforscher, nahm an einer franz. Forschungsexpedition nach Mexiko teil.

Werdermann, Erich (1892–1959), Direktor des Botanischen Museums Berlin, bereiste Brasilien und Mexiko, schrieb *Blühende Kakteen und andere sukkulente Pflanzen,* 1930–1939, *Brasilien und seine Säulenkakteen,* 1933, und mit Backeberg *Neue Kakteen,* 1931.

Zuccarini, Josef Gerhard (1797–1848), deutscher Botaniker und Kakteenkenner.

Literaturverzeichnis

Anonym: *Index Kewensis, 1893–...*

Backeberg, C.: Die Cactaceae, 6 Bände, Jena 1958–1962.

Backeberg, C.: *Das Kaktuslexikon,* 5. Auflage, Stuttgart 1979.

Bailey, L.: *The Standard Cyclopedia of Horticulture,* 19. Auflage, 3 Bände, New York 1961.

Barthlott, W.: *Kakteen,* Stuttgart 1977.

Benson, L.: *The Cacti of Arizona,* 3. Auflage, University of Arizona Press 1969.

Berger, A.: *Die Entwicklungslinien der Kakteen,* Jena 1926.

Berger, A.: *Kakteen,* Stuttgart 1929.

Borg, J.: *Cacti,* 4. Auflage, Poole 1976.

Britton, N. und J. N. Rose: *The Cactaceae,* 4 Bände, Washington 1923.

Buchheim, G.: *Cactales,* in: *A. Englers Syllabus der Pflanzenfamilien,* 12. Auflage, II. Band, 102–107, Berlin 1964.

Buxbaum, F.: *Kakteenpflege biologisch richtig,* Stuttgart 1959.

Carlson, R.: *The Flowering Cactus,* McGraw-Hill Book Co.

Dawson, E. Y.: *The Cacti of California,* University of California Press 1966.

Earle, W. H.: *Cacti of the Southwest,* Rancho Arroyo Book Distributor 1980.

Engelmann, G.: *Cactaceae,* St. Louis 1856–1858.

Gerste, A. S. J.: *La médicine et la botanique des anciens mexicains,* Rom 1910.

Graf, A. B.: *Exotica III,* Rutherford, N. Y. 1963.

Haage, W.: *Das praktische Kakteenbuch in Farbe,* Radebeul 1965.

Haage, W.: *Kakteen von A–Z,* 3. Auflage, Heidelberg und Wiesbaden 1986.

Hanstein, E.: *Der Kosmos-Kakteenführer,* Stuttgart 1983.

Hunt, D. R.: *Cactaceae,* in: *The Genera of Flowering Plants, Dicotyledones,* Band II, 427–467, Oxford 1967.

Innes, C.: *Cacti, from desert and jungle,* Journal of R. H. S. Jan. 1972.

Krainz, H. und F. Buxbaum: *Die Kakteen,* Stuttgart 1956–1975.

Lamb, E. und B. Lamb: *Illustrated references on cacti and other succulents,* 5 Bände, Blandford Press.

Lamb, E. und B. Lamb: *Pocket Enzyclopaedia of Cacti in Colour,* Blandford Press 1970.

Marshall, W. T. und T. N. Bock: *Cactaceae,* Pasadena 1941.

Martin, M. J. und P. R. Chapman: *Grafting cacti, Gardener's Chronicle,* Band 163, 16 1968.

Rauh, W.: *Kakteen an ihren Standorten,* Berlin und Hamburg 1979.

Ritter, F.: *Kakteen in Südamerika,* Band 1–4, Spangenberg 1980.

Schelle, E.: *Kakteen,* Tübingen 1926.

Schumann, K.: *Gesamtbeschreibung der Kakteen,* 2. Auflage, Neudamm 1903.

Smith, A. W. und W. T. Stearn: *A gardener's dictionary of plant names,* Kassel und London 1972.

Weberbauer, A.: *El mundo vegetal de las Andes peruanas,* Lima 1945.

Weniger, D.: *Cacti of the South West,* Berlin 1973, *Cacti of Texas and Neighboring States,* University of Texas Press, 1984.

Willis, J. C.: *A dictionary of the flowering plants and ferns,* 7. Auflage, Cambridge University Press.

Zander, R.: *Handwörterbuch der Pflanzennamen,* 13. Auflage, Stuttgart 1984.

Wichtige Anschriften für Kakteenliebhaber

Bezugsquellen

Cacti-Co.
Gildestraße 5
4250 Bottrop

Kaktus-Bleicher
Mühlweg 9
8721 Schwebheim

Klaus Hirdina
Schulstraße 46
Seeheim

Kakteen-Centrum Oberhausen
Flockenfeld 101
4200 Oberhausen-Alstaden

Kakteen-Katze
Grefrather Str. 26
4175 Wachtendonk-Wankum

Kakteenland Steinfeld
Wengelspfad 1
6749 Steinfeld

Gesellschaften

Deutsche Kakteen-Gesellschaft
Klosterkamp 30
2860 Osterholz-Scharmbeck

Gesellschaft Österreichischer
Kakteenfreunde
Nikolaus-Heid-Straße 35
A-2000 Stockerau

Schweizerische
Kakteengesellschaft
Im Kleeacker 6
CH-4108 Witterswil

Verein für
Notocactus Internoto e. V.
Kaiserstraße 90
4150 Krefeld 1

Mammillarienfreunde e. V.
Klaus-Stürmer-Straße 13
4500 Osnabrück

Zeitschriften

Kakteen und andere Sukkulenten
Ahornweg 9
7820 Titisee-Neustadt

British Cactus & Succulent
Society
Am Beisenkamp 78
4630 Bochum 6

The Cactus & Succulent
Journal of America
Abbey Garden Press
PO-Box 3010
Santa Barbara
Calif. 93105 USA

Rolf Kühn
Am Bietigheimer Weg 10
7556 Ötigheim

Leni Nordmann Kakteenzucht
Landwehrstr. 124
4712 Werne

H. Rüschhoff
Merscher Weg 10
4406 Drensteinfurt 1

Sieghart Schaurig
Kakteen-Zubehör-Versand
Daimlerstraße 12
6452 Hainburg

Karlheinz Uhlig
Lilienstraße 5
7053 Kernen

Register

Die Ziffern beziehen sich auf die Nummern im Teil »Beschreibung«. Kursiv gesetzte Namen sind Synonyme oder nicht länger im Gebrauch.

Bildnachweis:

Mit Ausnahme der Abbildungen auf S. 11 (Enzo Arnone) und S. 25 (Bodleian Library, Oxford) stammen alle Aufnahmen von Giuseppe Mazza.
Zeichnungen:
Marco Bertin, Verona: S. 18, Raffaello Segattini, Verona: S. 15, 20, 21, 35, 42, 45.